思想觀念的帶動者

文化現象的觀察者

本土經驗的整理者

生命故事的關懷者

Psychotherapy

探訪幽微的心靈，如同潛越曲折逶迤的河流
面對無法預期的彎道或風景，時而煙波浩渺，時而萬壑爭流
留下無數廓清、洗滌或抉擇的痕跡
只為尋獲真實自我的洞天福地

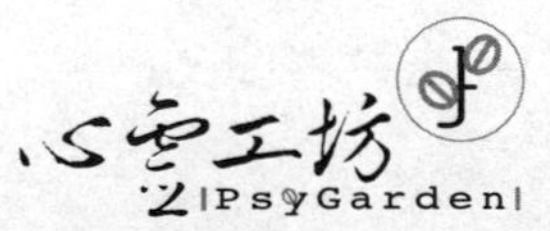

Psychotherapy 32

系統取向督導完全指南

The Complete Systemic Supervisor: Context, Philosophy, & Pragmatics

雪若・史東
Cheryl L. Storm, Ph.D.
湯瑪斯・陶德
Thomas C. Todd, Ph.D.——編著

洪志美等——合譯

吳熙琄、林麗純、林方皓、陳厚愷——審閱

王浩威、熊秉荃——策劃

TIP

財團法人華人心理治療研究發展基金會共同出版

目次

作者簡介

雪若・史東（Cheryl L. Storm, Ph.D.）

於美國印第安那州西拉法葉市普度大學取得婚姻與家族治療博士學位。美國婚姻與家族治療學會（AAMFT）認證的臨床工作者與督導，也是華盛頓州塔科馬市太平洋路德大學（Pacific Lutheran University）榮譽教授以及婚姻與家族治療訓練計畫的前主任，督導伴侶與家族治療學程中的碩士與博士後研究生，並參與訓練督導師。曾在美國、加拿大、墨西哥與台灣等地教授督導工作坊與訓練課程。史東博士發表過許多關於督導的期刊文章與書籍著作，並曾在《系統治療期刊》（*Journal of Systemic Therapies*）主編「後現代之督導」特輯。

湯瑪斯・陶德（Thomas C. Todd, Ph.D.）

美國紐約大學臨床心理學博士，於賓州費城兒童輔導診所完成博士後訓練，他在那裡和許多系統取向督導之創建者有共事的經驗。陶德博士是伊利諾州芝加哥市阿德勒專業心理學校（Adler School of Professional Psychology）婚姻與家族治療學系的主任。他曾在心理治療訓練機構、精神醫學中心與醫院等，督導婚姻與家族治療取向之訓練學程，以及督導碩士與博士班學生。陶德博士曾於系統取向督導課程中擔任教師，並督導受訓督導者（SIT）。

本書的前身，是史東博士與陶德博士所共同編著的《系統取向督導完全指南：基本脈絡，哲學理念與實際應用》（*The Complete Systemic*

Supervisor: Context, Philosophy, and Pragmatics）。本書是此書更新改寫後的譯本。兩位作者也合寫了《系統取向督導者簡明手冊》（*The Reasonably Complete Systemic Supervisor Resources Guide*）。兩位都是美國婚姻與家族治療學會（American Association for Marriage and Family Therapy，AAMFT）所認證的督導師，並在AAMFT督導委員會當中擔任委員。於委員會職務上，陶德博士發展了督導者訓練之示範學程，而史東博士則是《督導學報》（*Supervision Bulletin*）期刊的主編。

共同作者

我們挑選這些共同作者，是基於他們曾經以督導為主題發表專著，曾經擔任督導者或訓練督導師，曾經教授督導，並且在系統化督導領域、或是專業的督導機構中有卓越表現。以下簡單整理他們主要的工作機構以及督導背景。他們大多數都是AAMFT認證的督導者，表示他們在系統化治療與系統化督導領域裡有廣泛的訓練與督導經驗。

瓊安・碧芙（Joan L. Biever, Ph.D.）
美國德州聖安東尼市聖母湖大學（Our Lady of the Lake University）心理學系教授。她主要是在訓練計畫之診所督導碩士與博士生。

蒙特・波貝拉（Monte R. Bobele, Ph.D.）
美國德州聖安東尼市聖母湖大學心理學系教授。他主要是在訓練計畫之診所督導碩士與博士生。

瑪莎・庫克（Martha Cook, M.S.W.）

社會工作學碩士，是美國伊利諾州歐克布魯克市家族改變中心（Center for Family Change in Oak Brook）的治療師，她於該機構提供成員諮詢。她先前曾是機構的督導者，負責督導實習生、心理健康專業工作者與督導者。

馬歇・范恩（Marshall Fine, Ed.D.）
教育學博士，加拿大安大略省柯爾特市維爾佛勞里埃大學（Wilfrid Laurier University）社會工作學系教授。他曾經督導伴侶與家族治療的碩士學生、在社區裡工作的社工師與家族治療師，並提供督導訓練。

英格褒・霍格（Ingeborg E. Haug, D.Min.）
教牧學博士，美國康乃迪克州費爾菲爾德大學（Fairfield University）婚姻與家族治療訓練計畫的副教授，在美國，以及歐洲、南美與印尼等地的十四個國家督導婚姻與家族治療學生與專業工作者。她曾經督導婚姻與家族治療碩士學生、機構人員、研究生、精神科第一年住院醫師，以及歐洲、南美與印尼等地的學生與專業工作者。

J・馬克・基莫（J. Mark Killmer, Psy.D.）
心理學博士，任職於芝加哥阿德勒專業心理學校的婚姻與家族諮商訓練計畫，他在此機構中有深厚的督導經驗，曾督導在住院治療計畫、街友中途之家，以及諮商門診中受訓的治療師與學生。

特莉莎・麥道薇（Teresa McDowell, Ed.D.）
教育學博士，美國奧瑞岡州波特蘭市路易斯克拉克大學（Lewis and Clark College）諮商心理學系副教授。她曾經督導大學生、機構內的臨床工作人員，以及在私人執業機構工作的研究生。

凱倫・郭（Karen Mui-Teng Quek, Ph.D.）
美國加州爾文市亞利安國際大學（Alliant International University）加州心理學專業學院副教授。她曾在美國督導伴侶與家族治療的碩士與博士生，以及在台灣、中國、新加坡與香港督導學生與治療師。

彼得・艾倫・雷納（Peter Alan Reiner, Ph.D.）
美國伊利諾州芝加哥市西北大學醫學院（Northwestern University Medical School）精神醫學與行為科學部的講員。他曾在芝加哥地區督導學習系統化治療的學生、機構的受訓者，與住院醫師。

珊卓・瑞嘉齊歐—迪吉利歐（Sandra A. Rigazio-DiGilio, Ph.D.）
美國康乃狄克州史托爾市康乃狄克大學人類發展與家族研究學系教授。她曾督導學生、實習生、受訓中的督導師，以及博士後跨領域的專業者。

蘿拉・羅貝托—佛曼（Laura Roberto-Forman, Psy.D.）
心理學博士，美國維吉尼亞州諾佛克市東維吉尼亞醫學院精神醫學與行為科學系教授。她曾督導心理學研究生與精神科住院醫師，以及在社區中工作的婚姻與家族治療師。

道格拉斯・史班可（Douglas Sprenkle, Ph.D.）
美國印第安那州普度大學兒童與家庭研究學系教授。他曾督導博士生，教授博士生的督導相關課程，以及指導受訓中的督導者。

珍・透納（Jean Turner, Ph.D.）

加拿大安大略省圭爾夫市省圭爾大學（University of Guelph）伴侶與家族治療訓練計畫退休副教授。她曾督導心理學與伴侶與家族治療訓練計畫的學生，以及私人執業的治療師。

譯者／審閱者簡介

洪志美

國立臺灣大學心理學系學士、公共衛生研究所碩士；美國波士頓大學諮商心理學博士。曾任輔仁大學臨床心理學系系主任、學生輔導中心主任，以及臺北榮民總醫院精神部資深臨床心理師等職務。現任輔仁大學臨床心理學系兼任副教授、新光醫院精神科臨床心理師／督導／顧問、天晴身心診所顧問。譯作有《我好，你也好》；合譯作品有《心理衡鑑大全》、《自我肯定訓練團體手冊》等。

廖婉如

紐約大學教育心理學碩士，曾任技術學院講師，現為自由譯者。譯有《榮格解夢書》、《塗鴉與夢境》、《二度崩潰的男人》、《凝視太陽》等書，合譯作品有《好走：臨終時刻的心靈轉化》、《陪孩子面對霸凌：父母師長的行動指南》等。

許嘉月

慈濟大學醫學系、英國布里斯托大學實驗心理學系碩士畢業，曾任八里療養院住院醫師、臺大醫院精神醫學部住院醫師及總醫師。現為居善醫院兼任主治醫師。合譯作品有《簡短心理治療：臨床應用的指引與藝術》、《學習認知行為治療：實例指引》等。

張書森

臺灣大學醫學系學士，英國布里斯托大學社會與社區醫學博士。曾任臺大醫院精神部總醫師、居善醫院主治醫師與臺大醫院精神部兼任主治醫師。現為英國布里斯托大學博士後研究員。合譯與審閱作品有《動力取向精神醫學：臨床應用與實務》。

簡意玲

長庚大學醫學系畢業，曾任臺大醫院精神部總醫師、臺大醫院精神部兒童精神科受訓醫師、新光醫院臨床研究員與臺大醫院雲林分院精神部主治醫師。現為臺大醫院精神醫學部主治醫師。譯作有《小漢斯：畏懼症案例的分析》、合譯作品有《溫尼考特這個人》、《動力取向精神醫學》等。

黃宣穎

醫療人類學研究者與精神科專科醫師，目前為美國哈佛大學社會人類學博士候選人，研究關注於西式心理治療，尤其是各類精神分析取向治療，在當代都會中國的興起；畢業於國立臺灣大醫學系，曾任職於桃園療養院與臺大醫院精神部，合譯作品有《動力取向精神醫學》等。

吳熙琄

美國愛荷華州立大學家族與婚姻治療博士。歷任美國哈佛大學教學劍橋醫院「婚姻與家族臨床中心」顧問與督導（2003-2010）、美國劍橋家族訓練中心董事（2004-2008），並曾於康乃狄克大學、聖約瑟大學、麻州專業心理學院、波士頓州立大學等校之婚姻與家族治療研究所任教。現任美國婚姻與家族治療學會認證督導、美國後現代陶斯中心院士、休士頓加維斯敦中心特約教授等職。審閱作品有《故事、知識、權力》、《敘事治療》、《家族再生》等書。

林麗純

美國奧勒岡大學諮商碩士，曾任懷仁全人發展中心專任諮商師、臺灣大學學生輔導中心兼任輔導老師、中原大學心理學系兼任講師。現任臺北市教師研習中心諮詢教授，華人心理治療研究發展基金會諮商心理師、系統取向治療課程講座及督導，臺北市心生活協會專業督導。譯作有《學生攻擊行為：預防與管理》、審閱作品有《家庭與伴侶評估：四步模式》等。

林方晧

美國波士頓大學社工碩士，紐約州證照社工師，中華民國證照諮商心理師。現任旭立諮商中心諮商師，華人心理治療研究發展基金會諮商師。曾合譯《悲傷輔導與悲傷治療》、《與悲傷共渡——走出親人遽逝的喪慟》等書。

陳厚愷

臺灣大學心理學系學士；美國羅徹斯特大學家族治療碩士。旅居紐約市，現為Center for Family Life及私人精神科心理治療師，與成人、兒童、伴侶與家庭工作。譯有《艾瑞克森：天生的催眠大師》及合譯《家族再生：逆境中的家庭韌力與療癒》等書。

【推薦序一】專為督導者量身訂製的指南

《系統取向督導完全指南》（*The Complete Systemic Supervisor: Context, Philosophy, and Pragmatics*）這本書1997年在美國發行時，在美國家族與婚姻治療的領域裡掀起一股很大的風暴（storm），因為作者Cheryl Storm將家族與婚姻治療裡極其重視的督導做了一次接近地毯式的仔細探索與討論，是一本在此領域裡罕見的書，也帶給在此領域中不論是專研督導實務或督導研究者最實用而完整的參考。

家族與婚姻治療的訓練在美國，主要是透過美國婚姻與家族治療學會（American Association of Marriage and Family Therapy, 簡稱AAMFT）的把關與認證。在AAMFT的引導下，督導的認證成為在所有心理學界少有的，擁有系統學習如何做督導，次第從clinician（至少1,000小時實作）、supervisor-in-training（180小時的督導他人，與36小時的接受督導如何做個督導者），方能取得督導資格，以確保專業的知識與方向。這本書和AAMFT督導的認證系統互相輝映，也支持了AAMFT督導認證系統化的學習與發展，因此兩位編者Cheryl Storm和Thomas Todd對AAMFT督導這個領域的貢獻是極其深遠的。

非常感謝心靈工坊在2011年能將此書引進到台灣來，而且特別請Cheryl Storm針對華人的市場對原來的英文版本作改寫，因此這本書不只有著原來的豐富，更難得的是Cheryl Storm也對華人的督導世界做了更多的探討與整合。隨著台灣翻譯書籍的成長，和台灣心理輔導學界的累積與沉澱，不再只是原版的直接由英文翻譯成中文，而能請國外學者針對華人世界的現象與變化重新編撰改版，這實在是很突破性的一刻，相信閱讀者在閱讀的同時，除了有所學習外，更會有一種被貼近、被理解的感覺。

在我2005年夏天回台前，在美國大學家族與婚姻治療研究所任教期間，這本督導書也是我最喜歡的書之一，因此我總也會請學生根據不同的情況去閱讀不同的章節。這本書的內容非常豐富，也是極其有用的工具書，人們可以針對自己的需要做研讀。對於不同專業領域的工作者，凡是涉及督導這個議題，大概都會發現這本書對於督導這個專業有非常踏實的探討，也結合了紮實的學術研究與報告。

隨著心理輔導諮詢在台灣及其他華人地區的快速發展及被重視與喜愛，督導的被需要與督導機制的建立，是此專業領域不可避免的發展。這本書的出版有著極其深遠的歷史的意義，對未來華人地區督導專業的發展勢必帶來更多、更細緻、更寬廣，與極具啟發性的支持。

自己一路走過來，從開始的被美國不同督導者的督導，到後來自己成為他人的督導者，不論受督者是美國人、西班牙裔人、黑人、亞裔人、希臘人、以色列人或北歐後裔等，到回台後督導的台灣人、大陸人、新加坡人、馬來西亞人等，切身地體會到督導專業的重要性與文化地域性。心理輔導諮詢是一份重要也極具挑戰性的工作。當人們能有督導的支持與引領時，輔導諮詢工作將不再是獨立的奮戰而是在支持裡去學習和成長，那樣的專業歷程是我樂於見到的，也是我希望可以全力去支持的。

家族與婚姻治療現已接近九十歲的老前輩Lynn Hoffman，之前對super-vision這個字做過更細緻的探討，基本上她覺得super-vision有階級意識，在督導中影射著上對下的關係。她建議co-vision這個字，二人在關係中共同探索家族與婚姻治療的遠景。也許在看完Cheryl Storm與Thomas Todd的這本書後，大家也可去品味思索在super-vision背後的co-vision精神。

吳熙琄

愛荷華州立大學婚姻與家族治療博士

美國婚姻與家族治療學會認證督導

美國後現代陶斯中心（The Taos Institute）院士

美國休士頓加維斯敦中心（Houston Galveston Institute）特約教授

2011年九月

【推薦序二】成為受督者的角色模範

治療師專業智能的學習與成長過程，督導者扮演關鍵的角色，督導者一方面是受督者的角色模範，另一方面也確保受督者提供的服務符合專業倫理及專業服務品質。而要提供受督者優良的督導過程，以致於能幫助服務對象，督導者本身需要接受具理論基礎的完善督導訓練課程，因為「督導技巧並非僅因擁有資深臨床經驗而自然產生，督導者必須接受特定的訓練（p. 19）。」

督導教科書當然是完善督導訓練課程的重要成分，奇妙的是《系統取向督導完全指南》中文版竟然推動原書（1997年初版）的改版，這實在是創舉！！我更是懷著感動及珍視的心閱讀這本書，因為深知這是群策群力的成果，而思緒也自然地飄回1997年在普度大學博士班修「婚姻與家族治療督導」課程時，老師一再提及即將有一本很棒的督導教科書問世，而我們引頸而望的同時也只能使用坊間既有的書；由於美國婚姻與家族治療學會（American Association for Marriage and Family Therapy, AAMFT）要求督導者被認證前要完成特定的知識課程、提交個人督導哲理論述（philosophy of supervision paper）以接受認證督導（Approved supervisor, AAMFT）的評論及評分，並且完成督導實務；在我申請成為認證督導的過程中，該書成為我主要的工具書，我體會到「她」的全備、實用及好。由於切身體悟督導角色及督導養成過程的重要性，2003年八月與王浩威醫師、謝文宜老師參加AAMFT

在夏威夷舉辦的暑期密集課程時，首度邀約史東博士來台授課。而2008年八月與史東博士在西雅圖討論來台授課細節的同時，也獲得她首肯進行該書的中文化，同年十二月財團法人華人心理治療研究發展基金會實踐當年對史東博士的邀約，由她擔任「台灣心理治療聯合年會」之大會專題演講講員，並提供「增進督導關係」工作坊。

「AAMFT認證督導每五年要接受繼續教育，才能維持其督導者身分。」我因而參加了兩次的認證督導繼續教育課程，與來自各地的認證督導齊聚一堂，熱烈地分享與討論督導實務的收穫及挑戰，近期也討論「科技與督導」的相關現象，例如透過視訊督導需要重視的倫理及專業議題等。由於接受繼續教育的外在規範是最基本的標準，「持續的學習與自省」方能幫助督導者鍛鍊自己成為好的工具與器皿，督導歷程中我常問自己：我這麼問、這麼做是基於誰的需要？哪些是為了協助個案？哪些是為了促進治療師的成長？哪些是想證實自己是個實踐道德良知的真好人、超棒的治療師、絕佳的督導者？（當我擔任實習督導的訓練者時，我也督促自己練習並進行類似的系統性自我覺察），我「知道」督導情境與歷程絕非我滿足自我需求的場域，然而當這些人性化反應浮現時可以怎麼辦呢？我學習過個有品質及趣味的生活，讓我有能力及空間省悟自己；當我面對自己的限制時，也試著大笑幾聲，希望自己抱持更謙和的心及具恩典的態度與自己及他人相處，同時繼續經營幫助我成長的專業社群。我深信本書幫助及砥礪督導者學習如何當個稱職的好督導或確認自己是個好督導，而讓接受督導者知道好的督導歷程應有哪些要件，並由督導經驗中獲得這些要件。

熊秉荃
普度大學婚姻及家族治療博士
國立臺灣大學社會工作學系副教授
美國婚姻與家族治療學會臨床會員及認證督導
2011年九月

前言

這本書是根據我們在十多年前所編輯的版本，再予以大幅更新、改寫之後的譯本。兩位作者對於督導工作既感興奮、又滿懷挫折，因此而有本書最初版本的誕生。我們對於自己能夠廣泛參與督導者的訓練與引導工作，以及督導治療師和寫作有關督導的文章，深具成就感。而我們的挫折，則來自於在教授督導課程時，既有的教科書往往把治療師的督導和訓練混為一談，而且常常著重於訓練，而輕忽了督導。這些教本對於督導中尚有爭議之處，以及具啟發性的元素，也往往少有著墨。透過我們自身撰寫的章節，以及我們景仰的共同作者接受邀約而寫成的大作，我們期盼這本書可以補足上述這些不足之處，並傳達我們投身於督導工作的熱情。我們兩人以及其他共同作者寫作本書的目的，並不在於迴避督導中尚有爭議之處，或是企圖創造某種安全防護網。

「序論」（Introduction）一章中（即第一章）闡述我們對於督導的理念架構，不限於特定的理論學派。我們在此章中，提出了六個基本綱領（premise），這些基本綱領長期以來一直引導著我們的督導實務工作。

「督導情境」（Context）下的各章節，聚焦於督導所發生的獨特情境，包括要考慮到督導雙方的個人與專業經驗、專業訓練的影響，和督導時當下的社會歷史時空因素。我們建議督導者應該特別注意到兩個議題，以增加他們對督導情境的敏感度。首先是上面提到這些因素與資源取得、特權、邊緣化和壓迫的關聯性。其次，在督導情境當中，文化的主流論述為何；這些督導情境包括了大學、心理治療機構，或私人執業場所。

我們建議寫作本書中「治療哲學理念」（Philosophy）各專章的作者，要討論重要治療學派對督導的意涵，但避免討論治療的細節。我們將不同的治療學派分類，然後檢視同一類別中不同學派的共同假定，以及這些假定與治療方式的特色。

探討「督導關係」（Relationships）時，我們特別突顯具爭議性及會導致問題的部分，尤其是督導雙方權力的不均等，以及濫用權力和壓迫受督者的可能性。同樣地，我們的目標，是引發讀者以負責任的態度來思考和對話，而非提供過度簡化的解答。

雖然，我們覺得本書非常具有實用性，在「實務操作」（Pragmatics）的部分，我們仍特別聚焦於督導的各種具體細節：督導約定、各種督導方法，以及可以相互為用的督導架構，例如個別督導和團體督導。我們提供讀者一些指引，讓讀者有充分的資訊來選擇督導方式與架構，並且預知與防止各種缺失的發生。

在本書的最後部分「督導者的訓練」（Training Supervisors）中，我們提供明確的指引，給有志於教授與指導新一代督導者的督導師。

在本書當中，我們力圖提供系統化督導之教與學更堅實的基礎。我們期盼讀者能夠感受、分享我們的熱情，並在應用本書中所給予的建議時，能夠依照其自身獨特的督導情境、哲學理念與個別特性，來做適當調整。

最後，我們希望能夠談一下驅使我們編寫本書的個人動機，以及感謝協助我們順利完成此書的人，來為此序言作結。

陶德博士：本書原版發行的這些年來，最讓我深感欣慰的是讀者普遍反應本書涵蓋了系統取向督導的許多面向，以及我和史東博士能夠邀請到許多作者來共同撰寫本書。近來，我們很高興有人有興趣翻譯本書，以適用於亞洲的情境，這也讓我們有動機去處理原版有些內容似乎已經過時的議題。在回顧了許多位共同作者的新近著作之後，我們覺得原版的結構完整，同時系統化觀點確實有其獨到之處。

史東博士：我投注心力於本書改版的動力，源自於我在2008年於台灣台北所教授的一個由華人心理治療研究發展基金會所主辦的督導工作坊。工作坊參加者對系統取向督導所展現的高度興趣，讓我深信，與陶德博士及其他共同作者一起將原書更新改版，將能對華人社區中快速擴展的督導者社群有所貢獻。同時，我也深信，在此一拓展自身督導理念與實務之範疇的過程中，我將能學習到許多，並有助於發掘自身觀點在跨越文化時的潛力與限制。第一步，就是先找出我們應該如何修改本書的原版，以因應新的督導情境。出版中譯本的心靈工坊文化公司總編輯王桂花小姐，與我一同與一群全心投入的督導者會面，在午餐餐會上，他們協助我們決定那些章節應該縮減，那些章節應該合併，並對這個全新的譯本提出整體性的建言。

我們要感謝華人心理治療研究發展基金會的同仁，謝謝他們對於本書新版之翻譯的大力支持；特別要感謝執行長王浩威醫師，他促成了這本書的誕生，如果沒有他的支持，我們將始終無法與中文讀者分享這本書。我們很感謝那些共同參與那個重要午餐餐會的督導者，他們對於此改版之新書提出許多建議。史東博士特別要感謝熊秉荃博士，謝謝她支持本書的改版、分享她的督導經驗，以及對於如何改寫本書以因應不同情境提出建言。熊秉荃博士也幫忙聯繫了幾位當地的督導者與受督者，請他們回答以下問題：督導者如何能夠啟發受督者？其中幾位同意讓我們把他們的回覆納入本書的首章裡。我們感謝他們的協助，並且希望本書在督導者與受督者一同工作時，能夠對督導者有所啟發。最後，王桂花小姐在她促成本書從最初的想法到最後發行的過程中，展現了無比的耐心、毅力與堅持。我們對於本書得到的關注，深感光榮，並且很高興能夠與亞洲的同仁們分享這本書。

【第一章】督導基本綱領與實務集錦

雪若・史東（Cheryl L. Storm, Ph.D.）
湯瑪斯・陶德（Thomas C. Todd, Ph.D.）

有些人用收集紀念品（memorabilia）來記錄人生特殊的重要時刻，另一些人收集物品是則為了物品本身的美感，還有一些人的收集是基於個人的愛好興趣；本書是我們有關督導的想法與操作的集成。我們開始進行集結，乃是注意到我們的經驗和與許多執行督導的同事與受督者的經驗，和在文獻中所讀到的督導並不一致（Storm, Todd, Sprenkle & Morgan, 2001）[1]。本書包括來自我們所訓練的督導者、一同工作的受督者，以及我們自身做為督導者與督導訓練者的經驗。我們邀請具有高度熱誠並且熟知系統性督導之各個面向的督導者一同加入，貢獻其經驗並整合現有文獻的研究結果。

我們從所收集的經驗中，揀選出一組指導綱要，作為編輯此書的架構，並將足以反映系統性督導例行運作的各個相關想法和實務工作彙集起來。在接下來的基本綱領探討中，我們對系統化

1　雪若與湯姆具有極豐富的督導經驗。兩位均在美國與其他各國訓練督導者，並且在美國本地擔任督導者的導師。雪若主要的督導經驗，是指導私立教會大學（譯按：此處應指Pacific Lutheran University）修習伴侶與家族治療（CFT）碩士班學程的學生，這所大學的辦學宗旨為訓練地方及海外宣教人員。湯姆主要的督導經驗則為指導私人獨立研究課程中，修習伴侶與家族治療（CFT）碩士學程，以及強調伴侶與家族治療取向之心理學博士班學程的學生。

督導定義的核心策重在關係、共同建構、多元觀點和脈絡的重要性。

督導是一種學習的關係

我們認為督導是，存在所有參與者的專業成長與個人成長的情境脈絡中，一種專業人員間的學習關係。一位期望被帶領的專業人員（所謂**受督者**[supervisee]）進入與另一位專業人員（所謂**督導者**[supervisor]）的一段關係。督導者提供他有關治療、督導、學習以及一般生活的知識與經驗。督導者從容地穿梭在與受督者共同建構的多重角色間，設法滿足受督者的需要，並在他們獲得實務經驗的過程中，聚焦在他們的學習與發展歷程（Ungar, 2006）。督導者與受督者有一個共同的目標，也就是在確保提供給個案服務品質的同時，提升受督者的臨床與專業能力。這種關係是專業情境中關鍵訓練的一部分；督導者是導師、是評估者、也是專業社群的守門人。基於此關係本質以及共同建構的看法，我們的定義和系統性的觀點不謀而合。

我們所集結有關督導的基本綱領

基本綱領一：督導是一種擁有特定能力與認同的獨特努力

我們的第一個基本綱領是，督導是一種獨特的努力（endeavor），需要特定的能力以及一個新的專業認同。督導者雖然是執行督導工作，但卻極可能受引誘而透過受督者去進行治療，而不是進行督導。我們相信督導的任務是運用個人經驗來幫助受督者成為一位治療師，但要抗拒透過治療師來進行治療的誘惑。督導者應聚焦在受督者的學習，而非其自身所偏好的治療方式，如此則受督者得以成為他所可能成為的最佳治療師，而不是變成督導者的複製體。假如督導者受到引誘透過受督者來進行治療，卻不是著眼於受督者是來學習督導的思維的，那麼會產生一個危機，受督者會感覺自己是一個傀儡，督導者正在控制他／她的每一個動作，使其無法分辨是自己的臨床能力亦或是督導者的能力。

本書的各個章節將指出能使督導成為一種獨特的努力的各種能力。最後一章會特別聚焦在訓練成為督導者的歷程，包括如何戰勝透過受督者進行治療的誘惑，以及如何發展督導者的專業認同。

基本綱領二：強調督導關係是督導的核心

我們的第二個基本綱領是，督導的核心就是督導的關係。從美國與加拿大受督者的回應中指出，他們渴望一個整體而言支持、溫暖、鼓勵的督導關係（Anderson, Schlossberg, & Rigazio-DiGilio, 2000; White & Russell, 1995）。可以增強這個關係的特質包括同理地傾聽、真誠的回應、並傳達幽默與樂觀。被督導者所描述他們的最佳經驗，不外乎督導者接受其失誤、以開放態度接受回饋、鼓勵新的想法與技巧、給予直接的回饋與提供一個概念性的架構來了解個案（Anderson, et al., 2000）。當督導關係是正面的，受督者可以信任其督導者，並可安心透露其弱點、不確定感以及錯誤，能夠討論其個人事件、並大膽實驗新的臨床想法與策略。[2]一位來自美國的受督者如此描述她的督導者「……風趣、務實、放鬆、就是很真實……她對於治療式接觸的深刻本質之理解能力、以及把它常態化的能力，給了我勇氣，使我能深度探索我與個案一同工作的經驗，不僅是從一個治療師的觀點，甚或更為重要的，從一個人的觀點切入。」在這樣的關係中，督導者與受督者有能力化解任何衝突與誤解。相對地，受督者描述他們最糟的經驗，就是當督導者強調他們的缺失、無法接受不同觀點、鼓勵不假思索地仿效，以及權威式的督導。（Anderson, et al., 2000）

有些受督者偏好以一種善意的方式，或在一個彼此合作的關係中，接受觀念與技巧上的指導（Anderson, et al., 2000, Prouty, Thomas, Johnson, & Long, 2001），另一些人想要的是一個專家式、階級式（hirarchical）的督導者。有人把督導關係看作是一個連續面向，從強調支持、相互回應與安全感的「合作性督導」（collaborative supervisors）這一端，到強調專業、技術性／指導性的帶領與尊重的「指導性督導」（directive supervisors）那一端（Morgan & Sprenkle, 2007）。一位美國的受督者這麼描述她的督導者：「他是那種督導者，總是蹲在戰壕裡談著個案。他從不會居高臨下地坐在椅背上下令。」這位受督者似乎感覺她的督導者所提供的技巧與觀念的引導，正是她所要的督導。許多督導者傾向於這個連續體的一端，但會隨著情境與關係需要、或受督者的需求而有所調整。這位來自美國的受督者所描述的督導者似乎正掌握了何時該指點方向，何時該採取合作模式。「她供應我專家知識、臨床指導、幽默以及智慧。她給我一個安全的地方來談我『未經檢驗』的工作。當我的生命經驗撼動了我所相信的我是

2　來自「美國婚姻與家族治療認可的督導者」受督者的匿名回饋意見。其他回饋意見散見於本章。

誰、以及我以為我知道的事，她穩住專業框架，使我能藉以探究我的臨床工作是受到了怎樣的衝擊。」

本書的每一章節幾乎都圍繞著督導關係的主題。第一部分談到督導關係是如何在教育、機構或私人合約等不同脈絡下有其獨特的演變。在第一部分的第三章中，我們探討了當中國文化相關的想法與價值有其自行定義的督導，並決定了其督導的實務工作，西方督導觀念的跨文化遞移性亦隨之而改變。這是唯一的一章特別為中文譯文寫就。同樣在第一部分，倫理章節的案例也呈現出，要達到在實務工作上符合倫理目標，一個堅實的督導關係是何等重要。在第二部分，將闡明不同督導的理念，會帶動某種特定的關係，不論督導是教練、教導或是導師。第三部分將著眼於督導關係中的權力議題，以及處理常見問題的方法。在第四部分中，顯而易見地，督導關係緊密時，比較容易採用各種不同督導介入方式，並處理進行考評時所面臨的挑戰。最後這部分強調了督導關係在督導者訓練所佔的核心地位。

基本綱領三：督導與治療之間有著一種同型性的關係，儘管兩者間存在著重要差異

我們第三個基本綱領是，督導與治療是具有同型性（isomorphic）的，雖然兩者也在許多重要的方面有所差異。同型性指的是治療與督導間的平行關係（White & Russell, 1995），也可以指涉治療師與個案在治療關係中的動力，是怎樣複製了受督者與督導者在督導關係的動力的一個過程。薛耀庭（Hsueh Yao Ting, 2008）敘述自己做為受督者與督導者的經驗，闡述同型性的想法。他相信……「除了基本所需的知識，我認為『情緒』是治療

師和個案最要緊的因素。」他的督導曾說了這麼一段話而激勵了他：「急什麼？何不深呼吸一下，然後告訴我你現在的感覺是什麼？」他繼續說，「我想在她真實且活生生地回應之後，我學到了真正放緩我的腳步去感覺，而不是去想！做為一個督導者，我激發受督者的方式，是去分享我對於他們在每一次治療所作的回應的感受。」從當中可以看見其信念，他認為重要的是要聚焦在治療與督導底下潛在的情緒。

儘管如此，督導和治療並非相同的過程，過度強調兩者的同形性將會失焦，模糊了督導與治療間的重要差異。舉例來說，治療所強調的是解決心理健康上的議題，以滿足個案，但是個案不必然得去完全了解是什麼因素造成了問題解決。相對地，督導所強調的是學習特定能力，這些能力是在心理治療社群中被認為至關重要的，因此受督者是否了解他們學到了什麼就變得相當重要，如此他們才能在面對個案時運用所學。我們鼓勵督導者在督導過程中去看他們治療的模式會如何引導他們督導，同時並注意檢驗治療與督導兩者的相似性，並且留意使用自己的模式作為指引可能造成的侷限（Storm & Heath, 1991, Storm, McDowell, & Long, 2003, Storm et al., 2001）。

在第一部分，治療與督導間關係動力的彼此複製，在機構一章中顯得格外重要。第二部分則深入探究督導與治療本質上的同型性，以及其根本差異。最後一章探討採用個人治療模式作為一開始的藍圖，來發展督導者的督導哲學。

基本綱領四：督導者強調有效治療的重要歷程與技巧

因為督導的主要目標是訓練能夠勝任的治療師，督導者的臨床與專業能力自然極為關鍵。督導者對臨床議題與和個案工作強調的程度、與對培養受督者成為一個有能力的專業人士的強調程度因人而異（Morgan & Spenkle, 2007）。不過，我們與同事（Storm et al., 2001）往往會鼓勵督導者聚焦在有效治療常見的歷程與技巧，以使他們的受督者具備這些能力，不論督導者個人對於治療取向或風格的偏好。舉例來說，因為和個案建立夠強的治療聯盟已經是有效治療的常見議題，所以個案—治療師的關係是在督導中非常重視的有效治療。熊秉荃（Ping-Chuan Hsiung, 2008）描述她如何在進行督導時聚焦於治療關係中，「我會這麼想／相信，我激起受督者的內在興趣，使他們能夠真正了解他們的個案。我總是因個案而著迷，我希望治療師會因為能夠近距離了解他人的生命而感到光榮。我希望治療師擁有『夠好的』訓練與理論基礎，那麼和個案的接觸將可使他們臻於成熟。」

倫理相關章節強調，督導者應持續更新對有效治療和治療師所需具備能力的相關知識與研究結果的了解。接著，有關考評的章節將會列出幾種不同的方式，來探究督導應鎖定的歷程與技巧，以及考評的方式。

基本綱領五：培養能力需聚焦於治療師的自我

我們相信，大部分的督導者著重治療師自我（self-of-the-therapist）的某些面向（Aponte & Carlsen, 2009; Storm et al., 2003）。大部分的督導者都會同意：「就個人層面而言，所有的治療師在與個案的關係中，都是運用他們自身來建立信任、產生同理並進行處遇。所有的治療都是技巧性與個人化兩者的結合（Aponte & Carlsen, 2009, p. 395）。」正因如此，督導者常會鼓勵受督者從各個方面來探索自己。這些都是高度個人化的主題，通常是是受督者生命中的隱私，包括原生家庭、婚後的家庭與其他有意義的關係動力；情緒反應；個人動機、價值、態度與人生哲學；自傳或故事；以及社會情境下的自我認同和情境脈絡的影響，諸如文化、種族、階級、性別、性取向、靈性／宗教信仰與國籍等。和其他人一樣，我們相信，監督受督者在整個治療歷程中如何運用他們自己，支持受督者成長為一個專業人士與人類（Aponte & Carlsen, 2009），促進勇敢的對話（Singleton & Linton, 2005）以討論受督者的經驗將如何反映特權、邊緣化與壓迫等議題是督導者的責任。然而，督導者對於專業議題看重的程度，與對受督者獨特、專一、特色性的需要，以及對治療師自我的探索深度，所看重的程度不一，相對於專業議題而言（Morgan & Sprenkle, 2007）。一位台灣的受督者戴先生（Green Tai, 2008）敘述他的督導者如何既聚焦在他的獨特需要、又在廣義的專業議題上，逡巡進出：「她很隨性地和我討論我的工作……然後她挑出幾個點表示讚賞，好奇我為什麼會想到這麼做。她也會指出我在一些地方的處理，問我那麼做的理由。她會這麼問我：『一定要那麼做嗎？有沒有其他的方式？』……她會告訴我我的回應和我個人的關係……她也會和我分享她在其他會談片段中的經驗，坦白而開放。」一些督導者強調，治療師的自我發展可以透過個別督導、自我覺察團體或個人治療，不過其他督導者也建議或甚至是要求，受督者應該要參與**治療師自我成長**的訓練（**治療師個人**（person-of-the-therapist）的取向，參考Aponte, Powell, Watson, Litzke, Lawless, & Johnson, 2009; Aponte, 2002; Aponte & Winter, 2000）。

治療師自我的想法貫穿了本書許多章節。在有關督導的文化敏感性的章節，重點在於將督導過程中的文化影響透明化，倫理有關的章節則討論受督者與督導者之個人價值與信念，在符合倫理的督導與治療歷程中所處的位置。在第二部分中，不同取向的督導者留意到他們如何將治療師自我的焦點融入到他們的取向之中。有關自我督導的章節則提供一個歷程，督導者可以用來敦促受督者在正式督導結束後持續的自我成長。

基本綱領六：脈絡化的督導可增進並深化督導的歷程

我們最後一個基本綱領是脈絡化的督導，著重於督導發生的獨特脈絡，包括考慮參與者的個人與專業經驗、專業影響、以及社會—歷史定位與督導的時機。個案、受督者與督導者有許多相關經驗，共同創造一個獨特脈絡，包括參與者與其性別有關的經驗、種源、種族、性取向社群（sexual affiliation）、社經狀態、靈性／宗教歸屬、教育程度、移民狀態、居住於鄉村或城市的經驗，以及個人與家庭經驗，諸如身為單親、離異、領養、同性雙親家庭等的一員。督導者必須注意這些經驗如何連結到資源的取得、連結到某些特權或邊緣化或者在社會中可能導致的壓迫。一位來自台灣的督導者提到，重點是去留意許多地方性的靈性與本土的療癒方式；另一位引用城鄉經驗的差異及其影響力；還有一位則提到那些接受過某些特定教育方式的人，擁有較多的特權。當督導者留意到參與者與脈絡的獨特性時，督導關係將變得更具意義。

專業影響力、社會歷史定位以及督導的時機，也會對督導所發生的獨特脈絡造成影響。督導者可以是受督者工作場域中的人，也可能是其工作機構之外的私人接觸，或者是受雇於某機構專事臨床督導的人（Ungar & Costanzo, 2007）。受督者可以是個人工作者，或是在各種不同的機構下工作的人，包括社區機構、醫療環境、教會等等。吳熙琄（Shi-Jiuan Wu, 2008），一位台灣的督導者，談到專業環境對其工作的影響：「……我們在督導中所做的任何事不只要關注於個案的照顧，也要注意受督者在想什麼、他們的想法與疑問，尤其是受督者所處的環境。由於在台灣許多地方資源有限……這裡的治療環境和其他國家相當不同……我學會非常仔細地去聆聽臨床工作者在這裡所必須面對的一切，並且在我的督導中去擁抱這些經驗。」在每個督導情境中，督導都有其特殊意義、存在的特定機會與挑戰，以及顯著的心理衛生的想法與價值。這些更大、更具包含性的改變隨著時間在社會中發生，並且總是和督導所進行的地方息息相關。舉例來說，集體主義想法愈盛行的地方，相較於個人主義社會，受督者保密性的意義和價值就會不同。透過脈絡化督導，督導者深入且全面的理解督導所處的脈絡，如此可使他們在脈絡中更具效率，並能去挑戰其他的督導方式就某些層面可能發生的問題。

如同其他基本綱領，脈絡化督導是一條重要的線，貫穿了本書各章節。第一部分強調專業脈絡的影響，散見於有關倫理、教育、機構、私人契約督導的章節中，以及一章有關中華文化論述如何改變督導歷程的樣貌。在本書的其餘部分，脈絡也總是存在，我們建議讀者思考其各自獨特的脈絡，以及脈絡的相關性、適切性及其與本書所呈現的想法彼此契合的程度。

結語：邀請共同成為收集者

如同許多自豪的收集者，我們相信我們在本書中所含括的各個片段對於督導的重要貢獻。就像在任何的集結中，讀者可能會捨棄一些我們認為重要的的信念，傳遞當中的部分片段給其他人，並且將他們地方社群中所產生的發明或改良，加入我們的收集當中。我們希望在讀者當中有一些與我們信念上血緣相近的人，也希望當中另一些讀者是其他的收集者，將此書所呈現的一些想法和實作加進他們個人的督導收集中。我們也希望這本書不只是拓展每一位讀者的個人收集，也是一個有關督導想法與實作的集結性的收集，可供進行系統性督導的督導者參酌。

參考書目

Anderson, S., Schlossberg, M., & Rigazio-DiGilio, S. (2000). Family therapy trainees' best and worst supervision experiences. *Journal of Marital and Family Therapy, 26* (1), 79-91.

Aponte, H., & Carlsen, C. (2009). An instrument for person-of-the-therapist supervision. *Journal of Marital and Family therapy, 35*, 395-405.

Aponte, H., Powell, F.D.,Brooks, S., Watson, M., Litzke, C., Lawless, J. & Johnson, E. (2009). Training the person-of-the-therapist in an academic setting. *Journal of Marital and Family therapy, 35*, 381-394.

Aponte, H. J. (2002). Spirituality: The heart of family therapy *The Journal of Famil Psychotherapy, 13* (1/2), 13-27.

Aponte, H. J., & Winter, J. E. (2000). The person and practice of the therapist: Treatment and training. In M. Baldwin (Ed.), *The use of self in therapy*. (2nd ed.). New York: Haworth.

Hsiung, P. (2008). Personal communication.

Hseuh Y. (2008). Personal communication.

Morgan, M., & Sprenkle, D. (2007). Toward a common factors approach to supervision. *Journal of Marital and Family Therapy, 33*, 1-17.

Prouty, A. M., Thomas, V., Johnson, S., & Long, J. K. (2001). Methods of feminist family therapy supervision. *Journal of Marital and Family Therapy, 27*, 85–97.

Singleton, E., & Linton, C. (2005). *Courageous conversations about race: A field guide for achieving equity in schools*. Thousand Oaks, CA: Corwin Press.

Storm, C., McDowell, T., & Long, J. (2003). The metamorphisis of training and supervision. In T. Sexton, G. Weeks, M. Robbins (Eds.) *The handbook of family therapy* (pp. 431-446). New York: Brunner Routledge.

Storm, C., Todd, T., Sprenkle, D., & Morgan, M. (2001). Gaps between MFT supervision assumptions and common practice: Suggested best practices. *Journal of Marital and Family Therapy, 27*, 227-239.

Storm, C., & Heath, A. (1991). Problem-focused supervision: Using therapy theories as a guide. *The Clinical Supervisor, 3*(1), 87-96.

Tai, G. (2008). Personal communication.

Hseuh, Y. (2008). Personal communication.

Ungar, M. (2006). Practicing as a postmodern supervisor. *Journal of Marital and Family Therapy, 32,* 59-72.

Ungar, M., & Costanzo, L. (2007). Supervision challenges when supervisors are outside supervisees' agencies. *Journal of Systemic Therapies, 26*, 68-83.

White, M. B., & Russell, C. S. (1995). The essential elements of supervisory systems: A modified delphi study. *Journal of Marital and Family Therapy, 21*, 33–53.

Wu, S. (2008). Personal communication.

第一部
督導情境
Context Section

【第二章】倫理議題：如何拿捏分寸？

英格褒・霍格（Ingeborg E. Haug D.Min.）
雪若・史東（Cheryl L. Storm Ph.D.）

瑞吉娜・摩絲向她的督導者梅蘭妮・戴維斯描述一個婚姻治療的個案。她談到機構裡的一位同事正在治療這對夫妻的某位家族成員，但這位同事卻未經她同意就查閱了這對夫妻的檔案。梅蘭妮開始擔心這是不是會危害到這對夫妻和這位家族成員的保密權利，她詢問有關給予個案保密權利的承諾，瑞吉娜遲疑地回答說，最初當這對夫婦問及他們的家族成員是否會看到有關他們治療的資料，她的確向他們保證這會被列為機密；她也解釋道，機構裡的治療師去查閱也在機構中治療的家庭成員檔案，是常見的慣例。梅蘭妮不明白瑞吉娜和她的同事怎能無視於給予個案的承諾，似乎不因交換資訊而感到不安。因為如果是她的同事未經她的同意就去查閱個案的檔案，她應該會有強烈的反應，所以她反省了她們反應上的差異。她要如何提醒受她督導的治療師注意自己在倫理上應負的責任，應該對個案誠實，並維護他們的隱私權和保密權呢？因為該機構裡的督導者似乎也不認為共用檔案有什麼問題，於是梅蘭妮更進一步探究了自己的反應。個案被保證他們的治療紀錄會被列為機密，但此項保證卻被漠視了，梅蘭妮對這件事的可能影響感到不安。

梅蘭妮細想，若鼓勵瑞吉娜去質疑她同事的舉動以及機構的政策，可能帶來什麼影響，尤其還要考量到這發生在瑞吉娜第一份專業工作剛開始的幾個月內。此外，梅蘭妮也在思考，她要問什麼樣的問題才能協助受她督導的治療師認知到這種情況的複雜性，也想到可能在無意間對個案造成的負面後果，並採取其他應對方式。她希望這種督導性的探索可以對擴展瑞吉娜的倫理思考和覺察有所助益。但更重要的是，她反問自己應該採取什麼樣的步驟，才能確保她扮演好倫理上負責任的督導者。如果違反保密原則的情況發生了，她的督導責任為何呢？因為梅蘭妮不太有機會接觸其他督導者或同儕團導去討論她的難題，她的處境實在很為難。

在督導中常會遇到上述的情況。當治療師在討論個案時，督導會細聽其中是否傳達出倫理問題的警訊。有時候，治療師會向督導提出明確的倫理困境，例如詢問該不該接受個案贈予的禮物。或在其他的狀況中，督導會發現他們自己身陷督導本身的倫理窘境中，例如，當受督者不規律地前來督導時，該督導者仍有責任給予即時且充分的督導（Falender & Shafranske, 2007）。在這幾種情境底下，全都需要督導者額外考量到督導中的倫理責任，才能幫助受督者成為系統取向治療師，在執業時能遵守多重專業領域社群共同的倫理守則。

督導者的倫理責任

督導和督導者在協助新手治療師上扮演了重要的角色，要幫助他們成為稱職且可靠的臨床工作者。督導是一種多層次的過程，督導者要注意受督者面對個案時所展現的臨床技術和倫理行為，同樣地也要注意督導者—受督者間，關係上及倫理上同質異形的議題。此外，任何與系統取向的治療師和督導者都會留意並區辨治療與督導關係交互影響的背景因素，他們也會注意治療介入或督導回饋可能產生的系統性影響。

督導有助於確保個案獲得有效的臨床治療及符合倫理的服務，促進受督者的成長及技術的發展，並同時維護系統取向治療師的聲譽及公眾的利益。無論有沒有效果，督導者會對個案和受督者產生長遠的影響，對其他利害關係人亦然，包括社會大眾、治療師社群，以及各種認同系統取向療法的專業領域（Barnett, 2007）。專業倫理將系統取向治療師所信仰的價值和態度轉化成治療室裡的行動，造福所有相關的人，因此每一次的督導會面和每一次的治療都必須符合倫理作法。

為了履行倫理責任，督導者首先要學習必需的知識、技巧、訓練，以指導受督者學會能勝任臨床工作的能力並合乎倫理的做法（Falender & Shafranske, 2007）。督導技巧並非僅因擁有資深臨床經驗而自然產生，督導者必須接受特定的訓練，如此他們才能建立有效的督導關係，並在臨床、專業、倫理疑義出現時，可以有技巧地去處理，這樣一來，受督者便可以整合在督導中得到的回饋並發展成為系統取向治療師。就像治療師在與個案進行合乎倫理的互動時，必須注意使用他們的角色中所隱含的權力和影響力，督導者也以相同的方式小心處理每段督導關係本身就存在的權力關係。因此督導者會維持著適當的專業界限，並創造出尊重又合作的氛圍供受督者學習。督導者必須言行一致地示範終身學習及持續性同儕督導的重要性。定期針對督導者所提供的督導進行諮詢（所謂的督導引導 [supervision mentoring]），是督導者開始了解自己的盲點及持續增強知識與技巧的重要途徑。致力於系統取向治療的美國婚姻與家族治療學會就是一個好例子，他們要求督導者在被認證前要完成特定的知識課程及督導實務，並且要接受繼續教育才能維持其督導者身分。

督導者的倫理責任來自數個來源，包括基於各種專業準則中所傳達的專業價值所訂的倫理指引、當地專業社群的督導工作準則、法令規章，以及系統取向督導文獻所提倡的最佳做法。合乎倫理的督導也會考慮到督導者和受督者個人的價值觀，並會注意到更廣泛的文化背景，尤其是當處在督導者、受督者、個案的背景迥然不同的多元情境時，以及督導者和受督者同時有不同的專業認同時。以下幾小節將論述一般公認督導者應負的倫理責任，依據的有文獻回顧、心理健康專業倫理（Storm, 2002; Armour & Haug, 2002）、對婚姻及家族治療師倫理規範的詮譯（American Association for Marriage and Family Therapy [AAMFT], 2001，這是系統取向治療師目前最主要的專業倫理守則），以及諮商師、心理師、社工師的倫理規範（American Counseling Association [ACA], 2005; American Psychological Association [APA], 2002, National Association of Social Workers [NASW], 2008）。

對個案負責

受訓中或較資淺的專業人員需要有練習的機會，一般個案能接受這些人員受督下的服務（ACA, 2005），如此一來他們才能成為完全合格而且具臨床經驗的系統取向治療師。因此督導者的首要任務是要藉由維護並支持個案的福祉、權利、最大利益，讓治療達到最佳效果。系統取向督導者及治療師不僅要考量到個案本身的福祉，也要考慮到他們所屬的家庭或人際網絡的健康狀態。督導者基於法律和倫理上都有責任要確保個案被充分告知，得到足夠、適當的照顧（Barnett, 2007），他們的隱私會被保護，且自尊和自主權都受到保障。當受督者的技巧及倫理行為表現已低於最低標準，而且個案也有可能受到傷害時，此時督導者要立即進行矯正，或者在極端的狀況時，要提議停止受督者的訓練，或採取行動讓受督者不再繼續執業（Russel, DuPree, Beggs, Peterson & Anderson, 2007），督導者藉此擔任守門員的角色，也維護個案的福祉。此外，督導者也要確保受督者確實地告知個案他們所持有的認證，以及他們正在接受的督導，包括督導者的姓名和資歷都需要告知。公開透明的說明，以及積極主動進行簽署書面的知情同意措施和程序，都能盡可能地讓個案做出有依據的決定，也對他們所要求的專業服務有信心（Wilcoxon, Remley Jr., Gladding & Huber, 2007）。

對受督者負責

督導者協助受督者「發展知識、技巧、態度，這些被認為是構成『良好治療』的要素」（Lichtenberg, 2007, p. 275）。首先，在建立督導關係之前，督導者要先評估未來的受督者其理論、臨床以及倫理的知識，還有從事臨床執業的能力及其準備就緒程度（AAMFT, 2007），並要主動積極地點出任何明顯的不足之處。第二點，一旦他們同意對某受督者進行督導，督導者要讓受督者可以和他們聯繫，並要提供適時且足夠的督導，如此受督者才能獲得所需程度的支持和指導，尤其是在一些緊急狀況發生時。第三點，他們協助受督者誠實且明確地向個案、其他專業人員、整個社會展現他們的能力（也就是他們的認證、訓練、經驗、技巧）。第四點，他們在督導中及受督者提供的治療中特別注意出現的多元議題（Barnett, 2007）。督導者和受督者一起探討某種特定跨文化的互動中權力所產生的作用（Allen, 2007），並了解同一文化中及不同文化之間的差異性、相似處、變異性，如此一來受督者才能提供適合該文化的治療，督導者也能提供有文化依據的督導。最後，隨著督導關係的進展，督導者嚴守他們守門員的身分，給予適時、詳盡的回饋和評量。督導者要建立一套可以處理臨床緊急狀況的程序、解決專業上或個人的困難，並採取主動積極的措施以解決督導中出現的分歧。身為守門員，督導者在評量受督者時要直接，縱使導致督導關係變得尷尬也一樣。如果受督者的表現無法達到該有的水準，或者因為個人的因素面臨執業上的困難，督導應該採取特定的補救方式，包括受督者接受個人治療和其他方法（Russell et al., 2007）。

就像知情同意原則一樣，督導者要告訴受督者他們偏愛的督導和治療模式，以及督導情境的本質（Thomas, 2007），包括相關的策略和程序，根據這些資訊，受督者可以去選擇符合其偏愛的概念、執業方式、價值觀的督導者。督導者不能因為個人的偏袒或偏見而歧視某些治療師且拒絕提供督導。督導者應該要尊重受督者的獨特性、尊嚴以及擁有不同價值觀、態度、信念的權利，他們應該要能夠瞭解並有足夠的敏感度去覺察多元文化的影響（如種族、文化、性別、宗教等等），包括影響他們與受督者之間的關係，以及受督者的臨床關係（Allen, 2007）。

雖然很多人不鼓勵督導者和受督者建立多重關係，但是多重關係是普遍存在的現象，而且多數的督導者總會在某些時候遇到這種狀況（Gottlieb, Robinson & Youngren, 2007），有時受督者和督導者簽約並直接付錢給督導者，這樣便同時有督導及財務上的關係。針對這些重疊的角色做好主動、清楚劃分界限的措施可帶來安全感、可預測性以及信任，這是有效督導的基礎（Haug, 1993 引用於Cottone, 2005）。置身於多重關係的督導者要設法將個案及受督者的利益放到最大，而對他們可能的剝削減到最低。督導者和／或受督者有時同時身兼多種專業身分，像是牧師和治療師或督導者，此時小心謹慎地處理界限的議題就特別重要（Haug, 1999）。大多數督導者都同意有些多重關係是禁止的，包括與受督者有性關係（AAMFT, 2001, ACA, 2005, APA, 2002），或者督導自己的家庭成員或親近的朋友，這些都有可能造成督導者和受督者的判斷受影響，也會讓督導的範圍和效力受限。

督導通常會觸及到受督者個人所經歷的困難和障礙，這些問題本質上有可能是情境造成且暫時的，也有可能是廣泛且久遠的。在督導中所收集到的資訊，無論是有關受督者的專業或個人生活，大致上都是被保密的，除非在遇到一些特殊狀況，通常包括當（一）督導是訓練課程的一部分，而授課老師和督導者會互相諮詢，（二）受督者反映說個案或他們自己有可能傷害自己或他人，或（三）法律中所明確規定對保密原則的限制。除此之外在其他狀況下，督導者需要請受督者簽署一份書面的請求才能透露任何資訊。

對公眾及專業社群負責

督導者身為最引人注目的代表，要為系統取向療法、治療師和其專業社群維護他們的聲譽以及公眾對他們的信賴，他們要確保下一代的系統取向治療師充分準備且在專業上可以給予個案高品質的照護，並且成為社會化的專業人員，可以將他們的專業好好地介紹給普羅大眾了解。多數的督導者因需評量受督者的能力，因此視自己為專業上的守門員（Russell et al., 2007），督導們知道自我能力與限度，他們會持續讓自己了解這個領域的發展，也確保會尋求諮詢及進一步的訓練（Barnett, 2007）。最近一個創新發展的例子是共通因子督導法（common-factors supervision），這種方法認為一項服務是否有效、合乎倫理的首要參考標準，是要評量該治療和督導中呈現出共通因子（common factors）的數量和程度（Morgan and Sprenkle, 2007）。督導者如果定期追蹤知識的最新發展，並向受督者和同事徵詢回饋意見，他們較能夠提供合乎倫理、令人滿意的督導，也能增強公眾對系統取向治療師的信任。

督導中合乎倫理的決策

督導倫理要比治療倫理更複雜，因為有以下三點考量（Storm, Todd, Sprenkle, Morgan, 2001）：第一點，督導者要協助受督者在臨床工作中，依據合理的推論去做出符合倫理的決定，他們同時也在督導過程中採用合乎倫理的決策歷程；第二點，系統取向療法特別強調關係以及治療中多方的參與，因此治療中常會出現一些獨特的倫理困境，督導者便是培養有能力處理這些困境的治療師的重要角色（Storm, McDowell, & Long, 2003），例如，系統取向治療師也許需要處理伴侶間、家族成員間、重要關係人間可能的需求衝突；第三點，督導者會監督這些還不完全合格的受督者所提供的服務，藉此維護個案的福祉，但督導者又無法直接接觸真實的治療狀況，這就變成很有挑戰性的工作。最後，如同前面所提到的，督導者要為個案、受督者、公眾／專業社群多處理一層督導倫理的責任，這些複雜性讓督導者在面對臨床、督導、專業困境時，要考慮各種方法去解決倫理問題並採取合乎倫理的決策歷程。

合乎倫理的決策歷程首要的認知是，所有的督導動作，即便是看似微不足道的動作也一樣，都有倫理的後果，因為他們都有可能影響受督者、個案、專業社群、普羅大眾的福祉（Haug, 1999）。督導中，「倫理危機暗藏於未問的問題以及未表明的擔心」（Haber, 2000, p. 167），所以督導能夠創造出安全的氛圍非常重要，讓受督者可以問問題並表達他們的擔心。根據一個探索性研究，探討受訓治療師「在倫理上的冒險行為」，麥羅林和里希（McLaurin and Ricci, 2003）建議督導要注意治療師的一些危險習慣，以及可能引發令人質疑或不合乎倫理行為的前兆，督導者在督導過程中尤其能夠知道這些行為，所以要保持警覺。

面臨倫理困境時，督導者一開始要思考各種不同專業組織所發展出對系統取向療法和督導的倫理指引，去釐清他們對個案、受督者、公眾／專業社群所需負的督導責任，他們會特別注意美國婚姻與家族治療學會（AAMFT, 2001）的規範裡，針對系統取向療法的特殊問題所強調的指導方針。倫理規範都是較籠統的或一般性的通則，在特定的情境中，需要深思熟慮地推敲才能加以應用。下列的倫理原則，取自醫療實務，強調助人專業的倫理規範，包括：自主、行善、不傷害、正義、誠信。應用在督導時，建議如下：只要不危害到其他人的權益，督導者要隨時盡可能地確保受督者及其個案自主做決定的權利。所有督導行為都是要對受督者和個案有益的，尤其是不可做出傷害行為，受督者和個案要被公平、公正地對待，不可有任何歧視。最後，最重要的是，督導要坦誠、忠實、可靠。

倫理規範（包含針對系統取向治療師）傳統上建立在重視個人的權利、公平、義務的基礎上，對於向來以相互聯繫的系統關係價值和多元觀點為執業基礎的治療師是種兩難困境（Newfield, Newfield, Sperry, & Smith, 2000）。雖然有初步的證據顯示，系統取向治療師和個人治療師面對倫理困境時，其提供的照護都有共通的倫理標準為基礎，但照護模式中決策過程所遵守的倫理準則特別適用於系統取向治療（Newfield et al., 2000），運用照護模式倫理準則的督導會考量每個狀況中來龍去脈的細節，以及對所有人造成的後果，包括對他們的關係和所應負的責任的影響，藉此可平衡各方不同的需要和要求。

近來有些督導者（和治療師）提倡一種關係的倫理（Wall, Needham, Browing, & James, 1999; Snyman & Fasser, 2004），他們強調過程面倫理（process ethics），主張倫理是由社會所建構出來的，而非由外在的倫理規範去決定的（Swimm, 2001, Ungar, 2006），根據這種後現代的觀點，促進愛與關懷的關係被列為優先考量且被重視；在某一特殊點、地方和時間，何謂倫理主要取決於關係。合乎倫理的決策歷程是要共同努力的，督導要保持透明，邀請所有人參與，包括個案、受督者、其他關係人，要考量不同參與者的觀點去共同建構出倫理困境的解決方法。要讓過程更有效的方法，就是所有參與者都可以開放地討論，同時考慮到倫理規範、價值、信念、想法、過去的臨床和／或督導經驗、以及相關的研究結果。

在決策過程中，督導者必須考慮不同的文化觀點（Houser, Wilczenski, & Ham, 2006），而且要為各種不同的觀點保留一些空間，尤其是那些被邊緣化的族群。有時候他們和受督者會面臨倫理責任上該做的、與文化層面上適切的作法相對立的矛盾。高爾（Cole, 2008）舉了一個東非個案的例子，對這個個案來說，其實有個未言明的預期，商業相關的活動一定是在相互分享了故事並熟識後才開始，這與倫理上的規定任何治療對話前先取得知情同意書相衝突。督導們一定要記得，專業社群認為合乎倫理的狀況通常反映出的是主流文化，一般都是歐洲本位的觀點。

最後，所有督導者所持有的個人價值觀都是源自於宗教／心靈的、道德的、文化的信念或訓練；同樣地，督導者對他們個人的信仰能維持覺察也很重要，這樣他們才不會在無意之中就「殖民」了他們的受督者，反而是要協助他們認清並確認自己的價值觀，如此一來他們才不會在不知不覺中將價值觀強加於個案身上（Laird, 2000, Borstnar, Bucar, Makovec, Burck & Daniel, 2005）。比如說，一位薩摩亞和北歐出身的督導，有著貴格會教派的信仰，他知道他個人的價值觀主張與他人合作、有歸屬感、避免引起他人的注意，都會影響他的督導。結果，他傾向鼓勵被他督導的治療師運用既有的治療模式，並強調要與同一學派的同事合作，而不是鼓勵受督者發展屬於他們自己特有的整合式療法（integrated therapy approach）。

倫理困境

當遇到倫理困境，督導者（和治療師）一定要小心並根據理論原則去進行論證，獲得最大的效益，將傷害減到最低（Armour & Haug, 2002, Russell et al., 2007）。就像本章剛開始所舉的例子，在相互抵觸的倫理準則同時出現或新狀況發生時，倫理困境就會漸漸形成（Wilcoxon et al., 2007）。對督導者來說很重要的事是他們有意或無意的動作對所有人造成的影響：個案、受督者、專業社群、大眾。若能考慮到倫理規範、各種不同的決策模式、不同的文化觀點、個人價值觀，督導者才能滿意他們所做出的決策。

接下來幾個段落會呈現並討論一些倫理困境的小片段，這些都是改寫自作者們實際的督導經驗，這些片段呈現出多數督導者在其專業生涯裡總會需要處理的各種常見狀況。我們刻意提出一些問題，希望能鼓勵讀者的參與，並激發他們對其中的複雜性和各種選擇提出個人看法。我們在討論每個狀況時，會根據督導者要對個案的福祉、受督者的專業發展、公眾／專業社群的利益所應負的倫理責任，因為倫理指引是一般通則，無法預知從業人員所面對的特定狀況，因此倫理的論證總是在灰色地帶中去比較不同的考量，需要我們的深思和勇氣才能在不同的可能性中做出選擇，不同督導者做出不同決定是很常見的狀況，所以我們在這些督導片段中涵蓋了各種督導者可能會做出的選擇，我們之所以選擇這些督導動作，是為了要平衡督導者對各方所負的責任，但是這些動作不是唯一的答案，也不必然是唯一正確的。

案例一：懷疑受督者的能力

> 蘇珊．詹姆士在雪倫．杜雷擔任實習生的機構督導雪倫，他們一起聽雪倫的治療錄音，個案是一位被五歲任性的女兒搞得精疲力竭的母親，這位母親既挫折又無助地描述她女兒如何不聽她的話，尤其當她在庭院裡玩要叫她進屋子的時候。當蘇珊聽到雪倫告訴這位母親要更堅定地表現出身為父母親的權威時，她點頭表示贊成，但是當她聽到治療師和母親計畫要把小孩鎖在門外一段時間來「教訓她」，讓她更聽話，這時她很快地從贊成變成擔心。這位督導者懷疑依據當地法律以及一般親職的做法，這是否已經構成兒童虐待，也在想她該負起怎樣的責任。

個案的福址

蘇珊注意到這位母親剛開始可能因治療師的介入而如釋重負，因為治療師提供了很具體的策略，讓她更能掌握狀況，期望這能讓她女兒的行為產生如她所期待的改變。但是這種方法是故意讓這小孩子感到恐懼和被遺棄，然後希望她因此能夠更合作。短期來看，女兒會因為跟母親分開而覺得不高興，但是受督者沒有考慮到有可能無意中造成的不良後果和這種介入的長期影響。如果這個五歲小孩因被鎖在門外而驚慌失措，為了努力尋求協助而遭遇到危險，結果發生意外，誰要負責？是母親的疏忽？是治療師因為鼓勵不要看管小孩的疏忽？還是督導疏於介入？長時間的處罰和與母親的隔離可能會對小孩造成傷害，套用神經科學家丹尼爾·席格（Daniel Siegel）的說法，對她是一種「有毒的分裂」（toxic disrupture）經驗（Siegel & Hartzell, 2004），是否可能會影響她長期的情緒健康？如果小孩的反應是既恐懼又歇斯底里，母親可能會覺得更煩並有罪惡感，因為她可能開始覺得這是殘忍又危險的懲罰，所以這是否不但無法幫到她，反而加重她的問題且傷害了她？這種介入也可能讓問題加劇，使女兒的反抗行為更嚴重，強化了這種破壞性的行為模式。

受督者的專業發展

受督者解釋說她用的是矛盾介入法（paradoxical intervention），是被公認且受重視的治療技巧，可停止原本的互動模式且給予母親一些支持，雪倫對這位母親有信心，相信她不會讓小孩太痛苦或太危險，她確定這在她的文化背景底下不會被視為不恰當的介入方式。蘇珊認同受督者的動機，但也強調即使是出自好心的行為，也有可能在無意中造成不良後果，一定要考量到這點才能遵從倫理的必要條件：首要之務是不傷害。

蘇珊非常擔心雪倫不足的經驗和能力，因為這已經是第三次她對小孩的管教做出有問題的判斷。她了解小孩的發展和父母的教養方式嗎？蘇珊懷疑她是否知道神經科學最新發現，不同教養方式影響腦部發展和情感依附（emotional attachment），這是超越倫理和文化的問題。雪倫是否有將問題以系統性的方式概念化？是否對症狀在更廣大的關係系統中所扮演的角色有徹底的了解，並以此為根據去進行介入？矛盾介入法是以不順從的預期為基礎，雪倫真的了解這種介入法嗎？雪倫似乎打算用她所謂的矛盾技巧，卻沒有注意到文獻裡建議如果可能造成傷害的話，應該避免使用這種方法。雪倫知道什麼叫做兒童虐待以及她在這方面應負的專業責任嗎？她有沒有從事臨床工作的知識基礎？蘇珊質疑她自己在同意承擔督導責任之前是否有好好地評估雪倫對臨床工作的準備程度，她是否讓雪倫做了超出她能力可做的工作？蘇珊對個案、受督者、雪倫工作的機構、大眾及專業社群應負起怎樣的責任？

大眾／專業社群的利益

另外，蘇珊的種族和膚色都與受督者和個案不同，她懷疑文化因素是否會影響到她自己和雪倫對何謂恰當的教養方式的觀點不同，她要如何針對他們打算做的介入方法提出問題，但又不至於和他們的文化不相容？她也不知道這位母親的鄰居和家人會有什麼反應，他們會不會覺得她是一位不重視小孩、還會虐待小孩的母親——還是說相反地，很贊成這種強硬的方式？這個介入方案可能會造成傷害，如此一來很有可能不僅無法讓系統取向療法的治療師有信心，反而會讓系統取向治療師的整體專業聲譽受損。

可能的做法

經過反省後，蘇珊和雪倫都認為這個介入方式可能造成的傷害勝於可能的益處，雪倫會聯絡這位母親，請她先不要進行之前商量好的計畫。蘇珊推斷，在這個家庭所居住以及治療師所執業的社區中，若進行此介入方案，將會構成兒童虐待，那麼按照法律規定，她必須要向有關當局舉發受督者以及這位母親，但是蘇珊知道這種做法同樣地也會被其他督導者理解成是反應過度，所以她反而將重點放在雪倫欠缺的知識，以及臨床和個人的經驗不足，蘇珊和雪倫一致認為需要探討和分析，促使她建議此強烈做法的背後，是什麼關於適當教養的文化信念。有關雪倫對臨床執業的準備程度，蘇珊回顧了一下她的背景，她相信雪倫已經擁有那些必要的基本知識，她決定請她閱讀一些和兒童發展、教養方式、矛盾介入法、兒童虐待有關的資料，以增加她的知識，她也決定和雪倫的養成機構聯絡，提醒她的老師有關其知識欠缺之處。她進一步決定對將來可能受她督導的治療師進行更徹底的審查，檢視他們的知識以及執業的準備程度，以便未來在她承擔督導責任之前，可以先提出她的疑慮。

案例二：幽靈協同治療師

芭芭拉．哈德利是一位私人開業的治療師，也是一位受敬重的督導者，榮恩．梅爾與她簽約接受她的督導。在他的第二次受督時，他播放一個婚姻治療個案的錄音，芭芭拉在聽錄音時，驚訝地發現榮恩有一位協同治療師。榮恩表明說他和他太太瑪麗亞一起進行治療，他聲稱他的太太雖未受過訓練也未經過認證，卻是一位天生的治療師，他進一步解釋說，自從他發現很難跟這位憂鬱的太太建立關係時，他就請他太太以協同治療師的身分加入治療，而從那時開始治療就有很大的進展。

個案的福址

為了維護個案的知情同意權益，芭芭拉詢問，個案是否完全了解瑪麗亞的訓練、經驗、認證程度。這對夫妻不僅需要知道他們正被一位未接受過訓練的人治療，也要知道瑪麗亞可能不受專業倫理規範的束縛，而這些規範卻是芭芭拉的執業指南，她必須負起督導責任。瑪麗亞能承受得住芭芭拉的督導嗎？個案知道他們的治療正在接受督導嗎？在說明所有的資訊之後，是否明確地告訴個案可以選擇接受或拒絕這樣的治療？他們的知情同意過程是否未受到不當的壓力？是不是需要其他的保護措施確保個案的權益不會受損？芭芭拉更進一步詢問榮恩，是不是了解在與夫妻進行治療時其中的性別動力，榮恩如何解讀這位太太在瑪麗亞加入前的退縮表現？他如何和這對夫妻探討這個問題？

受督者的專業發展

榮恩解釋說男性—女性協同治療的團隊在婚姻治療中非常有效，因為可以為該夫妻提供一個正向的互動模式。很多有名的治療師都和他們的配偶一起工作，很多人也都沒有接受適當的教育訓練或認證，他和他太太是在上了一些婚姻成長訓練課程後才開始一起工作，他們都認為這樣的安排對個案有益，也為他們自己的關係增添一些新鮮又刺激的面向。芭芭拉探究榮恩對於性別角色社會化和性別困境的了解，以及是否對這些問題在個案生活中的文化表現有所認識。她也懷疑榮恩邀請他太太以協同治療師的身分加入治療，是為了解決他自己無法和憂鬱的女性建立關係的焦慮和困難——也就是為了他自己的需要，他是否把自己的需求放在個案的需求之上呢？

芭芭拉覺得很困擾，因為榮恩在他們第一次見面規劃督導合約時，並沒有完全透露他習慣的臨床執業方式，她很擔心他這種在督導中明顯不夠坦誠及誠實的傾向，也懷疑這可能會同樣地出現在他提供的治療中。榮恩的行為在她看來充其量只能說是天真，但就治療和督導而言，則有可能是不負責任和不專業的。芭芭拉反省會不會是因為她和榮恩訂定的督導合約太模糊了，所以造成這種誤解。不過她很高興她堅持要審視榮恩工作的原始資料，不然的話瑪麗亞就會在沒有任何人知情的狀況下參與了治療。另外，她也懷疑只對協同治療團隊的一半成員進行督導的話，是否合乎倫理，因為她只能聽取和影響負責此治療的一半成員，根據當地以及專業的規範，她不僅在倫理上而且就法律層面上都有責任提供督導，所以問題就變得很棘手。如果在這個時候，芭芭拉以瑪麗亞不具有必要的訓練和經驗為由拒絕督導他們，這對夫婦是不是會在沒有督導及品質管控的情況下繼續進行治療呢？如果芭芭拉要求兩位協同治療師都必須參與督導，才同意繼續督導工作，與前者相比，是不是較不會對個案造成傷害？

大眾／專業社群的利益

芭芭拉也擔心梅爾夫婦是不是在大眾面前呈現他們是受過認證的治療師的樣子，他們是不是違反了任何當地用來約束心理健康執業的法律。為了讓大眾免受一些缺乏能力又沒有職業道德的治療師之害，有些地方規定非正規的心理健康專業人員必須向有關當局註冊，有些缺乏治療師的地方則可接受大學學士等級的治療師，讓他們承擔治療責任。

可能的做法

芭芭拉認為，考量到個案的福祉、榮恩和瑪麗亞的訓練需求、公眾和專業的利益，她最好讓榮恩和瑪麗亞一起繼續接受她的督導。她對榮恩的督導合約做出澄清，並與瑪麗亞另外簽訂一個合約，督導過程會將重點放在檢討梅爾夫婦所提供的治療錄音或錄影，她也討論了瑪麗亞可獲得其他進一步專業訓練的選擇，以及因為她自己的專業知識有限而必須倚賴他丈夫的專業判斷所可能造成的影響。其他督導者可能會有不同的結論，他們可能完全拒絕提供督導，而且強烈建議榮恩在他太太接受額外的專業訓練之前，不應該繼續和她一起治療個案。芭芭拉另外也協助他們設計一份說明詳盡的知情同意書，個案在治療一開始就要簽署這份文件。有些督導可能會覺得芭芭拉這樣的安排，是一種違反職業道德的「共犯」行為，有可能對公眾及此專業造成不良的影響。

芭芭拉也跟這對夫婦討論，他們要如何對個案解釋這整個狀況。梅爾夫婦表示，他們想要以後現代的方法解決倫理問題，芭芭拉解釋說，如果要以後現代的方式去進行，在下一次的治療中，一開始就要徹底地去探討各種疑慮、可能的影響及選擇，包括是否繼續和兩位協同治療師進行治療、瑪麗亞是否不再參與其中、或者轉介給其他協同治療師。梅爾夫婦也需要去探討因為他們沒有完全透露瑪麗亞缺乏訓練的事實，會對個案造成什麼影響。梅爾夫婦在下一次督導中報告，他們跟這對夫妻討論後，這對夫妻決定繼續和他們工作。不過在芭芭拉探究了實際過程，她覺得那項討論只進行了幾分鐘，並沒有充分地探討可能的影響，也掩蓋了一開始沒有告知瑪麗亞的背景的事實。這提醒了芭芭拉，以後現代的過程處理倫理問題，需要治療師能催化深層次的討論，這是相當困難的，她認為這對協同治療師需要更多的指導和幫助，才能共同建構化解這個倫理困境的方法。她決定調整她的工作時間表，以便於下次會談加入這對夫妻和協同治療師，那麼所有人，包括督導者，都一起參與倫理決策過程。

案例三：灰心的受督者

黃莉莉督導保羅．麥可曼時，很專心地聽他描述治療一位母親和她七歲的兒子，他不知道該怎麼做而且很灰心。這位母親和她兒子的父親已經離婚，她的兒子曾目睹她遭受前夫的家暴。她有困難養育這個兒子，他任性、發展遲緩、有嚴重的注意力缺乏症，而且在幼稚園常對其他孩子施暴。保羅坦承每次的治療最後通常都會變成母親和兒子相互叫囂的混亂場面，兒子亂踢，母親嚴厲地約束他。莉莉注意到某次治療的錄影帶上，其中一次脾氣爆發的當時，這位母親把兒子拉向自己，有機會短暫地把他放在她腿上，在他額頭上很快地吻了一下，不過這個生氣的小男孩很快地就溜下去，不一會兒這位母親又開始嚴厲地指責他。保羅跟莉莉談到這個家庭所面臨的嚴重的多重問題，還有他的無能而日增的無望感。考慮到這個家庭的問題，他建議把兒子送到寄養家庭可能對這位母親比較好。他也懷疑系統取向療法對他來說是不是理想的工作方式，因為看來他有困難處理這種有多重關係動力的個案。

個案的福祉

治療通常是在幫助受傷及絕望的個案，是情緒負擔很重的一種工作，但在給予治療後，夫妻或家庭會開始有些小轉變，往好的方向發展。當個案在治療師面前開始上演他們的關係困境時，治療師要能夠去區辨過程和內容，並且在過程的層面去介入，成為推動改變的因子。不過，治療師很容易就會「被吸進系統中」，和個案一起感覺無奈、無望、無助，無法抗拒病態化個案的壓力，以致看不清個案所擁有的資源，當個案發覺他們自己在治療師的眼中是無望的個案時，可能會更放大他們的問題。個案需要的治療師，是即使在面臨困難的問題時，也能在過程中抱著合理的希望，能夠依照他們的治療模式，察覺到一些正向的發展，並小心謹慎地以此為基礎去進行治療。如果保羅可以注意到並點出這位母親表現出的關愛以及安撫她小孩的小動作，藉此在那個時候肯定她母愛的本能，那事情會怎麼樣呢？這對這位母親和保羅會有什麼影響呢？這可能可以讓這位精疲力竭的母親對她自己的能力有一點信心，然後保羅就可以進一步詢問這位母親所表現出的希望和決心從何而來，並協助她更充分地去利用這些精神資源。

受督者的專業發展

對初學系統取向療法的治療師而言，能以過程的角度去看待關係的困境一向不容易。在良好的督導下累積經驗對新手治療師來說很重要，這可以幫助他們保持某種程度的客觀，他們因此才能將理論轉化為臨床技巧，並能將個案和他們自己的問題有所區分。治療師在理智上、精神上、情緒上、和心靈上的自我覺察，都免不了會影響治療的進行，而這對一個合乎倫理、盡到告知義務的治療來說十分重要。治療師要避免自己「同情心麻木」及專業耗竭，這對所有治療師來說，是倫理規範，也是一項挑戰。莉莉要怎麼跟保羅探討他自己的無奈、無望、壓力對個案造成的影響（見案例六）同時避免把督導變成治療，製造出額外需處理的問題呢？莉莉要怎麼幫助保羅找出他自己精神上、情緒上和心靈上的資源，足以維持他的希望感和樂觀態度，使他能從個案和他自己的貢獻中，找到不同的可能性以及適當的信心。

可能的做法

莉莉決定和保羅談談他哲學和心靈上的信仰和態度，特別是那些幫助他讓生活有意義並維持他的希望和勇氣。她解釋說，個案通常會借用治療師所散發出的希望和信心，直到他們逐漸更有能力去處理生活中的挑戰。因此治療師需要小心維護自己的精神、情緒、心靈上的健康。莉莉鼓勵保羅去找出且重新連結這些資源，並要有適當的自我照顧（Lum, 2002）。她然後把話題導向保羅埋沒在對個案的診斷以及充滿病理學的論述，使他無法察覺並強調個案其實顯示出短暫卻明顯的照顧能力。她向保羅推薦一些讀物，主要是以後現代能力取向為基礎，含括心理治療和系統取向療法中的靈性面向，她另外也請保羅要以系統性的思考方式去看待個案的關係，不要陷入其中的細節內容。

案例四：觸景傷情[1]

王艾美是黎吉米的督導者，吉米是一位系統取向治療師，已獲取研究所學位，過去六個月都在接受學位後督導。吉米所服務的諮商機構沒有工作人員有過系統取向療法的訓練，因此經過機構的同意，他與從事私人執業的艾美簽下督導合約。督導過程中，吉米對一位青少年個案的行為問題感到挫折，他說：「這真是觸景傷情啊！」，然後向艾美請求治療他十六歲大的兒子，他接著說他和他太太知道她是個有名的治療師，尤其特別針對青少年和他們的家庭問題，他們希望他的家人可以獲得最好的治療，因為除艾美外，距離最近又專門從事青少年治療的系統取向治療師住在四百公里外的地方。

個案的福祉

艾美很懷疑若治療了黎家的話會產生什麼後果，她之前和吉米的督導關係會對他太太（金）和兒子有什麼影響？這個關係是有助於還是會損及與他們建立信任的治療關係呢？母親和兒子可能會因為吉米和艾美有良好的督導經驗，所以更信任她，但也有可能因為艾美和吉米先前就已經建立了關係，讓他們覺得自己是局外人。她另外也考慮到因為她與吉米有督導關係，可能會讓他無法在治療中全力參與。艾美感覺到因為這層督導關係，她可能已經對吉米如何看待他的家庭問題有了偏見，她如果要成為他們的治療師，她一定要持續地注意她和每一位家庭成員所建立的同

1　此案例的第一個版本以及其熱烈的討論出現在下列一書：湯瑪斯．陶德和雪若．史東編（1997）《系統取向督導完全指南》（*The Complete Systemic Supervisor: Context, Philosophy, and Pragmatics* [pp. 241-271]. Boston, MA: Allyn and Bacoon）。其中由雪若．史東、瑪莉蓮．彼得森（Marilyn Peterson）、和卡爾．托姆（Karl Tomm）所撰寫的章節，〈督導中的多重關係：進入難題〉（Multiple Relationships in Supervision: Stepping Up to the Complexity）。本文中對相關議題的建議是原著文章中討論的延伸。

盟關係。

艾美知道她必須考慮到她的決定在文化層面上可能產生的影響，也覺得她需要去了解金的文化背景，才能夠全盤了解整體狀況，因為母職、父職、夫妻相處在不同文化中有不同的意義和角色意涵，所以這層督導關係會怎麼影響治療關係？治療關係又會怎麼反過來影響督導關係呢？金或許不會願意完全坦誠，因為她知道他先生是一位治療師，是他的生計來源，也是他所選擇的職業，他的能力會持續地被評估，如果有一些不利於她先生的看法，可能長期來看會對他的工作有不良的後果。同樣地，艾美也懷疑吉米的兒子是否能在治療中感覺自在，可以向她吐露心事，自由地批評他的父母，尤其是知道他的治療師也是他父親的督導時，他是否能批評他的父親。另一方面，如果她拒絕他們的請求，這個家庭會怎麼看待她和系統取向治療師？尤其如果她以倫理和專業標準為理由的話，他們會有何感受？

受督者的專業發展

艾美在考量的一個關鍵問題是，這種雙層關係會對督導的進程和受督者造成什麼影響。有些督導者認為多重關係可以加強受督者的能力，前題是要小心處理，包括督導者要積極地去保護所有相關人員，避免造成傷害，而且從關係開始，一路到最後都準備面對其中的複雜性（Storm, Peterson, & Tomm, 1997）。艾美懷疑吉米是否會因為這種雙層關係讓他無法全力參與督導過程，使他無法達成督導的目的，增進其專業能力，吉米也可能變得不太願意討論青少年個案的問題。另一方面，艾美也在思考，成為吉米的家庭治療師有沒有可能因此更能完整並客觀地了解吉米在關係中有能力及有所成長的部分，因此提升督導的效果，也豐富並促進艾美和他的督導經驗，在督導（以及治療）的過程中，艾美可以協助吉米將他的能力用在他所有的關係中。最後，如果一切都順利的話，可以促進吉米在專業上的進步，也強化他家庭關係的發展。

但是艾美卻懷疑她自己是否能同時擔任吉米的督導和他的家庭治療師，她有辦法處理可能產生的角色混淆嗎？她能夠清楚分辨什麼時候她是督導，什麼時候她是治療師嗎？督導中的討論本質上是專業的，但也通常包含了治療師的個人經驗，如果艾美同時身兼兩種角色，督導者和受督者之間的權力差異就會更不平衡，因此艾美在這個原本就充滿權力的關係中，更要特別注意其中被增強了的權力。

大眾／專業社群的利益

艾美思考區別督導者和治療師的角色，是否對專業社群和系統取向治療師的聲譽來說很重要。雖然在專業和文化社群中有一些不同的看法，多數人對督導的倫理規範和專業標準都要求督導者不要同時擔任受督者的治療師。在鄉村社區、被邊緣化的社群或者一些較群體主義的社會中，多重關係是很常見且難以避免的。艾美堅持要提供有文化敏感度的治療和督導，因此反複琢磨該做什麼樣的決定，艾美的社區資源很缺乏，不迴避多重關係可能才有辦法推動系統取向療法，才有更多機會可以幫助有困難的個人、夫妻、家庭，這也算是關懷社區需求的一種表現。但是，艾美懷疑如果當治療的內容和督導的內容混在一起時，她有沒有辦法做出合乎倫理的決定，各個參與者資料的保密是不是也是個問題？

可能的做法

當艾美在思考可能的做法時，她逼自己試想一下可能在無意間造成的後果。因為治療師這個人和做治療這件事是緊密相關的，所以成為吉米的治療師對他來說會是很好的學習機會，這可以讓他看到同質異形的模式橫跨不同的脈絡，學習到將建設性的改變從一種脈絡轉移到另一種脈絡。艾美細想，這個決定是經過理智的判斷，還是因為吉米覺得她是唯一可以幫他們的人，所以她覺得很高興才下的決定。她考慮是不是要停止督導關係，只擔任這個家庭的治療師，減低造成混淆的可能性。但是艾美最後決定繼續擔任吉米的督導，實踐她之前承諾吉米對他學習和專業成長上的幫助。

另一個可能的做法是讓吉米和金一起加入討論這整個情況，共同參與決策過程，讓他們做最後的決定。艾美心裡開始列出在討論時她應該要提出的優缺點，然後發現她需要處理所有她在面談時能想得到的問題，她仔細思考一些可能的做法，以減少在無意中對受督者和他的家庭造成的傷害，包括建議金邀請一位可信賴的朋友加入面談以便支持她，艾美自己要找一位諮詢師合作，以便持續地反省自己的動機、與所有人的合作關係，以及對所有參與者保持開放透明。她特別注意到，當問題發生時，常常很難看到自己是怎麼促成那些問題的。艾美謹記著她的督導承諾和應付出的努力，確保整個狀況有益於治療和督導，將傷害的風險降到最低。

艾美深吸一口氣，然後做出決定，雖然這種多重關係可能為受督者和他的家庭帶來好處，她寧願還是不要承擔這種程度的責任、複雜度，和花費這樣的時間和精力。最後，她告訴吉米她的決定，但也對他願意坦誠地尋求治療表示贊同，因為很多治療師都不願意尋求幫助，並稱讚他願意坦率且誠實地和她分享他的家庭關係，也肯定他能夠察覺個人的困境與臨床工作之間的關聯。她繼續和他一起討論其他可以幫助家人的選擇，以及可以符合他和家人的需求的人，包括社區中其他的治療師、學校的輔導老師、有諮商背景的牧師。

案例五：竊聽？

約翰．桑姆納是他所執業的鄉村地區裡唯一一位有經驗的督導。他擔任查克．巴拉斯的督導者，好讓查克可以達到專業訓練的要求。查克的提案是一對因為外遇問題而分開的夫妻，當約翰聽錄音時，逐漸意識到這是他和太太常有來往，認識很久的一對夫妻。

個案的福祉

約翰在知道他處於什麼狀況下後，他想是不是應該立刻請查克關掉錄音，然後請他找別人督導這個個案，他考慮到如果這對夫妻知道他聽了他們的治療錄音的話，他們會有何反應？他們可能會覺得被治療師和朋友背叛，兩段關係因此都受到傷害。無論他們知不知道這個情況，目前他所獲知的訊息已經改變了他和兩位朋友的關係。約翰認為，個案知情同意的範圍應該包括知道治療師的資格認證，包含他或她是否是學生身分，也應該有權知道督導的身分和其資格認證。查克並沒有向他們透露這些資訊，他的督導擔心這已經違反了個案的隱私保密和知情同意的權利。他在想要怎樣修正目前的狀況比較好，就算約翰停止對此個案的督導，個案是不是也要被告知呢？不論他們知不知道這件事情，都一定會對他們的私生活造成微妙或者不止微妙的影響，怎麼樣的處理方式才不會對個案造成更大的傷害：告訴他們還是隱瞞事實呢？

受督者的專業發展

為了增進做為一位系統取向治療師的臨床技巧，以及達到他渴望加入的專業組織會員標準，查克很重視他所接受的督導。在這個鄉村地區，除非他跑到幾個小時路程外的地方，他不可能再找到另一位具有系統取向療法專長又有經驗的督導。查克很不願意告訴個案他洩密，也很擔心他們的反應。約翰在想，最好要用什麼方法去協助查克克服這種令人焦慮的狀況。

可能的做法

約翰協助查克制定一套主動的策略，以避免類似的狀況再發生，今後，查克會告訴他的個案他正在接受督導，也告訴他們督導的身分，他會請個案以書面的方式明確地同意這些做法。至於如何解決目前的困境，約翰和查克認為他們兩位要一起和個案進行一次面談，告知他們目前的狀況，讓時間去處理他們的反應，這才是符合個案的利益的最好方法。不同督導對於什麼方法能讓這對夫妻的傷害減到最低的判斷不同，所以要不要回頭告訴他們已被洩密，不同督導者可能會有不同決定。再者，很多國家和地區的法令都對於個案資料的保密有相關規定，所以治療師和督導者要隨時清楚與自己工作相關的法律內容。

案例六：連線成功？

卡瑞娜．魏是一位有經驗又資深的實務工作者和督導。史帝芬．比特巴哈是她一位年輕的同事，他請她督導一個困難的個案，是有一位十五歲叛逆女孩的一個家庭。他告訴卡瑞娜，這個女孩跟她的父母一起治療時，拒絕積極加入會談，但過去兩個星期以來，透過電子郵件和簡訊，他和她有熱烈的交談，這樣的溝通讓他能夠了解這個女孩子的世界。他解釋說，幾個星期前他給了女孩子的父母親他的電子郵件地址，以便安排治療和確認時間，她一定是從父母親的信箱找到他的聯絡方式。史帝芬現在懷疑他父母親是不是知道這些電子信件往來，他又要如何在治療中利用這些從電子郵件和簡訊得到的資訊。

個案的福祉

卡瑞娜問史帝芬，他的知情同意原則裡有關電子郵件和其他電子通訊是怎麼訂定的，當他在傳送未經過加密的電子訊息時，有可能在過程中會被截取，他有沒有想過會因此洩密（Haug, 2009）？史帝夫需要確定只有個案或個案的家人可以看到這些通訊內容，他甚至得要確定他所收到的那些信息，到底是不是真的是他那位青少年個案自己發出的？他要怎麼解釋為什麼他和這個女孩子建立良好的關係並了解她的生活的重要性，會大於尊重其父母親在倫理和法律上都有權決定他們未成年女兒所接受的任何治療？她的父母有給這個女孩他們的電子信箱帳號嗎？或者她瞞著他們偷偷摸摸地做這件事，這是否暗示出這家庭裡有某種系統性／關係上的問題？史帝芬有沒有系統性地想過他可能已經進入了一個三角關係？在這個關係裡，父母親已經失去影響力，而且女兒會認為他們比治療師更不了解她。但是，如果把這女孩子和史帝芬聯絡的事情公開的話，她會有什麼反應呢？或者，史帝芬有沒有辦法讓她自己先公開出來呢？他能不能用一種積極正向的角度去處理這件事情，讓它成為對治療有用的材料？

受督者的專業發展

史帝芬說，他算是很晚才開始在專業領域裡使用電子媒體的了，他很多同事都已經在隨意地利用電子郵件、簡訊、聊天室、部落格和個案溝通，當個案無法前來進行面對面的治療時，有些人會利用串流音訊／高解析視訊的形式進行完整的治療，也有些人對外廣告宣傳線上治療，他還沒有考慮到在倫理以及法律上會衍生出什麼問題。卡瑞娜指導他閱讀一些有關在治療中運用科技的挑戰與好處的文章（Derrig-Palumbo, 2009; Haug, 2009; Leibert, Archer Jr., Munson & York, 2006; Scott & Thompson, 2009, Shaw & Shaw, 2006），以及專業倫理規範的文章，尤其是對科技輔助進行治療有所規範美國輔導學會（ACA）。

大眾／專業社群的利益

有愈來愈多治療師提供線上心理健康服務，他們認為這對那些可能因為身體不便、住在偏遠地區或者精神上／情緒上有困難，而無法親身到治療師辦公室的人來說，是可行的一種治療方式。個案常常覺得透過電子媒體可以匿名很吸引人，而且在某些狀況之下，的確可以利用電子媒體幫助到那些很不願意進行面對面治療的個案（Leibert et al., 2006）。線上服務的支持者更主張說，讓個案寫出困境和感受可以幫助個案客觀地判斷問題，並澄清自己的想法和感受，這些都是重要的治療目標。然而，這種匿名性在緊急狀況下有可能造成災難性的後果，如果系統性地去思考這個問題，會發現在治療師不知情的狀況下，治療會因為電子媒體而在各種可能性中失敗，比如說只靠簡訊的治療中，任何人都可能假裝是發送簡訊的人。使用電子治療工具也有可能不小心就增強了個案的孤立狀態，並鼓勵他們花太多時間在虛擬關係而太少時間在「真實」關係上（Haug, 2009）。

社會大眾通常不太清楚提供這種治療方式會遇到什麼挑戰和危險。就像前面所提到的，有很多和保密相關的考量，尤其因為在電子媒體中沒有看得見的接觸，治療師無法確定他們到底實際上和誰在線上通訊。另外，因為沒有聽得到和看得到的線索，像是皺眉、翻白眼、聲調、靜默等等，可能會嚴重地妨礙評估和進行有效的治療（Haug, 2009）。如果存有個案通訊紀錄的電腦或電子器材故障，需要維修，資訊的傳輸因此中斷，或者臨床緊急情況發生的話，該怎麼辦？此外，一些比較不熟悉電子科技或者書寫技巧較不好的個案，可能因為電子媒體的使用而剝奪了他們的權利。卡瑞娜也對這個用簡訊進行的治療紀錄提出疑問，她擔心有些個案如果不高興的話，會利用或修改這些紀錄去傷害家人或治療師（Haug, 2009）。保護社會大眾的重點，在於治療師是否有做到倫理上應盡的義務，告知個案使用電子通訊時預期會有的後果，以及可能在無意中造成的後果。

可能的做法

在提出這些倫理上的考量後，卡瑞娜和史帝芬一起探討要如何公開和這個女兒通訊的事情，以及要如何運用可能引發出的反應去獲得治療效果。她也請史帝芬在下次的督導前，閱讀她所建議的一些文章，準備好對這個議題做更深入的討論，尤其是以系統性的觀點去探討。卡瑞娜希望和史帝芬聊聊他對於電子媒體應用在治療上的整體看法，以及對於他所治療的家庭造成的具體影響。

符合倫理的督導應有的考量

督導者並非只是被動地傳遞倫理內容而已，他們是站在主動積極的立場幫助受督者和他們自己去養成倫理意識，並根據內在及外在的倫理價值去做決定。符合倫理的督導就好像防衛性駕駛一樣，防衛性駕駛總會看著路面，注意是否有突發狀況、可能發生的意外、以及避免傷害到路上所有人事物的方法。同樣地，督導者也運用他們較多的專業經驗和知識去指導受督者預見未來可能遇到的困難，去評估各種可能性和方法，他們會考慮受督者過去的表現、能力、背景、工作的內容、他們過去的受督的經驗、以及他們個人和專業上的經驗，包括考慮到個別差異的問題和所有參與者的社會身分，才能夠去預見受督者可能會面臨的困境。督導者也意識到個案的觀點和詮釋會隨著時間改變，他們要協助受督者在臨床工作上要顧及這項因素。

符合倫理的督導主要是為了確保個案可以得到高標準的照護。督導者協助受督者盡可能提高治療效能，以減少個案接受尚在訓練中的專業人員的治療可能面臨的風險。督導者協助受督者避免不小心做出不合倫理的決定，或者惹出什麼法律問題，讓受督者可以增加專業工作中有關倫理的敏感度。督導者不是從受督者的觀點來看事情，他們是在倫理上，或者對有些地區來說是在法律上，有責任和義務去提供督導，並符合系統取向治療師社群和各自的專業對督導所規定的照護標準（Storm, 2002）。在當今的多元化社會中，很重要的一點是督導者自己要對多元文化和其他個別差異的議題有所認知和了解，並將這些放入他們的督導關係和回饋中。

這裡所列舉的督導者的具體做法，可以提高督導者為受督者和個案帶來的助益，並盡可能地避免對任何人造成傷害。第一，對督導者和受督者來說都很重要的是，去探討什麼是投入督導關係所必需的。這包括剛開始時督導要仔細地檢視可能受督導的治療師，判斷他們是否已經準備好接受督導，受督者和督導者也要判斷他們兩者之間偏好的想法、價值觀、作風是否相容。在充分的檢視和討論相關的策略和程序後，最好要告知受督者該如何與該督導者進行督導。如此一來，所有相關人員（也就是受督者和個案）都算是督導中知情同意的消費者（Thomas, 2007）。

第二，具體的、描述清楚的、經雙方協商過的合約，可以幫助受督者做知情後的決定，也有助於督導者公平地對待受督者。共同合作制定的合約能減少誤解，讓意見盡可能一致（Tanenbaum & Berman, 1990）。因為制定合約時會詳細地解釋每位參與者的責任，可將督導中的位階差異減到最低，有助於督導的性別和文化敏感度（Thomas, 2007），在這些合約中，建立一致同意的督導目標和引導督導關係發展的策略，兩者同等重要。有關如何進行補救措施，以及如何在督導者和受督者有差異（例如文化信念、個人風格、偏好的理念等等）的狀況下工作，在督導一開始時雙方就達成協議，會比受督者已經在督導過程中花了時間、金錢和精力後，來得更容易解決。

第三，督導者聽治療個案的錄音，以及在某些狀況下會觀察實際治療情形，可讓督導者接觸治療的原始資料，再加上持續地做督導紀錄，兩者都可以協助督導者取得並維持督導所需的關鍵資訊。根據原始資料的資訊，督導者可以提供足夠且適時的督導、評估受督者從事臨床工作的能力、且確保個案可以獲得合理良好的治療。當督導者警覺到有可能出現緊急狀況、危險的個案、或受督者對某種狀況經驗不足時，他們要避免受督者和他們自己不慎做出不合乎倫理的決定或面臨法律上的風險。紀錄文件可以證明督導時數，也提供受督者的進展的相關資訊，可做為評估以及工作推薦的參考資料，當督導中的差異和困難慢慢形成時，紀錄文件可以協助督導者、受督者和其他可能被招來調解或調查的人找到解決方式。這兩種方法都可以讓所有與督導過程相關的人負起責任來。

第四，若打算建立多重關係，或者多重關係無法避免時，謹慎評估並認真地思考多重關係會造成的困難和可能的混淆與傷害，可以協助督導者決定採取什麼預防措施。督導者若能嚴肅地看待多重關係可能造成的負面影響並採取預防措施的話，也能增強這些措施對他們自己、受督者和個案的保護效果。史東、彼得森、托姆（Storm, Peterson, & Tomm, 1997）建議督導者可以諮詢同事、督導的督導、受督者所選擇的第三者，作為預防措施。

最後，當倫理困境發生時，督導者要考量倫理原則、專業規範、倫理決策的各種模型、非主流的文化觀點、個人價值觀、行為準則，才能做出合理的決定。督導者和受督者要一起從多方面的角度考量預期和非預期中會造成的後果，包括從受督者、督導者、個案、和公眾／專業社群的角度，去決定什麼做法能夠為所有人帶來最大的好處，並將傷害減到最低。

如何拿捏分寸？

如果將這些概念運用在本章一開始的案例，督導者梅蘭妮試著兼顧對個案的保密以及確保不對個案和受督者造成傷害，往往顧及了一邊就顧不了另一邊，梅蘭妮知道她的行為會對瑞吉娜和她的個案造成影響，她問自己各種問題，包括可能有意和無意造成的後果。如果這對夫妻發現他們的治療檔案被親戚的治療師看過了，而且梅蘭妮和瑞吉娜也知道這件事，他們會將這視為一種嚴重的洩密，甚至採取法律行動嗎？如果這對夫妻對瑞吉娜的信任已打了折扣，這對他們的治療會有什麼影響呢？瑞吉娜現在要如何反應才能避免更大的傷害？怎麼做才能兼顧這個關係中所有人的利益？如果梅蘭妮沒有提醒瑞吉娜注意這件事，她會不會被視為沒有盡到倫理責任的督導者？如果梅蘭妮鼓勵瑞吉娜去質疑她所工作的機構的政策，機構督導者會不會認為瑞吉娜是愛惹麻煩的人？有沒有可能影響瑞吉娜以後的升遷和薪資？討論這件事情對瑞吉娜的學習有益嗎？還是會忽略瑞吉娜所關心的治療議題？這些各種預期與非預期後果發生的可能性又是如何？你會採取什麼樣的督導策略呢？

參考書目

American Association for Marriage and Family Therapy (AAMFT). (2001). *AAMFT Code of Ethics.* Alexandria, DC : Author.

AAMFT. (2007). Approved Supervisor Designation: Standards and responsibilities. Alexandria, VA: Author.

Allen, J. (2007). A multicultural assessment supervision model to guide research and practice. *Professional Psychology: Research and Practice 38*, 248-258.

American Counseling Association (ACA) (2005). *ACA Code of Ethics.* Alexandria, VA: Author.

American Psychological Association (APA) (2002). *Ethical Principles of Psychologists.* Washington, D.C.: Author.

Armour, M.P. & Haug, I.E. (2002). International perspectives on professional ethics. In: R. Massey & S.D. Massey (Eds.) *Comprehensive Handbook of Psychotherapy vol.3,* 641-667. NY, NY: Wiley.

Barnett, J.E. (2007). In search of the effective supervisor. *Professional Psychology: Research and Practice 38* , 268-272.

Borstnar, J., Bucar, M.M., Makovec, M.R., Burck, C. & Daniel, G. (2005). Co-constructing a cross-cultural course: Resisting and replicating colonizing practices. *Family Process 44,* 121-131.

Cole, E. (2008). Navigating the dialectic: Following ethical rules versus culturally appropriate practice. *American Journal of Family Therapy, 36*, 425-436.

Cottone, R.R. (2005). Detrimental therapist–client relationships: Beyond thinking of "dual" or "multiple" roles: Reflections on the 2001 AAMFT Code of Ethics. *The American Journal of Family Therapy 33*, 1-17.

Derrig-Palumbo, K. (2009). Considerations for MFTs working with clients online. *Family Therapy Magazine 8 (3),*24-27.

Falender, C.A. & Shafranske, E.P. (2007). Competence in competence-based supervision practice: Construct and Application. *Professional Psychology: Research and Practice, 38*, 232-240.

Gottlieb,M.C, Robinson, K.P. & Youngren, J.N. (2007). Multiple relations in supervision: Guidance for administrators, supervisors, and students. *Professional Psychology: Research and Practice, 38,* 241-247.

Haber, R. (2000). Supervision as an ethical gym. In AAMFT (Ed.) *Readings in family therapy supervision* (pp. 167-168). Washington DC, Author.

Haug, I.E. (1999). Boundaries and the use and misuse of power and authority: ethical complexities of clergy therapists. *Journal of counseling and Development 77,* 411-417.

Haug, I.E. (2009). Is online out of line? A view from the sidelines. *Family Therapy Magazine 8 (3),* 28-31.

Houser, R., Wilczenski, F., & Ham, M. (2006). *Culturally relevant ethical decision-making in counseling.* Thousand Oaks, CA: Sage Publications, Inc.

Laird, J. (2000). Theorizing culture: Narrative ideas and practice principles. *Journal of Feminist Family Therapy 11,* 99-114.

Leibert, T., Archer Jr., J., Munson, J., York, G. (2006). An exploratory study of client perceptions of internet counseling and the therapeutic alliance. *Journal of Mental Health Counseling 28,* 69-74.

Lichtenberg, J.W. (2007). What makes for effective supervision? In search of clinical outcomes. *Professional Psychology: Research and Practice, 38*, 275.

Lum, W. (2002). The use of self of the therapist. *Contemporary Family Therapy 24,* 181-197.

McDaniel, S.H. (2003). E-mail communication as an adjunct to systemic psychotherapy. *Journal of Systemic Therapies 22,* 4-13.

McLaurin, S., & Ricci, R. (2003). Ethical issues and at-risk behavior in marriage and family therapy: A qualitative study of awareness. *Contemporary Family Therapy*, *25*, 453-466.

Morgan, M.M. & Sprenkle, D.H. (2007). Toward a common-factors approach to supervision. *Journal of Marital and Family Therapy, 33,* 1-17.

National Association of Social Workers (NASW) (2008). *Code of ethics.* Washington, DC: Author.

Newfield, S. A., Newfield, N.A., & Sperry, J.A. (2000). Ethical decision-making among family therapists and individual therapists. *Family Process, 39*, 177-189.

Russell, C.S., DuPree, W.J., Beggs, M.A., Peterson, C.M, & Anderson, M.P. (2007). Responding to remediation and gatekeeping challenges in supervision. *Journal of Marital and Family Therapy 33*, 227-244.

Siegel, D. & Hartzell, M. (2004) *Parenting from the inside out.* NY: Tarcher.

Shaw, H.E. & Shaw, S.F. (2006). Critical ethical issues in online counseling: Assessing current practices with an ethical intent checklist. *Journal of Counseling and Development, 84,* 41-53.

Snyman, S. & Fasser, R. (2004). Thoughts on ethics, psychotherapy and postmodernism. *South African Journal of Psychology, 34* (1), 72-83.

Storm, C., Peterson, M., and Tomm, K. Multiple Relationships: Stepping up to complexity. (pp. 253-271). In T. Todd & C. Storm (1997). *The complete systemic supervisor: Context, philosophy, & pragmatics.* Needham Heights, MA: Allyn & Bacon.

Storm, C., Todd, T., Sprenkle, D., & Morgan, M. (2001). Gaps between MFT supervision assumptions and common practice: Suggested best practices. *Journal of Marital and Family Therapy, 27*, 227-240.

Storm, C., McDowell, T., & Long, J. (2003). The metamorphisis of training and supervision. In T. Sexton, G. Weeks, M. Robbins (Eds.) *The Handbook of FamilyTtherapy,* 431-446. New York:

Brunner Routledge.

Storm, C. (2002) Relationships with supervisees, students, other professionals, employees, and research subjects. In Woody & J. Woody, *Ethics in MFT*, 61-82. Washington, DC: AAMFT.

Swimm, S. (2001). Special section on process ethics. *Journal of Systemic Therapies, 20.*

Tanenbaum, R., & Berman, M. (1990). Ethical and legal issues in psychotherapy supervision. *Psychotherapy in Private Practice*, 8, 65-77.

Thomas, J.T. (2007). Informed consent through contracting for supervision: Minimizing risks, enhancing benefits. *Professional Psychology: Research and Practice 48,* 221- 231.

Ungar, M. (2006). Practicing as postmodern supervisor. *Journal of Marital and Family Therapy, 32,* 59-71.

Wall, J., Needham, T., Browing, D.S. and James, S. (1999). The ethics of relationality: The moral views of therapists engaged in marital and family therapy. F*amily Relations, 48*, 139-149.

Wilcoxon,S.A., Remley Jr, T.P., Gladding, S.T, & Huber, C.H. (2007). *Ethical, legal and professional issues in the practice of marriage and family therapy,* 4th Edition. Merrill Prentice Hall: NJ.

【第三章】在華人文化中進行具文化敏感度的督導[1]

凱倫·郭（Karen Mui-Teng Quek, Ph.D.）
雪若·史東（Cheryl L. Storm, Ph.D.）

在一場大洪水中，一隻猴子和一條魚被漩渦和洶湧的水遠遠地沖下河流，遠離牠們的家。猴子因為爬上一根低掛的樹枝，得以從死亡邊緣脫逃。當這隻感到慶幸的猴子退避到陸地上時，牠凝視著急流，看到一條魚正掙扎著逆水而游。這隻猴子因為才剛從死裡逃生，牠急切地想救牠的同胞，於是冒險從樹枝上倒吊，一把將魚從水裡抓起，然後急忙爬下樹，將魚放在陸地上。剛開始時魚很興奮地翻跳著，但最後就在一片祥和中「平靜了下來」。猴子因為完成了任務，快樂地跳走了，覺得自己從死亡水域中救起一隻動物，自以為很了不起。

——作者佚名，「東方寓言」

這則東方寓言是個很貼切的隱喻，它喻指一個心存善意的助人專業人員做了錯的事情。缺乏對背景的認識和理解，善意所造成的傷害可能跟惡意造成的傷害一樣嚴重。督導者要如何協助系

1　本章是專為此本有考慮到華人治療師的書而寫，未包含在先前翻譯的版本裡。

統取向治療師注意個案的背景，了解並表現出對華人文化的敏感度？當他們這麼做的同時，系統取向督導者又要如何注意受督者的背景，也了解並表現出對華人文化的敏感度？換句話說，系統取向督導者為了避免自己成為判斷錯誤的猴子，除了要提高受督者在治療中的文化敏感度，也要在督導中保持他們自己的文化敏感度。

具文化敏感度的治療和督導的立場是要分辨出該文化中的主流論述，主流論述指的是社會活動中的一些文化知識，通常都是一些習以為常的生活模式（Gergen, 2000）。例如，有關社會階層、以他人為重、孝道、給人面子、社會和諧等主流論述，在華人的社會脈絡之中，明確規範社會習俗，決定個人什麼可以做，什麼應該做（Hu, 1975; Nyugen, 2004; Ting-Toomey and Chung, 2005）。這些論述呈現在談吐、行為舉止、人際互動的方式中，它們是日常生活的構成，也對每個人造成不同的影響。主流論述對人們的生活造成正面或負面的影響，通常掩蓋了社會中的一些權力關係。在具文化敏感度的工作中，治療師和督導者會分辨出該社會的主流論述，以及這些論述對關係、治療、督導所造成的影響。具文化敏感度的治療和督導對於在同一地點共存的各種次文化給予一樣的重視，並不特別偏袒某個文化（Sue and Sue, 2003）。治療師和督導者的能力在於可以為來自不同社會種族背景的個案或受督者提供一種氛圍，讓他們可以分享自己的生活、問題、社會現實；也能辨認出什麼時候主流論述正帶給他們的生活正面或負面的影響。此外，我們也相信若督導者和受督者可以注意主流論述的問題，將有助於他們形成一些批判性的看法：「有能力去辨認並挑戰那些壓迫性和不人道的政治、經濟、社會系統」，這些系統影響著個案、受督者、督導者（Mariso, Kosutic, McDowell, and Anderson, 2009, p. 19）。

因為華人社會不斷地變遷，創造出多樣貌的文化，治療師和督導者必須注意各種共存的次文化，在這種情況下，能持有前述的立場就特別的重要。在東亞（例如中國和台灣）經歷了農業、工業、科學、科技的現代化，以及經濟快速成長、社會規範的改變、體制改革，在過去二十年來，亞洲國家已深受影響並被改造（Leung, 2008）。在改善了廣大華人人口的生活水準同時，這些改變也加大貧富差距，增加社會衝突，懸殊的貧富差距繼而產生城鄉差距，富人愈來愈有錢，窮人愈來愈窮，就像所有現代化社會一樣，有些人擁有較多特權和較高的地位，有些人則被邊緣化和壓迫。

因為華人社會的文化變得愈來愈多元，治療和督導應該要涵蓋所有的聲音，仔細地檢視那些給予某些個案、受督者、督導者特權或邊緣化他們的偏見，並且考慮到文化影響的複雜性。進行具文化敏感度的系統取向療法，治療師和督導者需要仔細檢視華人文化中，對個案和他們自己來說有意義的關鍵主流論述，縱使有些亞洲學者（如：Quek, 2009; Lan, 2003）指出，因為社會的變遷，主流論述也在改變，但他們預測，那些有歷史重要性的主流論述，還會持續在社會和專業關係上扮演重要角色（Leung, 2008）。

我們的目的是希望藉由在華人環境中推動具文化敏感度的做法，來促進發展督導者和受督者的文化能力（cultural competency）。我們用「華人脈絡」去廣義地指稱那些在華人文化主流論述底下的人際互動，這些互動深深影響著個案的關係、治療或督導，包含那些至少有一位華裔參與的治療或督導，以及／或者治療或督導是在深受華人文化影響的社區或是在華人社會中進行。

在討論華人文化中的關鍵主流論述之後，我們會提出督導中兩個不同層面的問題，也就是（一）一些特定華人主流論述對督導的影響，以及（二）當考慮到這些主流論述時，督導過程要如何進行。我們會以本文第一作者凱倫的督導案例來說明這些概念，凱倫是一位華裔督導，她曾在美國、東亞的某些地區、東南亞等地督導過華人治療師，凱倫對一位華人治療師柏翰所進行的督導將貫穿本章討論，其案例也會在最後被深度討論。

華人社會中的關鍵主流論述

以下所提的文化論述在歷史上規範了人與人互動的方式，構成了華人社會，也呈現出不同階層的人們所過的日常生活樣貌。有些論述是用先賦地位（ascribed statuses）去定義社會地位，例如上層階級／下層階級、受教育的／未受教育的，其他有些論述包括顧面子和以他人為重，認為團體的需要和目標比自己的重要。每一個構成這個社會的論述都可能有正面的影響，反映出人們選擇的生活價值和方式，但可能也有負面的影響，滿足或合理化那些優勢團體擁有較多的機會，而邊緣化那些本來能力就比較差和機會也比較少的人。

社會階層中的地位

華人的自我深植在一種世界觀當中，這種觀點強調有次序的階級關係，在下位者要服從上位者以示尊敬（Tu, 1998），多數華人都認同的傳統儒家學說也強調要根據社會階層的次序去扮演好自己的角色。社會階層是根據財富、教育和職業地位而定，地位較高的人有較高的教育程度、較多的經濟來源、專業地位，並享有較多的特權；地位較低的人教育程度較低、經濟來源較少，包括那些依靠政府援助的失業者，他們通常被社會所歧視。

以他人為重的思考角度

以他人為重是華人的一種特質，他們會履行義務並依循團體文化規範的規定。雖然有些學者（Ting-Toomey and Chung, 2005）認為近來華人已經接納了一些個人主義的觀點，但是傳統上對他人的集體關懷（collective concerns）仍然持續深深影響著個人的生活。以他人為重的重要性說明了社會從眾性、對外來意見的敏感、還有期望維持團體的健全。不要讓別人失望以及不辜負他人的期待，這樣的觀念能夠有效地規範個人行為，因為要顧及到「他人」，每天的日常對話都受到限制，該講什麼以及要和誰講話都受到支配，強調尊敬的人際溝通有一種控制的力量（Takeuchi, Kamdar, Mayer, and Wong, 2008）。此外，以他人的需要、希望、期待為目標並非否定個人的幸福和利益；相反地，在華人文化中，對他人的關心在為自我定義時是極其重要的（Triandis, 1988）。

孝道

華人的社會階層也表現在「孝」的概念裡，孝就是「孝道」或「孝順」（Jordan, 2005），「順」的意思是服從於比自己地位更高的人。孝道的概念傳統上已經支配了所有華人家族裡的世代關係，以及社會和專業關係，在家庭關係中，小孩子孝順父母親以示他們的敬意並報答父母的養育之恩，在上司／下屬的社會關係中，資淺的員工藉由對上司忠誠和服從來展現孝道，以便可以保住自己的職位，並培養良好的工作關係。

顧面子

顧「面子」是每日的互動中常用來建立關係的技巧。面子的不同面向——給面子和失面子，在華人的日常對話中傳達了不同的意思（Ting-Toomey and Chung, 2005），給面子是因為知道對方的社會地位需要什麼樣的公眾形象，失面子則是一種個人和集體對於榮譽和誠信的重視，一個人因為不恰當的社會行為造成的失敗，會讓他自己和家人失面子。恰當地利用面子，在華人的人際溝通和衝突裡扮演重要角色（Gao, 1998），若要讓彼此都有面子，需要靠一種符合對方需求且互讓的溝通方式，以避免衝突，具體而言，對面子問題敏感的話，就懂得運用各種不同的溝通技巧，包括間接、中間人、讚美、請求、以及不會得罪人的行為，由於不想面對人際衝突，很少會用「不」這個字，因為會造成對立，然而用「是」這個字不一定就表示贊同，它可能只是用來維持對話的一種做法。

社會和諧

依循尊師重道、宗教儀式和公義的正確表現，才能展現出社會的和諧。華人有按照規定做事的傾向，如此才能保護他們的社會自我（social self），也能成為此互動網絡必要的一份子。雖然社會環境充滿挑戰，卻鼓勵人們壓抑情緒，而且這被視為一種成熟的表現。這表示強調自我約束和適當的社交禮儀，才能創造更平和、和諧的環境（Hwang, 1995, King and Bond, 1985）。

現行的論述與治療

當這些現行的論述出現在治療情境時，它們可能有助於或對個案在關係上或自我的健全發展有害，例如，在治療情境中，有關社會階層的普遍論述會讓華人個案視他們的治療師為有知識、有教養的人，所以會將他們歸類在社會階層中較高的層級，因此，個案就抱持著一種當「學生」的心態，渴望從在上位者的身上學到解決問題的新方法，希望治療師可以提供解決辦法以處理他們所呈現的問題（Ma, 2000），個案也對治療介入的接受度很高。然而，愛面子和社會和諧的論述會讓華人個案不願意展露負面情緒，因為家醜不可外揚（外人指的是治療師），隱瞞不愉快的事情有助於保住自己和其他家人的面子，避免引起家庭衝突可以確保關係的和諧，所以治療師很難開展有關個人和家人問題的對話，這大大地限制治療師協助個案找尋解決方法的能力。有文化敏感度的系統取向治療師必須擴展每一個論述的意涵並尋找一些替代的論述，讓個案可以在他們的社會環境中發展關係中的自我，治療師也要注意任何隱微卻重要的傳統想法，可能會妨礙治療的進行。

現行的論述與督導

督導過程與眾多論述緊密相關，它們彼此縱橫交錯地規範著專業結構與操作，這些論述和專業關係的組織與展現方式密切相關，而且影響著督導關係中的對話，也影響著治療室裡異質同型的過程。在本段落中，我們會探討這些主流論述如何以複雜的方式交互作用著，進而影響督導過程。

督導者在社會階層中的位置

因為社會階級的複雜性，以及它在華人社會中的相關地位是取決於其財富、權力、聲望、能力、教育程度、職業、甚至是居住的區域，所以注意督導者於社會階層中的地位是很重要的（Ma, 2000）。因為社會階級在華人文化中是很有影響力的主流論述，系統取向督導要意識到自己是地位崇高又**有教養的專業人員**，而這對那些沒有同等地位的人又有什麼含意。這種主導—從屬關係的建立一旦被正常化之後，就會被視為理所當然而不容置疑的。凱倫有一位來自台灣正在接受訓練的治療師柏翰，他描述自己如何努力面對主流論述定義督導為一種主從關係，而他習於順從的地位：

> 因為文化上的期待，我發現自己必須服從權威，而且不能有任何懷疑……當我和別人有不同意見時，我覺得直接和別人爭論很不禮貌，因為那會讓他們很難過，雖然我不怕提出意見，但我都會在得到允許後才說話……我需要重新檢視這種社會化的標準，學習去改變它。

研究發現在指導者—受督者關係中，常見傳統由上級掌握決定權的主從關係（Tsui, Ho & Lam, 2005），所以對督導關係中的雙方來說，很重要的是持續地討論有關家庭的和社會階層的主流論述如何影響他們了解、感受、呈現自己和他人，如果不去檢視這個問題的話，督導關係的動力就會反映在治療師和個案的關係模式中，這種存在督導和治療之間同質異形的歷程，可能會影響和妨礙受督者的治療發展和成長（Weir, 2009）。

以他人為重的論述是督導關係的基礎

以他人為重的主流論述讓督導關係中的督導者和受督者視他們自己為集體中的一員，以集體目標為優先，願意與其他團體成員合作（Triandis, 2000）。在這種以他人為重的關係中，受督者可能會很順從督導，就算詢問他們，他們也不會要求一些改變去符合他們的需求，所以督導者必須要刻意地讓受督者能夠表達他們的意見、擔心和需求，這種主動性可以促進督導者和受督者辨識他們共同的督導信念，並構築共同的目標，這樣做的話，督導者較能夠培養出豐富彼此的互動關係。

孝道的論述主張對督導知識的尊敬

孝的概念在督導裡的應用反映在受督者對督導者知識的尊敬，在這樣的架構底下，督導者的知識被認為是從那些知識和見識都很優越的人身上學來，而受督者又從這些督導者的身上學習（Chan, 2000），因此，孝的概念既含有隸屬於督導者的意思，也可以被用來指稱尋求智慧和知識的傳統。雖然受督者並非盲目地跟從督導者，但他們的跟從還是基於一種尊敬過來人的學習傳統，所以對受督者來說，很重要的是要表現出與他們的社會地位相襯的態度和尊敬，這樣的態度可以增強督導者和受督者間密切的關係。

顧面子的論述讓督導有發聲的特權

給面子的行為（比如說不直接反對督導者）和在督導者面前有面子，都是在督導關係中很常見的。徐等（Tsui et al., 2005）的研究中指出，多數的受督者會給督導者「面子」，也會聽從他們的指示，因為這種互動可以增進彼此的良好感受，而且在某些情況下，也可以維護督導者的聲譽，這反映了社會階層的主流論述。雖然有些受督者會在背後抱怨督導者，但他們很少當面直接反對督導者。當不同的意見出現，或者商討問題無法得出令人滿意的結論時，通常都是在上位者的想法勝過在下位者的觀點（Jordan, 2005），因此，在督導中督導者的意見佔優勢；相同地，在治療中治療師的意見佔優勢。傳統上每個人要根據自己的位置做事，這在督導情境中會造成風險，受督者可能會隱藏他們的想法而禮遇督導者的想法，以示對督導者的尊敬，然而，督導者可以邀請受督者分享他們的觀點，並指出督導者的想法因受督者的分享而改變的時刻。督導者可藉此提供一個可共同討論、分享不同觀點的「平台」，同時也為受督者樹立一個重要的典範：在治療時也可這樣做。

和諧的督導關係是關鍵要素

社會和諧的主流論述鼓勵督導者和受督者努力維持一種和諧、沒有衝突的督導關係。在督導中，受督者努力避免衝突去符合社會和諧的主流論述，他們會在互動過程中更有所保留，也非常了解如何符合專業期待，當他們針對個案有自己的看法時，不

會在對話時中斷督導者的談話，只會在被邀請時才講話。但是有時候，

> 「如果我認為督導者的想法不好的話，我會告訴他……如果他不接受，我就同意他，但實際去做時用別的方法，有時候他會知道，問我為什麼，我有時候會解釋，有時候會掩蓋事實。」——徐，輔導老師（Tsui et al. 2005, p. 60）

強調和諧與面子似乎都限制了受督者的參與度，也極可能妨礙他們的成長、發展，以及臨床個案的進展。但是督導者可以藉由樹立一種和善、尊重、好奇的典範，來創造並促進關係和諧，這可使督導關係雙方之間產生更多善意，願意採用反思性的做法，以達到華人自我的更大肯定。

華人文化脈絡中的督導歷程

在系統取向療法的脈絡中，具文化敏感度的督導做法應包括下列幾項要素：（一）督導者是大膽對談的守護者；（二）運用督導時的權威賦權使能；以及（三）平衡專家與合作夥伴的角色。這些要素幫助督導者留意受督者的背景，並了解且對華人文化中的主流論述保持敏感度。

督導者是大膽對談的守護者

督導者可以是「大膽對談」的守護者（Storm & Fitzpatrick,

2008），在這樣的對談中，督導者和受督者有勇氣開放地、坦然地、確實地和對方談論那些無法在主流論述中討論的議題。身為大膽對談的守護者，督導者有責任創造一種對話環境，可以辨認出主流論述對個人的影響（例如顧面子和其他觀點），並檢視那些增加優勢社群的利益的社會價值，督導者要在整個督導過程中不時穿插這些大膽的對談。根據對某一次督導的對話分析，羅雷斯、蓋爾、巴齊哥普（Lawless, Gale, Bacigalupe, 2001）做出結論，「……有關種族（race）、族群（ethnicity）和文化（culture）的論述並不像一本書有清楚的開場與結尾，這種REC的對話既不乾淨也不俐落，常是不清不楚的開始、漫無天地的流竄在其他的話題中。」（第191頁）。這種立場需要督導者有足夠勇氣且擔起在這種困難的對話中會有的風險。

大膽的對談可以促進瞭解、肯定邊緣文化的經驗，解放對話的限制，並／或促成一連串的作為（也就是形成可以深入了解文化的介入方法、促進權利被剝奪的群體可利用資源的機會、或選擇面對邊緣化／壓迫性文化習俗的方法）。這種促進受督者的批判意識，可以說是督導技巧的必備、包括反思問句、關鍵的家庭圖（critical genograms）、社會資本（social capital）圖、以及具批評性地探討社會特權與壓迫之間互鎖的系統，也包括其與督導過程之間的交互作用（Marisol, et al., 2009）。

當主流論述產生負面影響並妨礙受督者的成長，也讓督導者可提供的助益受限時，督導者必須讓受督者注意到這些狀況，他們才能充分地了解如何在他們的治療室裡處理權力差異的問題。如果督導者無法公開談論主流論述，可能導致受督者的聲音在督導中被壓抑，個案的聲音在治療中受壓抑，他們就永遠無法充分發揮督導者—受督者—個案關係中潛在的力量。

舉例來說，先前柏翰的例子就說明了當督導者是大膽對談的守護者的好處，柏翰積極投入地去認識主流論述，看到他自己遵循傳統上認為華人下屬應該如何對待上司的刻板印象。在考量到主流論述，凱倫可以體諒柏翰恭敬又有禮的態度，她認為他是很認真的治療師，但他們的督導交流卻都是由上而下，討論個案時缺乏合作的能量。凱倫也注意到在團體督導中有幾次，柏翰應該要站出來為自己講話，但他卻沒有這麼做，詢問他時，他也沒有意識到類似像「尊重和服從」這樣的文化規範可能使自己的參與度不足。他的沉默來自於外在的社會期待，再加上內在的障礙，例如他很想尊重別人。凱倫故意請他討論社會階層、孝道和顧面子等主流論述對督導關係的影響，然後探討他的社會地位如何影響個案的進展，他才得以跨出第一步去面對主流論述的影響。

督導者如果能毫不隱諱地檢視社會階層、孝道、顧面子和社會和諧等主流論述，會很有助益，當受督者發覺督導者願意開始談論這些禁忌話題，而且又允許他們暢所欲言，受督者很有可能會更坦誠地去談論與個案有關以及在臨床工作上遇到的敏感議題。

運用督導的權威賦權使能

督導都需要知道因其地位，他們可以運用權威去影響受督者，包括藉由相信受督者和增進受督者在個案介入之決定歷程中的權能感。增進受督者的權能感指的是允許他們能表達自己的意見和興趣，並且能主動挑戰主流價值。

例如，在以下的例子中，督導者的任務是察覺受督者的聲音沒有在社會地位的層面上被公平地對待，於是運用督導者的權威去設計活動，在共享的空間裡，創造出一些空間以強化某些個人的聲音。雪晴是來自北京的大學畢業生，愛紅則出生於當地的農村地區，他們同時開始接受系統取向治療師的訓練。他們一開始的自我介紹就清楚反映訓練期間，他們在社會地位上的差異，比如說，雪晴有學術成就，有中上階級的背景，在北京的一家諮商機構工作，愛紅則來自於工人階級的家庭，靠訓練課程的獎學金來負擔她的訓練，以家庭訪視的工作方式提供系統取向療法。在團體督導中，凱倫注意到，雪晴扮演所有八位受督者的發言人，而愛紅雖然會注意進行中的對談，但大部分時間都是安靜的。以他們的社會地位和目前的訓練狀態來看，這個觀察到的模式似乎反映了社會階層論述的影響。在督導中可運用此模式來促進個人效能與意見表達。凱倫必須提昇愛紅的聲音同時避免貶抑雪晴的聲音。為了廣納各種不同的意見進入督導過程，她將團體分成兩人一組進行個案討論，讓每個受督者可以自己選擇一個個案與對方討論，他們必須真的合作討論而不「遺漏」任何人的聲音。愛紅覺得自己比他受過良好教育的同事雪晴稍差，所以這樣的過程便提供了像愛紅這樣的受督者一個機會參與支持性的對話，討論她自己獨一無二的個案。另一種活動可以讓雪晴和愛紅去討論造成她們社會地位差異的主流論述，這對她們的同事關係有何影響，又會如何影響她們在治療中的做法。

平衡專家與合作夥伴的角色

督導者處在一個困難的位置，一方面要符合文化期待擔任專家的角色，同時又要和受督者一起合作挑戰主流文化。治療／督導關係雙方必須意識到並維持督導專業知識，與受督者和個案觀點之間微妙的平衡。許多受訓的華人治療師表示比較喜歡具指導性的、有階級概念的督導者，認為當他們在處理個案狀況有些不確定時，這些督導者才能給他們清楚的指示和做法，他們有些人說：「我來這裡是為了要跟你學習，我希望我花的錢有價值，我是要來跟你討教的，我希望你可以多說一點。」（Lynness, 2001, p. 68）。然而，若只依賴督導者的知識和經驗，就很難留給受督者表達意見的空間，他們的意見無法受重視，他們的文化知識因此被忽略。唯有納入受督者對自我的認識、實在的生活經驗與技能，才能激發在脈絡上和文化上都對受督者個人的工作和生活本質有意義的想法和做法（Carlson and Erickson, 2001）。此外，督導如果能富彈性地在不同身分中轉變，像是老師／教練、陪伴者、個案顧問、倡導者、同事等等，也能提供受督者扮演不同角色的機會，允許他們能貢獻所知（Unger, 2006）。督導者能重視受督者的知識，才能賦予某特定情境不同的意義與瞭解，其隱含的假設是，任何一種情境都可以有許多種意義。督導者對於個案或受督者敘事的詮釋不必然是「正確的」。

在做為符合文化期待的專家與做為受督者挑戰主流文化的夥伴之間，反思的習慣可協助督導者找到一種平衡。反思指的是「一種積極且具批判性的思考過程，對各種形式的知識提出懷疑，質疑這世界被視為理所當然的樣子，也留意知識如何和權力糾纏在一起」（Lit and Shek, 2002, p. 112）。這種對反思的強調類似儒家觀念的自省，持續地反思我們自己的假設、我們自己的立場和偏見、我們對他人的看法和我們的理論取向，可以讓我們維持適當的謙遜。反省和謙遜對督導關係雙方來說都是很可貴的特質，足以平衡一個強調專業和資格的世界。

案例

柏翰的督導歷程反映了發生在督導和治療之間的平行歷程，在不同層次上面，一些與社會文化相關的主流論述總會出現在督導—受督者—個案的三角關係中，這些相關的論述交織在一起，成為柏翰在發展專業認同時的挑戰。比如說，他能夠取得別人的信任，純粹由於他是治療師，也因為他接受婚姻和家族治療的專業教育，但是相較於個案的年紀和年資，他卻面臨專業認同的危機，因為一般人通常不會認為年輕人會有什麼睿智的想法。雖然所有參與督導的人都認為自己是華人而且多少都受儒家哲學的薰陶，他們卻是在亞洲各個不同地區出生、成長。在本案例中個案都使用化名以保護他們的隱私。

凱倫督導柏翰治療一對退休夫婦（凌和吳，兩人都七十多歲），這對夫婦來自於社會地位很高且備受尊敬的家庭，部分是因為吳曾經在中國擔任一個實驗室的負責人。凌的治療目標是想要和丈夫更親密，而吳的目標則是想要自在地享受日常生活，由於凌想要和他建立關係，而他卻想要有自己的空間，衝突因此浮現。雖然他們都很專心地聽柏翰所講的話，但卻各自堅持己見，不願傾聽對方。因為受主流論述定義治療師社會地位的影響，這對夫婦很尊敬柏翰，期望他能幫助他們。柏翰是三十幾歲的年輕人，來自於一個富裕的家庭，早期在台灣接受教育，後來到美國深造，他在社會福利部門工作很多年，專門從事個案管理。五十幾歲的凱倫在美國獲得婚姻和家族治療的博士學位，她在美國、中國、新加坡等地的多種族社區裡工作，她的臨床和督導工作方式主要是多重文化系統取向。

在督導過程中，柏翰必須考慮他在社會階層的地位與階級相關的一些複雜又多面向的問題，讓他感到很吃力。以他的狀況來說，柏翰似乎覺得年紀差異的考量主宰了治療關係，但個案並不這麼覺得。在傳統華人文化中，像柏翰這樣年紀輕、歷練少，被視為地位較低，較沒有發言權，而且要按照長者的期待去做事。以這點而論，柏翰就覺得凌真的很會操控他，因為他覺得自己是比較沒有權力的人，他也表示：「凌和吳的年紀是我的兩倍——他們應該是無論何時我都要尊敬且聽從的人，這讓我的角色很複雜。」凱倫不知道凌是否也有一樣的感受，或許她對柏翰的覺知比柏翰對自己所瞭解的，更具影響力與助益。

同樣地，柏翰在督導中也按照社會階層的主流論述去表現，他服從權威，毫不遲疑地接受督導者提供的介入建議，很少懷疑凱倫的意見。很顯然地，因為凱倫的地位較高、年紀較長，她需要運用她的督導權威去增強柏翰的力量，而非用權威壓制他。她需要加強他自己身為治療師的自我意識，積極地參與而不要不敢說話。所以他們進入一次反思性的討論，探討影響受督者—督導者關係的主流論述。凱倫肯定柏翰一直努力以華人的方式來與她互動，柏翰說：

> ……平衡權力的差異真的很難……不過在督導中持續的反思，幫我找回內在的聲音，我變得比較樂觀，我看到治療和督導的平行歷程，我讓自己在治療中更有彈性，我知道我的極限在哪裡，而且不怕顯示我的弱點。

他的督導和治療有個相同的考量，就是基於尊重保留對方的面子，希望不要讓治療和督導中的任何人難堪。雖然這是一種尊重關係的立場，卻讓個案很難深入探索一些問題，像是個人習慣、家庭生活、個人信念、家庭問題、個人欲求等。除此之外，在督導中這種主觀的權力差異，阻礙信任感的建立，溝通變得要很小心、有選擇性。因此，凱倫對柏翰進行的督導採取一種親和（affiliative）的督導方式，其特色是相互尊重、和諧、溫暖、同理，也包括適度的自我揭露。

凱倫也主動開啟一連串大膽的對談。凱倫開始分享她自己專業生涯中遭遇的一些挑戰和掙扎，這幫助柏翰正常化他的害怕與不足感。凱倫發現當她自我揭露愈多困難的處境，柏翰就愈能自在地談論自己與治療和督導有關的成長背景。這樣的自我揭露意圖建立專業上的信任和關係，為柏翰創造了在關係上某種程度的安全感，讓他可以討論自己意識到的侷限性。這個同質異形的過程考慮到社會階層的論述，重視督導者—受督者的關係，同時強化雙方在督導中的投入，例如，他們討論「面子」的概念怎麼界定他們的專業行為，他的社會自我有助於、還是限制他個人和專業的發展？這也提供柏翰一個脈絡，可以更有信心地在為凌和吳治療時進行一些冒險的專業策略，他說：

> ……在剛開始的幾次治療中，我很害怕會得罪個案……之後，我學會尊重個案的想法，不害怕中斷他們的談話，也會探究她（凌）講話的目的，雖然我是治療室中最年輕的人，但我是引領整個過程方向的人。在變得比較大膽，可以提出問題，也可以對他們坦誠和尊敬之後，減少

了我很多憂慮。

柏翰負起創造對話環境的責任，使他們在治療過程中可以相互合作。

柏翰過去和權威者相處的經歷都不怎麼好；他說：

> 我是一個好學生，但在我小學三年級的時候……我的老師在全班面前給了我一記耳光，那是我第一次被大人打耳光，在那之後，我不再是個好學生，我很難過且生氣，因為我沒辦法為自己辯解。我開始不敢去學校，我失去在同儕之間擔任領導的角色。我是她優勢權力底下的受害者。

在知道柏翰過去的經驗之後，凱倫開始和他共同創造一種對話環境，希望可以看出權力是怎麼出現的，未來才不會在督導時被誤用。凱倫很重視他在這方面所累積的經驗，她希望將這些經驗融入他的發展中。凱倫不希望給他的印象是一個知道所有事情的人，所以凱倫運用她的督導權威，讓合作成為督導中最重要的部分，試圖增強柏翰的權能，她有意識地讓自己位居下風以促進這個過程，避免呈現自己知道所有督導困境的解答。這個方法幫助柏翰訓練自己發表意見，也幫助他在臨床工作時面對像凌和吳有較高社會地位的個案時，可以增加信心。同時，這樣的情境也可以讓督導者和受督者雙方挖掘出柏翰內在和外在的資源。

解決一個問題到底需要靠督導者的專業知識，還是要靠督導中的對話所共同逐步建構的知識，端視臨床和督導情境的本質而定，有時很難同時兼顧兩者又必須承擔其間的張力。身為具專業知識的督導者，凱倫提供柏翰豐富的、系統取向的知識基礎，她分享自己在文化典範轉移的經驗，特別是照顧亞裔長者時，要同時融合文化傳統與新的社會資源。凱倫發現合作的模式可以維持柏翰的學習，也讓他能體諒並尊重自己和家庭成員之間，以及不同家庭間背景的差異。

在這趟專業之旅中，柏翰的經驗反映出華人文化的主流論述所造成正向及負向的影響。在見證柏翰的能力以及其專業旅程的新方向後，凱倫在他畢業時送他一首詩：

成為自己的光是你的主旋律
你不辜負每次機會，善用所有的一切
你體現性別與文化的敏感度
以同理心影響個案的展現

自發的援助展現了你的慷慨
果決的立場標示了你的成長
你的韌力意味著一顆開放且自由的心
分享你領略的世代真理

你樂意帶著勇氣和堅毅步入未知的世界
你勇於表達就算詞彙有限
你攜來許多知識和經驗，努力發聲
現在簇擁著新知投身奉獻

你已準備好迎接新挑戰
帶著新生的活力和博愛的精神分享你的才華
成為出色的治療師感覺很棒
因你理解的眼神清晰透徹

重新定義文化脈絡中的專業關係

檢視文化中的主流論述能增進督導和治療的效果，也能促進其文化敏感度的專業實務。社會階層、以他人為重、孝道、顧面子、社會和諧等等論述，會持續影響華人脈絡中的督導和治療經驗，因此，督導者和治療師需要看到這些論述為華人社會帶來的正向作用，但是當一些被視為理所當然的規範阻礙系統取向治療與督導的進展時，他們也要積極提出挑戰。

督導者需要重新定義專業精神的含義，包括開啟大膽的對談、使用督導權威去強化受督者的權能、平衡專家與合作夥伴的督導角色。督導者必須尊重他們自己的文化教養，並了解其對督導雙方可能的影響。因為他們處於優勢地位，對他們的受督者的發展有很大的影響力，他們可以強調受督者的聲音，並檢視主流社會習俗中所暗藏的權力關係。在自我評估中持續反思，是督導者培養真正多元文化敏感度的不二法門。

參考書目

Carlson, T., & Erickson, M. (2001). Honoring and privileging personal experience and knowledge:

Ideas for a narrative therapy approach to the training and supervision of new therapists. *Contemporary Family Therapy,* 23, 199-222.

Chan, A. (2000). Confucian ethics and the critique of ideology. *Asian Philosophy, 10,* 245-261.

Estrada, D. (2005). Supervision of cross-cultural couples therapy: Giving voice to the code of silence in the supervision and therapy room. *Journal of Family Psychotherapy, 16(4),* 17-30.

Gao, G. (1998). An initial analysis of the effects of face and concern for 'other' in Chinese interpersonal communication. *International Journal of Intercultural Relations,* 22, 467-482

Garcia, M., Kosutic, I., McDowell, T., & Anderson, S. A. (2009). Raising critical consciousness in family therapy supervision. *Journal of Feminist Family Therapy, 21 (1),* 18-38.

Gergen, K. (2000). *An invitation to social construction.* Thousand Oaks, CA: Sage publications.

Hernandez, P. (2008). The cultural context model in clinical supervision. *Training and Education in Professional Psychology, 2,* 10-17.

Hu, H.C. (1975). The Chinese concept of face. In D.G. Haring (Ed.) *Personal Character and Cultural Milieu.* Syracuse, NY: Syracuse University Press.

Jordon, D. (2005). The traditional Chinese family and lineage http://weber.ucsd.edu/~dkjordan/chin/hbfamilism-u.html

Kwan, V., Bond, M. & Singleis, T. (1997). Pancultural explanations for life satisfaction: Adding relationship harmony to self-esteem. *Journal of Personality and Social Psychology, 73,* 1038-1051

Lan, P. (2002). Subcontracting filial piety. *Journal of Family Issues, 23,* 812-835

Lawless, J., Gale, J., & Bacigalupe, G. (2001). The discourse of race and culture in family therapy supervision: A conversation analysis. *Contemporary Family Therapy: An International Journal, 23,* 181-197.

Leung, K. (2008). Chinese culture, modernization, and international business. *International Business Review, 17(2),* 184-187.

Lit, S. & Shek, D. (2002). Implications of social constructionism to counseling and social work practice. *Asian Journal of Counseling, 9(1),* 105-130.

Lyness, K. (2001). An interview with Anne Prouty. *Journal of Feminist Family Therapy, 13,* 65-73.

Ma, J. (2000). Treatment expectations and treatment experience of Chinese families towards family therapy. *The Association for Family Therapy and Systemic Practice, 22,* 296-307.

Nuyen, A.T., (2004). The contemporary relevance of the Confucian idea of filial piety. *Journal of Chinese Philosophy,* 31, 433-450

Quek, K. & Knudson-Martin, C. (2006). A push toward equality: Processes among dual career newlywed couples in a collectivist culture. *Journal of Marriage and Family,* 65, 56-69.

Sue, D. & Sue, D. (2003). *Counseling the culturally diverse: Theory and practice.* New York, NY: John Wiley & Sons.

Storm, C., & Fitzpatrick, M. (2008). Guidelines for multicultural consultations. *WAMFT Newsletter*.

Takeuchi, R, Kamdar, D, M, David M. & Wong T. S, (2008). Me or we? The role of personality and justice as other-centered antecedents to innovative citizenship behaviors within organizations. *Journal of Applied Psychology, 93*, 84-94.

Ting-Toomey, S., & Chung, L.C. (2005). *Understanding intercultural communication*. Los Angeles, CA: Roxbury Publishing Company.

Triandis, H. (1995). *Individualism and collectivism*. Boulder, CO: Westview Press.

Tsui, M., Ho, W., & Lam, C. (2005). The use of supervisory authority in Chinese cultural context. *Administration in Social Work, 29 (4),* 51-68.

Tu, W. (1998). Probing the three bonds and five relationships in Confucian Humanism. In Slote, H. and DeVos, G. (Ed.), *Confucianism and the family*. New York, NY: State University of New York Press.

Ungar, M. (2006). Practicing as postmodern supervisor. *Journal of Marital and Family Therapy, 32,* 59-71.

Weir, K. (2009). Countering the isomorphic study of isomorphism. *Journal of Family Psychotherapy, 20,* 60-71.

【第四章】學術象牙塔與訓練機構：養成教育中的督導

道格拉斯・史班可（Douglas H. Sprenkle, Ph.D.）
雪若・史東（Cheryl L.Storm, Ph.D.）

在所有的婚姻與家族治療（Marriage and Family Therapy, 簡稱MFT）的養成教育中，「在督導下進行實務訓練」是非常重要的一環。由於愈來愈多的MFT養成教育需要督導服務，許多督導者在他們的督導生涯裡，總是有機會和碩博士生或研究所後的養成教育課程（postraduate educational program）合作。事實上，美國婚姻與家族治療學會（American Association of Marriage and Family Therapy, AAMFT）最近曾對學會認證的督導者做過一份調查，結果發現愈來愈多督導者與訓練機構的養成教育課程合作，並常在其中（反而較少在私人執業時）磨練他們的督導技巧（Nichols, Nichols, & Hardy, 1990）。雖然大約有十數篇論文曾介紹大學裡（Bardill & Saunders, 1988; Berger, 1988; Combrinck-Graham, 1988; Cooper, Rampage, & Saucy, 1981; Everett, 1979; Garfield & Lord, 1982; Meltzer, 1973; Nichols, 1979,1988; Sprenkle, 1988; Winkle, Piercy, & Hovestadt, 1981），以及研究所後訓練機構的MFT養成教育（Berman & Dixon-Murphy, 1979; Hertz & Carter, 1988; LaPerriere, 1979; Van Trommell, 1982; Wright & Leahey, 1988），但這些論文卻只

簡短地提及在養成中教育進行督導的獨特層面。本章將說明在這些養成教育中的督導方式以及得與失，而不是討論和受督者私下訂立合約的督導。

學術象牙塔與訓練機構的差異

本章節將在頒發學位的學校課程和研究所後的養成教育課程中，比較兩者的督導有何不同。由於MFT專業的認證門檻是碩士學位，因此頒發碩士學位的學校課程多於博士課程，而數目增加最多的MFT大學課程也是在碩士層級（Joanning, Morris, & Dennis, 1985; Sprenkle, 1988）。本章的重點就是要比較碩士課程和研究所後的養成教育課程兩者之間在督導上有何不同。由於研究所後的養成教育大多附屬於獨立訓練機構（institute），而非附屬於大學院校，所以督導的方式較類似於在獨立的訓練機構中進行督導。比較的內容包括：大環境的影響、督導者和受督者的屬性、學習的目標、督導的形式、受督者的臨床實務、督導關係和督導評量（見表4-1）。由於兩者差異甚大，而每種課程又不相同，所以表列的比較只是概略性的，主要是希望讀者能注意到在這些不同的養成教育進行督導的獨特層面。

表4-1　學術機構與訓練機構間的督導比較

	大學情境	訓練機構情境
較大脈絡的影響	大學文化	商場需求
督導者	通才	多元化訓練的專才
	教學和研究的時間較多	臨床工作的時間較多
	督導者間的差異多	督導者間相似度高
	對受督者需負較多的責任	對受督者只負部分的責任
受督者	初學者	經驗豐富的專業人員，但在MFT上算是初學者
	較年輕，人生經驗較少	較年長，人生經驗較多
學習目標	基本功	進階學習
	幫助受督者發展獨特的模式	專精於機構偏好的模式
	透過社會化使受督者成為MFT專業人員	在已有的專業上增加MFT身分認同
督導形式	包含於學校課程內，時間較短	督導合約，時間較長
	先學理論，再進行臨床工作	理論與臨床工作並重
臨床實務	通常屬於駐地實習	通常屬於非駐地實習
	聚焦於許多個案	可以只聚焦於少數臨床個案
關係	強調經驗多樣性	強調適配性
	以教育活動為中心的多重角色	以專業活動為中心的多重角色
評量	高度結構化，正式的文件記錄	較有彈性，較非正式

較大脈絡的影響：大學文化vs.商場需求

頒發學位的養成課程深受大學的文化氛圍、組織架構、教育政策和行政程序所影響，而這些因素最後將會決定下列事項，如誰會被聘為督導者、何時何地可進行督導，以及督導在課程中的整體角色。相反地，會影響訓練機構中的督導者的因素包括：商場需求，以及在現在的受督者、師資和各自背景下「什麼有效？」的方式（Hertz & Carter, 1988）。已就業的專業人員是典型的訓練機構受督者（institute supervisee），他們有興趣的是，如何在不加重他們已經滿檔的行程表下，獲得具有成本效益和品質的訓練（Hertz & Carter, 1988）。因此，訓練機構督導者（institute supervisor）也必須配合受督者的工作，找出具創意的方法以提供有品質的督導。

當考慮到督導的具體事項時（如督導內容、時間、個別督導與團體督導的比例、團體督導的人數等），所有的養成教育都深受執照法和認證規定所影響，許多也受到全國性的MFT認證團體，亦即婚姻與家族治療教育認證委員會（Commission on Accreditation for Marriage and Family Therapy Education, COAMFTE）所影響。不管是博士課程、碩士課程或研究所後的養成教育課程，都精心設計了具體的認證標準（COAMFTE, 1996）。傳統上，大多數COAMFTE認可的養成教育課程都可以授予學位。如果我們瞭解大學院校接受認證的歷史，以及訓練機構內發展研究所後教育課程的難度，這不是個奇怪的現象（請參考Herz & Carter [1988]創立及維持一個獨立訓練機構的經驗）。

在被認可的教育課程裡，督導是強制性的（mandated）。舉例來說，目前對碩士課程的認可標準如下：課程中須包括100小時的督導時間，而且是由AAMFT所認可的督導者或具相對等資格者所執行，其中錄影帶督導或現場督導須占50%；團體督導中的受督者最多為六人；受督下的實務工作必須至少有一年等等（COAMFTE, 1996）。那些希望被認可的研究所後的養成教育課程，必須在符合認證標準，以及「可行的」的方法中取得平衡。尚未被認可的MFT課程則較有彈性。對已獲認可的研究所後的養成教育比較熟悉的讀者應該了解：這些課程中的督導，在學習目標上與授予學位的課程類似，但在其他標準上則與訓練機構課程類似。

若其他授予學位的相關領域（如社會工作、心理學、護理、醫學）的課程也包含MFT的訓練，那麼督導須同時由兩種專業來規範。在這類課程中，有些會同時授予學生「母課程」（parent discipline）學位和MFT學位，有些只授予MFT作為次專科，另有些課程則是把MFT當成選修課之一（Fennell & Hovestadt, 1985; Hovestadt, Fennell, & Piercy, 1983）。在第一類課程中，督導通常須同時符合MFT的國家標準和母課程的標準。如果MFT是次專科的情況，受督者必須在一位合格的MFT督導者之下，受督一定數量有婚姻與家庭問題的個案，以學習基本的MFT技巧。當MFT只是一門選修課，受督者通常接受一位合格的心理治療師（但未曾接受正式的MFT訓練）督導，受督者只需提出幾個案例報告，而學習目的是為了讓受督者對MFT實務有些接觸以擴展他們的能力。與後兩類課程有關的督導者，其督導的主要目標是，鼓勵有興趣的受督者尋求額外的MFT訓練和督導，以成為合格的婚姻與家族治療師。若要進一步了解在其他專業教育課程中的MFT訓練，請參考利鐸、布列恩林和史瓦茲（Liddle, Breunlin & Schwartz, 1988）的《家族治療訓練和督導手冊》（*Handbook of Family Therapy Training and Supervision*）。

督導者：通才vs.專才

在大學裡，督導者通常被期待扮演的角色是「通才」（generalists）（Sprenkle, 1988）。雖然他們或許也會強調自己喜歡的治療理念，但身為一種通才，他們必須了解在其專業領域中主要的理論取向，而且也要有能力督導碩士班學生實際練習各種不同的治療學派，如下面的例子。

> 蘇是一位偏好策略學派的督導者，目前正在督導四位受督者。其中兩位是剛開始實習的新手治療師，他們正在學習世代間治療取向（intergenerational approaches）的課程，但不熟悉其他治療模式。另外兩位受督者已經完成一半的實習，以前學過結構學派和短期治療模式，現在則對敘事治療很有興趣。其中一位希望只聚焦在如何將敘事治療運用到自己的個案上，但另一位則希望將敘事理念、結構學派和短期治療模式整合起來。而蘇工作的大學則要求她要配合受督者的治療模式，協助他們發展出自己偏好的工作方法。

因此，和碩士課程合作的督導者必須有一套可以督導不同學派治療師的督導哲學，改變自己的督導哲學以適應受督者的偏好和課程（如對正在學習結構派治療的受督者使用結構派督導哲學，對正在學習敘事治療的受督者使用敘事督導哲學，等等），要不然就要和碩士課程簽訂合約，選擇性地只督導正在練習某特定治療取向的學生。

相反地，大多數訓練機構都以某特定治療取向著稱。例如，華盛頓特區家族治療機構（Family Therapy Institute of Washington, DC）以策略學派著稱，而密爾瓦基短期治療機構（Brief Therapy Institute of Milwaukee）則是焦點解決治療的訓練重鎮。由於督導者可以比較清楚地說明自己的理論偏好（Henry, Sprenkle, & Sheehan, 1986），受督者若選擇在這些機構接受訓練，自然就必須適應其督導者的治療模式。受訓者若在心理研究學會（Mental Research Institute）接受訓練，就極不可能遇到一位精神動力治療取向的督導者！督導者和受督者有相同的治療理念，讓督導者可以建立某治療學派的督導哲學。例如坎威爾和霍姆斯（Cantwell and Holmes, 1995）在描述他們機構的督導哲學時，主要就是根據社會建構理論的基本假設和相關方法。他們認為做治療時沒有所謂「對」的方法，所以他們喜歡以團隊和團體方式進行督導，因為在其中可以出現多元性的觀點。

由於和大學合作的督導者被期待是通才，所以彼此之間的差異性較大；而在訓練機構中工作的則是「專才」（specialists），彼此有類似的治療理念、方法和風格。由於大學的專業領域和文化氛圍之故，在有碩士課程的大學院校擔任專職的督導者通常擁有相同的專業學位，但在訓練機構中的督導者則可能來自不同的專業領域（Colapinto, 1988）。訓練機構中的督導者比較有使用其偏好學派的空間。有項研究曾比較大學和訓練機構的MFT訓練實務，結果發現大學院校的老師和學生認為他們的課程在理論上較多元化，而訓練機構中的老師和學生則認為他們的訓練主要基於清楚表述的理論概念（Henry, Sprenkle, & Sheehan, 1986）。在大學中擔任全職工作的督導者同時也必須是稱職的老師和研究者，因此通常只能花很少比例的時間在臨床工作上。在訓練機構中的督導者雖然或許也要負責教學和研究，但他們會花比較多的時間在臨床實務上。與大學碩士課程合作但非全職工作的督導者就比較類似於訓練機構督導者。

受督者：初學者vs. 經驗豐富的專業人員

一般說來，碩士課程的督導者通常和比較沒經驗的治療師工作，有些受督者甚至從未踏進過治療室。和研究生層級的養成教育課程合作的督導者，其受督者通常是已有碩士學位且比較有經驗的專業人員（Bloch & Weiss, 1981; Henry, Sprenkle, & Sheehan, 1986）。這些人多半已有諮商學位，甚至是已有執照的心理健康專業人員。他們常常也是相關領域（如教育、牧師或護理）的專業人員，並且有相當豐富的經驗。

> 珍是一位典型的MFT碩士課程受督者，大學讀心理系，在受虐婦女庇護所實習，然後在青少年之家擔任駐地諮商師（residential counselor）一年，主要工作是安排青少年的日常活動。雖然她有一些專業經驗，但是治療師的角色對她而言卻是全新的。相反地，瑪麗亞可說是訓練機構養成課程的典型。她有諮商心理學碩士學位和八年的工作經驗。她在社會服務機構擔任過不同職位，包括了團體工作者和飲食疾患婦女的個別治療師，目前是在一家心理健康中心的家庭與兒童部門擔任治療師。

碩士課程的受督者通常較年輕，生活經驗也較少。有時候督導者發現自己間接地在幫助他們的受督者成熟，讓他們長大成人，或許甚至「離家」。

二十三歲的東妮和父母同住，就讀研究所的費用也是由父母資助。她的督導者克莉絲有一天接到東妮父親的來電，詢問東妮的進展。克莉絲告訴東妮的父親，基於保密原則，她不能透露受督者的狀況。但她和東妮經過一番討論後，協助東妮以成人方式回應父親的來電，而不是以她被勾起的「青少年叛逆」的姿態來反應。

對這群新手進行督導是不同的，必須更注意受督者在專業上的社會化和人生經驗的領略，而這是大多數較年長的受督者已了解的。唯一的例外是，正在變更生涯跑道的較年長的受督者。比方說，布萊恩，四十多歲，在貿易界工作多年後重回大學心理系就讀，接著又取得MFT碩士學位。有趣的是，接受治療的個案對人生經驗較少的受督者的治療評比，反而比較好（Anderson, 1992; Lyman, Storm, & York, 1995）。

對專業和人生經驗都相當豐富的人進行督導，督導過程往往有其獨特的滋味。督導者有時只要訴諸於人生經驗，就能讓受督者很快地對個案產生同理反應。受督者較多的專業經驗，也使得在督導過程中，比較不需要擔心如何轉介個案以及使用社區資源。

卡爾是一位牧師，目前正參加某訓練機構的課程。他在團體督導時提出克拉克這一家人的問題。這個家庭起初是因為其十三歲的女兒不聽話而來尋求治療，但最近，這個女孩在一場酒醉駕駛的車禍中喪生。卡爾不知道該如何進行下去。他的督導者史坦建議卡爾運用他自己的教牧經驗來協助這個家庭處理他們的哀傷。

學習目標：基本功vs.進階學習

由於碩士課程的受督者通常正要取得他們第一個專業學位，他們的督導者比較會聚焦在受督者的基本能力的學習，以確保個案可以獲得充分的服務。而已取得學位的受督者通常在助人專業上已累積了某些經驗，督導者應協助他們學習不同於傳統模式的方式來工作。不過到頭來，督導者或許還是必須幫助他們重新學習基本功！看看下面兩種不同的督導場景。在第一個案例中，督導者協助受督者學會評估兒童虐待的基本技巧。

鮑伯正在督導山姆，一位二十多歲、未婚的一年級研究生。鮑伯觀看山姆的家族治療錄影帶，影帶中的父親說他在挫折之下打了六歲的孩子。母親接著說父親對孩子太過嚴厲。山姆注意到自己對父親的說詞感到很不舒服，因此請求指導。山姆試著探索父親是否虐待孩童，但鮑伯認為他探索得不夠深入。還好這個家庭預定當天下午會回診，所以剩下的督導的時間都花在溫習如何晤談、該詢問哪些問題以調查是否有兒童虐待、如何通報兒童虐待，以及根據家屬的可能反應擬定不同的治療計畫。

在第二個場景中，督導者協助受督者將她過去的訓練連結到當下的目標，而有了新的學習。

> 蜜雪兒是一位認證的臨床心理師，目前正在一個結構派家族治療的機構中學習，傑克是她的督導者。蜜雪兒能夠在一對一的情況下和個案建立良好的關係，晤談技巧也很熟練，但是即使用盡心思，她卻很難促成或引導家庭成員互動。她了解「即席互動」（enactment）的理論原則，但還是發現自己經常不自覺地引導家庭成員對她說話，而不是相互對談。當傑克問及她過去的經驗時，蜜雪兒解釋說，她的博士班訓練讓她學會如何和個案創造出一種強烈而緊密的關係，但是當治療強調家庭成員間的互動時，她卻做不到這點。傑克的督導挑戰是協助蜜雪兒即便不在治療的核心位置，她也能感覺到自己是有用的，並成為家庭改變歷程的一部分。

碩士班課程督導的整體目的是讓受督者學會應用MFT的各種學派，而最終目標是讓他們發展出自己獨特的取向（Everett, 1979; Henry, Sprenkle, & Sheehan, 1986; Nichols, 1979）。事實上，有些養成教育課程要求受督者在完成訓練前，必須提出自己治療學派的「哲學認識論宣言」（Liddle, 1982）。在研究生層級的養成教育裡，督導的目標是讓受督者精熟該訓練機構所提供的治療取向（Berman & Dixon-Murphy, 1979; Bloch & Weiss, 1981; Henry, Sprenkle, & Sheehan, 1986）。這兩種情境下的督導者都必須聚焦於受督者的專業社會化過程，好讓他們成為婚姻與家族治療師。然而，和碩士班課程合作的督導者通常要幫助受督者建立他們的第一個專業身分，而研究生層級課程的督導者則是要鼓勵受督者在自己既有的專業上，再增加與其他專業的聯結（Sutton, 1985-86）。

督導形式：學術課程vs.督導合約

雖然在這兩種情境下的督導者都是協助受督者整合理論和實務，但是兩者在做法上卻不相同（請參考Piercy & Sprenkle, 1984; Colapinto, 1988; Papero, 1988; Pirotta & Cecchin, 1988中對不同教育方法列舉的範例）。在碩士班課程中，課堂上的學習完成之後才會進入臨床工作。因此，「在督導下進行實務訓練」變成是一門課，安排在碩士班第一年中期最好（Keller, Huber, & Hardy, 1988）。由於督導是在課程中進行，所以督導的時間長短必須依學校的行事曆而定。通常每學期一開始，受督者就會被指派給一位新的督導者。課表上所列出的督導標準（如次數、時間分配、準備方式等）對所有參與實習的學生都同樣適用。

相反地，研究生層級的課程其督導目標，幾乎一開始就是要將理論整合至臨床經驗。督導的形式比較類似督導者和受督者之間的私人督導合約，時間也比較長，尤其是在督導受督者執業時所接的個案之時。雖然督導合約必須符合整體訓練課程的要求，但還是比較有彈性，督導時間通常也占了訓練機構課程中較大的比例（請參考Colapinto, 1988; Fisch, 1988; Mazza, 1988; Pirotta & Cecchin, 1988的課程設計），基本上督導可說是許多課程的「核心元素」（Hertz & Carter, 1988）。訓練機構的受督者比研究所學生較不喜歡傳統的學習方法，如閱讀、聽課、書面作業等。因此，訓練機構督導者常常必須找到方法將理論概念的學習融入督導歷程中。

臨床實務：駐地實習、非駐地實習，或綜合式實習

一般說來，進行臨床工作的督導，是在下列三種處所之一：

駐地實習（on-site）、非駐地實習（off-site），或結合兩者的綜合式實習。在第一種模式中，受督者在提供訓練課程的機構作臨床實習，並接受督導。頒發學位的養成教育訓練通常使用這種模式，尤其是已被認可的課程其養成訓練本身就地營運一個功能建全的治療所。如果該所主要的服務對象是大學社區，那麼受督者的實習對象就都是一些受過高等教育且同質性高的群體，如果主要的服務對象是一般社區大眾，受督者工作的個案種類就比較多樣化。由於訓練課程主持治療所的運作，督導者對受督者臨床經驗的每個層面均可以產生影響。

費爾是一位與碩士班課程合作的督導者，他被指派督導黛碧，一位碩一的實習學生。由於黛碧對兒童有興趣，而這正是費爾的專長領域，所以費爾希望和黛碧一起合作。也由於戴爾負責分派個案給黛碧，他可以確實地督導黛碧如何治療有困難處理兒童的家庭。

在第二種模式中，受督者被分配到社區機構實習並接受督導，或在自己原先工作的地方接受督導，這種模式通常是訓練機構的養成教育，受訓者是正在執業的心理健康專業工作者。另一種情況是碩士班課程所作的權宜措施，主要是為了配合已就業且年紀稍長的學生。當受督者的實務工作是在社區機構（agency）內進行時，督導者也必須和社區機構指定的督導者建立持續且合作的關係。其中最重要的是，必須說明清楚有關責任歸屬問題以減少受督者的困惑，例如兩位督導者的職責有何不同、分別可督導哪類議題、何時應優先考慮哪一位督導者的意見等（Bernard &

Goodyear, 1992）。

唐同時接受MFT督導者丹尼斯，和社區機構督導者（agency supervisor）湯姆的督導。丹尼斯和湯姆達成的工作協議是，丹尼斯負責唐的臨床實務督導，而湯姆負責行政督導（個案紀錄的保管、機構政策和行政程序、指派個案）。唐正在考慮他是否應挑戰該機構的行政決策，並支持個案去爭取額外的服務。丹尼斯和湯姆對此情況的看法顯然不同：丹尼斯認為唐提議的處置方式對個案的家庭是具有治療性的，但是湯姆並不同意。由於丹尼斯和湯姆已有清楚的角色定位，丹尼斯因此可以採取自己主要的督導角色，也就是協助唐瞭解自己想做什麼以及如何完成，但進行的方式必須同時支持個案並獲得機構的同意。

在這個模式中，受督者的個案種類隨社區機構的不同而有差異。

第三種模式是上述兩種的綜合體。受督者必須進行一段時間的駐地實習後再分派到社區工作，也可以兩者同時進行（請參考Nichols, 1988; Papero, 1988; Sprenkle, 1988列舉的例子）。當一個訓練機構的課程是以這種模式為主，受督者的某些個案通常也必須接受該課程督導者（program supervisor）的督導。

芭芭拉負責督導瓊安，瓊安是一位領有執照的諮商師，專長是藥物依賴治療，受雇於某個藥物治療中心，這個中心剛成立MFT訓練課程。瓊安必須為六位個案進行家族治療，這是課程規定的一部分，而芭芭拉必須督導這些個案。至於其他的個案，瓊安仍然如往常提供服務。在她的訓練期間，瓊安也必須提出兩名中心的個案接受現場督導（live supervision）。

至於受督者以非MFT取向治療的個案，而且這些個案不歸督導者的督導範圍，督導者要負多少責任，法律並未明文規範（Engleberg & Storm, 1990）。督導者最好要詢問受督者的所有個案當中，是否有一些「具危險性」的個案（Storm, 1994）。督導者有時會在督導合約和他們訓練計畫的說明裡清楚說明他們的督導責任，如只負責某類個案，以切割對這些具危險性個案的責任。

督導關係：預防複製或深入的認識

雖然兩種類型的課程都會安排受督者接觸不同的督導者（Henry, Sprenkle, & Sheehan, 1986），但碩士班課程更常常在短時間內更換督導者。由於大學課程及督導者的多樣性，更換督導者受督者能夠經驗不同的督導哲學與方式。這種多元性對督導關係有很重要的意涵：一方面，這樣可以防止發展出「督導者的複製效應」（clones of supervisors），促進受督者發展他們自己的治療方式，這是碩士班課程裡的督導者很重要的學習目標。另一方面這卻抑制了一種更親密、更個人、更有信任的督導關係的發展。由於督導時間太短，督導者對受督者的能力了解很有限，無法讓他進一步認識受督者。訓練機構督導者由於與受督者有較長期的督導關係，就比較可以深入了解受督者的能力和其臨床工作的細微處，當然也比較有時間執行長程且面向較廣的督導介入方式。

莎莉是一位訓練機構督導者，她提醒自己要找時間和她的受督者大衛再談一談他的專業態度問題。他們兩人正在和學校人事主管討論大衛的某位個案，過程中，大衛保持他一貫的姿態，很少發言，沒有把握表達他要說的，任他的協同治療師主導談話。雖然他們之前已討論過大衛面對其他專業人員時顯得不夠肯定，大衛現在似乎仍是裹足不前。莎莉心想「大衛若是無法向其他專業人員表現出其治療師的能力，那多可惜啊！」。幸好莎莉和大衛還要一起工作好幾個月，他們仍然有時間討論如何讓大衛在其他專業人員面前顯得更有信心。

受督者如果和督導者有較長時間的關係，或許會比較能自在地分享他們的掙扎、不安全感和個人的反應。

在養成教育中，多重督導關係是相當普遍的（Ryder & Hepworth, 1990）。在大學院校，督導者往往也是授課老師、研究計畫主持人、論文指導教授、和／或研究論文發表的共同作者。這些多重角色在教育課程中都很重要，督導者和受督者通常有很多的接觸機會。而在訓練機構中，許多督導者與受督者或許同樣隸屬於某專業委員會，或是在相同的組織內工作，或是共同執行某社區方案。這些多重角色乃奠基於專業社群的同業活動。不管是哪種情況，由於督導功能包含透過社會化使受督者成為一位婚姻與家族治療師，所以多重關係是被鼓勵的。督導者因而也必須對倫理責任，以及複雜的多重關係保持高度的敏感性（有關此議題更完整的討論，請見第十八章）。

評量：學術界的死穴和訓練者「無敵的」心力

許多大學督導者的死穴是考評學生在臨床實務上的進展程度。大學院校中最常見的景象是，教授利用報告、測驗及各式各樣的書面作業，對學生進行評量。然而，即使督導者用了很多方法，卻依然無法真正了解受督者的進展。督導歷程本身（包括觀察治療、討論案例和治療議題、與督導者協同治療，或與督導者在同一團隊工作等等）就是評量的資料來源。很不幸地，在大學情境中，督導工作常常被誤解為「不具學術性」，通常不被認可為一種正當的教學活動（Sprenkle, 1988）。因此，大學督導者的挑戰是：必須把對受督者在臨床進展上的評量轉換成學術工作者可以理解的歷程和語言，同時又能符合大學的文化。這導致評量變得相當結構化、正式化、而且只重視書面紀錄。

比爾的受督者是實習已進入第三學期的約翰。約翰上學期的實習讓他的督導者印象深刻，在考評時獲得很高分。但是前幾任督導者和比爾都注意到，從這學期初開始，約翰的治療方式和態度有微妙的變化。他原本會找尋各種機會學習並爭取回饋，現在教授、同儕或比爾針對他的個案提出意見時他都顯得很不耐煩，甚至有些惱怒。這學期中，約翰對個案的某些處理方式讓比爾很擔心：約翰在有非治療師在場的課堂上公開討論個案；面對外面的轉介機構時，省略不提自己是個正在受訓的治療師；在同儕面前擺出一副「督導者」的姿態。當約翰出現這些現象時，比爾都會在督導中和他討論。約翰當時正處於離婚困境，並表示這是他為什麼會有這些改變的原因。比爾和約翰也討論到尋求個別治療的可能好處，但約翰最後還是決定不使用這項資源。

學期快結束時，約翰在處理一個緊急個案時未遵循診療所的程序，也未告知督導者這些狀況。督導團隊認為約翰的做法並未考量到個案的最佳利益，甚至可能會傷害到個案，而且，讓督導者和學校冒著法律上的風險。當比爾和約翰討論到他為何如此做時，約翰覺得自己的舉動受到不公平的質疑，他認為比爾應該無條件地接受他的判斷並支持他。比爾一直以來就擔心約翰的專業發展和能力水準，而約翰的反應再度證實了比爾的憂慮。

比爾面對這個狀況，還有該如何考評約翰，都相當苦惱。他諮詢了其他督導者，他們的結論是：約翰尚未準備好進入下一學期（也是最後一學期）的實習。約翰在被告知這個決定後感到強烈不平，因為他認為沒有人曾對他提過這個問題的嚴重性。雖然比爾承認他們的確未曾討論過重修的可能性，但比爾提醒約翰，他曾數次表達對約翰狀況的關切。約翰決定向學校高層申訴，比爾發現很難替自己這個決定辯護，因為在他的督導紀錄中他只記錄了某些關切事項，而非全部；也沒有提出學校規定的「期中警告」（mid-semester warning）或「關切通知」（notification of concern），或以書面方式具體說明補救辦法，並且給學生充分的時間和機會去完成補救措施。雖然比爾在督導過程中曾非正式地提過這些措施，但他卻很難向學校舉證，最後學校總算和約翰達成協議。這次經驗促使督導團隊建立一個比較正式的評量程序，其中包括：督導者必須將他的關切事項以書面方式具體告知受訓中的治療師；督導過程必須留下紀錄；必須和受督者討論改善計畫；以及當受督者發生問題時應該主動採取行動。

獨立運作的訓練機構比較容易根據其特定的訓練目標，量身制訂他們的評量過程。他們可以在經過一段較長的時間之後，或是達到某特定目標或時數之後再進行評量，也比較不那麼正式。大學督導者進行評量的時程由學校的行事曆所決定，訓練機構則通常在年終時進行評量。由於來自訓練機構的限制較少，該訓練機構所處的專業社群對受訓者的評量具關鍵性影響。真正的評量可能在於評估受督者在工作中的臨床實務是否有改變（Hertz & Carter, 1988）。督導者常常需花費「無敵的」心力協助受督者熟練婚姻與家族治療，因為等到受訓者中途退出訓練機構課程的結果，其所付的代價，對個案、對機構和對專業而言，都可能太大了。下面的例子點出了督導的兩難。

莎拉已經督導可蘿一年半了，可蘿是某機構二年制訓練課程的受訓者。可蘿已有社會工作的碩士學位，目前任職的機構專門處理有學校適應問題的兒童及其家庭。雖然可蘿對MFT有興趣，但卻常常掙扎著是否要請學生家長進入治療。可蘿承認她比較習慣和兒童做一對一的遊戲治療，遊戲治療方法是她在上社工課程時學的。在督導中，莎拉花了很多時間在增加可蘿的信心。她們用角色扮演的方式練習如何邀請父母加入治療，觀看其他治療師和家長會談的錄影帶，也腦力激盪出一些可蘿能夠使用的步驟。

可蘿偶爾可以和孩子及其母親晤談，但是很少和父親會談。有一兩次，可蘿一開始可以和整個家庭晤談，但很快地就變成只和孩子及其母親做個別治療。可蘿希望能和整個家庭進行會談，也了解其重要性，但卻為自己辦不到這點找了很多藉口。她說因為她已經有執照，所以這個訓練課程應該是以她的意願為主。

莎拉心想，是否單純只是因為MFT取向並不符合可蘿的價值觀、信念和偏好？她是否應該建議可蘿中止這項訓練課程？其他治療師都沒看過可蘿的工作狀況，他們是否有相同的看法？可蘿的能力還在初級程度，她是否應該建議可蘿延長這個訓練課程的時間？由於不管是否完成訓練，可蘿在她上班的地方仍然必須和家族個案工作，那麼為了這些家庭的利益，莎拉是否應該更盡心盡力協助可蘿學會這些技巧？她是否應該讓可蘿和她一起進行協同治療，或是安排更多次現場督導，讓可蘿有更多可以與父母建立關係的正向經驗？這些考量都可能使莎拉必須免費地督導可蘿。如果可蘿同意增加額外的訓練，她是要加入下學期的六人團體還是另外特別安排？誰會負擔這些費用？如果可蘿得到了證書，她的MFT技巧反而可能成為一種負面宣傳，那麼這個機構在社群中的可信度是否會受到影響？。

莎拉和其他同事討論過這些議題後，她和可蘿達成的協議是：可蘿繼續接受訓練，她必須參加新六人團體的某些課程，並且接受其他督導者的現場督導，但不需付費。訓練機構的老師的觀點是，為了可蘿、個案、機構和整個專業領域的未來利益，花更多的督導時間和努力是值得的。

無論是碩士班課程或訓練機構課程的督導者，其督導角色本身已包含評量的責任，且其評量結果具深遠的影響。如果評量結果很差，表示受督者不能參加進階的課程，或可能被退學（退訓），這對受督者未來的學習目標或生涯規劃有很嚴重的衝擊。對大學督導者而言，這可能意味著必須努力幫助受督者改變生涯跑道（Mead, 1990）。對訓練機構督導者而言，這可能意味著必須努力幫助受督者評估自己在MFT領域之外的優勢，並重新設定專業上的目標。難怪有一項針對教師和受督者的研究發現，這兩種養成教育的督導者通常不願意因為受督者能力不足而拒絕他，反而比較喜歡採用補救措施（Henry, Sprenkle, & Sheehan, 1986）。當督導者因受督者能力不足而必須擬定補救計畫或考慮將其退學（退訓）時，督導者必須在「公平地對待受督者，但也必須對個案和機構負起督導責任」之間取得平衡。米德（Mead, 1990）建議，教育場域的督導者應該向受督者清楚地說明課程內的期待；盡早進行規律且頻繁的評量；以及在受督者開始有問題癥兆時就做記錄存檔。當督導者考慮補救措施時，米德進一步建議督導者應考量下列事項：受督者必須投入的金錢和時間，處理問題需要花費的時間和機會，以及補救計畫失敗時的後果。

博士班課程的特殊考量

前面提過，授予學位的碩士班課程，其增加的數量遠遠多於博士班課程。在1988年，全美國只有七個被認可的博士班課程（Sprenkle, 1988）。十年後，也只有十二個MFT博士班課程，而碩士班課程卻從十七個增加至四十二個。博士班課程增加的速度和數量如此緩慢，或許是因為要進入MFT專業，只須具有碩士學位。對那些希望在大學裡教授MFT課程的人來說，取得MFT博士學位才有必要性。只以臨床實務為目標的學生通常會選擇美國心理學會（APA）認可的博士班課程，以符合報考心理師執照的資格。儘管如此，當然還是有對臨床實務有興趣的學生會選擇MFT而不是心理學的課程，因為MFT訓練的本質比較吸引他們。

事實上我們無法得知，現存有多少個未被認可的MFT博士班課程，因為所謂「課程」（program）（若此名詞不是經由某外在認證機構所定義）的意涵很廣泛，它可以小至某位善意（但不一定有資格）的老師開的幾門課，到幾乎符合婚姻與家族治療教育認證委員會（COAMFTE）標準的課程。我們知道在家庭心理學當中有少數發展良好的課程，在教育學院或系所當中也有一些博士班課程，但這些課程主要是符合美國諮商學會（ACA）的標準，而不是AAMFT的標準。由於不符合COAMFTE認可標準的課程各式各樣，下面章節要談的內容都只適用於COAMFTE所認可的博士班課程。

博士班課程督導者面臨的情境和碩士班課程督導者有同也有異。如同碩士班課程，博士班課程也深受大學文化影響，甚至影響程度更深（下面會說明）。對博士班課程而言，COAMFTE和AAMFT要求的超高標準，對學生和督導者都是一種無時不在的挑戰。博士班課程的督導者同樣有多重角色：他們擔任督導者的時間，被老師、研究者、學生論文指導者等角色（還有學術生涯無可避免的委員會和行政事務）所瓜分。和碩士班課程一樣，督導通常在臨床實習的情境中進行；學生常常選修不同老師開的實習課以擴展受督經驗；評量方式非常有結構且有正式的紀錄。最後，督導的方式（現場、錄影、團隊）也雷同。博士班課程的督導情境至少有三種主要的差異，下面幾個小節有進一步說明，同時也會指出其優點和缺點。

特定的督導訓練

臨床實務界和學術界都規定：督導工作必須經過特殊訓練，而博士班課程也必須包括一門督導課。這是很合理的，因為幾乎所有的MFT博士生最後都會投入督導者角色的工作。另一項好處就是，博士班課程創造出一群瞭解督導為次專科的學生，因此比較願意負責傳承此專業。比方說，普度大學（Perdue University）裡的高年級博士生必須修這樣的課程，並且將之視為學生臨床生涯中的最高目標。大部分學生相當投入此課程，並且期許自己是個「好的督導者」。在大多數的學院處，這門課通常同時包含「講課」和「臨床」兩個部分。學生很喜歡有機會在同一門課裡將理論和實務整合起來——這是博士養成教育常喊的目標口號，但很少如此具體地被執行。史班可（Sprenkle, 1988）以及希斯和史東（Heath and Storm, 1985）的文章中對普度大學的督導課程有具體的說明。

在督導課的「臨床」部分，學生或準督導（supervisor-in-training, 簡稱SIT）必須督導碩士生或初階的博士生受訓者。這個督導過程本身通常又接受開此門督導課的學校老師的督導，稱之為「後設督導」（metavised）。（此種由學生進行的督導，通常不能列入治療師在該訓練課程中必須完成的督導時數，只能是學校老師提供的督導的附加。學生做的督導通常也不能列入州政府或認證團體〔如AAMFT〕要求的督導時數中。）

在普度大學的課程中，舉例來說，每一個臨床實習機構至多指派三位SIT參加，他們在一星期中的某天下午二點半至晚上九點半碰面，進行三個時段的現場督導。當天晚上每一位SIT最多可以現場督導三個案例，其中至少有一個案例又會接受負責實習課程的教授的後設督導。後設督導者（metavisor）會觀察SIT與其受督者的治療前會議和治療會談（與SIT一同在單面鏡後），也會和SIT討論叩應（call-in，一種現場督導方式，督導者打電話進入治療室以指導治療師）或其他會談中的介入形式，並且觀察SIT與其受督者的治療後回饋會議。有時候在過程中也會使用反映團隊（reflecting team）、協同治療或其他方式。在當晚課程將結束時，後設督導者會和所有SIT進一步討論他們和受督者的工作狀況並給予回饋。在「講課」部分，SIT也要呈現幾段編輯過的督導過程錄影帶。

學生督導學生也可能有缺點，因此至少曾有一個博士班課程決定取消督導課程中的「臨床」部分。

> 瑪莎是博士班督導課程中的一員，她被指定督導莎拉。瑪莎是博三學生而莎拉是博一學生，兩個人在學期中很快地變成好朋友。瑪莎幫助莎拉度過一段艱辛的分居過程，兩個人常一起吃中飯，週末也常相約出去玩。莎拉手邊有一個很難處理的案例（有婚姻問題）——這名個案（丈夫）觸發了莎拉和她分居丈夫的許多議題。瑪莎很難

區隔她和莎拉原本的友誼和現在的督導關係，她也不清楚在後設督導者面前說些什麼才恰當。莎拉也不滿她的朋友在她與個案的治療裡，扮演著類似評量者的角色。兩人於是要求和後設督導者會面，試圖釐清這些互相衝突的角色，並決定是否可能繼續其督導關係。三個人最後都同意，這種雙重關係——雖然也是學習過程的一部分，會壓抑莎拉成長為臨床工作者，也壓抑了瑪莎學習成為督導者。莎拉被指派給另一位SIT。

全職實習嚴格的實務規定

博士班學生不只必須完成碩士班課程要求的臨床實習，還必須在九至十二個月的全職實習（internship）當中完成500小時（最低時數）與個案面對面的接觸。全職實習的設計內容幾乎與全職臨床實務工作類似。博士班學生在開始這個過程時，通常已經具備相當好的技巧。他們的全職實習督導者或許覺得他們比較像是訓練機構的研究所後受督者，而比較不像是研究生受督者。事實上，有時候位階甚至是反過來的，博士生受督者在臨床上比他們的全職實習督導者還要跟得上時代；典型的狀況是，全職實習的博士生受督者（由於已修過督導課）比較熟稔最新的督導文獻。如果督導者能提供受督者新的觀點，而且／或是督導者本身對自己偏好的治療取向非常熟練，同時博士生受督者也願意敞開心胸地接納新知識，那麼這種角色的顛倒就不會是個問題。

博士生受督者也會經驗到本質上與大學場域相當不同的督導脈絡，在大學場域的受督者通常獲得督導的時數幾乎與做個案會談的時數一樣多。雖然博士生實習的規定是，受督者每完成五小時的個案治療，就必須接受至少一小時的督導，但全職實習生接受到的督導時數很少多過此規定。全職實習生不只接觸個案的時數增加，同時增加的還有大量的文書工作和部門會議等，接受督導只是整個工作的一部分而已。博士生受督者在實習時的工作時間表，比在學校時缺乏彈性，也比較沒有機會為自己的個案尋求指導。雖然受督者可能因此覺得很挫折，但好處是提早為畢業後進入真正的職場生活做準備。

在臨床工作和學術研究間取得平衡

在大學博士班課程中，研究佔據非常重要的份量。有些學生在報考博士班課程時，並沒有真正了解「PhD」（已被認可的博士班課程所授予的學位）的意義，其實PhD本身就是一個研究性的學位。在MFT課程的特殊規定之外，事實上每一所大學都會要求學生在研究方法學和統計學上必須接受嚴格的訓練，另外還要完成一篇學術性論文。由於大部分課程隸屬於兒童或人類發展與家庭研究學系（Department of Child or Human Development and Family Studies），或其他相關系名的學系（如人類生態系），學生通常也必須修一些相關主題的課，博士資格考會涵蓋這些課程內容和研究技巧。這樣做的好處是可以培養出超越MFT而具有廣博學問的督導者。另一個好處是讓督導者具備了進行與督導相關的原創性研究的能力，而這種能力在探討督導研究文獻時是相當需要的（Avis & Sprenkle, 1990）。我們發現有愈來愈多的學術論文主題與督導有關，有些甚至已經付梓出版了（例如，Sells et al., 1994; Wetchler, Piercy, & Sprenkle, 1989; White & Russell, 1995）。

這種重視研究的一個壞處是，有少數學生是被臨床實務吸引進入這個領域，他們在個性或興趣上其實無法適應這個嚴苛的研究事業。但是他們在尚未進入博士班之前，卻無法完全認知到自己在這方面的不足。

> 約翰在就讀博士班課程時，可說是歷屆以來臨床能力最佳的學生之一。他的臨床實習表現「亮如明星」，在督導課程中也是最熱門的SIT。事實上，許多學生寧可找他督導而不願找系裡的教授，因為很多人覺得被教授督導的經驗很不舒服。然而，約翰對研究課程既沒興趣又缺乏動機，在資格考試中的研究法甚至被當掉。他在進行全職實習前，也無法通過論文計畫書的口試。更糟的是，他對實習非常投入（而他的才能也很被賞識）以至於他似乎找不出時間修改論文計畫書。約翰的指導教授（也是他的督導者之一）開始相信約翰或許永遠無法通過資格考或完成博士論文，也或許並不適合博士班課程。他決定和約翰商量，鼓勵他更改生涯跑道至臨床實務工作上。

這個例子說明了戴著「多頂帽子」的教授兼博士生督導者的壓力。他們和大多數的訓練機構督導者不同，也和有些以臨床為主的碩士班課程的督導者不同，他們必須同時關注其受督者做為研究者的能力。對約翰的督導者而言，看著約翰在臨床上表現得很成功，但卻不能順利取得學位，是非常痛苦的。

多樣化，但成熟的受督者

博士班課程的受督者比較成熟，但其臨床取向、技巧以及對督導的期待卻很不一樣。博士 班學生不像碩士班學生那麼年輕和缺乏經驗，因為他們大部分已有研究所學位，而且拿到碩士後曾在臨床機構工作過。但是，由於很多人在研究所時讀的不是MFT，而是社會工作、臨床心理學、諮商、教牧或甚至是家庭研究，所以還是很多樣化。雖然未來的MFT博士班課程或許會盡量招收MFT碩士畢業生，但目前情況並非如此。也就是說，有些學生可能對MFT的理論和實務非常熟練，但有些學生可能就相當「青澀」，即使他們或許是因為在其他領域（如研究）很有才華而被選入博士班課程。因此，以這個角度看來，有些MFT博士生受督者就像訓練機構受督者一樣，在MFT上仍屬新手，但在其他領域則是有經驗的專業人員。有些學生進入博士班課程時已具備相當明確的MFT理論取向，但有些人則對其偏好什麼理論只有模糊的覺察，前者比較不會輕易地被學校督導者偏好的臨床學派影響。有些學生對自己的理論取向已有定見，加上學校督導者深知沒有明確的證據顯示某一治療學派比其他學派更好，因此雙方可以欣賞並接納彼此的差異性。這種多樣化的好處是可以創造一個令人振奮的環境，學生因此有機會接觸並整合各式各樣的治療學派。對督導者的壞處就是在同一個實習課裡或督導團體裡，每個受督者的期望都不相同。

法蘭克是博士生實習的督導者，他的督導團體中有六個學生，其中三位從MFT碩士班課程畢業，另外三位中，一位學生是社會工作碩士，另一位是諮商心理學碩士，最後一位則是家庭研究碩士。MFT碩士中有一位只受過脈絡家族治療（contexual family therapy）的訓練，並且是此學派的積極擁護者。另一位在結構—策略學派（structural-strategic orientation）上有很扎實的基礎，第三位則在碩二時非常迷戀焦點解決學派。除了每週的實習團體會議之外，法蘭克還和上面說的前兩人（蘇及湯姆）進行督導。

蘇喜歡從過去史觀點來探究她所有的個案，她希望法蘭克給的回饋是與家庭世代間的恩怨有關。湯姆偏好的學派並不強調過去史，他希望獲得的回饋是個案的家庭結構和模式。法蘭克個人比較偏好聚焦於情緒的學派。雖然三個人在一起時常常會出現善意的玩笑，但有時氣氛也會弄僵，尤其是當湯姆試圖對某個案做矛盾介入法（paradoxical intervention），而蘇質疑這種作法的倫理問題並尋求法蘭克的支持。法蘭克也常常陷於以下兩者間的掙扎：一方面試圖賦予蘇和湯姆權力去運用他們最擅長的學派，另一方面又認為他們太早就受限於自己的觀點而變得有些僵化，因此希望他們也看看其他的可能性。

法蘭克還必須對史蒂夫（家庭研究碩士）和瑪莉（熱衷焦點解決學派）進行個別督導。史蒂夫雖然很聰明而且很有自省能力，但是處理夫妻和家庭的「實際經驗」卻很少，因此極需要注意他的個案管理技巧。瑪莉知道如何處理個案，但是需要鼓勵她不要那麼結構化，在工作上不要那麼一板一眼。法蘭克在他們兩人完全相反的需求之間苦苦掙扎，不禁懷疑每週一次的督導，真的有可能同時對史蒂夫和瑪莉都有助益嗎？

法蘭克另外兩位受督者分別是李蘭（社工碩士）和史黛西（諮商心理師），雖然兩人的共同點是很少受過MFT

臨床訓練，但是李蘭希望多關注大環境系統的議題，而史黛西則比較聚焦於個案、治療師和督導者之間的微系統。法蘭克可以接受這種受督者多樣化的挑戰，但是偶爾捫心自問時，他也曾經坦誠這是很挫折的。他說，很諷刺地，在他自己的「結構—策略學派」年代時，他曾督導過一位學生，這位學生後來變成湯姆的教授和臨床師傅。法蘭克以前的受督者教導湯姆許多事，而那些事法蘭克現在卻已不再認同。法蘭克不禁喃喃自語：「真是報應啊！」

養成教育中的督導：得與失

在養成教育的場域，督導者通常督導比較多的團隊、協同治療師和團體，因為受訓中的治療師已是既定結構系統的一部分，包括排班表要精簡，以及小組合作、協同治療、團體所需要的人數也可更簡化。在教育情境中可以進行更多的現場督導和錄影督導，養成教育訓練也投資了許多資源在必要的設備上，因此也傾向使用這種督導方式（Sprenkle, 1988）。由於變更督導結構和方式的機會較多，可行性也較高，因此更能為受督者量身打造符合他們的學習需要和興趣的督導方式。舉例來說，泰瑞莎正在督導幾位治療師學習敘事治療，他們很容易就能組成反映團隊。但私人與受督者訂立合約的督導者或許就很難組成反映團隊，因而必須更有創意。由於受督者剛開始新的教育目標，他們的興趣、投入程度和熱誠通常都比較高。而且，督導者彼此間的諮詢也比較常見（要提供一個有品質的督導，事實上，督導者之間的諮詢是必要的），因為在同一個養成教育課程內的督導者可以相互討論受督者的狀況，這種做法並未違反保密性的倫理守則。當多重關係存在於教育場域時，督導者和受督者如果能夠公開對話，就能為雙方創造更大的安全感。

若督導私人合約下的受督者，則利弊參半。在私人合約督導中，因為受督者可以選擇自己的督導者而不是被分派，督導者和受督者的治療理念、風格、和價值觀有較好的適配性。在教育場域裏，督導是根據系裡教授或研究所後課程的老師的責任分擔指派。私人合約督導的對象通常是一或二人，時間也比較長。這種一對一或一對二且持續時間較長的方式，比較容易建立起親密的師徒式督導關係。然而，由於受督者急於跨過受訓者的狀態，成為真正的專業人員，這種督導有時會瀰漫著一種「只是累積時數」的氛圍。

有些督導者可能比較喜歡和養成教育體系合作，因為督導者可以使用不同的督導架構和方法，而且督導歷程已經很有系統，有時還可以進行聯合督導。其他的督導者可能比較喜歡私人合約督導中所特有的選擇性、親密性和個人的彈性。許多督導者會創造出結合兩者的督導實務，以某些優點交換另一些優點——根據他們是在象牙塔中、訓練機構中或私人合約下進行督導。

在學術象牙塔或訓練機構中進行督導的差異性，充分反映「脈絡」（context）對督導的影響。即使在單一的情境如大學院校，不管是碩士班或博士班課程，脈絡對督導這個事業都有著深遠的影響。無論讀者是在哪種脈絡下接受或提供督導，我們希望本章所敘述的八大向度能幫助你看清楚，你自己所處情境的獨特要求如何影響了你的工作。

參考書目

American Association for Marriage and Family Therapy. (2004). Marriage and family therapy core competencies. Retrieved 6/15/07 from source.

American Association for Marriage and Family Therapy. (2007). *Approved Supervisor designation standards and responsibilities handbook*. AAMFT: Washington, DC.

Avis, J., & Sprenkle, D. (1990). A review of outcome research on family therapy training. *Journal of Marital and Family Therapy*, 16, 225-240.

Anderson, S. (1992) Evaluation of an academic family therapy program: Changes in trainees' relationship and intervention skills. *Journal of Marital and Family Therapy, 4,* 365-376.

Bardill, D., & Saunders B. (1988). Marriage and family therapy and graduate social work education. In H. Liddle, D. Breunlin, & R. Schwartz (Eds.), *Handbook of family therapy training and supervision* (pp. 316-330) New York: Guilford Press.

Benningfield, M. (1988). The commission on supervision: A historical review. Unpublished paper.

Berger, M. (1988). Academic psychology and family therapy training. In H. Liddle, D. Breunlin, & R. Schwart.z (Eds.), *Handbook of family therapy training and supervision* (pp. 303-315). New York: Guilford Press.

Berman, E., & Heru, A. (2005). Family systems training in psychiatric residencies. *Family Process, 44*(3), 283-302.

Berman, E., & Dixon-Murphy, T. (1979). Training in marital and family therapy at free-standing institutes. *Journal of Marital and Family Therapy, 5*, 29-42.

Bernard, J., & Goodyear, R. (1992). *Fundamentals of clinical supervision.* Needham Heights, MA: Allyn and Bacon.

Bloch, D., & Weiss, H. (1981). Family therapy training: Institutional base. *Family Process*, *20*, 133-146.

Brucker, P. S., Faulkner, R.A., Baptist, J., Grames, H., Beckham, L.G.., Walsh, S., Willert, A. (2005). The internship training experiences in medical family therapy of doctoral-level marriage and family therapy students. *American Journal of Family Therapy, 33* (2),131-146.

Cantwell, P., & Holmes, S. (1995). Cumulative process: A collaborative approach to systemic supervision. *Journal of Systemic Therapies, 1*4, 35-46.

Celano, M., Smith, C., & Kaslow, N.J. (2010). A competency-based approach to couple and family therapy supervision. *Psychotherapy: Theory, Research, Practice, Training, 47*(1), 35-44.

Cooper, A., Rampage, C., & Soucy, C. (1981). Family therapy training in clinical psychology programs. *Family Process, 20*, 155-156.

Colapinto, J. (1988), Teaching the structural way. In H. Liddle, P. Breunlin, & R. Schwartz (Eds.), *Handbook of family therapy training and supervision* (pp. 17-37). New York: Guilford Press.

Combrinck-Craham, L. (1988). Family therapy training in psychiatry. In H. Liddle, P. Breunlin, & R. Schwartz (Eds.), *Handbook of family therapy training and supervision* (pp. 265-277). New York: Guilford Press.

Commission on Accreditation for Marriage and Family Therapy Education (COAMFTE). (1996, 2006). Manual on accreditation. Washington, DC: Author.

DuPree, J.W., White, M.B., Meredith, W. H., Ruddick, L., Anderson, M. P. (2009). Evaluating scholarship productivity in COAMFTE-accredited PhD programs, *Journal of Marital & Family Therapy, 35*, 204-219.

Engleberg, S., & Storm, C. (1990). Supervising defensively; Advice from legal counsel. *Supervision Bulletin, 3*, 2-4.

Everett, C. (1979). The master's degree in marriage and family therapy. *Journal of Marital and Family Therapy, 5*, 7-14.

Falender, C.A., & Shafranske, E. P. (2010). Psychotherapy-based supervision models in an emerging competency-based era: A commentary. *Psychotherapy: Theory, Research, Practice, Training, 47*(1), 45-50.

Fennel, U., & Hovestadt, A. (1985). Family therapy as a profession or professional speciality: Implications for training. *Journal of Psychotherapy and the Family, 1*, 25-40.

Falender, C.A., Cornish, J.A., Goodyear, R., Hatcher, R., Kaslow, N., Leventhal, G., Shafranske, E., Sigmon, S. (2004). Defining competencies in psychology supervision: A consensus statement. *Journal of Clinical Psychology, 60*, 771-785.

Fisch, R. (1988). Training in the brief model. In H.Liddle, P. Breunlin, & R. Schwartz (Eds.), *Handbook of family therapy training and supervision* (pp. 78-92).New York: Guilford Press.

Garfield, R., & Lord, C. (1982). The Hahnemann master's of family therapy program: A design and its results. *American Journal of Family Therapy*, 10, 75-78.

Getz, H. (1999). Assessment of clinical supervisor competencies. *Journal of Counseling & Development*, 77(4), 491-497.

Heath, A., & Storm, C. (1985). From the institute to the ivory tower: The live supervision stage approach for teaching supervision in academic settings. *American Journal of Family Therapy*, 13, 27—36.

Herna'ndez, P., Almeida, R., & Dolan-Delvechhio, K. (2005). Critical consciousness, accountability, and empowerment: Key processes for helping families heal. *Family Process, 44*, 105-119

Henry, P., Sprenkle, D., & Sheehan, R. (1986). Family therapy training: Student and faculty perceptions. *Journal of Marital and Family Therapy, 12*,249-258.

Herz, F. & Carter, B. (1988). Born free: The life cycle of a free-standing postgraduate training institute. In H. Liddlle, D. Breunlin, & R. Schwartz (Eds.), *Handbook of family therapy training and supervision* (pp. 93-109). New York: Guilford Press.

Hovestadt, A., Fennell, P., & Piercy, F. (1983). Integrating marriage and family therapy within counselor education: A three-level model. In B. Okun & S. Gladding (Eds.), *Issues in training marriage and family therapists* (pp. 31-42). Ann Arbor, MI: ERIC/CAPS.

Joanning, H., Morris, J., & Dennis, M. (1985). An overview of family therapy educational settings. *American Journal of Family Therapy*, 73, 3-6.

Kaplan, L., & Small, S. (2005). Multiracial recruitment in the field of family therapy: An innovative training program for people of color. *Family Process, 44*(3), 249-265.

Kaslow, N., Celano, M., & Stanton, M. (2005). Training in family psychology: A competencies-based approach. *Family Process, 44*(3), 337-354.

Keller, J., Huber, J., & Hardy, J. (1988). What constitutes appropriate marriage and family therapy education? *Journal of Marital and Family Therapy*, 74, 297 306.

LaPerriere, K. (1979). Family therapy training at the Ackerman Institute: Thoughts of form and substance. *Journal of Marital and Family Therapy*, 5, 53 58.

Lee, R., Nichols, D., Nichols, W., & Odom, T. (2004). Trends in family therapy supervision: the past 25 years and into the future. *Journal of Marital and Family Therapy, 30*, 61–69.

Lee, R.E., Dunn, J.W., & Nichols, W.C. (2005). A Comparison of AAMFT Approved Supervisors with master's and doctoral degrees. *Contemporary Family Therapy: An International Journal, 27* (1),1-17.

Liddle, H. (1982). On the problems of eclecticism: A call for epistemological clarification and human scale theories. *Family Process*, 4, 243-250.

Liddle, H., Breunlin, P., & Schwartz, R. (1988). *Handbook of family therapy training and supervision*. New York: Cuilford Press.

Lyman, B., Storm, C., & York, C. (1995). Rethinking assumptions about trainee's life experience. *Journal of Marital and Family Therapy*, 27, 193-203.

Mazza, J. (1988). Training strategic therapists: The use of indirect techniques. In H. Liddle, P. Breunlin, & R. Schwartz (Eds.), *Handbook of family therapy training and supervision* (pp. 93-109). New York: Guilford Press.

McGeorge, C., Carlson, T.S., Erickson, M., & Guttormson, H. (2006). Creating and evaluating a feminist-informed social justice couple and family therapy training model. *Journal of Feminist Family Therapy, 18*(3), 1-38.

Mead, D. (1990). *Effective supervision; A task-oriented model for the mental health professions*. New York: Brunner/Mazel.

Miller, J.K., Todahl, J.L., & Platt, J.J. (2010). The core competency movement in marriage and family therapy: Key considerations from other disciplines. *Journal of Marital and Family Therapy, 36,* 59–70.

Miller, J.K., Todahl, J., Platt, J.J., Lambert-Shute,& Eppler, C.S. (2010). Internships for future faculty:

Meeting the needs of the next generation of educators in marriage and family therapy. *Journal of Marital and Family Therapy, 36,* 59-70.

Morgan, M., & Sprenkle, D. (2007) Toward a common-factors approach to supervision. *Journal of Marital and Family Therapy, 33*, 1-17.

Nichols, W. (1979). Education of marriage and family therapists: Some trends and implications. *Journal of Marital and Family Therapy*, 5, 19-28.

Nichols, W. (1988). An integrative psychodynamic and systems approach. In H. Liddle, D. Breunlin, & R. Schwartz (Eds.), *Handbook of family therapy I-raining and supervision* (pp. 110-127). New York: Guilford Press.

Nichols, W., Nichols, P., & Hardy, K. (1990). Supervision in family therapy: A decade restudy. *Journal of Marital and Family Therapy*, 76, 275-286.

Papero, D. (1988). Training in Bowen theory. In H. Liddle, I). Breunlin, & R. Schwartz (Eds.), *Handbook of family therapy training and supervisio*n (pp. 62-77). New York: Cuifford Press.

Perosa, L.M., & Perosa, S.L. (2010). Assessing competencies in couples and family therapy/counseling: A call to the profession. *Journal of Marital and Family Therapy, 36*, 126-143.

Piercy, F., & Sprenkle, D. (1984). The process of family therapy education. Journal of Marital and Family Therapy, 10, 399-408.

Pirrotta, S., & Cecchin, C. (1988). The Milan training program. In H. Liddle, D. Breunlin, & R. Schwartz (Eds.), *Handbook of family therapy training and supervision* (pp. 38-61). New York: Cuilford Press.

Ryder, R., & Hepworth, J. (1990). AAMFT ethical code: "Dual relationships." *Journal of Marital and Family Therapy*, 16, 127—132.

Rolland, J., & Walsh, F. (2005). Systemic training for healthcare professionals: The Chicago Center for Family Health Approach. *Family Process, 44*(3), 283-302.

Russell, C., Dupree, W., Beggs, M., Peterson, C., & Anderson, M. (2007). Responding to remediation and gatekeeping challenges in supervision. *Journal of Marital and Family Therapy, 33*(2), 227-244.

Russell, C., & Peterson, C. (2003). Student impairment and remediation in accredited marriage and family therapy programs. *Journal of Marital and Family Therapy, 29*(3), 329-337.

Sprenkle, D.H. (2010). The present and future of mft doctoral education in research-focused universities. *Journal of Marital and Family Therapy*, 36, no. 3, 270-281.

Sprenkle, D. (1988). Training and supervision in degree-granting graduate programs in family therapy. In H. Liddle, D. Breunlin, & R. Schwartz (Eds,), *Handbook of family therapy training and supervision* (pp. 233-248). New York: Cuilford Press.

Sells, S., Smith, T., Coe, M., Yoshioko, M., & Robbins, J. (1994). An ethnography of couple and therapist experiences in reflecting team practice. *Journal of Marital and Family Therapy*, 20, 247-266.

Storm, C., McDowell, T., & Long, J. (2003). The metamorphisis of training and supervision. In T. Sexton, G. Weeks, M. Robbins (Eds.) *The handbook of family therapy* (pp. 431-446). New York: Brunner Routledge.

Storm, C. (1994). Defensive supervision: Balancing ethical responsibility with vulnerability. In G. Brock (Ed,), *Ethics casebook* (pp. 173-190). Washington, DC: AAMFT.

Silverthorn,B.C., Bartle-Haring, S., Meyer, K, & Toviessi, P. (2009). Does live supervision make a difference: A multi-dimensional analysis. *Journal of Marital and Family Therapy, 35*, 406-414.

Sutton, P. (1985/86). An insider's comparison of a major family therapy doctoral program and a leading nondegree family therapy training center. *Journal of Psychotherapy and the Family*, 1, 41—51.

Tomm, K., & Wright, L. (1979). Training in family therapy: Perceptual, conceptual, andexecutive skills. *Family Process, 18*, 227-250.

Ungar, M., & Costanzo, L. (2007). Supervision challenges when supervisors are outside supervisees' agencies. *Journal of Systemic Therapies, 26*(2), 68–83.

Van Trommell, M. (1982). Training in marital and family therapy in Canada and the United States. *Journal of Strategic and Systemic Therapy*, 1, 31—39.

Walsh, S., & Fortner, M.D. (2002). Coming full circle: Family therapy and psychiatry reunite in a training program. *Families, Systems, and Health, 20*(1), 105-111.

Wampler, K.S. (2010). Challenge and urgency in defining doctoral education in marriage and family therapy: Valuing complementary models. *Journal of Marital and Family Therapy*, 36, no. 3, 291-306.

Wetchler, J., Piercy, F., & Sprenkle, D. (1989). Supervisor and supervisee perceptions of the effectiveness of family therapy supervising techniques. *American Journal of Family Therapy*, 17, 35-47.

White, M., & Russell, C. (1995). The essential elements of supervising systems: A modified Delphi study. *Journal of Marital and Family Therapy*, 21,33-54.

Winkle, C., Piercy, F., & Hovestadt, A. (1981). A curriculum for graduate level marriage and family therapy education. *Journal of Marital and Family Therapy*, 7, 201-210.

Wright, L., & Leahey, M. (1988). Nursing and family therapy training. In H. Liddle, D. Breunlin, & R. Schwartz (Eds.), *Handbook of family therapy training and supervision* (pp. 278-289). New York: Guilford Press.

【第五章】社會服務機構中的系統取向臨床督導

馬莎・庫克（Martha Cook, M.S.W.）
J・馬克・基莫（J. Mark Killmer, Psy.D.）

對督導者和受督者而言，在社會服務機構（agency）中進行督導是多重挑戰。許多社會服務機構認為臨床督導和行政督導是有區別的。臨床督導關注的是治療本身和受督者的治療能力，而行政督導則比較關心受督者是否完成機構要求的行政事務，以及個案管理的能力。本章討論的重點在臨床督導，但也瞭解臨床督導者在他們的工作情境中，多多少少也必須處理個案管理的議題。

臨床督導者和受督者必須面對自己在機構中的多重角色。督導者必須清楚自己在不同的機構層級中的角色，例如行政管理和督導。他們也必須認知到受督者的不同角色，例如，受督者面對個案時是治療師的角色，面對督導者時是受督者的角色，面對行政主管時則是員工的角色。督導者必須注意這些角色之間是否會產生問題或衝突，並且在問題發生時將之轉化為督導中的處理素材。

社會服務機構督導者（agency supervisor）必須處理的現實包括：個案、轉介來源、機構、督導關係、受督者，以及督導者本身的現實。周旋於這麼多的現實之間，督導者在機構系統中的運作品質本身，就變成是系統取向督導者最需關注的現象，這也讓他們有時必須扮演一個令人不舒服的角色，就是必須決定採用哪一個現實以提供最好的個案照護。

機構生態的複雜性對督導關係的影響很大，常常會使得督導原則和界線難以建立和維持。在社會服務機構的情境下運用系統取向督導（systemic supervision），必須持續地評估督導關係，以及考量督導關係應該如何與更大的機構脈絡配合。

社會服務機構的宗旨

社會服務機構的宗旨包括了治療面向，而臨床督導者最重要的職責就是確保機構能夠提供成功地提供治療面向的服務。督導目標即在於讓個案獲得切合標準的照顧，並促進受督者臨床技巧的成長。臨床督導者以此方式成為機構品質管理計畫中不可或缺的一部分。

機構的服務宗旨多少會影響臨床督導的重點。比方說，青少年與家庭服務中心的任務是改善兒童及其家庭的生活品質，同時也希望兒童仍留在原來的家庭。督導者的焦點是協助受督者發展出可以強化父母次系統，並且增加親職能力的處遇計畫；工作目標是防止孩子被帶離家庭。相對地，受虐婦女服務機構的任務或許是保護婦女和其子女不受丈夫虐待，家庭重聚就放在長期的目標。督導者可以協助受督者發展出一些處遇計畫，目標是讓母親培養出可以保護自己和孩子不受虐待的能力，然後才進一步對其婚姻關係做出決定。在上述兩個例子中，督導者須針對該機構服務對象的特殊治療需求，然後運用系統理論的概念、衡鑑技巧和介入策略。

機構即是一個系統

社會服務機構本身常常就是一個複雜的系統，必須要適當地運作始能成功地執行其服務宗旨。許多機構所提供的社會服務和臨床服務的項目龐雜，而每個服務項目各有其主事者、員工、服務目標和預算。這種現象常常造成各部門之間複雜的內部關係，尤其是提供直接服務部門和支援部門的工作人員隸屬於機構內不同計畫的員工時更是如此。這種複雜的關係隨時都涉及多重的互動序列，而互動必須有效能，整個系統才能成功地運作。

贊助社會服務機構資金的單位可能有好幾個，或許也會要求該機構必須經過全國性組織的認可或州政府的認證。當某機構有多重的贊助者、認證團體和治療方案，該機構就必須對所有相關的單位負責。每一個贊助單位對文件紀錄的要求，以及願意提供服務給哪一類個案的看法都不同。如此一來，督導者就有責任確保個案能獲得適合其需要且有資金贊助的治療。

社會服務機構通常與所服務對象的社區息息相關，他們的轉介來源包括學校、法院、警察局、醫院、兒童福利機構等社區單位，有時也透過口耳相傳。機構必須有效地維繫這些重要的關係，而維繫的方式通常就是滿足他們的期待。一般說來，社會服務機構設立的目的，就是為了滿足無法從私領域取得服務的民眾的需要。而這個服務宗旨常常會有持續性的資金壓力，包括有限的薪水和資源。

因此，如果某機構提供愈多不同種類的方案，為了維持這些方案的運作，機構的系統就會愈形複雜。機構督導者必須面對這種多重現實，一方面要協助受督者處理個案的現實問題，另一方面要處理機構規定的文件紀錄以及個案管理事項。而如果這些角色彼此有衝突，督導者必須決定優先處理何者。

瞭解系統

系統取向的督導者可以運用他們的理論來了解複雜的機構系統，特別要聚焦於歷程、溝通、互動序列和機構脈絡。如果系統取向督導者有能力以旁觀的角度來看，基本的系統概念如三角關係（triangulation）、階級、次系統、界線、聯盟（coalition）、和回饋圈（feedback loop），都可以用來瞭解機構的系統，並觀察其歷程（Harper-Jacques & Limacher, 2009; Matheny & Zimmerman, 2001; Ebner, 1979）。同樣地，機構與其中每位員工之間有某種程度的分化（differentiation），如果缺乏分化，就可能會產生情緒反應性（emotional reactivity）、融合（fusion）、三角關係和情緒截斷（emotional cut-off），而這些都會妨礙該組織的效能。在對有關組織諮詢的文獻進行「內容分析」之後，發現策略取向、結構取向和鮑溫（Bowen）系統取向的重要概念最常被用來分析服務機構（Matheny and Zimmerman, 2001）。

舉個例子，凡．登．布林克（Van den Blink, 1988）曾評估過一些教牧諮商的機構，他發現其中普遍存在著某種有問題的互動模式，如「界線模糊」、「迴避衝突」（p. 33）。許多學者曾將系統理論成功地運用於下列組織：企業界（Leaptrott, 2005; Deacon, 1996; Campbell et al., 1994 ）、社會服務組織（Harper-Jacques & Limacher, 2009; Matheny & Zimmerman, 2001; Ebner, 1979）、組織諮詢（Matheny & Zimmerman, 2001; Fuqua et al., 2002; Huffington et al., 1997〔在 Shumway et al., 2007中〕; Boverie, 1991）、EAP方案

（Shumway et al., 2007）、運動機構（Zimmerman et al., 1994），以及某附屬於教會的組織（Lehman, 2004）。

關注異質同型現象

異質同型（Isomorphism）指的是在某個系統內，類似的模式會在系統中的每個層級一再重演（Liddle & Saba, 1983, 1985）。早在1966年，蒙太佛和帕芙林（Montalvo and Pavlin）就注意到社會服務機構可能會在「個案—治療師—督導—機構社區」此系統內，重演負面的家庭模式。在接下來的二十年當中，家庭模式的異質同型複製現象也曾出現於醫院的階級結構（Harbin, 1978）、學校運作（Aponte, 1976）、日間照護中心（Minard, 1976）、兒童照護系統以及住宿治療方案（Schwartzman & Kneifel, 1985; Ebner, 1979）。因此，臨床工作者必須有能力注意到這種複製了家庭中問題行為的負面異質同型模式，這是非常重要的。例如，我（Martha Cook, 作者之一）曾督導過的一個案例，就可以說明此點：

> 麥克，十二歲，很可愛，在某中心接受住宿治療，他的兄姐們也曾接受兒童福利機構的監護，弟弟則住在家裡。四十三歲的母親在身體健康上有很多問題，她不識字，來自極度混亂且充滿虐待的家庭。母親無法有效地管教孩子，尤其是在教導生活紀律方面。更糟的是，母親對孩子的需求也相當遲鈍，當麥克在治療中心時，她竟然把她兒子最心愛的小狗送給別人。母親曾數次被控告疏於照顧孩子，但都因證據不足未被起訴。麥克的生父有物質濫用問題，而且在家中常有暴力行為。

麥克的家庭成員在情緒上似乎很糾結，這個系統中有一個強烈的「對家庭必須忠誠」的議題。比方說，當父親打母親時，麥克會保護母親而攻擊父親。而當孩子逃離安置中心時，母親會蓄意藏匿。

學校方面，麥克經常逃學、在課堂中搗亂，和同學打架。當他被安置在特殊教育課程後，他的問題惡化到攻擊教職員，因而被控告傷害罪。

這個治療中心有許多服務部門，包括小木屋方案、娛樂治療、職前訓練、個別／家族治療等。麥克還是去上學。這個案例勾起工作人員很多強烈的情緒。毫不意外地，員工之間的關係，以及員工與麥克和其母親的關係，都複製了家庭模式而產生異質同型現象。不同部門的員工之間缺乏清楚的溝通，降低了治療的有效性。忠誠議題浮現了，而這看來是複製了家庭系統。首先，麥克對母親有很強烈的忠誠感，若有人甚至只是暗示其母親不是個好媽媽，他就會很憤怒。還有，工作人員對麥克的情緒也很複雜。例如，有一位老師對麥克有強烈的忠誠感，因此當治療師認為應該更積極地和麥克的母親工作時，他對治療師很生氣。這兩個與忠誠感有關的例子在機構系統內產生三角關係議題。

在小木屋方案和在學校中，麥克時常挑戰權威。很顯然地，這是從家中學到的伎倆，他對母親施展時特別有效。當學校和兒童照護的員工爭論著麥克的管教方式時，衝突就出現了。所有的工作人員似乎都捲入「好媽媽」和「壞媽媽」的角色分化爭戰中，雙方都相信自己做的事對麥克才是最好的。就像在家裡，這些衝突使麥克的動作外化行為（acting-out）更增加。

若要讓麥克的治療得以成功，臨床督導者必須促進有效的溝通，這是非常重要的。忠誠議題必須被處理，包括解開三角關係，然後工作人員才能扮演麥克的權威而有效地運作。最後，督導者應該幫助工作人員同理母親，以解開他們與她和麥克之間的三角關係。總之，必須要瞭解這個案例中的異質同型現象，這是成功的治療不可或缺的因素。

異質同型現象同樣可以很有效地運作於臨床督導者的脈絡之中。當學者和研究者試圖瞭解並量化系統取向督導的複雜性時，發現異質同型現象不停地出現，且成為一種瞭解督導歷程的重要方式（White & Russell, 1995）。與上面曾提及的機構系統類似，「督導者—受督者—個案」間的關係也可能複製了病態的家庭模式。因此，督導者必須對這種情境的異質同型現象有所警覺，這是同樣重要的（Kaslow et al., 2005; White and Russell, 1997）。

研究督導理論的學者也曾提及，督導關係中的異質同型現象本身或許會對受督者產生衝擊，而呈現的模式可能是負面地複製了家庭動力。相反地，督導中的異質同型模式，也可以解釋受督者經驗到的某些成長，這就意味著說，督導過程中的正向互動或許也可以有效地複製於治療中。下面這個例子（J. Mark Killmer的個案）可以說明此點：

受督者正在治療一個家庭，主要的關切問題是先生的十一歲兒子常會出現暴怒行為。一開始，治療師先強化家庭中的關係層級，結果兒子的行為即有改善。儘管兒子已有進步，他的繼母卻持續挑剔他的一些小問題，而且對兒子的憤怒行為表現出誇張的恐懼。因此，治療師開始單獨與這對夫妻晤談。進行督導時，督導者和受督者都同意將焦點轉移至父母這個次系統。丈夫對夫妻關係相當看重，但同時似乎也很擔心他太太對他兒子過份嚴厲。丈夫無法開口向太太表達這份擔憂，當然是因為害怕她的反應。到目前為止，治療師的治療都做得很好。在督導過程中，治療師同樣也表示不願意和繼母直接溝通，如此一來，在「個案—治療師—督導者」之間即產生了三角關係，且瀰漫著因治療僵局產生的焦慮。督導者推測其中一定有某些因素阻礙了治療師去面質太太，或是增加和太太工作時的會談張力，而這些因素或許和丈夫這種自我設限的態度是並行（parallel）的。因此，督導者以面質這些限制來增強張力。結果發現治療師的自我設限之一是擔心太太的情緒較脆弱，另外他也擔心這對夫妻會放棄治療。督導者逐一處理治療師的每種自我設限，讓治療師在接下來的療程中能夠逐漸增強會談的張力。有趣的是，綑綁住治療師的因素之一是，治療師本身無法很自在地運用「面質模式」（也就是米紐慶[Minuchin]所作的）。在這種狀況下，督導者堅持自我肯定但溫和地逐漸增加強渡，為治療師展現了另一種可能的模式。

在上述例子中，受督者將治療中的異質同型困境（無法直接溝通）帶至督導。而督導者逐漸地增加督導互動的強度，卻成功地處理了這個困境。治療師因而可以和個案重複這種互動模式，打破了治療僵局。

最後，異質同型的概念也可以說明，督導者的理論模式和臨床經驗對受督者成長有正向影響（Burnham, 2010; Gross et al., 2003; Sprenkel, 1999; White & Russell, 1997; Heath & Storm, 1985）。也就是說，督導者在督導中運用自己理論模式中的重要元素，不僅是為了產生假設或訂定治療計畫，同時也將之運用於與受督者的互動中。在上述例子裡，督導者運用的面質模式反而最適合這位治療師。

機構控管的督導關係

理想上，社會服務機構必須瞭解，持續性地臨床督導對提供有品質的服務是很重要的，而提升機構內臨床工作者的成長也應該被視為一種倫理上的責任。當正式的督導關係接受社會服務機構的控管時，就可以公開地安排定期會議的時間，而督導者也被賦予了某些權威和責任，例如必須考評受督者及其整體的臨床能力。在大部分的服務機構裡，督導者須承擔有關個案的臨床決策的最終責任，尤其是高風險個案。有時候，個案無法等待受督者學會某些必要的介入技巧，督導者因而必須暫時接管個案，以確保個案獲得適當且合乎倫理原則的照護。比方說，受督者雖然想保護孩子，卻可能害怕當面質問虐待孩子的父母。

機構或許會選擇不為其臨床工作者提供規律的督導。在某些工作繁忙但常常資金不足的方案裡，即使工作人員欠缺經驗，機構或許仍將臨床督導當成是一種奢侈——不僅在財務上，也是在時間的運用上。在有資深臨床工作者的機構裡，督導又可能被認為沒有必要，而工作人員也或許會抗拒接受督導。但是長久來看，不願意控管臨床督導的這個決定，對臨床工作者和個案，反而是種傷害。

缺少機構提供的督導，當然迫使臨床工作者必須獨自承擔臨床照護和個案管理的責任。此外，這也讓治療師必須自行設法提升自己的成長，包括爭取臨床督導的機會——如果他／她有動機的話。結果可能是，臨床工作者必須尋求非正式的督導。舉例來說，臨床工作者經常會相互督導，例如在喝咖啡時、在飲水機旁或在辦公室走廊等地方討論個案。其他情況則是，有動機的治療師必須向外尋求督導，但通常必須自行負擔費用且所費不貲。而這種在機構控管之外的其他督導形式，對臨床工作者和／或個案或許有幫助，但也或許毫無助益。

非正式的督導

沒有接受機構控管的督導關係仍然被認為是非正式的。機構情境通常在同事間提供了許多建設性的非正式督導的機會。這種同事督導的形式有：在某個困難的療程後立即提供支持和其他觀點；在與某個案有了非常具挑戰性的互動之後，某位督導者自發性地給予回饋；分享某個改變了治療師同仁的「與個案的奮戰故事」；或是共同治療某個案。行政主管可能會覺得這種關係在某方面具有破壞性，尤其是當這種非正式的督導關係可能會干擾機構控管的督導方式。如果非正式的督導導致受督者採取某種介入，而督導者卻認為這個介入與個案的需求並不一致，那麼督導關係就緊張了。這些非正式的關係可能會在工作人員和督導者之間造成三角關係，因而挑戰了機構內的職權順序。

機構的臨床模式

當機構已採用或創造出某種治療理論模式，臨床督導者應該支持這個模式，並訓練治療師有效地運用它。為了能夠成功地達成這個任務，理想上，臨床督導者必須對此模式很有經驗，同時對該機構所服務的個案族群也很熟練。

複雜的機構由於其方案的不同層面，或許會採用數種理論模式。以某個青少年住宿治療中心為例，在中心內使用的是行為治療和團體治療理論；對個別個案進行的是認知行為治療；對家庭則進行結構性家族治療。為了讓治療師能夠整合出有效的治療，並且符合個案的整體治療目標，臨床督導者應該對每種模式都有足夠的瞭解。此外，督導者或許必須督導一種以上的治療方式（例如，個別、團體、家族），因此督導者必須以系統取向看待每種模式。

系統取向的督導者常常會發現其受督者工作的機構，並未採用系統理論模式。舉例來說，致力於治療兒童及青少年的機構卻未將家族治療列為其服務項目的一部分，這種情形並不罕見。即使返回家庭是治療的最終目標，往往也是如此。如果沒有系統性的觀點，治療取向往往會忽視症狀的脈絡，而只會從線性觀點來治療個案。這個事實會讓系統取向的督導者陷於兩難，特別是在家族治療似乎對治療成功與否佔據關鍵地位時。

如果機構尚未接受系統理論，督導者提倡這個觀點似乎有其重要性（Minuchin & Storm, 2000）。最好的狀況是，提倡此點乃基於如下的堅實信念：家族治療的概念化和治療可以提升個案的照護品質。當倡導系統取向時，務必要避免一種僵化和對立的姿態。機構通常只是不瞭解家族治療的好處，或是未曾受過系統取向的思考訓練。因而，系統取向的督導者可以透過教學和示範，來證明此種理論的價值。此外，督導者也必須了解系統觀點該如何成功地與其他理論模式（如行為治療）合併使用。最後，督導者也應該敏銳察覺到「系統性觀點」以及機構宗旨所處理的「個案議題」之間的適配性。比方說，早期的系統取向治療師有時候會和物質濫用治療方案格格不入，因為他們把成癮的個人當成是「被標示的病人」（identified patient），或是因家庭問題而「背負症狀的人」（symptom-bearer）。雖然這樣的評估或許有某種真實性，但卻忽視了症狀的嚴重性，而此症狀除了家族治療外，還需要特殊的治療方法。

在提倡系統理論的過程中，務必要避免讓受督者捲入三角關係，尤其是不要給予受督者一些可能與治療團隊或機構方案互相衝突的指示。相反地，如果督導者認為系統觀點攸關某案例的治療成敗，那麼就必須直接和團隊或方案負責人溝通。舉個例子，我（Martha Cook）曾督導過一位治療師，她正在治療某住宿機構特殊教育中的一位高三學生。在過去三年中，個案的學業成績直直落，甚至快要畢不了業。倍感挫折的教學單位員工只能以線性思維來解釋這位學生的行為，他們認為他就只是缺乏學習動機，所以對治療師施予極大的壓力，要求她提升學生的動機。但即使治療師費盡力氣，成效仍然不彰。在詢問了學生的家庭背景之後，發現個案的父親在三年前已離家出走。雪上加霜的是，母親打算在個案能夠「自謀生活」時就搬到別州去，而那正是該生畢業之時。由於這些家庭動力似乎對個案的缺乏動機，扮演著一個非常重要的角色，家族治療對個案的治療成效影響甚鉅。當我向治療團隊（包括學校人員）說明這個做法時，他們相當樂意接受，尤其是因為系統策略顯然也聚焦於機構方案所關切的重點（缺乏動機）。

任命督導者

如果機構內部的某治療師同仁被指定為臨床督導者，通常是因為該治療師的臨床表現非常優異。他的教育背景、訓練和／或資格（例如，州政府的執照）也比較好。對治療師而言，升遷至督導者或許也意味著某種令人滿意的專業成長，同時在責任和收入上也有增加。從機構內部指派督導者可以留住優質的治療師，而且還有如下的優點：他們熟悉臨床工作，認同服務宗旨，而且同事關係良好。但這些督導者也要面對不少挑戰。他們本來是治療師同儕團體的一份子，但剛上任的督導者可能發現自己處於一個被隔離或孤立的位置。剛升官的督導者也可能發現昔日同儕會考驗他。這些員工可能會不自覺地繼續將新任督導者當成是自己的哥兒們，或者是故意忽視他因升遷至行政主管的角色而產生的權力轉換。過去曾是坦誠且友善的同事，如今或許變得封閉而疏離。內部升遷的督導者或許必須學習新的督導技巧，也必須成功地轉換角色。

相對的，督導者有時是從機構之外聘請來的。這些督導者也或許必須面對各式各樣的挑戰（Ungar & Costanzo, 2007）。首先，他們必須處理在一個新機構學習新工作時通常會碰到的問題。為了做一個有效能的督導者，他們必須想辦法獲得新同事的信任。

基於該機構對前任督導者的印象好壞，這可能是一項不簡單的任務。如果前任督導者非常受同事喜愛，繼任督導者或許會感到難以望其項背，同時必須熬過他們對失去前任督導者的哀悼時期。如果前任督導者不受歡迎，新任督導者或許會被同事投以懷疑和不信任的眼光。外來的督導者常會被機構員工認為是行政單位派來「鞭策嚴管」他們的人，或是被當成是行政單位的護衛軍。因此，在這個位置的督導者可能會發現自己很難加入工作人員的圈子。不管是哪一種情形，工作人員或許都需要一些時間來適應新的督導者，而督導者也必須贏得同事的尊重和信任。

指派員工給督導者

將受督者指派給督導者的方式有很多種，其中之一根據臨床工作者的需求來指定某督導者。比方說，正在尋求認證資格的受督者，或許就必須指派已擁有某特定證照的督導者給他，若員工希望學習特定的介入方式（例如，焦點解決治療），亦可據此指派。督導者也可能是基於方案的需要而被選派。舉個例子，某機構的危機處理小組或許缺乏團隊工作的經驗和扎實的衡鑑技巧，因此，能夠凝聚團隊且可以教導衡鑑技巧的督導者，或許就會被指派給這個小組。

督導者和受督者通常被行政單位以基於機構需要為由而分派在一起，因此，受督者很少「被告知而後表示同意」。這種安排對督導關係可能有負面的影響，尤其當督導者和受督者之間有個人衝突，或是彼此的理論取向南轅北轍時。雙方或許都感到陷入困境而害怕參與督導。在這種情形下，建立一個有效的督導關係顯得特別重要。機構或許可以定期地變換督導的指派，或偶爾讓員工有自行配對的機會，這樣或許可以緩和緊張的督導關係。

機構控管的督導所具備的關鍵性元素

當系統取向的督導者和機構本身，都對臨床督導有強烈的認同時，這是最理想的狀況。下面的章節條列出在機構情境中，有品質的臨床督導所應具備的關鍵性元素：

督導專業背景多元的員工

機構內的臨床工作人員可能來自非常不同的專業背景（如，心理師、社工師、創造性藝術治療師），他們所接受的理論模式訓練也很不同。因此，機構督導者常常必須要有督導形形色色員工的彈性和能力。在許多社會服務機構裡，第一線的臨床工作人員主要是由剛入行的治療師所組成，原因往往是薪水太低，且個案很難處理。這種機構中的臨床督導者，在滋養新手這方面必須特別有技巧。最後，系統取向的督導者或許會發現所有的臨床員工都必須提供系統取向治療，即使他們很少或從未接受過系統取向、伴侶治療或家族治療的訓練。在這種狀況下，系統取向的督導者須盡力以各種方式提供系統理論的教學（Partridge, 2010）。

創造學習環境

整個機構對臨床督導能否有一個正向的態度，可說是臨床督導是否有效能的關鍵因素。創造學習環境是建立此正向態度的方法之一（Harper-Jaques & Limacher, 2009; Brecelj-Kobe & Trampuz, 2010），而這種環境的基礎是**安全感**。但臨床督導的弔詭之處在於，通常當受督者掙扎著要給困難的個案有品質的照護時，反而會成就最大的學習。當受督者在報告某極具挑戰性的個案時，或許會承認他十分困惑，或是他的介入完全失敗。一般說來，受督者願意承認這些感受，就代表他可以接受督導回饋。然而，受督者在「表現不好」時，是很脆弱的。因此，如果受督者認為呈現這些弱點可能會威脅到工作表現的考評，個別督導的效能就會受到影響。如此一來，「願意在督導中坦誠自己」應被當成是一種優點，不應該對工作考評有不利的衝擊，原因當然是「坦誠」反而改善了工作表現。同樣地，有效能的團體督導也必須處理「表現焦慮」，以及員工之間的競爭。因此，建立一種團體環境，在其中可促進同盟關係並以團隊方式達成優質的照護，這是非常重要的。

除了提供與案例有關的實務性指示，系統取向的督導者也要給予受督者**支持**。作法之一就是指出受督者的優點，且強調他能與個案有效地工作之處。但是同樣重要的是，督導者瞭解在機構中進行治療有時也非常令人洩氣，尤其是與高難度的個案工作時。因此，督導者必須時時鼓舞信心，與氣餒為伴，並且在出現負面的結果或個案毫無進展時，幫助受督者面對。在團體督導中，同儕也可以提供強力的支持。

一個好的學習環境也植根於**對卓越的堅持**（commitment to excellence）。許多時候，一個氣餒的、缺乏動機的員工和一個士氣高昂的員工的主要差異，似乎就是其提供的服務品質。督導是一種持續的專業教育形式，而由於它和許多臨床工作者天生想要發揮最大效能的內在欲望相連結，因而可以提升對卓越的堅持。

促進治療師的成長

基於各式各樣的理由，機構中的忙亂步調可說是一種常態。在一個接一個的緊急個案之間，臨床督導可能會變得短視，只聚焦於立即性的治療計畫。在這種狀況下，督導可能會變得非常指導性，督導者只會提供個案概念化和特定的介入方式，而受督者則被期待要在接下來的療程中遵循這些指示。顯然地，發展一個有效的治療策略對優質的個案照護是絕對必要的，受督者在過程中可以學習臨床技巧，以運用到其他個案身上。儘管如此，這種學習過程是間接性的，主要仰賴受督者從某些特定的個案中學習到什麼功課。然而，一個過度強調指示的督導方式，可能會助長對督導者的依賴，也就是規畫出治療計畫的總是督導者。因此，系統取向的督導者必須促進受督者在治療技巧方面的成長，亦即必須有意地定期將督導的焦點轉換至專業能力和特定技巧的發展。雖然，督導者聚焦於某緊急個案的處理，似乎比技巧的發展還重要，但是一個技巧較純熟的治療師對提供個案優質的照顧卻有著重大的影響。

專業證照

社會服務機構常常會雇用剛入行的臨床工作者。因此，機構提供的督導不只可以幫助這些新手成為一個治療師，也可以幫助他們符合申請專業證照的資格。根據情境的不同，證照包括某特殊領域（如物質濫用）的證書或能力認證書，某地區性或國際性專業組織的臨床會員資格或執照。因此，臨床督導對這些新手治療師而言，是一個很有價值的福利，尤其當他們的薪水很低時。提供支持、促進治療師的成長和專業發展，三者加起來即是最理想的督導樣貌，員工就會視優質的督導為機構提供的「津貼」（Anderson et al., 2000）。

督導方式的多樣化

大部分服務機構使用多樣化的督導方式，提供不同的學習情境以符合受督者的個別督導需求。例如，新手治療師或許需要現場督導（live supervision）。在門診服務的治療師或許可以自行安排治療時間表，但他可能會有一種疏離感。此時，進行團體督導可以讓臨床工作者感到受支持，提升團隊工作效果，而不只是幫助他們處理較困難的個案。團體督導對機構督導者幫助很大，一方面因為較省時，另一方面，透過接觸其他同事的理念，成員可以產生最大的訓練效益。

在機構中要進行「現場督導」必須視空間的限制、贊助單位的規定，以及對何謂「直接服務個案」的定義而定（Burck, 2010; Brecelj-Kobe & Trampuz, 2010; Lee & Everett, 2004; Montalvo & Storm, 1997）。現場督導通常需要一些有單面鏡或良好攝影設備的房間。對許多機構而言，現場督導在資金運用上有其不便，因為機構只根據治療師花在個案的時間來付費給一位治療師，督導者和／或其他團隊成員所花的時間，無法被當成是其直接服務個案的時數。因此，進行現場督導須投入相當多的時間和資源，而這往往已不是許多機構能提供的方法。儘管如此，還是有一些進行現場督導的機會。如果有適當的房間，督導者可定期提供現場督導，並將之當成一種特殊的學習經驗，或是在碰到特別困難的案例時進行現場督導。督導者也可以為受督者提供現場諮詢，當然也是針對困難的個案。最後，在某些方案中，工作人員和個案的互動情境很多樣化。督導者若正好目睹了某種有問題的互動或危機狀況，這時就是一個可即興「現場」督導治療師的機會，且讓該事件可以獲得正向的解決。

錄音或錄影是最實用的督導方式（Lee & Everrett, 2004）。如果有管道取得器材，個案也簽了同意書，大多數臨床工作者要完成錄音錄影的工作並不困難。

為了得到最大的督導效果，最好是結合不同的督導方式。如此對治療師而言，學習機會最多，並且有更多方式來評量治療師的技巧。更進一步來看，使用多樣化的方式也符合督導者所強調的「必須相當了解治療師在治療中實際對個案做的事」，以及符合另一個重點，就是在督導中必須提供立即的矯正行動，以使個案受益。

受過訓練的督導者

一般說來，機構似乎認為要成為臨床督導者，最主要的先決條件就是「經驗」。雖然有治療經驗的確是非常珍貴，但要訓練臨床工作者，仍必須具備一些特定的知識及獨特的技巧。如此一來，機構督導者當然應該去尋求有關臨床督導的教育和訓練課程，包括工作坊、閱讀、同儕支持和督導的督導（supervision of supervision）。系統取向的督導者必須有一套督導哲學理念（包括治療師的發展理論）來引導督導過程，這是很重要的。系統取向的督導者有一些接受督導訓練的機會，例如參加AAMFT為「合格的督導者」（Approved Supervisor）舉辦的訓練課程。一個受過訓練的督導者可以為機構帶來很珍貴的專長，也可以為同事提供督導的督導，以加強機構中的督導品質，並且為機構內的治療師提供專業成長的機會。

督導的挑戰

社會服務機構對督導者可能會產生相當獨特的挑戰，下面的章節詳述了其中的一些挑戰。

多位督導者使督導複雜化

一般說來，在社會服務機構中，每位受督者通常只被指派一位督導者，但是在有多元服務方案的大機構中，臨床人員可能不只參與一個計畫案，而不同方案會指派不同的督導者。當然，這會讓督導變得非常複雜。如果督導者之間的理論取向有明顯的差異或互不認同時，督導會更形困難。比方說，某位督導者是家族系統取向，而另一位督導者是個別治療取向，那麼受督者對治療的看法就很容易被搞亂了。

督導者和受督者該如何和其餘的治療團隊連結，一部分必須根據督導者的職權在哪兒而定。如果督導者負責整個治療團隊，那麼某位成員所做的個案決策即可透過機構職權而執行。但如果督導者負責另一方案，卻只督導該團隊中的某一位成員，那麼要獲得整個團隊的合作可能就比較困難，因為那個督導者對該團隊並無職權。

下面這個例子是作者（Martha Cook）的經驗，正好可以說明此點：

> 某贊助單位裡的一位個案管理員認為，在兒童進行手

術前打電話慰問病童，並不是一種治療性的舉動。他覺得這是不必要的，不應該是治療計畫的一部分，也不應該由贊助單位負擔費用。臨床督導者向個案管理員表示他支持治療師的治療計畫，後來個案管理員終於同意，打慰問電話對個案而言也是一種治療性介入。在這種情況下，督導者的角色是倡導督導者和治療師共同擬訂了一健全的治療計畫。

兩頂帽子：行政主管和臨床督導的角色

社會服務機構中的督導關係經常是「雙重」關係（Gottlieb et al., 2007; Kleiser & Cox, 2008; Abeta & Scerri, 2010; Ungar 2006）。臨床團隊中的一員可能被指派負責督導，這個臨床督導不只是一位同儕，也是其他團隊成員的督導者。為了要同時扮演好這兩個角色，機構在必要時應該邀請督導者，參與某些會影響督導者和受督者的行政決策會議。不這樣做的話，督導者可能不被認為擁有機構所賦予的職權。

督導者的行政角色讓他有管道獲悉許多督導過程之外的資訊，因此他可能無法確定應該和受督者分享什麼或如何分享。比方說，受督者可能對機構中另一位員工的行為很不悅，而督導者由於同時具有行政主管的角色，有管道可以得知該員工的個人資料。但基於督導者的角色，該員工的個人資料不應在督導者與受督者的會談中遭披露，此時督導者的工作是傾聽受督者的問題並幫助他解決。

督導者的行政角色和臨床角色讓他和受督者形成雙重關係。這種雙重關係可能會產生界線、權力或其他關係問題，而減少了臨床督導的效能（Ungar & Costanzo, 2007; Ungar, 2006; Kleiser & Cox, 2008; Gottlieb et al., 2007）。這些有著兩頂帽子的督導者在進行督導時，必須非常清楚他戴的是哪一頂帽子。如果督導者態度模棱兩可，受督者可能只把督導者看成行政主管。同樣地，臨床督導者也可能會被困在行政主管的角色中。結果督導者和受督者無法相互坦誠，雙方也無法自在地在督導過程中呈現某些資料。除此之外，受督者可能會擔心他的督導者／行政主管握有解雇、建議加薪或升遷他的權力。如果機構期待臨床督導者必須對受督者進行完整的工作表現評估，也可能會在他們的關係中製造相當程度的緊張。

定位不清楚的機構外督導

有時候，在機構外進行督導被當作是一種解決上述緊張的辦法。機構可以和社區中的督導者簽約並將之「嵌入」機構中，或者由機構內的治療師自行尋找「外來的」督導者（Ungar & Costanzo, 2007）。為了減少界線議題和權力議題的衝擊，外部督導可以不受機構的許多要求所約束。翁加和康斯坦佐（Ungar and Costanzo, 2007）曾說，許多機構的督導者有全職工作的個案量以及各式各樣的義務，但是資源卻很有限。相對地，外部督導可以特別只聚焦於個案和學習歷程。

雖然外部督導有著明顯的好處，但也可能會出現一些問題。例如，督導者可能欠缺該機構服務宗旨所需的專長（如，成癮），或者督導者很少有在社會服務機構工作的經驗（Todd, 1997）。此外，還有一些臨床議題例如保密性，以及是否有管道取得現場督導的材料（Ungar & Costanzo, 2007）。

有一種非系統的觀點，把外部督導看成可以和機構清楚地分割。但其實，外部督導給機構的複雜性又添加了一筆。比方說，督導者可能會和受督者形成三角關係而對抗機構。另有些時候，督導者提供——通常不是故意的——的臨床指示規避了機構的政策或決策責任。舉個例子，下面是我（J. Mark Killmer）的經驗：

> 他是某機構的執行主任，曾碰過兩次狀況是，外來的督導者強力要求受督者舉報疑似兒童受虐的案例。而這兩次，驚慌失措的受督者都在尚未詢問機構的情況下就舉報了。在第一個案例中，所得的資訊尚不足提報（其實還沒有發生受虐的事實），這位兒童保護服務工作的受督者被嚴重申誡。在第二個案例中，我的機構正在收集一些攸關已訂定行動計畫的重要事實，而督導者忽略了這些行動。深入調查後發現舉報內容不實。而在這兩個例子中，被出賣的個案——有多重問題且急需治療——都中止了機構的臨床服務。

雖然外來督導可以降低前面曾經提及的緊張氣氛，但卻不能完全免除臨床督導中的考評面向。不管在在哪一種情境下，臨床督導者對受督者的工作都必須負起某種程度的責任（Storm & Todd, 2001）。如果外來督導者關切受督者的專業能力，那他們的倫理責任是什麼？由於機構對其內部的治療師負有專業和法律責任，即使聘有外部督導，他們考評員工專業能力的必要性並不會因此而消失。因此，機構會期待所合作的外來督導者，對機構內治療師的專業能力要提出保證。但是，機構與外來督導者的關係卻沒有清楚的定義。

受督者的工作表現評估

前面曾經討論過，行政主管和臨床督導者這種雙重角色，可能會使督導關係變得緊張。若再加上其他壓力，這種緊張氣氛在考評工作表現的過程中會達到頂點（Kleiser & Cox, 2008）。工作考評通常包括了某些事務性的規定，例如，受督者完成了多少小時的可收費的服務，有多少滯留個案，或被取消多少次的預約療程。要為這些規定設下公平的考評標準是很令人卻步的，尤其當臨床工作者只是新手，或是服務對象大多是很難處理的個案時。此外，上級行政單位最關心的或許是可收費的治療時數，因而只重視服務數量而不是服務品質。文書紀錄是另一個事務性重點。比方說，我（J. Mark Killmer）在某機構擔任臨床部主任，該機構擁有五張政府核可的執照。每個核發執照的單位會到機構來進行一年一度的認證訪查，進行的方式主要是檢視個案紀錄。如此一來，我們必須花費非常可觀的時間做文書紀錄，包括要為每位個案保存五份病歷。在上述例子中，督導者必須面對的挑戰就是，除了督導本身，還必須在一些外來因素而產生的壓力中取得平衡，例如合理的工作量、評量的標準，以及有品質的照護。

評量受督者的臨床工作時，多少也必須評估該機構中與其宗旨相關的臨床目標是否達成。比方說，某兒童照護機構的宗旨是保護兒童的福利，並希望兒童與家庭重新連結。那麼，個案的治療是否成功，都必須以此作為衡量標準。此時，臨床督導者同樣要為該如何決定公平的評量標準（例如，何時重回家庭才實際）而掙扎。與上述事務性考量類似的是，工作考評也會受「治療成功的比例」（包括機構內與機構外）所影響。總之，儘管督導關係很扎實，行政要求和臨床督導之間的微妙平衡，在遇到必須符合多項規定的工作評估時，也會面臨全面的考驗。

為受督者建立清楚而可以達成的目標，能夠降低來自督導者的臨床和行政雙重角色而產生的緊張。這些目標必須涵蓋受督者所有工作項目的每個層面。所以，臨床督導者最好和受督者簽訂一份督導合約，其中須包括具體要求和學習目標。具體要求包括可收費的治療時數，和機構規定的特殊個案紀錄文件。學習目標的例子如有能力做臨床假設，或是可以有效能地面質個案。將學習目標納入督導合約，主要是利用獎勵受督者的成長來降低工作考評時的緊張。因此，藉著對受督者成長的正向評估，希望可以消除他們在臨床技巧上被指出缺點時會對工作考評有不利的影響的疑懼。

考評工作表現時可能產生的壓力，或許可以經由定期檢討合約目標而有所改善。以具體要求為例，督導者可以定期地（每個月或每一季）檢視受督者可收費的治療時數是否已達預期目標。如果受督者未達到預期目標，那麼在督導時必須查明理由為何。如果不足額的原因是來自機構（例如，缺乏個案），那麼督導者應設法增加個案量，或是調整機構規定的可收費的治療時數。如果表現不理想是因為治療師個人的議題（例如，預約療程被取消的次數過多），那麼督導時就應該加強受督者和個案的連結、訂約和介入的能力，以增加個案的出席率和滯留量。

舉個例子，我（J. Mark Killmer）曾和一位受督者工作，他的個案在談了一兩次之後就不再來了，這種現象出現的比例比其他治療師高很多。有趣的是，繼續留下來接受治療的個案，對這位治療師的評比卻非常好。我的督導假設是，這位治療師在許多初次療程中，常常因呆住而無法使個案對他產生信心。當受督者不知所措時，他就會出現一種「被強燈嚇呆的小鹿」的神情，我在督導中常常看到他這種表情。此外，我相信這個呆住的現象，一部分是因為受督者的理論基礎不夠強，以至於他無法有效地處理有關個案的主訴問題的訊息。這樣評估後，學習目標就是，當治療師感到不知所措時，如何增加他處理焦慮的能力，但同時也要加強他處理個案訊息的能力，讓他在第一次或第二次療程結束時，就可以提供初步的假設。為了達成這個目標，治療師必須加強他對系統理論的知識。因此，當在督導中檢討個案時，也會強調理論。此外，也鼓勵受督者去參加工作坊，並閱讀婚姻與家族治療的理論。在上述例子中，由於治療師無法完成具體的規定事項（個案繼續接受治療的比例），因此為他設定了清楚的學習目標。

機構的步調會影響受督者的目標

由於受督者必須和形形色色的個案工作且須發展新的技巧，因此要為他們設立學習目標。既然臨床工作者必須學習治療不同的個案，拓展受督者的臨床能力和理論知識，是社會服務機構甚為重視的。為了在機構中成為一個成功的治療師，受督者必須具備一套特殊的臨床技巧。其中一個很重要的技巧就是，謹慎而透徹地思考每一個案例。治療師必須在許多不同的層次上評估個案。另一個重要的能力是，受督者必須確定自己沒有忽略掉個案的任何關鍵問題。督導者希望受督者成為獨立的實務工作者，如此才能增加治療師的自主性，減少他們對督導者指示的依賴。

在社會服務機構內的生活，步調是非常快速的，因此治療師必須隨時都知道該如何管理其個案，因為督導者或許無法隨時待命解惑。

最後，受督者必須具備的一個重要技巧是，與個案和同事設定界線。比方說，如果個案常常取消治療或改變治療時間，治療師必須知道如何即時地、直接地且恰當地提出此問題。受督者也必須知道何時應該對同事說「不」，因為太常說「是」，他們可能因過度負荷而耗竭。

隨著督導的進展，督導者開始希望受督者不要再那麼關切該做什麼，而應該更有興趣了解自己在「個案—治療師—督導者—機構」此系統內的角色。然後，督導者會希望他們能夠逐漸增強個案概念化的能力，並且根據系統理論的臨床假設，擬定介入方式。隨著受督者愈來愈進步，督導的重點應多放在思考臨床議題，而少放在只是討論個案的管理問題。

另一個衡量督導成功與否的方法是，評估受督者是否因督導之故而擴展了對個案的觀點。成功的督導介入可以幫助受督者解決自己在治療中的瓶頸。比方說，在團體督導中，某治療師提出一個案例：

> 受督者的個案是一位十六歲的性侵受害者，她與母親同住。母親對女兒有著非常強烈的憤怒。治療師已經治療這個家庭有一年的時間，雖然其他家人的關係已有改善，但母女關係卻一點也沒有改變。治療師無法了解為何母親仍然生女兒的氣。團體成員提出一些問題以瞭解家庭背景，結果發現個案的父母已經離婚。而性侵加害者是十七

歲的哥哥，目前與父親住在一起。父母親的婚姻一直充滿暴力。父親曾肢體虐待母親，母親會向兒子求助，把兒子提升至「密友」的角色。在這種狀況下，治療師需要幫助，去注意到下面這種可能性：也就是母親對女兒仍然很憤怒的原因是，由於女兒控告兒子性侵害，以至於母親覺得女兒奪走了她的「密友」。治療師表示她被自己的思考限制住了，因為她沒有從家庭脈絡來思考母女關係。

處理督導中的問題

處理督導關係中出現的問題的最好方式是，督導者願意坦誠地面對這些議題，然後直接和受督者討論。舉個例子，我（Martha Cook）會運用「內在家庭系統模式」（Internal Family Systems Model）（Schwartz, 1995）來瞭解我自己在督導關係中被勾起的部分，以及這被勾起的部分如何干擾了督導關係的進展。自我檢視後，我會和受督者分享我覺得與督導關係有關的內容。我也會要求受督者探索他們在督導關係中被勾起的部分，以及這被勾起的部分如何干擾了督導關係的進展。在最初幾次的督導中，最好花些時間討論督導關係，包括關係中的內在限制和外在限制。內在限制是指，督導者和受督者或許對督導關係有負面情緒；外在限制則是指，督導關係能否被機構接受，或是受督者在其方案領域上發生的問題。

前面曾經說過，社會服務機構裡的督導者常常必須督導臨床取向不同的員工。督導臨床取向相同的員工通常容易多了，而督導取向不同的員工就會出現新的挑戰。比方說，有一位受督者最近剛被指派給我（Martha Cook），但是她拖了很久之後才和我約好第一次的督導時間。她是一位受過精神動力學派訓練的個別治療師。我們碰面時，她解釋說她一直猶豫著是否該來見我，因為她害怕我會期待她必須學習我的治療模式，而且要求她在治療中只能使用這個學派的方法。我們花了很多時間討論我的督導風格，我也向她說明，我對每一位治療師的取向都是很尊重且採取合作態度的。當她知道我曾經接受過精神動力學派的訓練，因而也瞭解她的取向後，感到放心多了。她說她很想多懂一點家族治療，很高興有這個機會可以學習。在這個例子中，如果受督者沒有提出我們兩人的治療取向有所不同，身為臨床督導者的我就有責任提出。

治療師的自我：當「專業」與「個人」相遇

由於許多社會服務機構的個案很複雜，也常易引起機構內的異質同型現象，因此當治療師的個人議題被觸動時，督導者必須能辨識出來。治療師對個案的反應可被視為是家庭系統的異質同型，讓治療師可以藉此得知與個案相關的一些診斷性資料。此外，個人議題被個案勾起，顯示治療師有成長的需要。比方說，某受督者在我（J. Mark Killmer）的個別督導中，談及一對非常憤怒的夫妻。

> 他覺得自己無法有效能地處理這對夫妻的互動，尤其是太太表現出強烈的憤怒時。治療師在先前的督導中就曾經提及這件事，而有時顯然是治療師的個人議題干擾了治療的有效性。在這個例子當中，我猜想治療師可能成長於一個規避衝突的家庭，而這和我的家庭很類似。當我詢

問他對憤怒的態度和經驗之後，我的猜測得到證實。公開且強烈地表達憤怒是違反他的家庭誡律的。由於這對夫妻似乎都是來接受治療時變得很憤怒，所以能夠有效地處理這種情緒是非常重要的，這對治療師（還有我自己）而言，除了加強臨床技巧之外，還必須要成長到可以自在地與憤怒相處。因此，治療師的成長，有時正是落在在專業和個人的交叉點上（Edwards & Patterson, 2006; Donnelly & Gosbee, 2009; Lutz & Irizzary, 2009; Aponte & Carlsen, 2009; Aponte et al., 2009; Getz & Protinsky, 1994）。

督導者的督導哲學中必須清楚地表達，受督者必須坦誠面對自我成長這個面向，並且在訂立合約的過程中註明。在專業和個人的交叉點工作時，必須維持明確的界線，這是很重要的。建立清楚的界線方法之一是，當界限這個問題從某特別案例的討論中浮現時，就要去處理。此外，當督導的目標是幫助受督者在個人議題和臨床工作之間建立特定的連結時，通常就需要採用有效能的界線。在大部分的情況下，將覺察提升至意識層面就能讓受督者在他們的治療中產生必要的改變。如果受督者無法改變行為，或他個人的議題已經危害到治療，督導者或許應該建議治療師去接受個人治療。促成受督者產生這種治療性的改變，並不是督導的任務。最後，督導者還有一個非常特別的目標就是——面對治療師的「人」的部分。研究文化敏感度（如 Daniel et al., 2004; Laszloffy & Habekost, 2010）和靈性整合（Killmer, 2006）的學者常常強調「治療師的自我」（self-of-the-therapist）的重要性，以增強對壓迫、特權、種族或靈性等因素的敏感度，以及處理這些相關因素的有效性。

督導者在表達對治療師個人議題的關切時，常常感到綁手綁腳。這種互動對督導者或受督者、或是兩人，可能都不是很舒服的經驗，這也會使受督者更加容易受傷害。由於這種潛在的不自在感，將此議題變成訂立合約過程的一部分就更形重要，因為如此正意味著這只是受督者正常成長過程中的一部分。如果在碰到麻煩的個案時才要在督導中提出此種介入法，通常就比較困難了。這個現象同時也強調了督導關係的品質的重要性。具有支持性和高度信任感的關係，才能創造出一個安全的環境來處理治療師的自我。最後，如果機構督導者可以獲得行政單位的支持，那就更好了。如果督導者覺得必須面質受督者的議題，但又相信此舉會被行政單位指責，那麼他就比較不可能真的如此做。

在機構中進行督導的好處之一是，通常機構已建立好某種內部機制來處理督導中發生的困難。最好的方式是，督導者在發現問題時會諮詢其他督導者或同儕，然後負起和受督者共同解決的責任。督導者或許必須把他所嘗試過的方式以文字記錄下來，以防受督者提出申訴。如果受督者的工作表現已經無法讓人滿意，也應做成紀錄。如果督導者對受督者所作的處置都失敗了，那麼任何一方都可以遵循機構的程序來處理。

案例

下面是作者庫克的一個案例，其中點出了在社會服務機構中進行督導的特殊層面和常見的兩難。

彼得工作的地方是一個物質濫用治療中心，專門服務青少年和其家庭。這是他的第一份專業工作。除了我（Martha Cook）提供的個別督導外，由於該單位的特殊屬性，對某些特別需要督導的個案，彼得也可以向方案督導者尋求諮詢，而由於我是該中心的臨床部門主任，這個方案督導者是我的屬下。因此，有時候彼得和我碰面時，其實已經向督導者諮詢過某些個案該如何處理。我很歡迎這些額外的意見，因為該督導者的專長就是物質濫用，對這個主題他懂得比我多。然而我們三個人都了解，一旦出現意見相左，我才是必須為彼得的個案負起最終責任的人。

由於我是彼得的督導者，又是臨床部門的主管，我們有雙重關係。有時候這會限制了我們彼此坦誠的程度，也會影響督導的內容。彼得似乎特意要討好我，部分原因是我對他握有解雇、建議加薪或升遷的權力。身為臨床主任，在督導時間之外，我能從其他管道得知許多有關彼得的訊息，以及他的個案的狀況。關於這些從機構中不同層面得知的訊息，我有時候無法確定可以和彼得分享多少，或是要分享到什麼程度。我對彼得的倫理責任之一是避免剝削他對我的信任和依賴，因此我必須非常覺知我的雙重角色。不管是由我或彼得先提起，我們必須坦誠地討論這個議題，我也必須運用良好的判斷以避免剝削我和彼得的關係。我同時還有責任維護彼得的隱私權，對他向我透露的個人資料負起保密的義務。

彼得有許多個案都與兒童福利機構和法院有關。由於彼得缺乏經驗，再加上個案的複雜性，有時候我必須很明確且很直接地執行我對這些個案的法律／倫理責任。在彼得學習成為治療師的早期階段，我必須一步一步地指導他並引領方向。當彼得的技巧愈來愈精進，就比較不需要督導指示了。治療中心要求臨床工作的同仁必須每週都要接受督導，我們同意在督導時間內把行政議題減至最少。當行政事務無法迴避時，我們協議另外找時間進行臨床督導。

在與彼得的督導中，我們確定了下列的學習目標：（一）彼得比較不會被他的個案勾起情緒；（二）可以對個案設定界線；（三）確認彼得內在的哪部分會影響治療；（四）學習以回到內在中心來掌控該部分；（五）多與個案和同事適當地分享自己；（六）整合理論與技術；（七）學習個案管理技巧；（八）進一步發展專業的勝任感。

彼得想幫助個案的欲望過於強烈，這樣反而妨礙了他和個案的合作，或賦權給個案讓他們能自我掌控。從我一開始和彼得工作時，他就看到自己這個強烈的「助人者」部分，他似乎認為自己有絕對的責任去幫助個案，讓他們變得更好。彼得認為，如果自己對個案沒有幫助，他就是沒有把自己的工作做好。當他的這個部分被勾起時，他就會變得強迫性地要幫助別人，而且反應過度。做為彼得的督導者，我也有一個活躍的「助人者」部分。起初，當彼得不知道該如何處理個案時，這部分的我很容易就被勾到。我試著盡量不要被彼得的掙扎觸動，我學習讓我助人者的那部分安靜下來，不要讓它掌控了整個督導過程。

藉著如此的作為，我向彼得示範了他應該如何處理他的個案。當我在督導時顯得比較安靜，不再一直幫彼得想解決辦法，彼得就必須轉向內在，仰賴自己去找到他所關切問題的答案。透過我的角色示範和督導討論，彼得開始了解「不要太幫個案，其實對個案助益更大」。在他的治療工作中，他開始在療程前和療程中，與自己的助人者部分進行內在對話，請它相信彼得能夠做出很好的臨床判斷，請它在旁靜觀而不需掌控治療過程。而個案對彼得的這種改變通常會產生的回應是，他們也變得比較可以談他們自己。

彼得有很強烈的討好需求，希望別人認為他很好，這似乎造成了他的焦慮。做為彼得的督導者，我採取了一些步驟以消除他的強烈焦慮。方法之一是，和彼得分享別人對他的工作的正面評價，而我也選擇性地揭露我的內在掙扎。我要彼得說出他會如何教導其他治療師安撫自己的內心，因為如果彼得能夠教別人，他就會了解自己該如何做。

我和彼得的這個例子指出了，在社會服務機構中訂定督導合約時須注意的一些獨特議題。當雙重關係存在時，在每一次的督導中，督導者都必須和受督者說明清楚兩人正在處理的議題是些什麼。如果不屬於臨床的議題已經干擾了臨床督導，那麼雙方應該安排更多督導時間，而這些額外的督導時間必須全部用來討論與臨床無關的議題。督導者也應該敞開心胸，傾聽受督者對行政關係是否會影響臨床督導的擔心，這是非常重要的。

這個案例說明了，在恰當時機處理受督者的個人和專業的交叉點之重要性。除了建立技巧和指導如何處理個案（他已經從兩位督導者身上獲得）外，彼得的專業成長也因為處理了他助人的需求而更加提升。事實上，後面這個督導介入對彼得顯著的成長（在督導過程中可看得出來）是很具關鍵性的。有趣的是，「技巧的學習」，以及「個人的—專業的成長」，這兩者都增加了他對理論模式（內在家族系統）的瞭解，以及將之運用於個案的能力。最後，身為督導者，我可以在督導中創造一種氛圍，在其中我們可以坦誠地討論「助人者」這個議題，而不用害怕個人議題對工作考評會有負面的影響。反而在做為一個治療師，彼得的成長是督導目標需要衡量的。他在「助人者」這部分的進步，顯示他做為一個臨床工作者已有令人印象深刻的成長，在他的工作表現考評上應強調此點。

結論

有非常多臨床工作者在他們專業生涯的初始，都是在社會服務機構中工作。有些治療師甚至投注絕大部分的職涯於某個機構。此外，有相當高比例的學生會在機構中完成實習和／或全職實習。因此，社會服務機構所提供的臨床督導扮演著一個非常重要的角色，尤其在治療師的發展早期。因此，優質的督導對這個專業有著無法估量的貢獻。具體來說，全心投入且受過良好訓練的系統取向督導者在機構中默默地提供有效能的督導，其實對系統取向治療實務發揮了相當大的影響力。

參考書目

Abela, A., & Scerri, C., S. (2010). Managing multiple relationships in supervision: Dealing with the complexity. In: Burck, C., & Daniel, G. (eds.), Mirrors and reflections: Processes of systemic supervision (289-308). England: Karnac Books.

Anderson, S. A., Schlossberg, M., & Rigazio-DiGilio, S. (2000). Family therapy trainees' evaluations of their best and worst supervision experiences. Journal of Marital & Family Therapy, 26(1), 79-92.

Aponte, H. (1976). The family-school interview. Family Process, 15, 303-311.

Aponte, H., & Carlsen, J. (2009). An instrument for person-of-the-therapist supervision. Journal of Marital and Family Therapy, 35(4), 395-405. doi: 10.1111/j.1752-0606.2009.00127.x

Aponte, H., Powell, F., Brooks, S., Watson, M., Litzke, C., Lawless, J., & Johnson, E. (2009). Training the person of the therapist in an academic setting. Journal of Marital and Family Therapy, 35(4), 381-394. doi: 10.1111/j.1752-0606.2009.00123.x

Boverie, P.E. (1991). Human systems consultant: Using family therapy in organizations. Family Therapy, 18, 61-71.

Brecelj-Kobe, M., & Trampuz, D. (2010). The power of delegated authority and how to deal with it. In C. Burck (Ed.); G. Daniel (Ed.), Mirrors and reflections: Processes of systemic supervision (pp. 267-285). England: Karnac Books.

Burck, C. (2010). From hazardous to collaborative learning. In C. Burck (Ed.); G. Daniel (Ed.), Mirrors and reflections: Processes of systemic supervision (pp. 141-162). England: Karnac Books.

Burnham, J. (2010). Creating reflexive relationships between practices of systemic supervision and theories of learning and education. In C. Burck (Ed.); G. Daniel (Ed.), Mirrors and reflections: Processes of systemic supervision, (pp. 49-77). England: Karnac Books.

Campbell, D., Coldicott, T., & Kinsella, K. (1994). Systemic Work with Organizations: A New Model for Managers and Change Aspects, 8, 206. England: Karnac Books.

Daniel, J., Roysircar, G., Abeles, N., Boyd, C. (2004). Individual and cultural diversity competency: Focus on the therapist. Journal of Clinical Psychology, 60(7), 755-770.

Deacon, S. (1997). Utilizing structural family therapy and systems theory in the business world. Contemporary Family Therapy: An International Journal, 18(4), 549-565.

Donnelly, H., & Gosbee, M. (2009). Family of origin supervision in the workplace: Impacts on therapist and team functioning. Australian and New Zealand Journal of Family Therapy, 30(4), 300-314.

Ebner, M. (1979). Hard hats vs. soft hearts: The conflict between principles and reality in child and adolescent care and treatment programs. Child Care Quarterly, 8, 86-46.

Edwards, T. M., & Patterson, J. E. (2006). Supervising family therapy trainees in primary care settings: Context matters. Journal of Marital & Family Therapy, 32(1), 33-43. Doi: 10.1111/j.1752-0606.2006.tb01586.x

Fuqua, D. R., & Newman, J. L. (2002). The role of systems theory in consulting psychology. In Lowman, R. (Ed.), California School of Organizational Studies: Handbook of Organizational Consulting Psychology: A Comprehensive Guide to Theory, Skill, and Techniques, 2002, (pp.76-105). San Francisco: Jossey-Bass.

Getz, H. G., & Protinsky, H. O. (1994). Training marriage and family counselors: A family-of-origin approach. Counselor Education and Supervision, 33(3), 183-190.

Gottlieb, M. C., Robinson, K., & Younggren, J.N. (2007). Multiple relations in supervision: Guidance for administrators, supervisors, and students. Professional Psychology: Research and Practice, 34, 241-247.

Gross, V., McNab, S., Altschuler, J., & Ganda, M. (2003). Agency supervision: A new module for systemic therapy trainings. Human Systems, 14(1), 55-66.

Harbin, H. (1978). Families and hospitals: Collusion or cooperation? American Journal of Psychiatry, 135, 1496-1499.

Harper-Jaques, S., & Limacher, L. (2009). Providing marriage and family therapy supervision in a multidisciplinary psychiatric setting: Contextual sensitivity as a cornerstone of supervision. Journal of Systemic Therapies, 28(3), 49-58.

Heath, A. & Storm, C. (1985). Models of supervision: Using therapy theory as a guide. The Clinical Supervisor, 3, 87-96.

Huffington, C., Cole, C., & Brunning, H. (1997). A manual of organizational development: The psychology if change. Madison, CT: Psychosocial Press. In Shumway, S. T., Kimball, T. G., Korinek, A. W., & Arredondo, R. (2007). A family systems-based model of organizational intervention. Journal of Marital and Family Therapy, 33(2), 134-148.

Kaslow, N. J., Celano, M. P., and Stanton, M. (2005), Training in Family Psychology: A Competencies-Based Approach. Family Process, 44: 337–353. doi: 10.1111/j.1545-5300.2005.00063.x

Killmer, J. M. (2006). Conducting spiritual dialogues in therapy. In K. B. Helmke (Ed.); C. Ford Sori (Ed.), The Therapists Notebook for Integrating Spirituality in Counseling: Homework, Handouts, and Activities for Use in Psychotherapy, (pp.55-67). New York: Haworth Press.

Kleiser, H., & Cox, D. L. (2008). The integration of clinical and managerial supervision: A critical literature review. The British Journal of Occupational Therapy, 71(1), 2-12.

Laszloffy, T., Habekost, J. (2010). Using experiential tasks to enhance cultural sensitivity among MFT trainees. Journal of Marital and Family Therapy, 36(3), 333-46.

Leaptrott, J. (2005). An institutional theory view of the family business. Family Business Review, 18(3), 215-228. doi: 10.1111/j.1741-6248.2005.00043.x

Lee, R. E., Nichols, D. P., Nichols, W. C., Odom, T. (2004). Trends in family therapy supervision: The past 25 years and into the future. Journal of Marital and family Therapy, 30(1), 61.

Lehman, C. P. (2004). A family systems analysis of a parachurch organization. Dissertations Abstracts International: Section B: The Sciences and Engineering, 65(5-B), 2676.

Liddle, H., & Saba, G. (1985). The isomorphic nature of training and therapy: Epistemological foundations for a structural-strategic training paradigm. In J. Schwartzman (Ed.), Families and other systems: The macro systemic context of family therapy (pp. 27-47). New York: Guilford Press.

Liddle, H., & Saba, G. (1983). On context replication: the isomorphic relationship of training and therapy. Journal of Strategic and Systemic Therapies, 2, 3-11.

Lutz, L., & Irizzary, S. (2009). Reflections on two trainees: Person-of-the-therapist training for marriage and family therapists. Journal of Marital and Family Therapy, 35(4), 370-380. doi: 10.1111/j.1752-0606.2009.00126.x

Matheny, A., & Zimmerman, T. (2001). The application of family systems theory to organizational consultation: A content analysis. American Journal of Family Therapy, 29(5), 421-433.

Minard, S. (1976). Family systems model in organizational consultation: Vignettes of consultation to a day care center. Family Process, 15, 313-320.

Minuchin, S., & Storm, C. (2000). Supervisors as social engineers: Creating family therapy-friendly organizations: An interview with Salvador Minuchin. American Association for Marriage and Family Therapy. Readings in family therapy supervision: Selected articles from the AAMFT Bulletin (pp.59-60).

Montalvo, B., & Pavlin, S. (1966). Faulty staff communications in a residential treatment center. American Journal of Orthopsychiatry, 36, 706-711.

Montalvo, B., & Storm, C. L. (1997). Live supervision revolutions the supervision process. In Todd, T. C., & Storm, C. L. (1997), The complete systemic supervisor: Context, philosophy, and pragmatics, (pp. 283-297). Allyn & Bacon.

Partridge, K. (2010). Systemic supervision in agency contexts: An evolving conversation with clinical psychologists in a mental health trust. In C. Burck (Ed.); G. Daniel (Ed.), Mirrors and reflections: Processes of systemic supervision, (pp. 309-335). England: Karnac Books.

Schwartz, R. (1995). Internal family systems theory. New York: Guilford Press.

Schwartzman, H., & Kneifel, A. (1985). Familiar institutions: How the child care system replicates family patterns. In J. Schwartzman (Ed.), Familes and other systems: The macrosystemic context of family therapy (pp. 97-107). New York: Guilford Press.

Shumway, S. T., Kimball, T. G., Korinek, A. W., & Arredondo, R. (2007). A family systems-based model of organizational intervention. Journal of Marital and Family Therapy, 33(2), 134-148.

Sprenkle, D. (1999). Developmental contextualism, isomorphism and supervision. Contemporary Family Therapy, 21(3), 303-307.

Storm, C., Todd, T., Sprenkle, D., Morgan, M. (2001). Gaps between MFT supervision assumptions and common practice: Suggested best practices. Journal of Marital and Family Therapy, 27(1), 227-239.

Trampuz, D., & Brecelj-Kobe, M. (2003). Uses and misuses of systemic therories: the double bind of the systemic psychotherapist. In: Trampuz, D. and Rus-Makovec, M. (eds.) Resisting Abuse: Papers and Proceedings from International Conference on Family Therapy (pp. 219-226). Ljubljana: Univ. Psychiatry & Slovene Society for Family Therapy.

Todd, T. C. (1997). Privately contracted supervision. In Todd, T. C., & Storm, C. L. (Eds.), The complete systemic supervisor: Context, philosophy, and pragmatics, (pp. 125-134). Needham Heights, MA: Allyn & Bacon.

Turner, J., & Fine, M. (1996). Postmodern Evaluation in Family Therapy supervision. Journal of Systemic Therapies, 14: 57-69.

Ungar, M., & Costanzo, L. (2007). Supervision challenges when supervisors are outside supervisees' agencies. Journal of Systemic Therapies, 26(2), 68-83.

Van den Blink, A. J. (1988). Family systems theory: A way to assess pastoral counseling organizations. Journal of Pastoral Psychotherapy, 1(3-4), 33-47.

White, M. B, & Russell, C. S. (1995). The essential elements of supervisory systems: A modified Delphi study. Journal of Marital and Family Therapy, 21(1), 33.

White, M. B, & Russell, C. S. (1995). Examining the multifaceted notion of isomorphism in marriage and family therapy supervision: A quest for conceptual clarity. Journal of Marital and Family Therapy, 23(3), 315-333. doi: 10.1111/j.1752-0606.1997.tb01040.x

Zimmerman, T. S., Protinsky, H., & Zimmerman, C. S. (1994). Family systems consultation with an athletic team: A case study of themes. Journal of Applied Sport Psychology, 6, 101–115.

【第六章】私人合約的督導

湯瑪斯・陶德（Thomas C. Todd, Ph.D.）

許多受督者發現，有時候他們必須為自己創造督導經驗。私人合約的督導（privately contracted supervision）指的就是一種私人且自願的關係，在其中受督者和督導者藉由私人合約建立起督導關係。除了非常少數的例外，受督者通常直接付費給督導者。督導者在依據此私人合約執行督導工作，他的工作地點可能是社區機構或學術機構。同樣地，受督者的執業場所也可能很大不同，有的是自行執業，有的是在社區機構內工作。雖然碩士班學生私下尋求督導的情況可能較少見，但是正在接受研究所後訓練課程（post-degree institute program）的受督者，找私人合約的督導是相當普遍的。

過去在美國和加拿大，由於系統取向治療逐漸成為一種可運作的治療取向，訂定付費的督導合約在此取向的訓練中特別常見。但是最近反而沒有那麼風行，原因包括：系統取向治療已廣被接受、比較多的大學會講授這種治療取向、較多機構實施這種治療取向且聘有系統取向的督導者。上述這些因素使得受督者必須向外尋求督導者的現象大為降低，但即使如此，私人合約的督導仍然普遍存在。雖然此類督導非常多，但讓人詫異的是，針對此主題的研究文獻卻少之又少。唯一例外的是卡斯洛（Kaslow,

1986）曾寫過的一篇關於私人執業督導的文章。

有趣的是，在美國婚姻與家族治療學會（AAMFT）認可的督導者中（AAMFT是系統取向督導者的主要來源），幾乎有半數是以私人合約方式在開業診所內或訓練機構中從事督導（Lee, Nichols, Nichols, and Odom, 2004）。雖然過去二十年間，督導者工作的整體環境非常穩定，但是他們花在督導的時間卻愈來愈少（Lee et al., 2004）。最近，相較於有碩士學位的督導者，更多具博士學位的督導者在私人合約下提供督導（Lee, Dunn, & Nichols, 2005）。目前在美國，私人合約的督導在訓練機構中最為普遍，而受督者多是從系統取向訓練課程或大學課程畢業後，在私人診所工作並希望取得認證資格的一群人。

由於訓練機構和自行執業的結構不同，為自行執業的治療師提供的督導，可能不具備本章所說的各種特性。比方說，如果督導工作是由群體開業診所的督導者所執行，那麼這種督導方式可能是私人合約的督導和社區機構督導的混合體，本章將會討論到的一些議題就可能也會浮現，例如，合約的模糊性、受督者缺乏保障、法律風險較高、督導者的責任問題等（Storm, 1990）。與社區機構督導相同的部分則包括：無法選擇督導者；督導者有多重角色（雇主、個案分派人、督導者等）。

從本章中，可看出私人合約的督導具有下列的特性：（一）督導關係是自願的；（二）督導關係是相當私密的；（三）通常會涉及直接的金錢交付。本章中所提出的典型的預防性或補償性措施都是為了降低上述特性的衝擊——也就是讓督導關係更正式和結構化；透過外在措施以加強督導關係的可靠性；使督導關係中的財務問題更透明化。

訓練的脈絡

影響私人合約督導關係的因素有幾種，與其他督導情境相比，私人合約督導中的受督者更有可能事先並不認識督導者，或是對督導者所知甚少，但是如果雙方在同一社區機構內工作或隸屬於同一學術機構，就比較不會有這種現象。如果雙方不熟悉，可能需要比較長的時間來協商初步合約，而督導者也可能要多一些自我揭露，因為受督者或許不了解督導者的理論取向或期待（Cobia and Boes, 2000; Storm and Todd, 1997, pp 78-84）。

準督導（supervisor-in-training, 簡稱SIT）可能會覺得「行銷」自己是一件特別困難的事，尤其是透過第三者（如SIT的督導者或師傅）做這種安排時。準督導很可能會提出某些做法試圖吸引受督者，如免費督導、在受督者所在地進行督導等等，但這些讓步最後反而可能會干擾了督導關係。在這種狀況下，雙方或許都有種「受督者施惠於SIT」的感覺，形成SIT反過來依賴受督者後續的問題。SIT當然可以從督導經驗中學到東西，他們當督導者的經驗較不足，所以收費較低廉也是合理的。不過從另一個角度來說，受督者也是在接受一位相對有經驗的同行所提供的有價值的督導，付些費用也是應該的。如果在合約中未提及費用，受督者或許會因此輕忽督導，結果可能會經常遲到、爽約、不錄製治療影帶、不完成指定的閱讀作業或書面作業等。

私人合約督導者也可能對受督者的狀況所知不多，例如受督者的技巧水準、理論取向與熟練度、對督導的期待，或也不太清楚受督者的個案量或執業場所。由於督導者必須擔負的責任，以及法律風險，在評估這些因素之前，最初的合約應只是暫時性的。

私人合約督導可能會涉及的技巧範圍很廣，如果督導者認為受督者正在處理超過其治療能力的個案，或是在其工作場域中所接受到的督導並不充分，問題就來了。這種情況會迫使督導者面對倫理的兩難，或承受嚴重的法律風險（Falvey, 2002; Pearson, 2000）。如果受督者是已被認證的專業人員，督導者的法律風險可能較低，但通常不可能完全免除。

私人合約督導可能隱藏的問題，正是使得額外的督導（additional supervision）變得吸引人或有其必要性的理由。擬訂一份完備的私人督導合約之前，了解這些理由以及其他督導關係的性質，是極其重要的（Cobia and Boes, 2000; Storm and Todd, 1997, pp 78-84）。比方說，針對某個案的治療而言，私人合約的督導者是否是唯一的督導者，還是另有其他督導者，如果還有其他督導者，那麼該督導者的治療取向是否相當不同，這些都是非常重要的（Ungar & Costanzo, 2007）。同樣地，最好先弄清楚某些關鍵人物，如其他督導者、機構行政主管、主持個人執業場所的精神科醫師，是不是認可（甚至願意支付費用！）這種私人合約督導的安排，亦或他們只是因為受督者期待專業成長而默默地接受這種安排。

督導關係的性質

通常在私人合約督導中，受督者聘請督導者來幫助他達成某種訓練目標，如成為一名系統取向的治療師，或取得認證。除了系統取向的治療之外，受督者也可能是為了取得第二專長，如教牧諮商師、社會工作師或心理師的認證，此時就需要聘請具備兩種證照的督導者。另外兩個因素（督導費用、督導者的專業能力或地位）對私人合約督導的影響也可能超乎想像。在某些狀況下，督導費用是影響挑選督導者的主要因素。如果費用不是考量重點的話，受督者幾乎都會根據督導者的聲譽作選擇，此時的選擇範圍當然就不只是在社區機構或教學機構之內（Kaslow, 1986）。

如前所述，受督者為了取得認證而付費聘請督導是相當普遍的現象（Sturkie & Bergen, 2001）。然而，督導者必須注意認證規定可能對此種「受雇」的督導關係有些限制。比方說在美國加州，如果實務工作者想取得婚姻、家族與兒童諮商師的執照，其督導者必須受雇於社區機構內，不能是在學學生，這主要是考量到利益衝突（State of California, 2010）。另外，加州還規定受督者必須任職於社區機構或訓練機構，而不能是自行開業者，除非是聯合執業的情況。很少地區對這種督導資格有很詳細的規定，擔任私人督導的督導者最好仔細研究相關法規。

即使某些地區已經認同受督者付費給督導者是合法且合乎倫理，但毫無疑問地，付費行為本身就可能會使督導關係蒙上一些色彩而受到影響。很少督導者仰賴從事督導為其經濟來源，但也很少督導者想被「解雇」，即使督導費用微不足道。在碰到像受督者很遲才取消督導時間的情況，費用的處理也可能變得很尷尬。

由於私人訂約的雙方本來就有權利取消合約，所以合約中應該清楚地說明，中止督導時該如何處理（Cobia & Boes, 2000; Thomas, 2007）。尤其若督導者對受督者可能有負面評量，而合約中對此議題又含糊其辭，以至於有些受督者往往以為將督導者解雇，就可以免除負面評量被通報至認證團體的可能性。大部分督導者、認證團體和一般大眾的立場是：督導者有權利也有義務提報這類負面評量，但雙方應該也都有機會陳述各自的觀點（Russell, Dupree, Beggs, Peterson, & Anderson, 2007）。由於大家都不太清楚發生這種狀況時該如何處理，所以最初訂定督導合約時應該要特別說明。另一方面，如果督導者單方面中止督導，有些督導者偶爾也會拒絕向認證團體提供評量資料。但若受督者提出質疑，督導者就很難堅持這種立場了。

合約中應載明受督者付費「購買」了什麼。有時候受督者以為在接受若干小時的督導後就自動達到認證標準。然而，若督導者認為受督者的能力尚不符合最低標準，他在倫理上就有責任要求受督者接受額外的督導。當雙方已有相當大量的金錢交付之後，這種情況特別尷尬。督導者應審慎地訂約，並持續評量受督者的表現，如此或許可以避免發生這種難堪的意外（參考Cobia & Boes, 2000; Sutter, MacPherson, & Geeseman, 2002。也請參考第十五章，當中對督導合約有深入的討論）。合約中應說明如何處理負面評量以及未來的費用問題：如，督導者是否願意繼續免費督導，或是降低費用，直到目標達成？

其他經濟因素也可能讓私人合約督導更形複雜。有些臨床工作者本身不具申請保險給付的資格，因而聘請督導以達成此目的，這在過去有非常多的先例。但是目前在美國，上述作法在倫理和法規層面上受到相當大的質疑。也就是說，如果真要如此做的話必須非常小心，不只要仔細考量相關的倫理守則，也要注意到不同的認證規定。最重要的是雙方必須精確地掌握督導關係的性質，在「究竟是誰在執行治療」或「治療師的訓練和證照是否合乎標準」這兩件事上，不要讓個案或保險公司產生誤會。由於督導者和受督者其中一方或雙方，都可能從這種關係中獲取相當的金錢利益，督導關係因此可能很容易被扭曲。受督者可能不太計較督導的品質，因為抱怨督導者做得不好，可能會損及其獲利。同樣地，一位收費昂貴的督導者也可能比較不會要求受督者，或對受督者做出較差的評量。

其他潛在的問題來自督導關係的「私密性」。在私人合約的督導中，由於督導關係是私密性的，通常缺乏機構的保障（Storm, 1990）。SIT通常還有自己的督導者或師傅，情況可能較不至如此，但對受督者而言，這也只能提供部分的保障。當督導發生問題時，就需要有第三者來解決爭端，而督導的督導者或督導師傅通常不被受督者當成是客觀的第三者。等困難出現，再要找出一個解決衝突的機制為時已晚，最後演變成更大的爭議。所以，最好一開始就將這部分包括在合約裡。

由於督導關係的私密性也可能讓雙方不自覺地產生「相互欽慕」的關係，可能出現與上述完全相反的問題。雖然受督者的治療品質已經出問題，但除非有第三者如督導的督導者或機構中的督導者指出不同的意見，否則受督者並不會主動抱怨。

受督者工作場所的性質

臨床個案

私人合約督導者無法預先設定只願意在某些特定的執業場所工作，或只督導哪一類族群，督導過程中也不會對個案種類有真正的限制，除非是受限於該執業場所本身的特殊性。因此可能會產生兩個問題，而若這兩個問題同時出現，就更麻煩了。有時候，督導者認為執業機構分派給受督者治療的個案，已遠遠超過受督者的能力和訓練，督導者自己絕對不會將該個案分派給受督者，但督導者卻無力控制此現象的發生。這類較棘手的個案，督導者如果沒有精神科的後援，或是沒有辦法安排個案住院，他自己是絕不會接手的。所以督導者在和受督者訂立合約時，以及與機構中的督導者、精神科醫師和其他治療團隊討論個案的責任歸屬和支援時，最好預先防範此類夢魘的發生。

很不幸地，往往事情發生後，大家才會注意到這種狀況，而此時已經很難圓滿地處理了。舉個例子，某次我在督導時，受督者提出一個有明顯致死性自殺風險的憂鬱症案例，而獨立個人執業的受督者卻在未與個案清楚地訂立「不自殺契約」（no-suicide contract）的情況下，讓個案離開治療室。治療師在會談之後試圖電話連絡個案，卻找不到人。雖然受督者提出來的疑問是此時他該如何做，但顯然，主要的問題是出在治療師和個案間的契約上，其次才是督導者和治療師的合約。

在危機發生前，就應該考慮如下的議題（因為危機通常發生在晚上八點鐘，一棟幾近沒人的大樓裡！）：

- 治療師該如何衡量個案自殺風險的責任？
- 如果個案有自殺意念卻拒絕主動住院，該如何處理？
- 如果沒有錢支付醫院照護費用，又該如何？
- 治療師和哪一位精神科醫師或哪一家醫院有支援關係？
- 在處理的過程中，何時才該聯絡督導者？

- 若聯絡不上督導者，怎麼辦？

以上條列的問題當然不夠完整，而是早在碰到自殺危機之前就該考慮到的一些因素，尤其是當治療師的執業場所能提供的支援很少時。雖然我們大可以說，治療師和其他相關的工作人員應該在接受這名個案時就先想到這些，但很不幸地，督導者一旦涉入此案例，就無法完全免除責任了。

治療團隊和治療架構

由於在私人合約督導的情況下，受督者工作的執業場所可能有極大差異，所以很難概括地描述治療團隊的性質。雖然受督者在團隊中的角色可能有所不同，但督導者的角色幾乎差不多。私人合約督導者通常並不屬於治療團隊的一員，也由於他是個外來者，所以要和治療團隊建立工作關係會比較困難（Ungar & Costanzo, 2007）。在我的經驗哩，私人合約督導者往往必須主動負起建立這種關係的責任。通常團隊中的其他成員甚至並不承認此督導者的存在，或只是在受督者做了某些臨床處置而團隊成員認為是錯誤時，才會想到該督導者。

許多私人執業的督導者，對其受督者執業場所的治療團隊和組織架構相當無知。這樣會對受督者，尤其是比較資淺的受督者，傳達了一種很不恰當的訊息：「正確」的治療計畫才是最重要的，與同事（尤其是機構中負有臨床責任的人）協商治療計畫反而不那麼重要。舉例來說，在我們的物質濫用的研究中（Stanton, Todd & Associate, 1982），我們就發現，治療團隊是否會支持進行家族治療的建議，醫療主任扮演關鍵性的角色。在治療藥物濫用的臨床機構中，由於必須使用美沙冬（Methadone）和其他藥物之故，精神科醫師的角色極其重要。但在其他機構中，臨床部門的主任或直接負責的督導者可能比精神科醫師還重要，精神科醫師扮演的比較是提供諮詢的角色。

治療和督導的「意識形態」

督導者也必須覺察受督者執業場所中盛行的治療意識，並協助受督者也能深入了解，這兩件事是同樣重要的。許多工作場所採取多元模式（multimodal），沒有主要的意識形態（除了折衷派之外）。在其他的場所（甚至是號稱多元觀點的場所）則可能存在著明顯的「階級意識」——某些觀點的地位要比其他觀點來得高。在多數情況下，私人合約督導者最好要保持適當的謙遜態度，因為系統取向督導者邊緣的位置已反映系統取向治療在該機構的位階。

舉個例子，我曾經擔任某機構的督導者和諮詢者，如果個案和家屬要求進行聯合治療（conjoint therapy）是可行的，但若個案或其家屬反對聯合治療，而要求個別治療，機構就不太會支持聯合治療。同樣地，有許多機構會支持聯合治療，只要這是多元治療計畫中的一部分，但若系統取向的治療師認為只能進行聯合治療，那機構並不會支持。

工作場所也可能限制了私人合約督導者能夠使用的督導方式，如是否可以錄影、現場督導或協同治療。雖然私人合約督導者必須避免使用某種在該機構行不通的督導方式，但也不要遷就於某種較不直接的形式，尤其當這些形式並不符合系統取向訓練或某些認證團體的標準。對很多受督者而言，最不受機構歡迎的督導方式是錄影或現場督導。機構通常一開始都不太樂意答應這種督導方式，而受督者也很不願意強烈要求。幸好，致力於推廣系統取向訓練的組織（如AAMFT）對直接觀察臨床資料的態度很強硬，所以督導者可以堅持一定要能錄影，或現場督導。通常系統取向的督導者直接出面接洽，機構就會想辦法配合。

私人的系統取向督導者所處的位階，可能是督導者行列中較低的，尤其當他們督導的對象是學生時。比方說，我曾經督導許多準督導，他們彷彿只是臨床心理全職實習生生涯中無關緊要的「裝飾品」，這些學生最關心的是能不能通過實習。如果負責訓練方案的人，其意識形態反對系統取向或與之不相容，學生太熱衷於學習系統取向治療可能對他是不利的。雖然上面所述並非是普遍存在的現象，但系統取向督導者必須了解臨床機構的關鍵人物是否接受系統取向治療。

在所有的系統取向督導情境中，私人督導常是缺乏訓練機構支持的督導形式。這在系統取向訓練場所內或雇用系統取向督導者的機構內不會是個問題。但是私人合約督導因缺乏機構支持，效果大受影響，例如治療計畫無法整合，或缺乏可以進行家族治療的個案。由於督導者沒有機構職位，對這種情況也無力可施。督導者當然可以說受督者必須負責，但是往往督導者也知道其實錯不在受督者。雖然督導者可以根據其理論取向，以系統性觀點來討論個別的案例，這樣做似乎可稍減這個問題；但若機構反對聯合治療，這種變通的作法還是很難讓人滿意。除此之外，對於下面要提到的「地盤」議題，也會是個問題。

在私人合約督導的狀況裡，受督者通常已有一位「真正的」

督導者，他對受督者的臨床個案所負的責任其實遠大於系統取向督導者（Ungar & Costanzo, 2007）。但通常這位機構督導者並非系統取向的治療師或督導者，要不然受督者就不需要再聘任私人督導了。因此受過系統取向訓練的督導者和受督者的其他督導或行政主管的相對關係如何，對受督者就非常重要了。督導者一定要盡可能地在合約中澄清以避免臨床職責不清，同時也要避免對受督者造成不必要的困擾。

在可能的情況下，系統取向督導者應該和其他督導者清楚地劃分臨床地盤，正在進行婚姻與家族治療的個案應該分派給受過系統取向訓練的督導者。由於各個執業場所性質不同，可能很難有這種完美的分配，但這是必須追求的理想。私人合約督導中的受督者往往也接受其他形式的督導，但如果每一位督導者所負責的個案並不一樣，就不會產生混淆。

與其他機構、第三方認證團體，和法律的關係

在私人合約督導中，通常雙方在一開始便很清楚督導的目標，例如，必須符合某教育訓練的實習規定或滿足某認證團體的要求。在社區機構中的督導就不一定如此，受督者可能在督導進行了一段長時間後，才決定要追求這些目標。我曾遇過無數個例子，受督者起初對取得證照不感興趣，但最後還是決定以此為目標。所以督導者不應太快同意受督者最初的「不要」，最好是先讓受督者了解要達成目標必須花的心力，或是後來才改變主意的可能後果。下面條列了一部分應考慮的問題：

- 認證或法規團體的規定是什麼？
- 哪一類個案或哪一種臨床治療方式才符合認證標準？有哪些相關的規定？
- 必須保存的紀錄有哪些？由誰保管？
- 針對督導方式，如錄影或現場督導，有任何規定嗎？
- 對受督者的評量程序為何？何時評量？形式為何？
- 若受督者對評量結果不滿意，有何管道處理？
- 由於每個地區的規定不同，督導時數是否可以轉移？

任何一位曾在不同場所督導或因不同目的督導的人很快就知道，對上述問題的答案通常依不同情境而定。如果早一點考慮，督導的目的沒理由只能有一個，但是若一開始未討論，往後雙方可能會有很大的歧異。

私人合約督導可能讓督導者暴露於相當大的責任和風險下，處於某種倫理和法律的兩難之中（Pearson, 2000）。這個問題源自兩股相反的力量：一方面，處理個案的所有人之中，私人合約督導者可能是唯一已有認證且最資深的專業人員，也就是說該督導者知識最廣博且最有權威（所以可能是潛在法律訴訟的主要對象！）。但另一方面，前面也曾詳述過，該督導者通常並無職權來選擇或篩檢個案，也無法干涉機構的政策，諸如此類。了解此狀況的督導者，還能夠對高風險或有自殺意念的個案，擬訂出相關策略並提出警告義務等，也可說是小小的奇蹟一樁了。

私人合約督導的交易性質使得「受督者的所有個案都須接受充分的督導」變成一項議題，因為費用可能會非常昂貴。最重要的是應使治療時數和督導時數的比例符合「合理且合乎慣例」

的原則，但同時也要考慮受督者的專業能力以及認證和法規團體的標準。督導者若礙於受督者的經濟狀況而降低了督導與治療時數的比例，他最好要想一想，當個案出狀況時，他對其他人作的解釋能否被接受？在「督導的次數和時間長短，以及受督者的經驗」的限制下，一般人或同僚是否仍然認為督導者必須完全監控受督者的所有案例？而即使督導中已有共識「受督者在遇到有危險性的個案時必須通知督導者」，但是否真能相信受督者有足夠的臨床判斷能力去執行？

將督導過程做成紀錄並保存下來或許可以保護督導者（Glenn & Serovich, 1994），但很不幸地，這個領域卻是整個系統最弱的一環。通常在社區機構或訓練機構中進行督導，一定會附帶要求必須有某種形式的督導紀錄，但私人合約督導卻不一定如此。有兩個層次的紀錄保存方法可以保護督導者：第一個層次是紀錄督導的內容，以顯示督導中曾討論到的危險性議題，並詳細說明督導者的建議以及後來的追蹤狀況；第二個層次是紀錄與督導相關的統計數字，例如督導的時數和受督者的臨床治療時數，這些數據可能在未來會是某些認證團體要求的資料。

評量

私人合約督導通常反映與「在隱密場所內進行治療」類似的優點和缺點。而「評量」（evaluation）這回事更是如此。許多私人合約督導者（就算不是大多數督導者）在每一次的督導中，常常聚焦於受督者的立即需要，雙方往往以這些需要被滿足與否來評斷督導是否成功。在這種狀況下，受督者的短期回饋就很重要，而這現象又可能因為契約效力的薄弱性（相較於在大學或社區機構）以及商業性（受督者的錢花得值得嗎？）而更被突顯。如果私人合約的對象是在大學或社區機構中的受督者，督導者可能會被要求必須以某些既定的工具來評量受督者，那麼情形又不一樣了。

在我做為督導者和訓練督導者的經驗裡，當為了某些目的必須進行正式的評量時（如果這項評量不在預料之中，而且不合乎每次督導進程），原本看似很正向的督導關係也會像紙牌般地癱倒下來。較常做治療而較少提供督導的私人合約督導者，通常比較習慣對每次會面給予回饋，而比較不願意妄下絕對的評論，例如個案不會再酒醉駕車，或父母不會再虐待孩子。要對受督者作一個全面性且絕對性的評量是很不同的事，最好雙方都先仔細地考量過。

私人合約的獨特優點

走筆至此，讀者可能會有個感覺就是，訂定私人督導合約的責任重大，充滿了風險且問題重重，最好不計代價全力避免。這絕對不是我想要傳達的結論，如同許多督導者，我在這種情況下已經督導很久，而許多最讓我滿足的督導經驗，也是來自私人合約的督導。雖然我的確相信督導者應該很嚴肅地看待我提出的警告，但我也想強調私人合約督導的獨特優點。

最明顯的優點是：選擇權。和其他情境不同，私人合約督導給予雙方自由選擇彼此的空間（Kaslow, 1986）。這通常意味著雙方的理論取向較適配，而在選擇過程中，也可以權衡兩人比較關心的議題的比重。比方說，受督者若從未有過較強勢的女性督導者，或許他可以特意選擇這樣的人；相對地，督導者也可以強調他在意的受督者特質。舉個例子，在我此刻的生涯裡，我比較沒有興趣督導系統取向治療的初學者，我會把他們轉介給別人（在那兒，我相信他們會獲得更好的督導！）。主要在某一場域工作的督導者，或許也可選擇工作場域不同的受督者，讓自己的督導經歷更完整。

這種選擇的自由，也可以擴展至其他領域。督導合約通常有相當大的協議空間，因此在時間安排和個案數量上較有彈性。例如，是否一次只討論單一個案、只討論某類個案、只討論初期會談歷程等等。當然，這些安排必須考慮其他的督導關係和第三方認證團體的因素（例如，為了認證而計算時數）。最後，雙方都有權利以先前協議好的方式結束督導。由於受督者通常在督導中多會有被限制的感覺，這個協議特別可以賦能給受督者。與其他督導情境相較，這些因素的結合會對督導氣氛產生很戲劇性的效果。如果督導者知道有其他督導者可以分擔對個案的責任時，雙方都比較不會產生壓力和綁手綁腳的感覺。督導者可以和受督者進行腦力激盪，而不需自覺一定要想出某個「完美」的建議。同樣地，受督者也可以自由地提出各種新的想法，而不必被限制住。

本章一再強調，訂立督導合約對督導架構是絕對重要的，而且可以保護雙方（參考Prest & Schindler-Zimmerman [1992, 1997]，其中列有訂約注意事項）。其他可能出現在社區機構或訓練課程等較大脈絡的偶發事項也應包括在這樣的合約中，例如評量方式、投訴管道等。

對私人合約督導者而言，選擇並篩檢合適的受督者是極端重要的。在私人情境中，很少會為督導者做此篩選的工作，因此督導者必須仔細審閱預擬的合約。任何新的督導關係都必須先被當成是試探性的，而合約在一段彼此同意的時間內也暫時不具效力，直到督導者有機會直接評估受督者的知識和技巧，同時對受督者的工作場所有深度的了解（Kaslow, 1986）。財務部分必須具體地說明清楚，而不只是簡單地談妥費用，下列項目也必須詳述：如受督者缺席時的費用、受督者「購買」了什麼、考評不佳時可能的經濟後果、或是否需要額外的督導等等。

雙方的期待應該事前就說清楚。受督者應事先準備些什麼以接受督導？是否一定要錄影？相對地，受督者可以期待些什麼？回饋和評量該如何進行？回饋是雙向的還是只針對受督者？

個案的責任歸屬問題和督導的職權，必須讓所有相關的人員都很清楚，包括其他督導者和機構行政主管。危險事件和緊急狀況的處理程序必須預先說明清楚，錄影同意書和訊息分享同意書也必須取得，如果督導者和受督者雙方能針對上述所有領域取得共識，並且清楚地條列出來，或許其他的督導者就可以如同我一樣，覺得私人合約的督導關係是種令人滿足的經驗。

參考書目

California, State of (2010). *Statutes and regulations relating to the practice of: Professional clinical counseling, marriage and family therapy, educational psychology and clinical counseling and marriage and family therapy.* Sacramento, CA: State of California.

Cobia, D. C., & Boes, Susan R. (2000). Professional disclosure statements and formal plans for supervision: Two strategies for minimizing the risk of ethical conflicts in post-master's supervision. *Journal of Counseling & Development, 78*, 293-297.

Falvey, J. E. (2002). *Managing clinical supervision: Ethical practice and legal risk management.* Pacific Grove,

CA: Brooks/Cole.

Glenn, E. & Serovich, J. M. (1994). Documentation of family therapy supervision: A rationale and method. *The American Journal of Family Therapy, 22*, 345-355.

Kaslow, F. (1986). Seeking and providing supervision in private practice. In F. Kaslow (Ed.), *Supervision and training: Models, dilemmas, and challenges* (pp.148-157). New York: Haworth Press.

Lee, R.E., Dunn, J.W., & Nichols, W. C. (2005). A comparison of AAMFT Approved Supervisors with master's and doctoral degrees. *Contemporary Family Therapy: An International Journal, 27* (1), 1-17.

Lee, R., Nichols, D., Nichols, W., & Odom, T. (2004). Trends in family therapy supervision: The past 25 years and into the future. *Journal of Marital and Family Therapy, 30*, 61–69.

Pearson, Q. M. (2000). Opportunities and challenges in the supervisory relationship: Implications for counselor supervision, *Journal of Mental Health Counseling, 22*, 283-295.

Prest, L., Schindler-Zimmerman, T., & Sporakowski, M. (1992). The initial supervision session (ISSC): A guide for the MFT supervision process. *The Clinical Supervisor,* 70, 117133.

Prest, L., & Schindler-Zimmerman, T., (1997). A guide: The initial supervision session checklist.In C. L. Storm & T. C. Todd (Eds.), *The reasonably complete systemic supervisor resource guide* (pp . 158-160). Needham Heights, MA: Allyn & Bacon.

Russell, C., Dupree, W., Beggs, M., Peterson, C., & Anderson, M. (2007) Responding to remediation and gatekeeping challenges in supervision. *Journal of Marital and Family Therapy, 33*(2), 227-244.

Stanton, M., Todd, T., & Associates (1982). *The family therapy of drug abuse and addiction.* New York: Guilford Press.

Storm, C. (1990). Striking the supervision bargain. *Supervision Bulletin, 4,* 3-4.

Storm, C.L., & Todd, T.C. (1997). Supervisory Challenge 5: Supervising in Private Contracts. In C.L. Storm and T.C, Todd (Eds.) *The reasonably complete systemic supervisor resource guide* (pp 78-84). New York: Authors Choice Press.

Storm, C.L., & Todd, T.C. (1997). Supervisory Challenge 10: Developing Your Blueprint. In C.L. Storm and T.C, Todd (Eds.) *The reasonably complete systemic supervisor resource guide* (pp. 157-163). New York: Authors Choice Press.

Sturkie, K., & Bergen, L.P., (2001). *Professional regulation in marital and family therapy.*Needham Heights, MA: Alyn & Bacon.

Sutter, E., MacPherson, R.H., & Geeseman, R. (2002). Contracting for supervision. *Professional Psychology: Research and Practice, 33,* 495–498.

Thomas, J. T. (2007). Informed consent through contracting for supervision: Minimizing risks, enhancing benefits. *Professional Psychology: Research and Practice, 38*, 221-23.

Ungar, M., & Costanzo, L. (2007). Supervision challenges when supervisors are outside supervisees' agencies. *Journal of Systemic Therapies, 26*(2), 68-83.

第二部
治療哲學理念
Philosophy Section

【第七章】自我督導是督導的共同目標

湯瑪斯．陶德（Thomas C. Todd, Ph.D.）

我想大部分的督導者皆會宣稱，受督者的獨立自足性（self-sufficiency）是督導者的最終目的之一。但令人驚訝的是，有關這方面的文獻卻很少。更重要的是，關於如何達成這可貴目標的原則和技術也很少有人提出指導方針。我個人比較喜歡稱此為「自我督導」（self-supervision），也相信要建立一些指導原則是可能的，而這些原則應該可以被大多數督導者所接受，並且可被應用於各種不同的督導模式。本章將會在不同的理論架構下舉例說明如何做適當的變化。

米德（Mead, 1990）曾提出「自我督導」這個名詞，但並未詳細說明。凱勒和普汀斯基（Keller and Protinsky, 1985）也曾用過這個名詞，並且進一步討論如何在一個「結構—策略學派」下進行自我管理。卡根（Kagan, 1975）或許是最能清楚描述自我督導這概念，但卻未曾使用此名詞的人。在卡根的人際歷程回憶（Interpersonal Process Recall, IPR）模式中，治療師運用自己的治療錄影帶以回憶在治療過程中，可增進治療效果的不同做法和反應。雖然在進行過程中加入了一個催化員，但是此催化員的角色比傳統的督導者更不具指導性，因此可想而知，對自己進行這種探問歷程也是可行的。

自我督導的定義

在定義自我督導之前，或許應該先定義何謂「督導」。米德（1990）對督導的定義如下：

> 在臨床情境下，一位資深的治療師為了保障個案的福祉，在執業場所監督另一位資淺治療師與個案的工作歷程，企圖改變其行為使更趨近該資深家族治療師的行為（p. 4）。

這個定義中的三個元素立即點明自我督導中自我反思（self-reflective）的性質，以及其不可避免的困難：（一）自我監督的歷程；（二）與某種理想治療模式的比較；（三）改變某人治療行為的意圖。

以下的章節將檢視上述三種在建立自我督導模式時的特性。依此目的，自我督導可以定義為：治療師監督自己的治療行為；將此行為與某種模式中較有效的行為做比較；向此模範看齊的意圖。

建立一般性的自我督導模式

一個有用的自我督導模式應該說明該如何完成自我省思的歷程。下面要提出的即是一種可應用於不同治療理論和督導的「一般性的自我督導模式」（general model of self-supervision），並且在不同的理論中舉例說明如何發展出具個別性的模式。為了達到這個目的，將逐一檢視上述定義中的三種特性。

自我監管

進行自我督導時，治療師必須經歷某種自我監管（self-monitoring）的過程。其中大致應包括過程中哪些資料是重點，以及運用何種技術可收集到這些資料。根據不同的理論模式，其具體內容的差異很大。例如，治療師可以回顧治療會談（therapy session）錄影帶以評估自己的介入方式。錄影帶也可以做為喚起會談記憶的刺激，如卡根的IPR模式。史泰登（Steiden, 1993）曾描述利用錄影素材做內容分析來自我督導的方法。另一種素材來源可以是治療師的內在反應，如反移情。同樣地，庫克（Cook）曾利用史瓦茲（Schwartz, 1995）的內在家族系統（Internal Family System）模式說明如何幫助受督者監督自己的內在反應，以及如何發現自己某個特定的「部分」被觸動了。貝夫曼（Braverman）則使用鮑溫（Bowen）的「雙重家庭圖」（double genogram）作為自我督導的工具。

理想的模範

在自我督導中，治療師會將自己的治療行為和某種理想的模範作比較。治療師可以將自己的治療錄影帶和大師的訓練影帶作比較，但是治療師的「模範」不一定來自大師，也可以是自己的某些治療行為。例如，在焦點解決模式，治療師比較的對象可以是自己錄影帶中做得很成功的片段，或甚至是想像的成功片段（Selekman & Todd, 1995）。

向模範看齊的改變

如何達到標準的治療行為，不同的督導模式各有其非常不同的假設。一個周延的自我督導模式應該清楚說明這些假設，例如，治療師在觀看影帶中自己的行為時感到困窘，這樣有幫助嗎？聚焦在治療關係的親近度是否更有助益？如何利用反移情的模式，更進一步促進治療師的改變？

在脈絡中進行自我督導

即使進行督導的情境脈絡（context）有不同，自我督導仍然是大多數心理健康專業的一個訓練目標。除了社區機構的脈絡，大部分人尋求督導是為了取得執照或資格認證，如AAMFT的臨床會員資格，或是社工師、心理師的執照。若是為此目的，受督者通常必須通過督導者對其獨立進行私人執業的準備度的考評，因為一旦受督者開始獨立執業，就不被強制接受督導。做為婚姻與家族治療（marriage and family therapy, MFT）以及其他心理健康專業的守門人，督導者應該讓受督者培養自我督導的能力，或是學會在不須督導下自行執業的能力。大部分督導者顯然較喜歡認為自己的任務是前者。

在大多數的研究所課程，甚至是研究所後的MFT課程中，督導者並未被期待要訓練學生具備完整的獨立自足能力。甚至是對已有其他心理健康專業執照的學生，MFT此領域也不認為學生在完成課程後就具有獨立執行MFT的能力，這可由在申請AAMFT臨床會員資格和州政府認證時，學生必須額外累積在督導下進行MFT的時數得知。即使全然的自我督導能力不是主要目標，對督導者和受督者而言，評估學生能獨立自足的程度或是所需督導的強度，都可做為學生的學習是否有進展的一種指標。一個MFT課程的初學者或許每次治療時都必須有現場督導，但如果學生畢業在即，卻仍然需要如此密切的監控，那就是個問題了。

自我督導的原則

下面要談的是一般性的原則，目的在於幫助督導者訓練受督者的獨立自足性。雖然這些原則可能較適用於某些督導模式，尤其是以問題或目標為取向的模式，但希望對每一位督導者都有啟發作用。

將自我督導當成整體目標

當督導者清楚地向受督者說明，他們將共同合作以增加受督者的獨立自足性時，督導歷程即會產生戲劇性的變化。在這樣的督導過程中，受督者變成一個地位和督導者對等的夥伴，也比較有能力給予督導者精確的回饋。他們了解督導的目標，同時也清楚彼此必須相互負責，以使受督者可以過渡至獨立自足的階段。

提出這個目標，可以鼓舞督導者和受督者對「獨立自足的受督者」產生更清楚的圖像。比方說，如何判斷何時該結束督導？有能力的治療師有何特點？要取得獨立實務工作者的執照須具備哪些標準？

目前已有全面性的的技巧清單，例如，托姆和萊特（Tomm and Wright, 1979）曾列出包括觀察層面的、概念層面的、關係層面的以及執行層面的各種技巧，而費萊和尼爾森（Figley and Nelson, 1989, 1990）則列出比較與特定模式有關的技巧。不同的督導模式，對什麼是重要的知識、技巧和態度，各有不同的要求，甚至描述這些名詞的概念都會有些不同。督導者可以和受督者協調出必備的能力清單，但更重要卻也更困難的是：關於如何將每種技巧轉變成可操作的（operationalized）的學習目標， 雙方必須有共同的看法。比方說，督導者和受督者兩人可能都同意在會談中指認出反移情或設定界限是很重要的，但是他們要如何知道受督者已經具備足夠的技巧而可稱之為獨立自足？哪一類家庭、或那一種主訴問題、或哪些治療行為，是受督者應該能獨立處理的？督導者和受督者兩人必須協商這些目標的達成標準，同時也要對何時結束例行的督導產生共識。少數人可能會要求完全的獨立自足，但對大部分人來說，獨立自足的定義可以是，有能力判斷何時應該再去尋求諮詢或督導。

和受督者討論達成獨立自足的方法以及督導者對這個過程如何運作的信念，也很有幫助。我常常和受督者分享本章中所提到的原則，我發覺這對我們的督導歷程有很重大的影響，因為很自然地，這樣就會讓我們討論到如何達成這個目標，以及如何分配責任。一旦督導者發展出運用這些原則的特定想法（符合其督導模式和「人為何會改變」的信念），他們就可以在和受督者訂定督導合約時，將技巧測量、督導前的準備、督導的內容和焦點，以及整體評量等細節包括在內。

在結構學派（structural model）中，有很多例子可以說明達成最終的獨立自足目標的幾個階段。當督導者在現場督導的過程中以電話指導受督者時，初學者也許就能讓家族治療中的兩位成員直接互動。治療結束後經過督導時的綜合討論，受督者也許就可學會這個治療技巧。一旦受督者可以相當彈性地運用這個技巧而不會顯得做作，以及當他們能夠在沒有督導時自行評論影帶中自己的介入是否適當時，似乎就已達到在這個領域中的獨立自足性了。（督導者或許可進一步期待：受督者知道何時應放棄結構學派，或至少還能找到其他方式以促進家人的直接互動。）

評量受督者優點與技巧的問卷

大部分督導者宣稱他們會評量受督者的表現，雖然就促成受督者的最佳學習而言，他們的評量方式或許還不夠明確和有系統。這個過程應該透明化，這樣受督者最後才能學會如何「尋找」自己的優點與技巧，以找到各種資源進行成功的治療。舉個例子：某受督者在當了多年的家庭主婦後，目前正在學習如何成為一位治療師。起初她或許需要督導者幫她看到她的組織能力在治療中是一種優點，這個辨認的過程如果清楚具體，受督者就可以運用相同的過程，自行找出自己的其他優點，如彈性、善於依事情的輕重緩急循序處理等。受督者應該要重視自己的各種資源，不管這些能力的獲得是透過正式的訓練、臨床經驗，或日常的生活歷練。受督者在結束正式的訓練和督導之後，應該有計畫地將自己尚未學會的能力逐步補足。

瞭解受督者的學習方式

督導者應幫助受督者瞭解他們如何學得最好。在一次次的督導過程中，他們學到了什麼？督導者做了什麼督導介入，導致受督者在其治療中改變了某種行為？即使事前未曾深入討論，受督者願意在治療中嘗試督導者的建議嗎？或是他們必須先討論某些概念後才敢嘗試？（見Duhl, 1983）

本章的作者曾經在一次諮詢過程中，請治療師告訴我她怎樣可以學得最好，治療師顯得非常驚訝，一直說從來沒有人問過她這個問題。深思後，她發現她的學習方式是：期待督導者提供各種不同的建議。但這樣一來，接受督導後她反而無所適從，通常必須把這些建議再想過一遍，才能找出一個新的可能方法。相反地，另一個受督者似乎同意督導者的每個建議，但從受督者下一次呈現的治療影帶中，卻看不出前一次的督導對他有何影響。深入討論後，受督者才承認說其實對他而言，最好的學習方式是：督導者非常具體且明確地要求他，下次會談應該該採取某個特定的舉動。

受督者常常對自己的學習方式缺乏足夠的了解，以至於無法給督導者一個清楚的方向。所以通常督導者和受督者必須先共同合作找出受督者的學習風格。為了達到最好的效果，督導者必須提供相當程度的多樣性，有時督導者可能必須放棄自己的慣用風格，提供受督者較多的可能選擇。

習得某種連貫而一致的治療取向

要獲得自我督導的能力，前提是必須先有一個可運作的理論架構。有了這個架構，受督者才能評論自己在會談中的行為，找出在此架構中所謂的「錯誤」。當年筆者在費城兒童輔導診所（Philadelphia Child Guidance Clinic）時，海利（Haley）經常詢問學生和工作人員一句話：「你對**改變**的理論是什麼？」，次數之頻繁，甚至在大家送他的生日蛋糕上都曾寫著這句話。為了磨練受督者評論自己在治療影帶中的表現，他也要求受督者在影帶中指出和自己治療架構不一致或「錯誤」的行為。

這項原則意味著督導者的一個重要任務，就是幫助受督者清楚述說自己的治療理論，並且在治療中驗證該理論的一致性和完整性（見Piercy & Sprenkle, 1986）。新手受督者一開始可能做不到，但隨著督導的進展，這絕對是督導的一個發展性目標。比較進階的受督者應該不能只做到應用某套現成的理論，在督導者的協助下，他們應該能夠驗證理論，與自已做為一個治療師，以及所處的治療脈絡的「適配度」。相關的理論概念包括：對治療和生命的一般信念、性別和文化的影響、治療風格，以及處理衝突的特殊手法等。

鼓勵受督者提出經過思考的督導目標和疑問

受督者在接受督導之前準備的功夫愈少，就愈會依賴督導者安排督導的架構、問對問題或提供睿智的建議。其實，一個深思熟慮的提問，通常答案已隱藏於其中（Todd & Greenberg, 1987）。剛開始，受督者不總是能了解什麼是所謂的「好的提問」（good question），所以督導者除了要幫助受督者將其疑問修改成一個好的問句外，也應該對受督者最初提出的問句是否完備給予回饋。同樣地，督導者應該協助受督者建立一個有用的督導目標。

筆者會要求受督者在進行督導前先填寫一份督導摘要表，其中明確地要求受督者填寫督導目標。（不同取向的督導者當然對此表格中想獲得的訊息種類和詢問方式，有不同看法。例如，一個跨世代取向的督導者可能要求受督者描述世代間的模式，並且畫一個家庭圖）。在督導早期，受督者通常只會提出比較一般性的問題，如「我這樣做，對嗎？」，或甚至只是「幫幫我！」絕對不要在這種目標不明的情況下進行督導。督導摘要表可以幫助受督者走過找到清楚的督導目標的歷程。在表格中受督者必須填寫其治療過程中似乎進行不錯的部分、出現問題時的指標、想要達到的結果等等。有經驗的受督者會比較明確地要求具體的建議，比方如何與沉默的青少年建立關係，或如何處理家庭中的代罪羔羊等。在我的經驗裡，先花幾分鐘瞭解疑問的來源以及受督者自己的看法，往往就幾乎不需要觀看治療影帶。當受督者可以用類似的方式思考自己的疑問，或是和同儕進行腦力激盪，他們就已經走在獨立自足的路上了。

要求受督者自行選擇督導材料

當督導目標和問題已經清楚條列後，受督者就應該尋找與這些議題相關的督導素材。同樣地，一旦受督者有能力做到此，就是踏上自我督導的一小步了。受督者也可以為其他的督導目標，選出相關的治療影帶片段。例如，他們可能被要求帶來一段成功地運用某特殊技巧的例子，或是他們如何處理強烈的衝突。這樣做，對本章所條列的評估歷程很有幫助。呈現成功的治療影帶片段，可以用來強調受督者過去忽視的優點和資源（Selekman & Todd, 1995）。

聚焦

當受督者在討論案例或回顧會談時，督導者應持續地問自己和受督者：此次呈現的素材是否和督導目標有關。當受督者學會自我監督時，應漸漸地不再需要這種回饋。同樣的標準也適用於團體督導中的其他成員和督導者。受督者應被鼓勵去質詢督導者他們的建議是否和督導目標相關。（筆者最喜歡的一位數學教授常鼓勵學生多多澄清，當教授回答「顯而易見地……」時，他必須被迫進一步去解釋他認為最顯而易見的事，這種學習是最有價值的。

尋求個案的回饋以調整督導方向

幫助受督者從個案的回饋中學習。督導者要求受督者先想想，哪一類回饋可以反映介入方式是正確的，然後，雙方再一起評量個案實際的回饋。受督者應該如何運用這些回饋以提升對個案的服務？通常治療師不太會要求個案給予特定的回饋，有時甚至會表現出一種他們已經知道答案的樣子。治療師可能必須鼓勵個案誠實回應，或向個案保證他們的回饋對治療是很有幫助的。一個對受督者很有用的作法是，治療師彼此訪問對方的個案，然後再觀看這些回饋訪談的錄影帶。有過幾次這種經驗後，大部分治療師通常就能開始聽取個案的回饋。

一般而言，追蹤個案的後續狀況也很有用。史東（Storm, 1995）例行性地在六個月後追蹤個案，依不同的個案，詢問特定的問題，這種作法可以鼓勵治療師和督導者對個案保有好奇和開放的心，尤其是他們對改變的理論假設，治療師對個案所下的簡單的「結論」，經常被後來的資料所推翻！鼓勵受督者培養這樣的態度，讓督導者確信即使督導已經結束，受督者仍然會持續地向個案學習。

鼓勵逐步學習

當受督者對學習過程抱著不切實際的期待時，往往會責備自己沒有出現預期中迅速而大幅的進步。卡根（1975）強調在督導過程中要幫助受督者檢視自己可以掌握的改變，而不是要求督導者教他們產生「立竿見影」的進步。即使是受督者的自我評量也可能太過苛刻，受督者的改變通常是一小步一小步的，不需要怨嘆自己的改變速度太慢。

確立「小而具體」的學習目標，對目標的達成有明顯的助益。目標太廣泛，反而讓受督者不知該如何達成。如果逐步設定小目標，通常每一個步驟該採取什麼行動就很明顯了。

透明化

督導者應該避免作出「莫測高深」的督導介入。如果自我督導是最終的目標的話，不知所以的督導介入，並不能幫助受督者達到這個目標，甚至會讓自我督導變成一個不可能的任務。這個原則不只適用於戲劇化的治療介入，也同樣適用於所有的督導行為（例如，為何要使用某特定問句）。督導者應該鼓勵受督者對任何一個他不完全了解的督導介入提出問題，這樣受督者最後才能自行做出類似的處遇。在我介入前，我常常會問受督者：「所以，你想我接下來會有什麼建議？」或者「你想我會問些什麼？」。當受督者愈來愈能預知答案，過不了多久，他們就可把督導者拋在腦後了！

激發各種可能性，而不是提供答案

如果督導者同意「所有的治療問句都不會只有一種答案」（Todd & Greenberg,1987），那麼督導者只提供一個答案就沒什麼道理了。米德（1990）曾指出很多研究文獻都發現，較資深的受督者並不希望只是獲得答案。對他們較有用的方式是，與督導者共同腦力激盪以激發各種可能性。然後再協助受督者檢視這個過程來選出最適合的辦法。

提升受督者類推的能力

理想上，督導的目標是讓受督者「學會如何學習」（Bateson, 1972）。這可能讓督導者必須在下面兩種衝突的需求之間取得平衡：照顧個案的當下需求，和受督者的學習需求（Goldenthal, 1994）。即使督導者必須提供受督者具體的協助來處理某當下情境，但是在這之後，說明一些可以應用至其他情境的一般性原則仍是非常重要的。

結合不同的督導方式可以達成這兩個目標。現場督導可以提供當下的協助和支持，而事後回顧治療影帶或只是做個案討論都可以使受督者學會舉一反三的能力。

我在研究所念書時的一位教授班．艾維（Ben Avi, 1967）曾被問過「如何判斷一個好的治療會談？」班．艾維回答說，每當他以為他已徹底瞭解會談本身，或對某案例已獲得非常完整的概念化時，他都會有些質疑。依他的說法，一個好的會談應該讓他對另一個案例或對自己的生命有新的了解。這指出了一個問題，就是督導者容易陷入一種誘惑裡，即以受督者是否接受其督導時的智慧語錄來評斷督導效果，而不是去看受督者能否將督導的建議轉變成他們自己的理念，或能否類推至其他情境。

督導建議應考量情境脈絡

雖然類推能力很重要，督導者若能清楚地指出具影響力的差異，也是一樣重要。情境中的什麼變化導致督導者提出不同的建議？尤其關鍵的是，督導者能否辨識出他們和受督者之間的差異（如性別、年齡、種族、地位）如何影響了某特定建議的適切性。

督導者應該示範出一種真正的好奇心和「不知為不知」的態度。有些督導者可能在口頭上也會說某個屬性（如年齡）有影響，但或許他並不完全明白這些差異如何造成影響。受督者對某主題的看法，至少和督導者的看法同樣有意義。有時候受督者的某個特質可能比督導者更適合治療某一類個案。這是督導者向受督者學習這些差異的最好時機，就好比受督者可以向個案學習一樣。

敏於覺察情境脈絡變化的督導本身是困難的；若要達到自我督導的目標，脈絡敏感度（contextual sensitivity）更顯得特別困難。督導可提供關鍵性的第二觀點以協助了解脈絡，對那些只依賴一付眼鏡的治療師而言，他們必須對脈絡的不同更為敏察，以及無可避免的扭曲。當扭曲出現時，治療師必須勇於尋求諮詢，或將個案轉介給沒有這種盲點的治療師。

對督導歷程給予回饋

經常安排回饋與探索督導歷程非常有用。舉例來說，保留每次督導的最後五分鐘做為回饋時間，督導者可以詢問受督者，當次的督導什麼對他是有用的？為什麼？這樣做不只提供了有用的回饋給督導者，同時也幫助受督者了解自己的學習方法。

同樣地，雙方也可以在下次督導會談開始時，以及在回顧先前討論過的個案的資料之後，反思其中歷程。這種進一步反思的歷程，可以延伸至治療會談，受督者透過臨床回饋資料，修正督導中獲得的想法，是培養自我督導的路上，關鍵的歷程，對邁向自我督導都是非常重要的。

拓展督導以外的資源

自我督導不必是個孤獨的旅程，也可以運用同儕或其他較不正式的資源（如配偶或朋友），當然前提是不能違背保密原則。團體督導或共同督導（shared supervision）的好處之一就是，受督者可以學會比較有效地利用這類資源。同樣地，督導者的態度在加速這種過程中扮演了舉足輕重的角色。其他團體成員被當成是可貴的貢獻者或合作者嗎？或者只是督導者絕妙嘉句的聽眾？如果本章所提的原則也能提供給團體其他成員，並鼓勵他們應用這些原則協助同儕變得更獨立自足，對團體歷程就會有很大的助益。

參考書目

Bateson G. (1972). *Steps to an ecology of mind.* New York: Ballantine Books.

Ben Avi, A. (1967). Personal communication.

Duhl, B. (1983). *From the inside out and other metaphors: Creative and integrative approaches to training in systems thinking.* New York: Brunner/Mazel.

Figley, C., & Nelson, T. (1989). Basic family therapy skills, I: Conceptualization and initial findings. *Journal of Marital and Family Therapy*, 15, 349-365.

Figley, C., & Nelson, T. (1990). Basic family therapy skills, II: Structural family therapy. *Journal of Marital and Family Therapy*, 16, 225-264.

Goldenthal, P. (1994). A matter of balance: Challenging and supporting supervisees. *Supervision Bulletin, 7*, 1-2.

Kagan, N. (1975). *Interpersonal process recall: A method of influencing human interaction.* Lansing, MI: Michigan State University.

Keller, J., & Protinsky, H. (1985). A self-managemant model for supervision. *Journal of Marital and*

Family Therapy, 10, 281-288.

Mead, D. (1990). *Effective supervision: A task-oriented model for the mental health professions*. New York: Brunner/Mazel.

Piercy, F., & Sprenkle, D. (1986). Supervision and training. In F. Piercy, D. Sprenkle & Associates (Eds.), *Family therapy sourcebook* (pp. 288-321). New York: Guilford Press.

Schwartz, R. (1995). *Internal family systems therapy*. New York: Guilford Press.

Selekman, M., & Todd, T. (1995). Co-creating a context for change in the supervisory system: The solution-focused supervision model. *Journal of Systemic Therapies, 14*, 21-33

Steiden, D. (1993). Self-supervision using discourse analysis. *Supervision Bulletin, 6*, 2.

Storm, C. (February, 1995). Personal communication.

Todd, T., (1992). Self-supervision: A goal for all supervisors? *Supervision Bulletin, 5*, 3.

Todd, T. & Greenberg, A. (1987). No question has a single answer!: Integrating discrepant models in family therapy training. *Contemporary Family Therapy, 9*, 1-2

Tomm, K., & Wright, L. (1979). Training in family therapy: Perceptual conceptual and executive skills. *Family Process, 18*, 227-250

【第八章】以精神分析法督導系統取向治療

彼得．艾倫．雷納（Peter Alan Reiner, Ph.D.）

以最廣義的角度來看，運用**精神動力**法去思考人類行為，是將重點放在心理、身體和環境的交互作用，特別強調個人內在（精神內在 [intrapsychic]）的經驗、衝突、結構、功能和過程之間的相互影響（如Mitchell & Black, 1995; Paolino, 1978）。**精神分析**是精神動力法的一部分，由佛洛伊德和他的擁護者所提出，可以用不同的方式去分類（如Pine, 1990; Summers, 1994），在這裡我會提到其中三種類別：「古典」精神分析、自體心理學、客體關係。[1]

相較於非分析取向的方法，他們有很多共通特性，本章將會著重於這些特性，例如說，他們都相信潛意識的心理活動和動機極為重要，而且早年經驗，尤其是與父母親或像父母親般的人的互動經驗，會對往後的經驗和行為有強烈的影響。各種精神分析法之間的不同，雖然很有意義且重要，但只會簡單帶過。[2, 3, 4]

因為某些理由，本章會用相當長的篇幅來描述家族與伴侶精

---

1 在本章中，「古典」精神分析模式包含驅力（drive）理論和自我（ego）心理學（請見自我分析 [ego analysis], Wile, 1993, 1995）。自體心理學被認為和客體關係理論完全不同；有關他們相互的關係在其他地方曾被論證過（如Scharff & Scharff, 1992; Summers, 1994），但關係的、人際的（精神分析的）、主體間的（intersubjective）模式（如Buirski & Haglund, 1995; Greenberg & Mitchell, 1983），以及「一人」和「兩人」心理學的差異（如Aron, 1990; Stark, 1999），都沒有被特別提出。吉爾（Gill, 1994, 1995），尤其是桑莫斯（Summers, 1994），在這些議題上都提出了精闢的分析。

神分析治療的核心要素，包含督導必須教導的模式；也點出一些受督者必須掌握的重要技巧、態度和看法；而且因為精神分析取向家族治療和精神分析取向督導有明顯的重疊，很多是兩者所共有的要素。

2　「古典」精神分析模式著重於解決幼年早期所造成的**潛意識衝突**，當這些衝突在家庭關係中被**行動外化**（acted out）出來時，便會產生許多紛爭。源自生物學基礎的攻擊性或欲望的（**原我**）衝動或驅力都被（**自我**）高度地防衛著，部分是因為他們不被（真實的或想像中的）社會所接受（呈現於精神內在的**超我**中）。有些學者（即Meissner, 1978; Nadelson, 1978）表示古典模式可運用於伴侶和家族治療，然而也有很多學者（如Scharff & Scharff, 1978）則懷疑驅力理論和**結構模式**（structural model）於該類治療的實用性與效用。因為古典模式極強調精神內在，所以使用此模式的家族治療師，有些會納入源自其他方式的技巧；有些則重新概念化挑選出來的關鍵要素（如Lachkar, 2003）；或者同時並用上述兩種方法（如Feldman, 1992）。

3　針對註2所描述的「古典」模式，自體心理學又再加上對環境的等同重視，環境和自體客體（selfobject）的基本概念一樣會影響內在經驗的形成（Wolf, 1988）。自體客體經驗是個人對他人的經驗感受，這些經驗提供自體心理的養分、引導、鏡映作用、力量等等（Elson, 1986; Kohut, 1984），這些經驗會逐漸地被自體功能和自體結構所取代（透過名為**蛻變的內化作用**[transmuting internalization] 的過程）。殘缺或扭曲的自體客體經驗會讓自體在自尊受威脅時過度易於崩解；這種脆弱的特性被稱之為**自戀的脆弱性**（narcissistic vulnerability）（如Feldman, 1982; Lachkar, 2008）。自體心理學模式已被運用於家族（如Brighton- Cleghorn, 1987; Donaldson-Pressman & Pressman, 1994），尤其是伴侶治療（如Feldman, 1982; Nelsen, 1995; Solomon, 1989），伴侶治療的目的在於減低伴侶各自的自戀脆弱性；減少對關係的認知扭曲，以增強對對方的同理心等等（如Feldman, 1982; Lachkar, 2003; Solomon, 1989）。

4　客體關係的伴侶和家族治療是被說明得最清楚的精神分析法。兩本夏夫夫婦（Scharffs, 1987, 1991）具代表性的著作提出了此治療模式；他們詳細說明了它的原型（如Skynner, 1976）和演變。就如本章所呈現的，客體關係的中心概念如**護持的環境**（holding environment）、**涵容**（containment）、**投射性認同**（projective identification）都已被編寫入幾乎所有有關伴侶和家族治療的當代精神分析文獻中（如Catherall, 1992; McCormack, 2000; Middelberg, 2001）。透過潛在的投射性認同過程（Bion, 1959），每個伴侶都會傾向以大家都贊同的特定方式（valency）擇偶，所以會強調選擇配偶時無意識的共謀影響力（如Sager & Hunt, 1979; Zinner, 1976/1989）。投射性認同在家庭中也很被強調，一方面用來解釋**共享的家族假設**（shared family assumptions）（Skynner, 1981; Zinner & Shapiro, 1972/1989）；一方面解釋個案系統整體與治療師之間的現象（Scharff & Scharff, 1987, 1991）。

督導所教導的重要概念

在治療剛開始時，精神分析治療師必須協商出一個治療的**架構**。治療架構（或「結構」）指的是一些形式上的安排，如頻率、時間、每次治療的長度、環境安排、參與者、費用、帳單和付款的方式等等（Auld, Hyman, & Rudzinski, 2005; Langs, 1979）。積極地維持一個穩定的架構，也就是避免任何在這些方面出現背離已經協議好的安排，主要有兩個原因，第一，建立並維持一個穩定的架構可協助個案系統創造一個**護持的環境**（holding environment）（Scharff & Scharff, 1987; Winnicott, 1960/1986）；第二，如果治療師可以維持一個穩定的架構，任何想要「扭曲」或背離它的企圖，都可被理解為來自於或是有關個案系統的一種有意義的溝通，這可能反映出**移情作用**（如Auld et al., 2005; J. Scharff, 1995）。這種信念與另一種觀點形成鮮明的對比，另一種觀點認為有關架構的議題，或為了他們進行的協商或重新討論，都是一些次要的議題或者只是「行政」上的細節。保持某種彈性可能會有助於協商架構，例如預計有哪些人要進入治療、是否有一位或一位以上的個案要同時接受額外的治療等等；關鍵在於協商的本質，以及維持同時並存的治療之間的界線。

藉由堅守已協調好的架構，治療師可以創造一種「保護性的屏障」或護持的環境，個案在裡面可以有心理上的成長和發展，不受外界的干擾和「影響」（Langs, 1973; Winnicott, 1960/1986）。再者，治療師所提供的護持環境（或「護持」）能「**涵容**」（contain）個案的情緒和經驗（如McCormack, 2000），治療師在除了保持穩定地同理他們的內在經驗外，他們對個案焦慮與緊張的包容力，也可以幫助個案覺得被深刻地理解、撫慰以及「護持」（Kohut, 1984; Solomon, 1989; Winnicott, 1960/1986），治療師通常不會以中斷或限制個案的表達來涵容或「處理」他們的情緒，他們反而會探討情緒，讓它發展，並協助個案系統去耐受那樣的經驗。個人以及家庭系統整體，對於護持環境以及治療師個人**兩者**的反應，構成了他們的移情反應。

精神分析家族治療的中心信念認為，了解**移情作用**和**反移情作用**對治療很重要。最廣義地來說，移情作用指的是個案將其過去重要關係或衝突衍生出的感覺、衝動、防衛和幻想（通常是潛意識的）**轉移**和**投射**到他人（通常是治療師）身上（Freud, 1912a/1958; Greenson, 1967; Weiner, 1975）。[5]某種程度上，這些投射可在治療中協助「創造」或概述個案早年重要關係或衝突中重要的（通常是有問題的）面向（J. Scharff, 1992）。[6]不意外地，這些早年關係或衝突的「再現」也可能發生在個案現在與重要他人的關係上（Scarf, 1987）。很類似地，反移情作用指的是治療師對個案移情作用的反應，以及源自治療師早年關係、未解決的衝突等等在治療中產生的（常是潛意識的）轉移、投射或其他的「扭曲」（Auld et al., 2005）。

以客體關係的觀點來看，移情和反移情作用的發展一部分

5　雖然以這種方式去定義，但並非所有對治療師的反應都被視為移情作用，只有對當下情況來說「不適切」的反應才算（Greenson, 1967; Murray, 1995）。葛林森（Greenson, 1967）也提出對反移情作用完全類似的定義，重點放在治療師對個案的「不適切」反應。

6　在大衛和吉兒．夏夫（David and Jill Scharff, 1987, 1991）有關家庭和伴侶的著作中，他們強調個案系統對提供護持環境（**護持情境** [contextual holding]）的反應，他們稱之為**情境的移情作用**（contextual transference）。這種強調和個人精神分析治療形成對比，個人治療強調**焦點移情作用**（focused transference），指的是個案個人對治療師本身（**護持中心** [centered holding]）的反應。

是來自**投射和內射性認同**（如Ogden, 1994; Tansey & Burke, 1989; J. Scharff, 1992）。透過投射性認同的過程，治療師可能會被誘使產生個案（或個案系統）過去有的感受或行為，或者產生個案的重要他人對個案（或個案系統）有的感受或行為。因此，治療師若能意識到自己在治療中的感受和想法，可能就可以解釋移情和反移情現象，更進一步了解個案系統的潛意識歷程、衝動、衝突等等（如D. Scharff, 1992; Slipp, 1995; Soloman & Siegel, 1997）。

關注治療師對個案系統的了解，反映出治療的主要目標是幫助個案發展他們對內在及人際互動歷程的**領悟**（insight）（如Langs, 1973; Weiner, 1975）。一個被明確指出的想法是認為若能知道潛意識的力量會影響個案的經驗和互動，將對他們很有幫助。治療師促進這樣的理解或領悟，並藉由**詮釋**來發展**治療聯盟**（therapeutic alliance）（如Pinsof & Catherall, 1986; Reiner, 1987/1988）。詮釋是藉由解釋過去的潛意識來源、動機、原因等等來說明精神內在和人際活動（如Auld et al., 2005; Dare, 1986）。將過去的潛意識衝突、需求、願望和衝動帶到意識層面（意即解除**潛抑作用**[repression]），以減低他們的「力量」，也就是對現在的影響。舉例來說，在家族治療中藉由詮釋得到的領悟，可以降低會影響家庭成員對彼此觀感的投射或轉移。很少因為做了一次詮釋就有戲劇性的效果；反而是要經由多次重複的詮釋而得到領悟之後才會發生，這樣的過程稱為**修通**（working through）（如Greenson, 1967; Weiner, 1975）。除了促進領悟的形成外，詮釋也是一個和個案系統進行後設溝通（metacommunications）的歷程，讓個案知道治療師在場、在聆聽、重視了解（Scharff & Scharff, 1987）。

忠於非指導性的聆聽（nondirective listening）原則（如Scharff & Scharff, 1987; J. Scharff, 1995）或維持佛洛伊德（1912b/1958）所稱的「均等分布的注意力」（evenly-suspended attention），可促使治療師了解個案系統的潛意識動力，以及個案對移情反應的經驗和表現（Greenson, 1967）。當治療師維持著治療中立，並跟著個案家庭的引導——而不是指導、建議或規定個案，那麼就可專心注意個案聯想的次序、什麼被提到而什麼被迴避了，以及情緒的變化，這些都可用來推論個案潛意識的心理歷程。[7]如前所述，潛意識歷程可以由移情反應推論出來，也可以從反移情反應得到訊息（如 J. Scharff, 1992）；仔細地探討個案的阻抗也能使潛意識歷程展現出來。

阻抗指的是個案系統抵抗治療的步驟和進程，通常可藉此避開讓潛意識的資訊浮現至意識層面時所產生的焦慮（如Langs, 1973; McCormack, 2000）。個案可能會以非語言的方式表現阻抗，例如習慣性的遲到，或者和那些並未跟治療師協議過的家庭成員一同前來；或者可能用語言的方式表現，例如經常陷入沉默，或對話總是侷限於某些特定的話題或感受（Scharff & Scharff, 1987; Weiner, 1975）。探討影響個案全心參與的意願或自在談話的障礙，可以幫助推測他們在迴避什麼、原因為何。因此，就像移情作用一樣，分析個案必然會有的阻抗，可以對個案的潛意識歷程有所領悟，再分享（或詮釋給）個案系統。[8]當個案間接地藉移情或阻抗呈現

7　無可否認地，精神分析治療師會需要主動地處理或安排治療、確保每個家庭成員都有機會講話、促進對話等等（Lachkar, 2003; Scharff & Scharff, 1987）。

8　這種觀點與其他某些治療方式有顯著的不同，那些方式通常稱為「支持性」或「掩飾」，目的是要強化阻抗（Weiner, 1975）。也有其他治療師會嘗試用各種方法迴避或「應付」阻抗；這些都不是真正的精神分析（Greenson, 1967）。

出過去個人和家庭的經驗時，就可以更直接地去探討這些部分。

從**以歷史為依據**（historically-based）的觀點來看，**過去的事情非常重要**，透過對過去的認識可以了解現在（如Nichols, 1988）。一般而言，重點並非放在取得真實的和完整的事件發生順序，而是要了解個案對重要關係的（意識和潛意識的）經驗，特別要注意真實發生的或有可能的失落或遺棄事件；也強調要**有計畫地結束治療**（planned terminations）上。一旦有所了解，個人或集體的歷史事件便可與現在某些特定情況或困難做連接或整合，如此可強化事件的意義及個案的領悟（如Scharff & Scharff, 1987）。就像其他的資訊一樣，可以讓個案的歷史事件自發性地說出來，因為他們可能會被現在發生的事件誘發出來，不太需要治療師的引導，雖然治療師有時候會詢問個案那些可能影響現在的態度或行為的原生家庭（或與現在家庭成員之間的）經驗，但並不會單方面地決定去利用一次或多次的治療時間特別去「蒐集歷史資料」，或去畫出一個家庭圖等等。

個人和家族的歷史可做為資料來源，去了解個案系統和每個成員的**發展階段或程度**，這是伴侶和家族精神分析治療的重點，因為他們的目標就是要促進系統更進一步的發展和成長，也要處理發展中所產生的壓力。治療關注的是每個個體和家庭系統整體各自的發展程度，以及二者的互動。從佛洛伊德的性心理觀點，延伸到受艾瑞克森（Erikson, 1950）影響的（Scharff & Scharff, 1987）心理社會領域，都可用來概念化每個人的發展程度或階段。孩童與父母關係的本質和品質特別地重要，而且要以孩童的發展階段的眼光來檢視（Scharff & Scharff, 1987），簡而言之，孩童與父母和家庭相處的特點是什麼？那些相處方式，對孩童的發展程度來說是否適切？

家庭系統的發展程度和階段可從兩個優勢的觀點來思考。第一，可以從「家庭生命週期」來看家庭的變化過程（Carter & McGoldrick, 2004; Gerson, 1995）。家庭的發展階段可從重要的內在和外在環境轉變去定位，如第一個小孩的出世，最後一個小孩的出現等等。當然，這些發展階段的本質和時間點最好要放在各種更大的背景來理解，包括種族（如Boyd-Franklin, 2003; Breunlin, Schwartz, & Kune-Karrer, 1992; Walsh, 2002）、性取向（如Scrivner & Eldridge, 1995）等等。第二，家庭發展程度的觀點和人際連結、問題解決或經驗有共同的潛在模式（Scharff & Scharff, 1987），也就是說，人際系統會在某種特定的性心理或會以不同精神分析學者對發展的議題所描述過的方式去運作（如Bowlby, 1958/1986; Mahler, 1972/1986; Wallin, 2007）。這些不同的發展觀點「搭配」起來，可能就可以解釋為什麼個案系統在處理某些特定的發展課題、階段或轉變會特別成功，而處理其他的就比較不成功（Scharff & Scharff, 1987）。此外，伴侶或家庭的（心理、性心理、社會心理的）發展程度可以用來預期治療時間長短、治療的本質，以及治療師的哪些反應會特別有幫助或是有問題（如Scharff & Scharff, 1987）。

如上所述，系統（婚姻和家族）取向治療的精神分析模式相當複雜，在督導中會概念化及指導該如何學習運用這個模式，以下將會討論這個課題。

精神分析取向督導的重要層面

傳統上，治療個案或受訓準備成為分析師的治療師，會根據記憶或治療後所寫的「進程紀綠」，來呈現臨床資料給他們的個人督導。在正規的精神分析訓練中，絕對不會鼓勵在治療中做筆記，部分是因為這可能會干擾「聆聽」個案（Ferud, 1912b/1958），錄音或錄影也是一樣，被認為是對治療的干擾，或者以藍斯（Langs）的說法（如1979）來說，這違反了治療「架構」。因為有這些看法，顯然在傳統、正式的精神分析訓練中，不會有觀察或「現場進行」的會談。但是若當情境從正式的精神分析訓練，轉換到較不正式的精神分析式治療或精神動力治療的教學，以及從專門從事個人治療的訓練，轉換到治療伴侶和家庭時，就有比較多選擇的自由。所以，比如說，治療可以被錄下來或觀察；但是若在觀察會談的途中，給予建議而打擾治療師，或者顧問進入治療室，都被認為是很不適切的。這些行為都被認為是非常唐突的，而且貶低了治療師的經驗和治療中內在歷程的重要性。

就像精神分析心理治療師會和個案系統建立並維持一個「架構」，督導也要和受督者建立並維持「架構」（Langs, 1994）。所以像是見面的頻率、時間、地點，不受干擾等等，都不會被認為只是次要的或「行政」細節。就像非預期地違背治療架構一樣，非預期地違背督導架構會被仔細地檢視。在建立好的架構內，精神分析督導會根據幾個主要目的去聆聽治療師所呈現的臨床資料，無論他們用什麼方法呈現。督導的主要工作是要**指導**受督者，而不是透過受督者去治療伴侶或家庭（如Lothane, 1984; Muslin

& Val, 1989）；在治療師請求接受督導時，督導會評估他們對精神分析準則和技巧的了解，以決定該指導些什麼。就像精神分析心理治療師要和個案系統建立「治療聯盟」（therapeutic alliance），精神分析督導也要和受督者建立「**學習聯盟**」（learning alliance）（Fleming & Benedek, 1966; Wool, 1989）。

建立合作性的學習聯盟可能會因為第二個督導的主要工作而有些困難，也就是評估治療師身為一個治療師的能力或潛力，通常訓練機構、資格認證或發證照的組織、或其他類似的機構會有這種要求（如Ekstein & Wallerstein, 1958; Zaphiropoulos, 1984）。督導也要特別注意治療師的反移情作用，不僅要從治療師的報告（或分析），也要從治療師各方面所呈現的資訊去推斷（如 Jacobs, David, & Meyer, 1995）。就像精神分析心理治療師要以前面所討論的特定方法去聆聽個案系統，督導也要聆聽治療師，並推斷出治療師的潛意識歷程、衝突、動力等等（Langs, 1994）。此外，督導要檢視她或他對治療師和與治療師的督導關係，有何反應及感受。

要歸整好這一堆感受、想法和推論——直接從治療師和督導者得來的，或間接從個案系統而來，對督導者和受督者都是重要且困難的任務（如Jarmon, 1990）。其中一個目標是要辨認出治療中的「移情—反移情狀況」，也就是了解個案系統對治療師的移情作用，以及治療師對個案系統相對應的反移情作用（Gill, 1994; Mitchell, 1993; J. Scharff, 1992）。此外，督導也協助治療師確定，該狀況為個案系統、或治療師、或他們的互動說明了什麼。若督導相信治療師對個案系統的反應沒有什麼不尋常之處，也並非顯示出治療師有未克服的問題或衝突，這些反應就對個案系統有重大的意義。必要時，督導要指導治療師運用反移情反應去了解個案系統，並將他們的理解轉化為詮釋讓個案知道。若督導察覺到治療師的反應是來自於他們自身未克服的問題或衝突時，那就不是對個案系統，而是對治療師的意義重大了。

「指導」或「治療」的爭議

當督導認為治療師個人的問題，對理解和治療伴侶或家族的影響很大時，就要提出一些重要的議題：治療師個人的問題該不該在督導中被探討，探討到什麼程度；是不是希望治療師已經在（或應該要去）接受個人治療。自精神分析的肇始，分析師的個人精神分析就是一項很重要的經驗，而且被認為是準備成為精神分析師的**必要條件**（sine qua non），稱為「訓練分析」（training analysis）（如Fleming & Benedek, 1966; Jacobs, David, & Meyer, 1995）。這就是說，**以個案的身分**被另一位受認可的精神分析師成功地完成治療，雖然並非這樣就足夠了，但卻是想開始執業時的必要條件；這是「主要的訓練工具」（Ekstein & Wallerstein, 1958, p. 243）。接著除了這項條件之外，在開始想要提供精神分析時也必須要接受督導，這是所謂「受管制的分析」。

剛開始時，針對需要同一個分析師還是要有不同分析師，來給予訓練分析和督導第一個受管制的分析，各方有不同意見。到底個人的治療師——幾乎是持續不間斷地治療——應該也督導剛開始的個案呢？還是通常要等到訓練分析結束後，再去找另一位不同的分析師給予督導？深藏在這種不同觀點之中的，是有關時間的問題，以及更重要的，所謂的「治療」還是「指導」的爭議（如Davidson, 2006; Frawley-O'Dea & Sarnat, 2001）。這個意思是，初出茅廬的精神分析師的主要困難來自於未克服的個人問題，因此產生「盲點」（即「反移情問題」）而需要進一步的分析嗎？或者是說，接觸不同的分析師，讓他們提供所需的指示和方向，如果有任何個人問題出現的話，他們可以將此初學者再轉介回去給訓練分析師做進一步的治療，這樣才能學習到更多呢？最後，大家還是認為訓練分析和受管制的分析——治療以及督導新手分析師，應該不要由同一個人來執行，而受督者的實習工作，應該要在訓練分析還在進行中時就開始（Fleming & Benedek, 1966）。

新手分析師的督導和治療不僅要由不同人提供，這兩者之間的界限也被嚴格地維持著，這是維持雙方的誠實正直很必要的條件。這樣徹底地區別開來可確保初學者個人治療的保密；可讓初學者的分析師和督導者有清楚定義和區隔的角色等等。然而隨著時間的推移，很多人（如Ekstein & Wallerstein, 1958; Searles, 1955）覺得這種死板的界線限制太多，甚至會產生反效果，而且常常不被遵守（Issacharoff, 1984）；尤其最為人所詬病的是禁止在督導中用任何方法討論初學者的個人問題（或反移情作用）（Sarnat, 1992; Tansey & Burke, 1989），所以，雖然有些人強烈反對，督導者還是開始會用比較有限和清楚界定的方法來處理新手治療師的個人問題，而不是馬上就直接轉介初學者去做更進一步的治療。

這個議題，即是否或者要如何對受督者的反移情問題做出反應，已經在精神分析文獻中——雖然斷斷續續地——一直反覆地被提出來（如Jarmon, 1990; Tansey & Burke, 1989），這個爭議仍然在持續當中。[9]大體上來說，討論初學者在治療伴侶或家庭時的某個點所產生的反移情問題，被認為是屬於督導的範圍（如 Jacobs et al., 1995; Weiner & Kaplan, 1980）。相反地，若反移情（或「原生家庭」）的問題重複出現在治療師的同一個或不同個案之間，這可能主要還是在治療師的個人心理治療中去探討比較恰當。或許比起注意治療師的個人問題是侷限特定一點還是廣泛存在更重要的是，思考去探討個人議題的主要目的為何。就像艾克斯坦和沃勒斯坦（Ekstein and Wallerstein, 1958）所提的，治療師的個人問題在督導中被處理，主要的目的是要加強治療師治療個案系統的能力，而非解決治療師的內在衝突。薩南（Sarnat, 1992）提出一個有說服力的例子，來說明應該增加督導中對反移情問題的思考；她指出，每個治療師都會經歷反移情作用，若限制它在督導中的討論，可能會「病態化」受督者。

在此爭議中**沒有**被問到的是，受督者的個人問題還是需要以某種方式被處理。然而，如果不是正式的精神分析師候選人，而是想以精神分析觀點進行伴侶和家族治療的、訓練中的治療師的話，個人的分析或精神分析式心理治療的需求就沒有那麼絕對了。不過這還是被強力鼓吹；幾乎所有精神分析督導者都認為，沒有接受過個人心理治療的人，很少能夠成為合格且坦然的伴侶與家族治療師。構成這個信念的想法是，治療師必須坦然地接受（「護持」或「涵容」）來自個案系統的焦慮和其他令人不安的情緒、衝突或經驗。若治療師無法對這些資訊保持開放的程度，那麼伴侶和家庭就不會被鼓勵去體驗和探討它（如Moldawsky, 1980）。

9　請見薩南（Sarnat, 1992）的文章「關係中的督導：解決精神分析督導中的指導—治療爭議」（Supervision in Relationship: Resolving the Teach-Treat Controversy in Psychoanalytic Supervision），或者本書中由她共同撰寫的相關章節（Frawley-O'Dea & Sarnat, 2001），可了解這項爭議和相關議題的簡要歷史。此外，薩南（1992）、賈門（Jarmon, 1990）、和葛帝門及沃肯斐（Gediman and Wolkenfeld, 1980）討論督導過程中會牽涉到兩人（或三人）的本質，也是有趣的閱讀參考。

平行過程

就像精神分析取向心理治療師要保持開放的態度，去接受個案系統可能的煩擾情緒、衝突或經驗，督導者也必須保持開放的態度去接受受督者的類似狀況（Langs, 1994）。所以督導者同樣地也被要求要完成個人的治療。若督導者的個人議題可以達到不干擾督導過程的程度，督導者對受督者和督導關係的認識，就不只可以為受督者，也可以為個案系統—治療師關係，提供有價值的見解。[10]簡單地說，個案系統—治療師關係的各個方面，都有可能複製在治療師—督導關係中，這是一種稱為**平行過程**的現象（如Caligor, 1984; Frawley-O'Dea & Sarnat, 2001）。附帶一提的是，雖然非精神分析取向的臨床家也注意到這樣的「異質同型」（isomorphism）現象，但早在經過西爾斯（Searles, 1955）的描述，以及艾克斯坦和沃勒斯坦（1958）稱它為「平行過程」之後，精神分析的文獻中就有大量對於平行過程之意義和其潛在過程的討論了。

舉例來說，試想一位治療師剛擺脫了一次與一個混亂、複雜的家族的治療，讓他覺得很受不了；在督導中，他也讓督導者短暫地受不了他混亂、複雜或有壓力的報告。最理想的狀況下，督

10　這個附帶條件認為督導就算對平行進行的過程有影響，影響也很小，這可以讓我們規避很多問題，例如，不考慮督導者的影響，也就是未克服的問題和督導者與受督者的**共價議題**（valencies）（Bion, 1959）的影響，會使平行過程——若以個別督導個人治療的情境來看的話——的討論忽略了它的複雜度和與三方相關的本質（如Brown & Miller, 2002; Kantrowitz, 2002）。（註：然而在本章稍後所提供的例子中，則說明了因督導者對督導關係的影響所造成的困難。）因為系統的（婚姻和家族治療）團體督導——相當普遍的一種方法——並未考慮在內，所以本章的討論也很有限。當然，透過平行進行的過程，家庭（或個案）各方面的經驗可能會在督導團體的不同成員中被引發出來，或者讓他們體驗到（如 Caligor, 1984; Grey & Fiscalini, 1987）。畢昂的文章（如1959）可能對於了解家庭和督導團體的歷程特別有幫助。

導者能夠了解這個家族和治療師的關係的各個層面被「重現」在督導關係中，他可以將這樣的領悟和治療師分享。督導的目的是要加強治療師的領悟和了解，這和治療師的任務是要協助伴侶或家族可以有所領悟，是一致的。大體上來說，督導者對治療師反應的方式，明示或暗示了治療師對個案系統反應的方式。那麼如果是這樣的話，督導和治療師之間的關係的各個層面，就可能會被複製在治療師和家族之間；如果這是一種潛意識的現象的話，它就是平行過程的另一個層面了（如Grey & Fiscalini, 1987）。

示範

督導所提供的示範是用來指導治療師精神分析治療技巧、知識和態度的重要方法。現在應該可以很清楚地了解，督導希望治療師加強的技巧和態度大都被運用和示範在督導關係中。指導並維持「**分析的態度**」（analytic attitude）（如Schafer, 1983）特別地重要（Langs, 1994），如同莫鐸斯基（Moldawsky, 1980, p. 127）所描述的，這個「態度」包含了以下幾種要素：對個案真的有興趣而且尊重他們的自主權；知道治療過程需要的是探索，而不是預知未來；對於精神內在和人際衝突持同理的態度，但要保持中立；非指導性的立場，但有投入的態度，讓移情作用可以發展或表達；了解阻抗的不可避免性和其力量；以及基本上假設，治療中有潛意識的力量，可以被推論出來並說明清楚。除了指導這種態度之外，督導也試著加強各種技巧：建立並維持治療架構；收集個人及家族的過去史；評估個人和家族的發展；追溯並「涵容」情緒；探討阻抗；藉由提供及時的詮釋來促進領悟的形成等等。

每個模式所強調的督導概念

上述所提的督導模式符合「古典」精神分析治療模式，一些經典著作都支持這樣的模式（即Ekstein & Wallerstein, 1958; Fleming & Benedek, 1966；比較Frawley-O'Dea & Sarnat, 2001）。瓦金（Watkins, 1990）運用馬勒（Mahler, 1972/1986）的**分離—個體化過程**（separation-individuation process）的模式於督導和受督者的關係發展。比如說，每個分離—個體化過程的分階段探討，都會同時強調受督者典型的特色，以及有用的督導行為（比較Holloway, 1987）。其他一些對精神分析思潮影響深遠的人物，例如阿爾佛雷德．阿德勒（Alfred Adler），也繁衍出一些督導模式（如Milliren, Clemmer, & Wingett, 2006）。

就像自體心理學的概念對治療伴侶和家族的影響，它們對督導也有一樣的影響（見註3）。例如，布萊曼（Brightman, 1984）強調受督者會有**自戀的脆弱性**、督導者需要成為受督者的**自體客體**、受督者需要拋棄誇大的專業自我等等。很類似地，客體關係思潮的中心概念（見註4）也被運用在督導的情境中（Jarmon, 1990）。此外，督導的**關係**（relational）模式（Frawley O-Dea & Sarnat, 2001）、**主體間的**（intersubjective）模式（如Southern 2007）、和拉岡學派（Lacanian）的觀點（Moncayo, 2006）也都有所闡述。

評估

理想的狀況下，督導者藉由直接觀察或聆聽受督者在督導中的描述，可以持續評估他們的工作狀態。從單面鏡後面觀察治療（或檢閱治療的錄音或錄影）讓督導者能夠去判斷觀察到的技巧，例如維持架構以及處理會談。但在這些安排中無法揭露出來的是一項了解精神分析伴侶和家族治療的重要因素：治療師的內在經驗。所以某種程度上為了達到這個目的，受督者通常根據他們在治療後馬上寫的「歷程紀錄」向督導者描述持續進行的治療。大體上來說，督導者會評估他們的描述是否達到「合乎情理」的程度，也就是說，是否反映出受督者對家庭治療內在和外在歷程的了解能夠呼應連貫。督導者也用頗類似的方法來評估督導關係：受督者與督導者的互動是否「合乎情理」而且是可以理解的、呼應連貫的呢？如果治療師和督導者的互動或者他們的治療報告顯現出困難，督導者便要判斷這些困難的本質、程度、能不能處理、要如何處理等等。

此外，評估的過程有更多被廣泛接受的層面，試圖深入淺出地解釋及具體化此過程。督導者可能會定期地和受督者溝通特定的、明確的治療（或督導）目標，比如該利用什麼來當作評估的根據。而且，為了保障受督者，受督者被要求要評估自己，然後他們的自我評估會被拿去和督導者的作比較；受督者也評估督導者；清楚地界定解決不同意見的過程，以及諸如此類事項（如 Jacobs et al., 1995）。

一個最近的例子

我定期帶領精神分析婚姻治療的研討會，會中呈現我自己治療的錄影，也簡短答覆其他人正在進行中的個案的問題。在最近的一次會議快結束時，有一位實習心理師，過去一向在會議中都非常熱烈參與的她，卻顯得愈來愈坐立難安和焦慮。我意識到她想要立刻離開，但我看不出來她的反應是因為研討會中發生了什麼事，還是對其他的外來事件感到焦慮。我發現自己變得愈來愈擔心；比如說，我一直重複強調她和其他實習生在以前的會議中清楚表達出敏銳的領悟。這並沒有改善她的痛苦，而且當會議結束時，她根本就是飛奔離去。我留了一張紙條給她，請她聯絡我。

我們在當天傍晚時就談到話，她馬上表達說，當我邀請和她談話時，她感到如釋重負。她證實在研討會快結束時她的確變得非常不安；她以下列的方式來說明。在會議開始前，她一直因為一個婚姻個案的困難問題感到不知所措，她急著想要找我商量，特別是因為她覺得以前我對她很有幫助。雖然在會議上她覺得我的想法很有用，但她卻感覺我的語氣冒犯到她，而且特別是某一句話簡直是在貶低她。我似乎是說，針對她的個案我所表達的意見過於簡略，但「這對於實習工作來說已經很足夠了。」在我解釋之後，她就馬上很想離開，她花了很大的力氣才讓自己留下來；她沒辦法集中注意力在討論上面，又怪自己沒辦法更專心。

聽她在描述她的感受時，我馬上就發現我最近也有兩次類似的感受。很諷刺地，兩次經驗都在為了撰寫本章而諮詢意見時發生，兩次經驗都有如同她對我的感受一樣的基本要素。確切地說，我因為這項寫作任務而感到不知所措和氣餒；我向這個領域中一些公認的權威諮詢，這些權威給了我一些他們認為是「過於簡略」的答覆，但對我的目的來說已經「很足夠」了；我覺得被貶低了，而且想馬上結束談話；然後我因為沒辦法繼續專心於諮詢內容上而批評自己。

我為我貶低這位實習生的說法和語氣向她道歉，我也分享最近的這些經驗給她，也告訴她我知道我「對她做了別人也曾對我做過的事情。」好在我們在她再見那對夫妻之前有這次談話，讓我鬆了口氣；否則，我會非常擔心我們互動所遺留下來的東西會被她帶入治療中。在結束的時候，我得到她的允許可以在下次會議中討論這件事情以及我們針對它的交談。在會議中我向大家說明我們談了話，她提醒我某個評論讓她覺得被冒犯，她也允許我分享我們的討論。我詢問其他人的感覺，有些人說他們也對我的語氣以及那個評論有點反感。在他們詳細描述了他們的反應後，我也向他們道歉，然後我請他們和我一起試著理解所發生的事。

接下來的二十分鐘，我們討論我的經驗和這位實習生的經驗，基本上就如前所述。所有實習生在經驗上及概念上都了解到兩個觀點：我和諮詢對象互動的衝突面，透過平行的過程（潛意識地）重現在我和實習生的互動中；當中投射性認同也發生在其中。（我沒有提那位實習生或我的共通性議題，我只指出她對她的工作感到不知所措，而我也是。）我展現了分析的態度，也就是，我傳達了我的信念，認為我們的精神內在和人際互動歷程是值得去探討的，而所得到的領悟也很有用。我相信我對我們的學習聯盟的「修補」是滿成功的：在接下來的幾次會議中，幾位實習生都表達意見，覺得很高興他們的教授或督導者可以讓他們表達憤怒、像我一樣對自己的行為負責、可以用促進學習的方式來討論互動。

典型的督導問題

心理治療師無論是被非精神分析理論取向（如結構／策略、功能取向）訓練來進行系統性（婚姻或家族）治療，或者進行個人治療而非系統性（婚姻或家族）的治療，都有了被「鍛練過」

的優勢。無論什麼理論取向或模式（即個人、婚姻、家庭或團體），所有治療師都有某種程度上的共通性，被鍛練的治療師都有類似的經驗。每個人都要扮演專業角色；要溝通會面的時間、地點和付款方式；而且通常要花一段明確的時間去介入處理個案。但是，若先前的學習和經驗與精神分析取向伴侶和家族治療的理論和實作不符時，可能會明顯干擾使用新方法的轉變。理所當然地，在嘗試進行轉變時所出現的困難，可能反映出先前的訓練和經驗中缺少的態度和技巧、治療師的個人問題、想進行轉變的系統或「脈絡」中有各種限制等等（Scharff & Scharff, 1987; Will & Wrate, 1989）。為了說明在督導中通常會需要注意的問題，讓我們來思考兩種狀況：一種狀況是精神分析（或精神動力）取向的治療師接受的是只做個別治療的訓練，另一種是系統治療師接受的是一種非精神分析理論的取向的訓練。

督導精神分析取向的「個人」治療師

精神分析取向的心理治療師若主要或者完全只做個人治療，當他們開始治療伴侶和家族時，就會面臨無數特有的挑戰。例如說，最明顯的就是需要「系統性地」（以人際關係的判斷）思考；發展新的、有時是更積極地，以系統為基礎的介入方法；抵檔和舊的、較熟悉的工作方式之間的拔河；處理可能會出現的強烈焦慮或其他反移情感受。瓦克特（Ellen Wachtel, 1979）從事長期精神動力取向個人心理治療，後來又被訓練成為家族治療師，她在一篇文章中描述了這些問題的經驗，這對經歷類似轉變的治療師來說是很有用的閱讀材料。另外和這相關的有用閱讀是一篇由大衛和吉兒・夏夫（David and Jill Scharff, 1987）所寫的思慮縝密的章節，名為「對開始進行客體關係家族治療的抗拒」（Resistance to Beginning Object Relations Family Therapy）。贊納（Zeitner, 2003）也以類似的風格提出精神分析師在治療伴侶時會面臨的障礙。最後，葛森（Gerson, 2009）的著作「深植的自我：融合精神動力及系統觀點的伴侶與家族治療」（The Embedded Self: An Integrative Psychodynamic and Systemic Perspective on Couples and Family Therapy），非常值得一讀。

針對個人進行治療的精神分析取向心理治療師（以下稱為「個人心理治療師」），常常鼓勵或者至少讓個案將他們的困難歸因於家庭裡（通常是和父母親）的早年經驗。這樣的成因歸咎有各種治療目標，包括加強治療師與個案的聯盟關係、減輕個案的罪惡感、增強個案的自我價值感，以及提供個案問題行為的背景可能是為了適應該環境而產生。在治療家族或伴侶時，無疑地有許多介入方法和觀點可以用來達成這些目標（討論強力的跨世代模式，將重點放在循環的或互補的因果等等）。但當鼓勵個案歸咎於上一代而個案有抗拒的傾向時，構成這些技巧和人際系統取向的運用方式，就需要被理解、實踐和吸收。

個人治療師藉由反應和沉默，無意或有意地控制了治療的內容、過程和情緒的基調。但這些控制方法在聯合的治療中比較無效，因為成員之間對彼此的回應，比對治療師的回應要更強烈。當個人治療師想要在家族治療中獲得控制時，他們便要經常運用那些比他們原本習慣以及應用自如的方式，還要更積極和直接的介入方法（如Will & Wrate, 1989）。例如，剛開始治療家族和伴侶的個人治療師通常會稱治療是「混亂」或「吵鬧」的；在治療中很難保持「專注」；他們必須要花很多時間「讓這個家庭」停止爭吵或插嘴；或者他們覺得自己對個案系統來說是「不重要」或「次要」的。這些個人治療師遇到的困難的特點都是他們不願意表現得夠堅定去改變過程或內容的方向，讓他們處理或協助治療的進行。例如，很多人很不喜歡打斷個案的談話，或者很不喜歡在「比較大聲」的個案系統面前提高足夠的音量讓他們聽見自己。這些和其他類似的問題可能部分是因為在進行個人治療中不會出現，但在家族治療中卻會強烈地出現的反移情作用和「界面」（interface）的議題。

事實上，很多經過鍛鍊的個人治療師接受過個人精神分析或心理治療，他們在治療個人時並不會有不恰當的反移情困難，卻在治療家族或伴侶時會意外地感受到強烈的、甚至有時是會造成問題的反應。瓦克特認為這個現象是由於兩個因素：第一，治療師本身的精神分析或心理治療通常沒有解決他們自己與原生家庭的問題；第二，治療師會因為家庭衝突和動力的出現而情緒「被挑起」的可能性，會因為這個家庭在現場而大於「只是」聽個案個人描述他或她的家庭狀況和問題。[11]所以，舉例來說，一位個人治療師開始治療「混亂的」或「爭論不休的」大系統，又無法以堅定的態度進行介入時，不只是缺乏在治療中維持堅定的經驗，也可能是再度體驗到來自幼年時期經驗到的無助感。在某種程度

11　瓦克特相信多數個案在離開個人心理治療或精神分析時，都尚未解決影響力很大的原生家庭問題，這也符合他對個人心理治療的觀點，認為一般的個人心理治療都鼓勵個案歸咎於他們的父母。可能那些接受以系統觀點進行個人治療的個案並非如此，或者從其他鼓勵加強目前家庭成員關係的觀點也不是如此，而與這些觀點相反的，是修通精神內在衝突，並處理從過去衍生而來內化的父母或家庭動力（也就是內射和客體關係）。很明顯地，瓦克特認為重點只放在精神內在，有時候便犧牲了對當前人際關係的關注，這樣是錯誤的（也參見Zeitner, 2003）。事實上，她建議或許在接受精神分析或個人心理治療之後，應該「例行地」接受家族治療！

上為了處理治療師因為這些和其他原因所導致的焦慮，大衛和吉兒．夏夫（1987）建議從個人治療轉換到伴侶和家族治療的治療師，不僅在治療家族之前要從治療伴侶開始做起，在開始時也要和另一位有經驗的協同治療師一起進行治療。

個人治療師一定會常常改變他們對於保密和隱私問題的信念和態度，這可能會影響他們有效地帶領家庭治療的能力，或者他們使用錄音或錄影或安排「現場」督導的意願。在他們的經驗裡，探索個人的感受、衝突、幻想等等，應該要發生在高度控制、界線明確的兩人情境中。他們通常不願意在家族治療中鼓勵個案進行任何「深度」的自我揭露，有可能是缺乏經驗，也有可能是他們自己太過害怕其他成員對這種敏感話題的反應。比如說，他們可能會害怕家庭的集體衝動（或驅力）會戰勝家庭的集體自我（Scharff & Scharff, 1987）。當個人治療師可以更放任他們自己在家族治療中去探索感受並達到某種「深度」時，他們常常會對一些過程的問題感到困惑，像是在討論中應該要在其他人沒加入的狀況下對同一個人講話講多久，（如果需要的話）要如何鼓勵其他家庭成員反應（Will & Wrate, 1989）。這就是說，他們可能覺得他們在協助或參與「個人」的治療，而不確定要如何與家庭情境做整合。

治療師除了擔心家庭成員在家族治療中揭露「祕密的」或非常「個人的」資訊時容易受到傷害以外，他們也覺得自己參與協助個案在他人面前探索這些議題時，感覺非常焦慮或難為情。這就是說，可能冒犯了治療師自己意識到的隱私或甚至禮節。如果故意很誇張地描述這個觀點的話，「公開地」參與一些以前只會在祕密的、兩人互動情境下才有的活動，這種狀況所引起的焦慮、神經緊張和不安，大概僅次於在別人面前從事性行為吧。同樣地，夏夫夫婦更廣泛地和仔細地描述治療師在個人治療中會比較「舒服」，但在家族治療中卻沒有辦法。「個人治療的兩人治療模式，可以讓治療師免於家族治療的焦慮：競爭和分享、在工作時被觀察、被取而代之或排斥。」（1987, p. 32）。

雖然有些伴侶前來接受治療時，會明確地知道家族或伴侶治療相對於一次或多次的個人治療來說，會更有幫助，但很少有家庭會有這樣的信念，因此常常需要去讓個案相信這點。但是可以理解的是，對於那些自己都不太有把握的治療師而言，去說服個案是比較困難的。有時治療師就算相信主要（指標）病人的問題出自於、反映出或調節了更大的人際系統，他們也不一定會相信家族或伴侶治療是治療的選擇；這就是說，他們對構成問題、維持問題、解決問題的顯性或隱性的看法可能不一致（Feldman & Pinsof, 1982; Pinsof, 1995）。要針對伴侶或家族治療提出清晰又明確的建議時，個人心理治療師需要處理他們已根深蒂固，只將個人當成分析和治療的單位的傾向。就像瓦克特提到的，一旦治療師學會怎麼去看待家庭互動，他們可能就可以更有效率地讓個案投入於家族治療中（1979, p. 130）。

督導者協助以個人為重點的家族心理治療師開始看懂典型的且重要的人際互動序列，這些人際互動序列既可解釋某些特定行為的脈絡、功能或意義，又可支持從家庭層面上去著手的決定。有時這些治療師不了解他們所見之物的含意和重要性，而有時他們的經驗又出乎他們意料，或甚至覺得衝擊，讓他們想去尋找非以個人為重點的、非（或不只）精神內在的解釋。尤其在督導中討論時，前述後者的態度被認為特別可以協助他們過渡到與家族和伴侶進行精神分析治療。例如，某一家庭成員症狀剛消失之後（或消失的時候），另一個成員就變成有症狀，有時只有在這個時候，個人導向的治療師才會花多一點時間去尋求以系統為基礎對人際關係的解釋或介入的方法。很類似地，當一位老練的精神分析臨床家在治療伴侶時，若她或他的主要工作對象是個人，她或他可能可以描述構成「角色」分配的某些層面中投射性和內射性認同的過程和細節（如Middleberg, 2001; Scarf, 1987; Zinner, 1976/1989），但是可能只有當個案開始「角色互換」時，治療師才會更敏銳地注意人際關係系統。例如，「過於令人滿意」和「不夠令人滿意」的伴侶兩人互換角色，或者「追趕者」和「疏遠者」交換位置時，會讓治療師非常地困惑，因為他們隱約或明確地相信感受和「自我經驗」是只有（或者主要）在個人層次的。在面對幾次這種「角色反轉」之後，治療師可能比較能夠了解個人是為了整個系統在用言語表達或「承受」一種感覺或經驗的某個層面。

個人治療師最後會面臨的挑戰，是在他們轉變成與伴侶和家庭進行精神分析治療時，在看待過去經驗的價值時會出現的難題（Scharff & Scharff, 1987）。他們通常認為家族治療是一種「完全不同的生物」（或者甚至是「完全不同的生物」在做的！），和他們接受的個人治療訓練沒什麼共通點。因為家族治療使用一些「操縱的」或「不真誠的」方法（如使用悖論 [paradox]），也需要一組完全不同的技巧等等，家族治療的目標常被視為不是過高就是過低（Scharff & Scharff, 1987; Will & Wrate, 1989）。所以，很諷刺地，當治療師因為對過去的訓練和經驗的忠誠而產生一些難題時，督導的主要挑戰則是要強調精神分析個人、伴侶、和家族治療的相似處（如Kaslow, 1977）。例如，明確地著重在他們極其精確且不可或缺的技巧，像是非指導性的聆聽，可以幫助他們處理焦慮。對於被訓練治療伴侶和家族的非精神分析治療師來說，比較沒有如何看待過去的經驗和訓練的問題。但是他們會遇到其他的困難，將在以下描述。

督導系統取向的非分析治療師

非精神分析理論取向的系統治療師在學習精神分析理論、概念和介入時，會遇到一些特有的挑戰。若他們想對基本知識有清楚的了解，閱讀一些精神分析取向心理治療的入門書籍通常會有所幫助。雖然這些書重點放在個人心理治療，但他們會定義並解釋理論的基本要件、治療的一般策略和介入的相關方法；如前所述，這些大體上也都能運用於伴侶和家庭。對於較少接觸精神分析治療的臨床家來說，奧德、海曼和魯欽斯基（Auld, Hyman and Rudzinski, 2005）或韋納（Weiner, 1975），和麥克威廉斯（McWilliams, 2004）的書都是很好的開始。在奧德等人的書中剛開始的幾頁裡都討論了其他可能有用的讀物。夏夫夫婦（1992）曾寫過一本客體關係治療的入門書，可能也有助於非分析取向治療師的適應。（過去曾接觸過精神分析理論和作法的臨床家會發現有許多好選擇，像是葛林森 [Greenson, 1967] 和藍斯[如Langs, 1973, 1974]）。如果沒辦法讀太冗長的讀物，對非分析取向治療師來說，閱讀瑪姬．史卡夫（Maggie Scarf, 1986a, b）所寫的兩篇易讀的文章通常會很有幫助。這些文章向非專業人員介紹客體關係的想法，他們也描述針對伴侶所使用的具體介入方法（「任務」），以便了解使用這些方法所代表的精神內在意義或使用後的結果。

若更老練的臨床家想要獲得類似的幫助，可以閱讀一些強調整合對精神內在和人際的理解以及技巧的文章，如費德曼（Feldman, 1979）和費德曼和賓索夫（Feldmn and Pinsof, 1982）。最後，吉兒．夏夫（1995）所寫的章節很值得所有的治療師一讀；它總結了精神分析婚姻治療的目標、任務和結束條件。

未接受過精神分析或精神動力訓練的伴侶和家族治療師，可能因為需要放棄某些對治療過程和內容的控制而感到掙扎。這些治療師可能都有完善的處理技巧，反而讓他們的所作所為很難不那麼主動或具指導性。如前所述，精神分析治療伴侶和家庭的確包含了一些處理技巧，但這些技巧是處理會談，而非處理治療參與者，而且是「護持」焦慮而非處理焦慮（McCormack, 2000; Scharff & Scharff, 1987; Siegel, 1992）。雖然有時會需要治療師維持相對的主動性，尤其是在剛開始的時候，但很少會需要治療師特別去維持指導性。這就是說，治療師要學習避免強行進行她或他的「意圖」，也要限制自己給予指令或建議等等。對很多治療師來說，這樣的觀點與他們以前訓練時所發展出來的立場是直接衝突的；通常治療師會覺得她和他為這個系統「做得不夠」或「沒做什麼事」；而且當所治療的個案系統要求要有立即的解決方法時，就更難去支持這個觀點。當然，採用非指導性的方法會有許多用處，像是可以發展和探索那些從個人或集體潛意識過程或衝突衍生出的家庭主題故事；將決定治療內容的責任（或權力）留在個案手上等等。此外，使用非指導性、較不主動的態度，通常會增強個案的經驗和情感的表達。非分析取向的治療師可能會被鼓勵將伴侶或家族治療中發生的情緒當成是附帶發生的，或者甚至是操縱性的或治療不需要的。他們可能被訓練要阻止情緒的發展或表達，或者為了一些特定的目的而只發展並強調某些特定的情緒。除了因為基於理論的因素而阻止情緒的發展，治療師也可能因為一些個人的理由而這麼做。他們可能會因為個案強烈的情緒表達而感到不自在，尤其當以命令性的或指導性的方式反應是不被鼓勵的，以免分散了治療焦點，並且在情感上疏離了等等。所以對特別主動和指導性的治療師來說，要「接受」（護持或涵容）個案的情緒，要忍受情緒在意識和潛意識上意義的不確定性，可能很困難——或者至少是一種新體驗。然而要能同時容忍情緒和不確定性，且達到投入與中立之間的平衡，對使用精神分析取向進行伴侶和家族治療來說是很重要的（如Scharff & Scharff, 1987），對個人治療也很重要（如Greenson, 1967; D. Scharff, 1992）。

然而，學習評估情緒也是學習了解和評估潛意識過程線索的一項要素。如前所述，精神分析取向治療師認為情緒通常暗示了潛意識的意義、過程和衝突（如Scharff & Scharff, 1987）。聆聽情緒的改變、聯想的順序所可能潛藏的意義、情緒與談話內容的不一致等等，都是非分析取向的治療師所需要充分發展的學習技能。從這個角度來看，非分析取向的治療師必須學會如何聽，就如同瓦克特（1979）所述，分析取向的個人治療師則是必須學會如何看。閱讀瑞克（Reik, 1949）書《以第三隻耳聆聽》（*Listening With the Third Ear*）可能對非分析取向的受督者來說會很有用。除了評估和注意個案的情緒之外，轉換到精神分析治療的治療師也可能需要加強他們注意和使用本身情緒的能力。

非分析取向的伴侶或家族治療師可能會注意他們在治療中所產生的感受，但可能不會像精神分析治療師一樣對自身的內在經驗採取完全開放的態度。同時，他們可能會需要督導者的鼓勵去「利用」他們的感受，這就是說，體會這些感受，加以反思，以學習個案系統的意識和潛意識層面。此外，他們也可能需要清楚明確的指示和準則來為個案提供詮釋，以及示範對理解和領悟的重視。隱含在這些概念裡的想法認為治療師和個案系統之間的關係，是個案系統資訊的重要來源。無論是不是在治療中任何特定的時間點有明確的理解，治療師都必須要了解這個關係以及其中的動力。所以，在其他理論取向的治療中並不特別強調，但在精神分析取向的治療中，卻很強調對治療關係所有層面的指示和引導是必不可缺的。這些包括目前很常見的清單列表：建立架構、了解偏離架構的非計畫事件、探討移情作用和阻抗等等。

總結

精神分析治療方法衍生自佛洛伊德或其擁護者所提出的想法，而且著重在潛意識因素對精神內在和人際的影響。在伴侶和家族精神分析治療中，治療師建立治療架構，並維持中立、非指導性的立場。潛意識的衝突、願望、過去關係的各層面等等，會暗示在個案話題的順序中、顯示在移情反應中、表現在阻抗中、也可能從反移情反應中推論出來。治療師對潛意識材料的了解透過詮釋來告訴個案，這種過程是用來促進個案的領悟，並幫助修通未解決的衝突和處境。所以，影響個案對彼此觀感的投射和轉移作用會減少；家庭系統可護持和涵容所有成員經驗的能力會提升；亦可促進家庭進一步的發展。

在讓初學治療師熟悉特別針對伴侶和家族精神分析治療的技

巧、價值觀和態度上，督導者扮演著相當重要的角色。在督導關係的架構中，督導者明確地或暗示性地以可反映受督者現有技巧程度的方法來指導受督者。督導示範的工作方式是基於分析的態度、仔細地注意受督者和個案家庭的情緒、潛意識的溝通、理解的程度等等。此外，督導也會注意個案家庭和治療師的關係，以及治療師和督導的關係，兩者之間的相似之處（以投射和內射性認同為基礎）。在這種狀況下——概括而言，督導者對受督者的反應所用的語氣、方式或內容，可能會被用來當成受督者對個案家庭反應的範本。

參考書目

Aron, L. (1990). One person and two person psychologies and the method of psychoanalysis. *Psychoanalytic Psychology,* 7, 475-485.

Auld, F., Hyman, M., & Rudzinski, D. (2005). *Resolution of inner conflict: An introduction to psychoanalytic therapy* (2nd ed.). Washington, D.C.: American Psychological Association.

Bion, W. (1959). *Experiences in groups and other papers.* New York: Basic Books.

Bowlby, J. (1986). The nature of the child's tie to his mother. In P. Buckley (Ed.), *Essential papers on object relations* (pp. 153-199). New York: New York University Press. (Reprinted from *International Journal of Psycho-Analysis*, 1958, *39*, 350-373)

Boyd-Franklin, N. (2003). *Black families in therapy: Understanding the African American experience* (2nd ed.). New York: Guilford.

Brenner, C. (1979). Working alliance, therapeutic alliance, and transference. *Journal of the American Psychoanalytic Association*, *27*, 137-157.

Breunlin, D., Schwartz, R., & Kune-Karrer, B. (1992). *Metaframeworks: Transcending the models of family therapy.* San Francisco: Jossey-Bass.

Brightman, B. (1984). Narcissistic issues in the training experience of the psychotherapist. *International Journal of Psychoanalytic Psychotherapy, 10*, 293-317.

Brighton-Cleghorn, J. (1987). Formulations of self and family systems. *Family Process, 26*, 185-201.

Brown, L., & Miller, M. (2002). The triadic intersubjecgtive matrix in supervision: The use of disclosure to work through painful affects. *Int. Jour. of Psychoanalysis, 83*, 811-823.

Buirski, P., & Haglund, P. (2001). *Making sense together: The intersubjective approach to psychotherapy.* Northvale, NJ: Jason Aronson.

Caligor, L. (1984). Parallel and reciprocal processes in psychoanalytic supervision. In L Caligor, P. Bromberg, & J. Meltzer (Eds.), *Clinical perspectives on the supervision of psychoanalysis and psychotherapy* (pp. 1-28). New York: Plenum.

Carter, E., & McGoldrick, M. (Eds.). (2004). *The Expanded Family Life Cycle: Individual, Family, and Social Perspectives* (3rd ed.). Boston: Allyn & Bacon.

Catherall, D. (1992). Working with projective identification in couples. *Family Process, 31*, 355-367.

Dare, C. (1986). Psychoanalytic marital therapy. In N. Jacobson & A. Gurman (Eds.), *Clinical handbook of marital therapy* (pp. 13-28). New York: Guilford.

Davidson, L. (2006). Supervision and mentorship: The use of the real in teaching. *Journal of American Academy of Psychoanalysis, 34*, 189-195.

Donaldson-Pressman, S., & Pressman, R. (1994). *The narcissistic family: Diagnosis and treatment.* New York: Lexington.

Elson, M. (1986). *Self psychology in clinical social work*. New York: W. W. Norton.

Ekstein, R., & Wallerstein, R. (1958). *The teaching and learning of psychotherapy*. New York: Basic Books.

Erikson, E. (1950). *Childhood and society*. New York: Norton.

Feldman, L. (1979). Marital conflict and marital intimacy: An integrative psychodynamic-behavioral-systemic model. *Family Process, 18,* 69-78.

Feldman, L. (1982). Dysfunctional marital conflict: An integrative interpersonal-intrapsychic model. *Journal of Marital and Family Therapy, 8*, 417-428.

Feldman, L. (1992). *Integrating individual and family treatment.* New York: Brunner/Mazel.

Feldman, L., & Pinsof, W. (1982). Problem maintenance in family systems: An integrative model. *Journal of Marital and Family Therapy, 8*, 295-308.

Finkelstein, L. (1987). Toward an object-relations approach in psychoanalytic marital therapy. *Journal of Marital and Family Therapy, 13*, 287-298.

Fleming, J., & Benedek, T. (1966). *Psychoanalytic supervision*. New York: Grune and Stratton.

Frawley-O'Dea, M., & Sarnat, J. (2001). *The supervisory relationship: A contemporary psychodynamic approach.* New York: Guilford.

Freud, S. (1958). The dynamics of transference. In J. Strachey (Ed. and Trans.), *The standard edition of the complete psychological works of Sigmund Freud* (Vol. 12, pp. 97-108). London: Hogarth Press. (Original work published 1912a)

Freud, S. (1958). Recommendations to physicians practising psycho-analysis. In J. Strachey (Ed. and Trans.), *The standard edition of the complete psychological works of Sigmund Freud* (Vol. 12, pp.

109-120). London: Hogarth Press. (Original work published 1912b)

Gediman, H., & Wolkenfeld, F. (1980). The parallelism phenomenon in psychoanalysis and supervision: Its reconsideration as a triadic system. *Psychoanalytic Quarterly, 49*, 234-255.

Gerson, M-J. (2009). *The embedded self: An integrative psychodynamic and systemic perspective on couples and family therapy* (2nd ed.). New York: Routledge.

Gerson, R. (1995). The family life cycle: Phases, stages, and crises. In R. Mikesell, D. Lusterman, & S. McDaniel (Eds.), *Integrating family therapy: Handbook of family psychology and systems theory* (pp. 91-111). Washington, DC: American Psychological Association.

Gill, M. (1994). *Psychoanalysis in transition: A personal view*. Hillsdale, NJ: Analytic Press.

Gill, M. (1995). Classical and relational psychoanalysis. *Psychoanalytic Psychology, 12*, 89-107.

Greenberg, J., & Mitchell, S. (1983). *Object relations in psychoanalytic theory*. Cambridge, MA: Harvard University Press.

Greenson, R. (1967). *The technique and practice of psychoanalysis* (Vol. 1). New York: International Universities Press.

Grey, A., & Fiscalini, J. (1987). Parallel process as transference-countertransference interaction. *Psychoanalytic Psychology, 4,* 131-144.

Holloway, E. (1987). Developmental models of supervision: Is it development? *Professional psychology: Research and practice, 18*, 209-216.

Issacharoff, A. (1984). Countertransference in supervision: Therapeutic consequences for the supervisee. In L. Caligor, P. Bromberg, & J. Meltzer (Eds.), *Clinical perspectives on the supervision of psychoanalysis and psychotherapy* (pp. 89-105). New York: Plenum.

Jacobs, D., David, P., & Meyer, D. (1995). *The supervisory encounter: A guide for teachers of psychodynamic psychotherapy and psychoanalysis*. New Haven: Yale University.

Jarmon, H. (1990). The supervisory experience: An object relations perspective. *Psychotherapy, 27*, 195-201.

Kantrowitz, J. (2002). The triadic match: The interactive effect of supervisor, candidate, and patient. *Jour. of Amer. Psychoanalytic Assoc., 50*, 939-968.

Kaslow, F. (1977). Training of marital and family therapists. In F. Kaslow & Associates, *Supervision, consultation, and staff training in the helping professions* (pp. 199-234). San Francisco: Jossey-Bass.

Kohut, H. (1984). *How does analysis cure?* A. Goldberg (Ed.), with P. Stepansky. Chicago: University of Chicago Press.

Lachkar, J. (2003). *The narcissistic/ borderlilne couple: New approaches to marital treatment* (2nd ed.). New York: Routledge.

Lachkar, J. (2008). *How to talk to a narcissist*. New York: Routledge.

Langs, R. (1973). *The technique of psychoanalytic psychotherapy* (Vol. 1). Northvale, NJ: Jason Aronson.

Langs, R. (1974). *The technique of psychoanalytic psychotherapy* (Vol. 2). New York: Jason Aronson.

Langs, R. (1979). *The therapeutic environment.* New York: Jason Aronson.

Langs, R. (1994). *Doing supervision and being supervised.* London: Karnac.

Lansky, M. (1981). Treatment of the narcissistically vulnerable marriage. In L. Lansky (Ed.), *Family Therapy and Major Psychopathology* (pp. 163-182). New York Grune and Stratton.

Lansky, M. (1986). Marital therapy for narcissistic disorders. In N. Jacobson & A. Gurman (Eds.), *Clinical handbook of marital therapy* (pp. 557-574). New York: Guilford.

Lothane, Z. (1984). Teaching the psychoanalytic method: Procedure and process. In L. Caligor, P. Bromberg, & J. Meltzer (Eds.), *Clinical perspectives on the supervision of psychoanalysis and psychotherapy* (pp. 169-192). New York: Plenum.

Mahler, M. (1986). On the first three subphases of the separation-individuation process. In P. Buckley (Ed.), *Essential papers on object relations* (pp. 222-232). New York: New York University Press. (Reprinted from *International Journal of Psycho-Analysis*, 1972, *53*, 333-338)

Mallouk, T. (1982). The interpersonal context of object relations: Implications for family therapy. *Journal of Marital and Family Therapy, 8*, 429-441.

McCormack, C. (2000). *Treating borderline states in marriage: Dealing with oppositional, ruthless aggression, and severe resistance.* Northvale, NJ: Jason Aronson.

McGoldrick, M. (1989). Ethnicity and the family life cycle. In E. Carter, & M. McGoldrick, (Eds.), *The changing family life cycle* (2nd ed., pp. 69-90). Boston: Allyn & Bacon.

McWilliams, N. (2004). *Psychoanalytic psychotherapy: A practitioner's guide.* New York: Guilford.

Middelberg, C. (2001). Projective identification in common couple dances. *Journal of Marital and Family Therapy, 27*(3), 341-352.

Milliren, A., Clemmer, F., & Wingett, W. (2006). Supervision: In the style of Alfred Adler *Journal of Individual Psychology, 62*(2), 89-105.

Mitchell, S. (1993). *Hope and dread in psychoanalysis.* New York: Basic Books.

Mitchell, S., & Black, M. (1995). *Freud and beyond: A history of modern psychoanalytic thought.* New York: BasicBooks.

Moldawsky, S. (1980). Psychoanalytic psychotherapy supervision. In A. Hess (Ed.), *Psychotherapy supervision: Theory, research, and practice* (pp. 126-135). New York: John Wiley.

Moncayo, R. (2006). Lacanian perspectives on psychoanalytic supervision. *Psychoanalytic Psychology, 23*, 527-541.

Murray, J. (1995). On objects, transference, and two-person psychology: A critique of the new seduction theory. *Psychoanalytic Psychology, 12*, 31-41.

Muslin, H., & Val, E. (1989). Supervision: A teaching-learning paradigm. In K. Field, B. Cohler, & G. Wool (Eds.), *Learning and education: Psychoanalytic perspectives* (pp. 159-179). Madison, WI:

International Universities Press.

Nadelson, C. (1978). Marital therapy from a psychoanalytic perspective: (Marital therapy). In T. Paolino, Jr. & B. McCrady (Eds.), *Marriage and marital therapy: Psychoanalytic, behavioral, and systems theory perspectives* (pp. 101-164). New York: Brunner/Mazel.

Nelsen, J. (1995). Varieties of narcissistically vulnerable couples: Dynamics and practice implications. *Clinical Social Work Journal, 23*(1), 59-70.

Nichols, W. (1988). An integrative psychodynamic and systems approach. In H. Liddle, D. Breunlin, & R. Schwartz (Eds.), *Handbook of family therapy training and supervision* (pp. 110-127). New York: Guilford.

Ogden, T. (1994). *Subjects of analysis.* Northvale, NJ: Jason Aronson.

Paolino, T., Jr. (1978). Marital therapy from a psychoanalytic perspective: (Introduction: Some basic concepts of psychoanalytic psychotherapy). In T. Paolino, Jr. & B. McCrady (Eds.), *Marriage and marital therapy: Psychoanalytic, behavioral, and systems theory perspectives* (pp. 89-101). New York: Brunner/Mazel.

Pine, F. (1990). *Drive, ego, object, self.* New York: Basic Books.

Pinsof, W. (1995). *Integrative problem-centered therapy: A synthesis of family, individual, and biological therapies.* New York: Basic Books.

Pinsof, W., & Catherall, D. (1986). The integrative psychotherapy alliance: Family, couple and individual therapy scales. *Journal of Marital and Family Therapy, 12*, 137- 151.

Racker, H. (1968). *Transference and countertransference.* New York: International Universities Press.

Reik, T. (1949). *Listening with the third ear.* New York: Farrar and Straus.

Reiner, P. (1988). The development of the therapeutic alliance (Doctoral dissertation, University of North Carolina at Chapel Hill, 1987). *Dissertation Abstracts International, 48*, 2466.

Sager, C., & Hunt, B. (1979). *Intimate partners: Hidden patterns in love relationships.* New York: McGraw-Hill.

Sarnat, J. (1992). Supervision in relationship: Resolving the teach-treat controversy in psychoanalytic supervision. *Psychoanalytic Psychology, 9*, 387-403.

Scarf, M. (1986a, November). Intimate partners: Patterns in love and marriage (Part 1). *Atlantic Monthly*, pp. 45-54, 91-93.

Scarf, M. (1986b, December). Intimate partners: Patterns in love and marriage (Part 2). *Atlantic Monthly*, pp. 66-76.

Scarf, M. (1987). *Intimate partners: Patterns in love and marriage.* New York: Random House.

Schafer, R. (1983) *The analytic attitude.* New York: Basic Books.

Scharff, D. (1992). *Refinding the object and reclaiming the self.* Northvale, NJ: Jason Aronson.

Scharff, D., & Scharff, J. (1987). *Object relations family therapy.* Northvale, NJ: Jason Aronson.

Scharff, D., & Scharff, J. (1991). *Object relations couple therapy*. Northvale, NJ: Jason Aronson.

Scharff, D., & Scharff, J. (1992). *Scharff notes: A primer of object relations therapy*. Northvale, NJ: Jason Aronson.

Scharff, J. (1992). *Projective and introjective identification and the use of the therapist's self*. Northvale, NJ: Jason Aronson.

Scharff, J. (1995). Psychoanalytic marital therapy. In N. Jacobson & A. Gurman (Eds.), *Clinical handbook of couple therapy* (pp. 164-193). New York: Guilford.

Scrivner, R., & Eldridge, N. (1995). Lesbian and gay family psychology. In R. Mikesell, D. Lusterman, & S. McDaniel (Eds.), *Integrating family therapy: Handbook of family psychology and systems theory* (pp. 327-345). Washington, DC: American Psychological Association.

Searles, H. (1955). The informational value of the supervisor's emotional experience. Psychiatry, 18, 135-146.

Siegel, J. (1992). *Repairing intimacy: An object relations approach to couples therapy*. Northvale, NJ: Jason Aronson.

Skynner, A. C. R. (1976). *Systems of family and marital psychotherapy*. New York: Brunner/Mazel.

Skynner, A. C. R. (1981). An open-systems, group analytic approach to family therapy. In A. Gurman & D. Kniskern (Eds.), *Handbook of family therapy* (pp. 39-84). New York: Brunner/Mazel.

Slipp, S. (1984). *Object relations: A dynamic bridge between individual and family treatment*. Northvale, NJ: Jason Aronson.

Slipp, S. (1995). Object relations marital therapy of personality disorders. In N. Jacobson & A. Gurman (Eds.), *Clinical handbook of couple therapy* (pp. 458-470). New York: Guilford.

Solomon, M. (1989). *Narcissism and intimacy*. New York: W. W. Norton.

Soloman, M., & Siegel, J. (Eds.) (1997). *Countertransference in couples therapy*. New York: Norton.

Southern, S. (2007). Countertransference and intersubjectivity: Golden opportunities in clinical supervision. *Sexual addiction and compulsivity, 14*, 279-302.

Stark, M. (1999). *Modes of therapeutic action*. Northvale, NJ: Jason Aronson.

Summers, F. (1994). *Object relations theories and psychopathology: A comprehensive text*. Hillsdale, NJ: Analytic Press.

Tansey, M., & Burke, W. (1989). *Understanding countertransference: From projective identification to empathy*. Hillsdale, NJ: Analytic Press.

Wachtel, E. (1979). Learning family therapy: The dilemmas of an individual therapist. *Journal of Contemporary Psychotherapy, 10*, 122-135.

Wallin, D. (2007). *Attachment in psychotherapy*. New York: Guilford.

Walsh, F. (Ed.). (2002). *Normal family processes: Growing diversity and complexity* (3rd ed.). New York: Guilford.

Watkins, C. E., Jr. (1990). The separation-individuation process in psychotherapy supervision. *Psychotherapy, 27,* 202-209.

Weiner, I. (1975). *Principles of psychotherapy.* New York: John Wiley & Sons.

Wile, D. (1993). *After the fight: Using your disagreements to build a stronger relationship.* New York: Guilford.

Wile, D. (1995). The ego-analytic approach to couple therapy. In N. Jacobson & A. Gurman (Eds.), *Clinical handbook of couple therapy (pp.* 91-120). New York: uilford.

Weiner, I., & Kaplan, R. (1980). From classroom to clinic: Supervising the first psychotherapy client. In A. Hess (Ed.), *Psychotherapy supervision: Theory, research, and practice* (pp. 41-50). New York: John Wiley.

Will, D., & Wrate, R. (1989). Pragmatics and principles: The development of a family therapy training programme. *Journal of Family Therapy, 11*, 149-168.

Winnicott, D. (1986). The theory of the parent-infant relationship. In P. Buckley (Ed.), *Essential papers on object relation*s (pp. 233-253). New York: New York University Press. (Reprinted from *International Journal of Psycho-Analysis,* 1960, *41*, 585-595)

Wolf, E. (1988). *Treating the self: Elements of clinical self psychology.* New York: Guilford.

Wool, G. (1989). Relational aspects of learning: The learning alliance. In K. Field, B. Cohler, & G. Wool (Eds.), *Learning and education: Psychoanalytic perspectives* (pp. 747-770). Madison, WI: International Universities Press.

Zaphiropoulos, M. (1984). Educational and clinical pitfalls in psychoanalytic supervision. In L. Caligor, P. Bromberg, & J. Meltzer (Eds.), *Clinical perspectives on the supervision of psychoanalysis and psychotherapy* (pp. 257-273). New York: Plenum.

Zeitner, R. (2003). Obstacles for the psychoanalyst in the practice of couple therapy. P*sychoanalytic Psychology, 20*, 348-362.

Zinner, J. (1989). The implications of projective identification for marital interaction. In J. Scharff (Ed.), *Foundations of object relations family therapy* (pp. 155-173). Northvale, NJ: Jason Aronson. (Reprinted from H. Grunebaum and J. Christ (Eds.), *Contemporary marriage: Structure, dynamics, and therapy*, 1976, 298-308)

Zinner, J., & Shapiro, R. (1989). Projective identification as a mode of perception and behavior in families of adolescents. In J. Scharff (Ed.), *Foundations of object relations family therapy* (pp. 109-126). Northvale, NJ: Jason Aronson (Reprinted from *International Journal of Psycho-Analysis,* 1972, *53*, 523-530)

【第九章】督導：跨世代模式

蘿拉．羅貝托—佛曼（Laura Roberto-Forman, Psy.D.）

現在的時間與過去的時間，
也許都存在於未來的時間，
而未來的時間又包含於過去的時間內。
假如所有時間都恆久存在，
所有時間也就無可贖回。
本來可能發生的，乃一抽象概念，
只在臆測的世界裡，
留有永久的可能性。
本可發生的與業已發生的，
均指向一個終點，而它永遠存在。

——艾略特，〈焚毀的諾頓〉

檢析家庭功能和系統性治療的跨世代（Transgenerational, TG）模式[1]，又稱世代間（intergenerational）模式及多世代（multigenerational）模式，其關注的不僅是個案家庭內當前的行為模式、情緒動力和互動結構，也關注受督者家庭內的這些面向

1 「世代間」（transgenerational）簡稱為「TG」，伴侶及家族治療（couple and family therapy）則簡稱為「CFT」。「伴侶」一詞意指任何有長期的承諾關係的配偶，包括同性戀夫妻、雙性戀夫妻、變性（transgendered）夫妻以及異性夫妻。

（Roberto, 1992）。世代間學派和其他系統性督導派別最主要的差別在於：（一）極為看重家族歷史資料；（二）相信前世代的連結模式和情緒反應，會延續至當前的關係模式，並對之產生影響；（三）認為治療的目標可以，而且應該不只是降低間歇性徵狀的發生，而是要提升維繫關係的能力（relational competence）。該學派以世代間動力和原生家庭為單位來進行觀察分析（Nelson, Heilbrun & Figley, 1993）。

世代間模式的核心原則

世代間模式檢析家族運作時，著重夫妻、雙親和小孩現有的互動關係，但也不忘關切長久以來潛藏在這些互動底下的關係動力，譬如價值觀、文化遺產、移民等的社會性遷徙、精神面的活動以及社會信念。世代間模式深信，目前的關係模式不僅反映出過去的生命事件，而且會「往後影響到」（feed forward）配偶的選擇、親職的表現以及教養子女的方式，因而形塑了未來的家庭世代（Roberto, 1992）。

世代間治療模式「對時間非常敏感」（time-sensitive），它把歷經二十至四十年之久演變出來的關係模式看成是不斷延續開展的歷程，而非封閉的迴路，其建構出縱貫三代或三代以上（祖父母輩至兒孫輩）「層層疊疊」的家族系統圖譜。生命事件隨著時間推移「層層堆疊」的這個理論概念，是世代間模式有別於其他模式的特點。這就好比一盤3D立體棋局，家族裡的每個「棋子」都身處於至少由三個世代所交織出來的脈絡裡。就如卡特和麥戈卓克（Carter and McGoldrick）所引述的（1989, p. 7）：

……上一代對下一代所造成的巨大衝擊，再怎麼高估都不為過……世代之間自然會有牽扯糾葛，每個事件都牽一髮而動全局。祖父輩一代發生的事所帶來的重大衝擊，經常被只著眼於核心家庭的治療師所忽略。

三角化

三角化（triangling），世代間治療模式的四個核心原則之一，描繪了家族壓力在世代之間傳遞的歷程。它是一種持續性的情緒緊繃，圍繞著痛苦的生命事件打轉，不論那些事件是有心或無意造成的。社會變遷、社群的瓦解或遭逢災難、國家動亂、家庭危機以及個人在成長過程所遇到的問題，都會引發焦慮和壓力，而這些焦慮和壓力會在家族成員之間傳遞循環。當家族內某兩個人之間——譬如父母之間，或父母之一與某個十幾歲的兒女之間——意見相左或處不來，齟齬不合的痛苦往往會使得他們把第三者「拉進來」，而家人們通常也會感受到源自那兩人的衝突。三角化關係往往會反覆發生在固定的三個或更多的家族成員之間（比方說，祖父母一方加上某個兒女和孫子，一對老夫妻加上某個女婿或媳婦）。要是這衝突長期得不到化解，三角化關係很可能會牽扯更多的人進來（Friedman, 1991）。舉例來說，看不慣自己的爸媽帶孩子的方式的父母親，可能會找孩子的姑姑或阿姨相挺助陣，而孩子的爺爺奶奶很可能也會找自己的其他兒女聯盟。

根據世代間治療模式，在健康而復原力強的家族裡，三角化關係通常為時不久，也不會一而再地發生。這些家族成員具有自我引導（self-direction）和自我理解（**分化**[differentiation]）的能力，而這兩者對解決問題來說不可或缺。在健康而分化的家族裡，解決衝突的工具包括同理心、對衝突的容忍力、對差異的包容力（Bowen, 1978/1988; Friedman, 1991）、付出與接受、願意「充分考量」（due consideration）別人的觀點（Boszormenyi-Nagy & Krasner, 1986）以及家族在角色扮演和決策上具有彈性（Roberto, 1991）。避免以歐洲白人中心觀點來假定家族在做決策時，應該由父母親主導以達成全體的決定，這一點很重要。在很多的文化裡，家族內的事務是由老長輩、男性家長或女性家長來定奪的，抑或參酌地方上德高望重的人物或者療癒者的意見之後才決定的。

在夫妻感情不睦或功能失調的家族裡，成員之間不容易營造和維繫具包容和同理的關係，也很難彼此安心地對話交流。世代間模式認為，假使角色功能不彰的是父母親或祖父母，這類的問題尤其堪憂——當家做主的人有關係面的問題，對家人造成的衝擊更是劇烈。在出狀況的家庭裡，共享與親密、差異的包容力、自我覺察和自我調整（self-regulation）相關的問題，會在過渡期間或承受壓力之下引發不尋常的情緒緊繃。這時，某個或數個成員會承受家族的焦慮而冒出某些症狀（所謂的「代罪羔羊」），而其他人會被拉進來形成三角關係，好沖淡那緊繃狀態。換句話說，世代間治療模式把關係問題看成是：**對於原生家庭內以及前世代家人之間的關係失衡和未解衝突的回應。**

三角化關係會導致關係上的其他問題，譬如幾個家族成員會因為某個衝突而聯合在一起，就像為了拯救某個酗酒的家人，家人們會相依共生一樣。又或者家族成員離家出走，譬如兒子娶了個和家人處不來的太太，從此和家人鮮少往來。最後，三角化關係也可能是由某個重大的家族祕辛所維繫，譬如某個女兒得知父親娶母親之前曾有過一段婚姻，而母親卻始終被埋在鼓裡。近來，世代間模式更加明確地體認到，三角化關係在不同的文化有不同的內涵。比方說，在傳統的中東家庭裡，諸如養兒育女的問題等，是母女之間會彼此分享的私密事務，而不是妻子和丈夫之間會談論到的話題（Baker, 1993）。在西方文化裡，丈母娘插手介入夫妻事務，會被認為是一種病態的三角關係。

分化

分化，第二個原則，最早的世代間理論視為復原力強的健康家庭的基石。然而在1980年代大半期間，世代間治療者強調個案分化程度的重要性，卻忽視了自我感乃深嵌於情感依附關係之內。比方說，鮑溫（Bowen）所定義的健康自我感，便過度著重諸如自我引導等這顯然屬於男性的分化特質，而且把諸如體察情緒等某些典型的女性自我覺察特質視為病態（Luepnitz, 1988; Knudson-Martin, 1994）。女性主義學家如姬利根（Gilligan, 1982）等，談到侷限了我們理解「分化之餘依然保有連結」（differentiation-with-connectedness）的盲點時，指出了自我覺察力的發展乃深嵌在自我與他人的親密關係和依附關係之中。

不過，根據努森馬丁（Knudson-Martin）的看法，「儘管我們愈來愈察覺到夫妻之間（我們還要加上家庭生活這一項）在性別特質上的顯著不同，很多治療者依然漠視性別的社會性脈絡這一面（2008, p. 641）。」夫妻會內化、重演前世代傳下來的充滿性別偏見的關係模式，並且進一步傳給兒女。努森馬丁指出，在出狀況的夫妻身上，刻板化性別模式更為常見，其妨礙健全關係發展的程度也更嚴重。自1990年代以來，世代間模式深受女性主義學者影響，因而更加強調健全的家庭關係有賴於個人把家人的感知納入主觀經驗中。高度的分化反映了敏銳的覺察力，並且展現出「關係中的自我」（self-in-relation）。

家族症狀和未解的衝突

世代間模式第三個經典原則是，每個家庭都有未解的衝突存在，這些衝突是由從前不幸的傷痛事件所形成，其破壞了家人之間的凝聚力和信任感，也讓家人無法信賴外在世界。關於這些衝突，說不定家人有少數甚或全都不知情，但也說不定一家人會挑明說出來——甚至經常討論，從中找出解決辦法。未解的衝突之所以重要，是因為它尚未納入家族信念系統，以至於會持續引發成員的緊張、結盟和聯合的行徑、三角化關係以及其他的副作用，直到家人願意坦然面對。

未解的壓力會「貫穿」三代，就像創傷、背叛、失落、移居他鄉、失散分裂等家族事故的餘波，影響著家人對彼此的行為。未解衝突的「縱」軸，串起了家族對於痛苦和復原的信念和傳統，與之交叉的「橫」軸，則是家族的生命循環。假若不了解家族過去所遭遇的風風雨雨、不幸和磨難，以及如何渡過這些難關的始末，那麼夫妻或家庭生活一有波折，就會充滿了鮑溫所謂的「反應性」，因而使得家族難以調適改變（Friedman, 1991; Roberto, 1992）。焦慮的這兩個軸則嵌在一個更大的脈絡裡，其縱向代表著和歷史、權力關係以及與階級有關的社會文化壓力，橫向軸代表著和社群事件以及與社群的連結有關的壓力（McGoldrick, Gerson & Shellenberger, 1999）。

家庭經驗的四個向度

第四個常見的原則是，家庭經驗不單純是行為面的，其包含了四個向度：世代間互動模式、世代傳遞的文化信念和價值、目前的互動模式以及目前的覺知。世代間治療模式好比玩「連連看」，試著把落在家族經驗這四個向度的點連成一條線。世代間取向治療師的角色，是協助家族成員觀察自我並擔起責任，彌補缺失或受損的情感依附和信任關係，辨認或加強由於「活在過去」和困在三角化關係裡而被截斷的與人聯繫的方式，援用家族價值來促進復原力，培養情緒上的堅韌，促進親密、提升同理心和凝聚力。如此看來，世代間模式的獨到之處在於它的介入方式（intervention）：其治療目標不再只著重消除徵狀（Roberto-Forman, 2008）。

世代間治療師的角色

「家族治療基本方法」（The Basic Family Therapy Skills Project）描述了世代間治療的許多獨特的技巧（Nelson, Heilbrun & Figley, 1993），其中的很多技巧，與其說是技術性策略，不如說是治療師的個人特質。世代間模式的文獻視「自我的運用」（use of self）為理解理論以及把理論用於治療實務的關鍵工具。「自我的運用」意味著覺察到個人的存在深嵌在家族系統之內，並且基於這種脈絡性的覺察來評估與處置夫妻關係和家庭運作。

以世代間治療見長的治療師，在覺察被個案挑起的自我狀態之餘，同樣能夠運用常見的系統性介入方法。基本的系統性介入技巧包括：幫助個案專注於改變、發展並維持家族中「我」的位置、劃出人我界限並維繫這界限、追蹤症狀反覆出現的模式、融入治療的結盟關係並且關切這個關係、釐清關係緊繃的原因、重新界定症狀、打斷有問題的模式、模仿比較健康的互動、增加洞察和新的覺知、催化情緒的表達，以及教導關係面的技巧。此外，世代間治療師還會額外關注一些和脈絡性覺察有關的層面，如下：

- 了解自己原生家庭的關係動力，以及它如何被個案的家庭狀況挑起、活化（自我的運用）；
- 把過去的家庭事件和目前的關係僵局和緊繃狀態兜攏起來；
- 覺察並解開反映了世代間衝突的三角化關係；
- 建構並運用家庭圖（genograms）（參見DeMaria, Weeks & Hoff, 1999; McGoldrick, Gerson & Shellenberger, 1999）；
- 訓練個案在原生家庭做出改變（譬如：不再截斷關係）；
- 評估適應不良的忠誠行為和內化行為模式；
- 評量、促進個人從親密的家族關係中分化；
- 擴展治療師的家族「圖譜」，檢視父母親、手足及親屬的資源；
- 正視未解決的哀傷、創傷和失落；
- 運用世代間治療的練習作業。

世代間督導的核心原則

脈絡性覺察

為了了解「由裡朝外」的分化歷程，世代間模式的督導者鼓勵受督者辨認主要的世代間模式，並且檢視原生家庭，描述他們從經驗中覺察到的**脈絡性自我**（contextual self）——藉由回顧個人的家庭史，反思自己在家庭中慣有的角色、情感、價值、信念等等認同的面向。在這學習過程中，新手治療師別給自己太大的壓力。華特克（Whitaker, 1989）即指出，脈絡性覺察不可能完全沒有焦慮，他這麼說：「隨著（受訓當治療師）的過程展開，重要的是要能體會到某些角色對心理治療師來說並不自然。某些角色扮演起來並不容易。」（Whitaker & Ryan, 1989, p. 212）

有位精神科住院醫師在婚姻與家庭治療的初階實習尾聲，練習描繪跨四代的家庭圖。為了建構這個圖譜，她和母親難得地聊了很久，談到母親身為南方鄉農的女兒和孫女的成長經驗。她了解到家族所經歷的貧苦，那鄉下地區的匱乏和渴望，以及家人畢生相互扶持和關懷的堅定情操。她體悟到，沒有家人的犧牲和奉獻，她不可能如此有幸地受訓當醫生。自此以後，她面對城裡貧民區來的個案時，少了些智性的運作，多了些同理心和尊重。

自我勾勒和建立個人主權

對脈絡性自我有所覺察會帶來改變，學者稱這過程為「自我勾勒」（self-delineation）（Boszormenyi-Nagy & Krasner, 1986）或「建立個人主權」（personal authority）（Williamson, 1981, 1982）。威廉森（Williamson）把個人主權定義為：成熟運用自主性和決策力，此乃個人發展的一大步。在這過程中，我們慢慢從「被影響」（acted-upon）轉變為「起作用」（acting-on or actingwith），並從中取得一種權力——讓我們常順從於諸如父母親等年長而世故老練的人的那種力量。由於**個人能動性**（personal agency）遞增，我們能夠獨立做決定，也願意承擔責任。

勾勒自我和建立個人主權是治療師必備的兩個要素，也是他／她在面對個案伴侶或家族時的重要資源。除此之外，願意承擔犯錯風險的謙卑心態、和個案討論其重大決定的意涵、和個案共同擬出改變的方向、保持自我覺察以及為治療的結果負責等也很重要。這些也是我們期待我們所關照的伴侶或家庭也能做到的。

督導的三角化關係

在教導受督者了解個人脈絡的過程，世代間模式督導者會形塑一個轉換的（transformational）三角化關係，好讓受督者在他們和個案及督導者的關係中體驗自己以及自己的工作。這督導的轉換三角化關係提供了一個討論空間，以便受督者「……對心理治療先**有個概念**，接著**學習怎麼做**心理治療，最後，假使一切順利的話，再進一步地**成為**一名心理治療師」（Whitaker & Ryan, 1989, p. 211）。在這個支持性的脈絡裡，治療師可以嘗試新技巧、重新界定問題、評估個人的回應及其適切性，並且能夠激發創意（Roberto, 1992, Whitaker & Ryan, 1989）。在此受訓的三角化關係裡，督導者和受督者維持一種見習的關係（apprenticeship relationship），而不是以「大師」身分授課。督導者營造一種平起平坐的對等關係，而非上對下的階級關係。受督者也要把這種平等關係帶進治療裡，不以「專家」自居。

治療師剛開始接受督導時，很容易會去學習督導者的技巧、價值和風格。一味的模仿不可能造就出靈活、有創意、能自我勾勒的治療。有些學者便談到，假使治療師是女性而督導者是男性，一味地模仿督導者的治療風格尤其不利（參見Turner, 1993）。此外，中產階級的白人督導者在面對非白人的受訓者時，也必須留意不要將自身生活經驗和社會價值，以及對所謂健康和有效的定義加諸受督者。以見習為導向（apprenticeship-oriented）的督導，鼓勵受訓者逐步地學會自主地規劃和關照，最終能夠獨當一面。假使受督者在六個月後還很難運用所學自我勾勒出治療計畫或介入方法，這也許是個人議題干擾學習的徵兆。受督者建立個人權威的過程遇到瓶頸時，應該獲得適當的討論，需要的話，將之轉介給未參予督導的家族治療師進行心理治療。

社會場域：文化覺察和「後性別」覺察

世代間模式督導突顯文化、性別和歷史因素，這使得每個受督者的學習歷程變得獨一無二。之所以強調這些因素，是因為世代間模式著重的就是伴侶和家族系統內代代相承的文化、性別和歷史的演變。每個受督者的認同都根植於他／她的社會場域——習得的價值、意義感、個人隱喻、發展面和社會面的挑戰以及性別和文化的經驗，這些無不形塑著受督者對於身處於人際網絡中的自我的覺知。很多學術理論就是為了探討、辨認、了解、描述受督者對於社會場域的覺察而發展出來的（例如：Ariel, Hernandez-Wolfe, & Stearns, 2010——美國家族治療學會2010年冬季刊的專題討論即特別探討這個主題）。

在某個針對精神科第二年住院醫師的督導團體裡，問及個人對所謂功能健全家庭的看法時，這些受訓者表達了一個普世的信念，那就是維繫婚姻極其重要，即使觸礁的婚姻對夫妻一方或雙方帶來傷害也不例外。這一群年輕的醫師，大多數不是結了婚就是有長期的感情關係，他們剛經歷了工作量特別繁重，而且必須獨立奮戰的一星期，每天都為了患精神重症的住院病人二十四小時輪值。這些年輕醫師對於個案維持長久婚姻的期待，反映了他們身為年輕夫妻的需求，也反映了在受訓的壓力下，夫妻時常分離和單打獨鬥的焦慮。

幾種世代間治療模式

鮑溫模式

鮑溫模式（Bowen's model），又稱為自然系統理論（natural systems theory），強調家庭情緒場域內的自我分化（differentiation of the self）。一如前面提過的，鮑溫的理論沒有談到個別化（individuality）和一體性（togetherness）的互惠本質，也並不關注「把他納入自我定義之中的可能性，不似連結性自我（connected selves）考量了自我和他人的連結。」（Knudson-Martin, 1994, p.39）鮑溫取向的督導強調理論，而且以行動為導向，無視於性別和文化的因素，而且幾乎是以控制論（cybernetic）的觀點來理解焦慮如何運轉及影響家庭生活。此模式不把情感帶進治療、督導或一對一指導（coaching）裡（例如參見Guerin, 1991）。

在鮑溫的理論裡，「情緒系統」（emotional systems）是分化不良的家庭關係所形成的情緒緊繃的環境。相對於感受（feelings）被視為有意識的自主反應，所謂的緊繃情緒指的是壓力反應，一種由焦慮挑起的生物性初始反應（reactivity）。「感受」，相反地，則比較類似於感性：留心周遭所發生的事，予以充滿感情以及有意識的回應。情緒系統的根本趨動力是焦慮，而焦慮會造成情緒上極端的糾結（enmeshment）或「融合」（fusion），進而形成三角化關係，藉此沖散壓力。受督者必須學會區分反應性（reactivity）與感受或情感不同，而後者才是個人面對重要經驗時不可或缺的建設性回應。

「智性系統」（intellectual system）指的是諸如觀察、理解、選擇等個人能力，它們是自我分化少不了的歷程。鮑溫的理論常拿智性活動來和反應性對比，也就是說，反應性是發展不完全的智性系統，其中的思考活動完全被強烈而失控的焦慮打亂。鮑溫式督導給予受督者某些空間去探索他／她對於進行中的治療的任何擔憂（亦即，反移情），但話說回來，假使受督者非常不安，他／她就必須轉介到較正式的一對一的原生家庭檢析（family-of-original coaching）或個人治療（見下述）。

家族內的症狀會透過「家族投射歷程」（family projection process）一代代地傳遞給夫妻和小孩，該歷程往往是無意識的緊繃情緒之流，在其中的配偶和小孩會形成三角化關係，重演未解決的議題，而他們對此的反應，就是從他們身上冒出來的症狀。在治療過程中，投射歷程強勁的家庭，會把新手治療師拉進持續不斷、充滿情緒的三角化關係裡。鮑溫式督導者會留意受督者和一位或多位家族成員之間反覆出現的互動循環，尤其是治療師對這屢屢出現的循環似乎毫不自覺的情況。一旦有這種情況發生，督導者會點出這循環，並進一步檢視、討論之。就鮑溫的理論來看，治療師和家族成員之間一而再發生的循環，反映了治療師把原生家庭的經驗帶到了治療裡。舉例來說，身為老大、經常保護受挫弟妹的治療師會發現，自己很容易和個案家庭裡出狀況的十幾歲兒子聯合起來對抗憤怒的父母親。

自然系統模式強調家族成員之間的互動，而非家族和治療師的互動，目的是為了促進家族成員的自我覺察力，以及彼此之間的清楚定位。同樣地，督導的焦點，擺在受督者和個案家庭的互動，好讓受督者更加了解他／她在治療時段裡的行為、他／她對療程中發生的事的回應，以及治療陷入僵局所激起的焦慮。研習的技巧包括前面談過的世代間治療技巧，但至關重要的是治療師自我的分化——堅守「我」的位置的能力、清楚地了解個人能耐和弱點、自由地進出家族三角化關係而不被框限。若不想和出狀況的夫妻和家族的反應性糾纏不清，自然系統督導者相信，最強力的妙方是受督者做足功課，深刻檢視自己的原生家庭。

象徵—經驗模式

符號—經驗模式是以華特克（Carl Whitaker）的工作為基礎發展出來的。「家族象徵歷程」（family symbolic process）是象徵—經驗理論的術語，用來描述功能健全的家族是「三至四代縱向整合的整體」（Whitaker & Keith, 1981, p. 190）。家族成員既通曉這一縱線上跨好幾代的人物及其生命史，又能安適自在地把它們連結起來，並且分享歸屬感和認同感（Connell, Mitten & Whitaker, 1993）。家庭的象徵歷程也包含了情感的成分——它涉及家人對跨越三世代的事件以及家族故事、集體記憶和重要事蹟的深層情緒回應。家庭象徵歷程會在夫妻或核心家庭治療過程中被強化，而不會在三世代的家族治療中被增強。

在督導過程中，治療師被鼓勵去接納、處理和看重情緒作用和衝突，將之視為關係的連結中健康的一面。這個取向期待受督者檢視他／她內在的各種情緒，而且自在地與這些情緒共處。該取向也會特別注意訂定治療計劃和設定目標的象徵歷程。受督者要學習「自我的運用」——統整個人故事、個人隱喻、情緒回應和想法，以在治療中鞏固、深化與家庭的治療結盟，並且鼓勵個案表達情緒。

與鮑溫的理論相同的是，關係中的自我分化（differentiation-in-relationship）也是象徵—經驗取向治療的一大目標，不過象徵—經驗取向比鮑溫模式更是挑明地強調，情緒的連結與分離在親密關係裡來回變動，它會引起緊繃的狀態，而且必須承擔責任。在督導過程中，受督者被要求要超越諸如家庭內的階級和界線這類結構性議題，去評估家族成員在發展個別性、自我表述和親密溝通的潛力。增進父母彼此之間和親子之間的親密感，藉此提升家人情感上的依附和凝聚力，是象徵經驗取向治療的一大重點。依此類推，象徵—經驗取向督導者比鮑溫式督導者更強調做受督者的導師，和受督者發展緊密的同儕連結，並且幫助受督者在督導時段裡展現他們的個性和獨特的觀點。

象徵—經驗模式和自然系統理論一樣關注三角化關係這個為了化解家庭壓力而成形的充滿情緒的小團體。象徵—經驗理論也認為三角化關係為傳遞壓力的載具，並把焦點擺在指認、理解和解散出問題的三角關係。然而，由於象徵—經驗治療非常強調情感以及自我之運用的重要性，所以鼓勵治療師進入並且參與三角化關係，從極其貼近的位置著手處理。象徵經驗取向督導者則要提供支持與空間，和治療師就「深入」接觸出問題的夫妻或家族的經驗進行對話。

象徵—經驗理論認為，家庭壓力的來源，在於問題**具體化變成症狀**（problem of symptom reification）。問題——關係議題和互動模式——一旦具體化，就會「固定」下來，被貼上病態的標籤，使得個案和家人深感挫折無力。問題具體化之後，會阻撓個案從脈絡的角度探索其意義，也會干擾其他解決方法的產生，結果太過把焦點擺在出現症狀的人身上，用有病的眼光來看他／她。問題具體化也會導致某個家庭成員成為**代罪羔羊**或**代理人**。「……出現的症狀不僅可能來自原生家庭和……家庭網絡，也可能來自上幾代的家人……出現的症狀甚至可能源於家人投射出來的需要。」（Whitaker & Keith, 1981, p. 196）。另一種可能的情形是，某個家庭成員沒被貼上病態的標籤，反而被理想化地當「英雄」、「最有擔當的人」或「完人」看待——所謂的「救星」現象（Whitaker & Keith, 1981）。象徵—經驗取向督導者教導受訓者辨認個案家庭內問題具體化的現象，並且把它明白指出來，好讓家族成員能夠開始「從系統的角度思考」，檢視和症狀相關的脈絡。基於這個理由，象徵—經驗取向的治療師也會被提醒，進行治療時不能從頭到尾只繞著症狀打轉，而是要跳脫症狀，幫助家庭有所成長。

1970至1980年代關於象徵—經驗理論的諸多文獻，把治療看成是治療師和家族之間「開打」的一場最後由治療師「勝出」的「戰役」。這種帶有幾分好戰意味的敘述，引起了普遍對象徵—經驗取向的誤解，誤以為治療師多少把個案家族看成對手，努力要「鬥垮」參與療程而且應該決定改變之目標何在的人。「結構之戰」（battle for structure）和「主動權之戰」（battle for initiative）二詞其實意指的是，在治療初期，以系統的角度看問題的治療師，和以線性思維看待問題之因果的夫妻或家庭，雙方交手的過程。象徵—經驗取向的督導者鼓勵治療師從頭一次會談就開始著手建構參加治療的人，好讓個案看見症狀和家族結構之間的**關聯**。這就是「結構之戰」。在後續的療程裡，象徵—經驗取向治療者會加入那家族裡，幫助他們面對關係的轉變會遇到的痛苦與難關（即「主動權之戰」）。夫妻或家族的任務在於選擇和面對改變的後果，治療師要扮演的角色，則是給予他們力量，幫助他們實現選擇。從這方面來看，象徵—經驗治療是「有階段性」的治療，因而督導者必須記得，治療師的角色會隨著療程而改變。

脈絡模式

納吉（Boszormenyi-Nagy）及其同僚所發展出來的脈絡模式，特別把焦點擺在世代間的訓令和未解決的親子張力，如何隱晦而無形地致使情緒性症狀成形。這模式的核心原則是**關係倫理**。脈絡取向學者優雅動人地描繪出，親密、互相施與受以及平衡和諧如何透過承擔責任（accountability）和獲取信任（trustworthiness）的經驗建立起來（Boszormenyi-Nagy, 1976; Boszormenyi-Nagy & Ulrich, 1981）。相較於另外兩個世代間模式，脈絡學派事實上可說是微觀理論（micro-theory），其定義了在不快樂的家族裡阻礙自我發展、凝聚力、情感依附和包容的情緒歷程。建立關係倫理的一個關鍵要素是**信任度**（trustworthiness）：為自己的言行負起責任的意願。脈絡取向治療師特別關注和責任感及信任度有關的個人言論和作為，藉此鼓勵家族成員在治療關係裡營造安全感，促進他們自我檢視的能力，而這個能力是改變的關鍵。

掙來的美德（earned merit）一詞指的是家庭成員透過體貼付出和關心彼此的需要來建立對彼此的關懷。就孩子來說，爸媽付出關心是應該的，因為孩子很脆弱，必須依賴父母才行（Boszormenyi-Nagy & Krasner, 1986），他們不該需要去贏得父母的關心。在彼此不信任、不關心或彼此忽略的家庭裡，家人承受著自我覺察力不足、情感依附困難以及缺乏同理心的莫大傷害。脈絡取向督導著重於激發「關係倫理」，協助受訓者找出家庭互動的公平性、互惠與平衡。這是一個比較不注重情緒面的治療取向。但是脈絡取向治療師不採中立的立場，他們給予關懷和支持——採取所謂的「多方偏愛」（multidirectional partiality）的立場（Boszormenyi-Nagy & Krasner, 1986）。督導者會留意受督者和每一位家族成員連結的做法，能否確保每一位成員都得到鼓勵，好讓他／她談談曾經遭受或者施予他人的不公義以及關係的破裂和斷絕。

自我勾勒是脈絡學派的用語，意指覺察自我、了解自己，以及與他人維持關係的同時又能從中分離的能力。家族成員的自我勾勒能力受限或遭誤用時，進行大家族諮商也許很有必要。事實上，所有的世代間模式對**破鏡重圓**（rejunction）——如何讓情緒上與家族斷截或疏離的家人重新融入家族——都有一套看法。脈絡取向督導者，和象徵—經驗取向督導者一樣，會協助受訓者規劃和執行長達數天的大家族會談，亦即邀請雙親以及遠居在外的手足一同會談。受督者在規劃大家族諮商時得要很有自信和毅力，因為個案家人想到要跟斷絕關係長達好幾年甚而好幾十年的家人直接面對面說話，總會生出莫大的焦慮。有些時候，治療師不會採取家人重聚的做法，而是幫助個案「釋罪」（exoneration）：協助個案重新省思，尋找修補破損關係的可能性，「再給自己一次機會」（Boszormenyi-Nagy & Ulrich, 1981; Boszormenyi-Nagy & Krasner, 1986; Roberto, 1992）。脈絡取向的督導者很像鮑溫派的教練，會幫助受訓者練習有助於「釋罪」歷程的活動和對話。

督導的介入方式

經驗性的介入方式

我們假定，受督者會把他／她對環境和關係的看法帶到督導過程裡，而這些看法會影響他／她吸收訊息。世代間督導者提倡「由內朝外」的學習，鼓勵受訓者檢視他們的婚姻／家庭／生活經驗／工作場所，以及他們在這些團體和社群裡的位置。經驗性的練習有助於受訓者運用從自己身上得到的資料，把每一面的自己統整起來。經驗性的介入方法，可了解個人的內在回應、覺知和自我察覺力，並將之運用到人際互動裡。這類的練習包括：受督者團體的角色扮演、分享個人故事、分享個人對家族壓力及其改變的觀察，以及活用世代間模式概念的練習，諸如觀察治療時段的錄影並檢析個人回應、評估晤談內容並討論之、推論出隱含在那些評斷裡的價值。

> 一群教牧諮商員討論某成員和一對男同性伴侶所進行的諮商。這對男同性伴侶常因為一方的冷漠和挑剔起爭執，他們的諮商員不曉得該如何訂定諮商目標。團體從這對同性伴侶的家庭圖得知，那冷漠的一方的原生家庭，親

子、手足之間的關係也都很疏遠。儘管如此，團體的成員卻一直繞著一個想法打轉：這對同性伴侶住在一個保守的基督教社區裡，他們一定被孤立，所以不免會爭吵，而且克服不了被邊緣化的處境。於是督導者給成員另一份處境相同的異性夫妻的家庭圖，並請成員想出治療目標。經過討論後，團體成員發覺到，由於缺乏治療同性伴侶的經驗，再加上他們認定男同性伴侶勢必遭受孤立，他們竟忽略了一向所熟知的重點：鼓勵伴侶從親密和相互依賴之中找到力量。

進行經驗性的練習之後，接著要進行團體的「會商交流」（debriefing dialogues），好讓受督者藉此從練習「之中」走「出來」進行反思。反省這些練習所釋出的想法和感受，可讓受督者在感覺到自己與同儕有所連結又有所差異的脈絡中，更了解自己的核心信念、價值和認同。

督導團體做為介入方法

參加督導團體本身也是一種介入方法——受督者從參與督導系統來學習系統。有些學者注意到，督導團體在治療師眼裡有種特殊的跨世代象徵作用：「與其他學員一同接受團體督導時，該團體的動力幾乎總會和成員在原生家庭內曾有過的爭鬥起共鳴……這些幻想和內在爭鬥往往直到幾個月後才會被認出來。」（Simon & Brewster, 1983, p. 27）

社會場域和認同

督導的合約及目標必須依據受督者的文化、性別以及發展的需求量身打造。然而督導者除了必須擁有被界定為專業技能的文化能力（cultural competence）之外，還要對認同是一種多元交織（intersectional）的建構有所理解（例如，參見Johnson, Cabral等人的受訓者自我描述，2010）。受訓者被要求描述他們的家族故事，內容涵蓋社會及文化認同、受重視的認同面向，以及在他們的認同裡運作的角色教育。這對白人的受訓者來說可能不容易——「很多自認為『美國人』的白人學生，說不出和他們的自我感核心有關的『文化』面向。」（Stearns & Fraser, 2010, p. 17）督導者必須展現多方偏好——關注每位受訓者身上逐漸嶄露的自我敘述。在督導中保持多方高度關注的督導者，重視每個治療師的個人「聲音」，而不是著重同質的技巧，他們幫助受訓者從自己的生活經驗建構自信，鼓勵受訓者運用、發展來自他／她生活背景裡和健全家庭有關的隱喻。

> 有位菲律賓裔的治療師在督導裡談到，在她文化裡的夫妻關係相當不平衡，做丈夫的會按照刻板的角色分化要求妻子負擔所有家務，他們以一家之主自居，而且一手掌握財務大權。她淘氣地拿這種緊張關係說笑，這舉動透露出，菲律賓太太應付夫妻不平等的方式，是盡可能地用她們的幽默感來跟先生委婉地周旋。督導者鼓勵她運用這種幽默和輕鬆的態度來處理夫妻失和的案例，而她的機智風趣，也被認為是化解敏感情境的寶貴工具。

訓練「自我的運用」

臨床訓練也得要重視治療師對於自我的運用——包括提供機會去辨識、掌握和處理與臨床實務有關的個人議題。愈來愈多的文獻談到了如何訓練治療師評估自己在人際關係上的長處和短處，以及如何運用他們的見解來為治療歷程把脈。在督導領域裡，運用自我的訓練至為重要，是除了督導者取向之外的一個關鍵的督導功能（Aponte, 1994; Aponte, Powell, Brooks, Watson, Litzke, Lawless, & Johnson, 2009）。訓練受督者運用自我時，督導者站在平等、尊重、個人對個人的立場，幫助受督者意識到自己的聲音。受督者得要分享他／她對治療時段裡發生的事的回應，以便預作準備，繼而再跟個案家庭分享他／她個人的回應。在督導者眼裡，這些回應反映了治療師在治療網絡裡的位置。督導者會特別留意這些回應裡是否有苦惱、反應性或不安的跡象，並且幫助受督者檢視苦惱的來源，好讓治療師的個人偏見不會限制或干擾治療目標。

有位男性受督者難以忍受和情緒洋溢的個案對話，儘管如此，他面對個案時還是相當盡責，仔細聆聽，記住了他們面對很多重要議題所採取的立場。被問到和相當情緒化的個案交談是否感到不舒服時，他回答督導者說，在他的原生家庭裡，父母親之間相當疏遠，簡直形同陌路。他母親經常承受很大的壓力，表現強烈的情緒，他父親似乎對母親的反應感到無助，往往漠然以對。他覺得自己在家中的角色，一直在「取代」父親，聆聽母親的擔憂。他很同理父親的感受，但也總希望爸媽能夠仰賴彼此，而不是找他當依靠。在治療時段裡，一旦有家庭成員情緒激動，他就會「呆住」，他覺得自己要不就「取代」某個家庭成員，要不就會很迷惘而不曉得該說什麼而漠然以對。

督導者點出受督者困在他和父母親的三角化關係裡，他和父親之間隱然的競爭很可能就是他不願意取而代之的原因。她鼓勵這治療師讓個案知道他懂得他們的感受，鼓勵他利用他超強記憶力跟個案討論令他們痛苦的事，並且讓家族成員知道，他們有能力給彼此適當的安慰與支持。

督導者和受督者的互動效應

世代間取向督導認為，督導過程的交流互動和世代間的家族歷程有異曲同工之妙。就脈絡模式的四個關係議題來看，督導者有責任教會受訓者承擔責任（accountability）、脈絡性的覺察（contextual awareness）、信賴、敏察權力和權威是否失衡（Kaiser, 1992）。承擔責任意味著，督導者密切掌握受督者是否從某個「後設立場」進行反思，採取對個案最有利的作為。脈絡性覺察，先前提過，意指督導者回顧個人歷史，檢視可能影響他／她如何對待受督者的個人偏見、反應性或歧視。信賴反映了尊重的態度以及為受督者打造一個安心的情境，好讓他／她盡情地表達困惑和不足。留意權力及權威平衡與否包括，檢視督導有多大的程度是受階級關係所主導、受督者是否擁有自主權以及擁有多少自主權、督導者是否容許受督者有不同的看法、進行不同的嘗試。當受督者是有色人種，或信仰非主流或有爭議的宗教，又或性傾向和才幹不同於一般人，此時密切評估上述這些面向在督導過程中運作得是否順利格外重要。

一對一的指導

治療師、個案家庭和督導之間的界線，很容易被督導者利用一對一的指導所穿透，所謂的一對一指導，是督導者透過檢析原生家庭，幫助治療師了解和修改他們自己的家庭關係。一對一指導協助治療師辨識治療實務的瓶頸，化解個人的三角化關係，了解三角化關係的情緒歷程，辨識這三角化歷程怎麼在治療個案時出現，並且改善他／她與同僚和重要他人的親密關係品質（Friedman, 1991）。覺察個人的價值、它們如何影響關係的目標、個人的分化以及明確的關係界線，也都是家族治療的基本技巧（Nelson, Heilbrun & Figley, 1993）。一對一指導可看成是介於實證取向督導和個人治療之間的「中繼」督導工具。

一對一指導以行動為導向，採用的工具包括家庭訪視、個人溝通、家庭圖分析以及家庭重建，目的在探索、解決未被正視的關係張力（Roberto, 1992）。受督者必須和原生家庭一起探索可能是目前互動模式的前身的事件和記憶，先從和父母親一同探索著手，時機合宜的話再繼而了解祖父母的故事。進行了解的方法包括訪談、閱讀舊檔案和重要紀事、回家走走以及拜訪故鄉。受督者的家庭圖可用以找出可探究的方向和問題，藉此對形成家中文化、經濟和兩性傳統的原初脈絡有更多的了解，並且釐清互動模式、家規和家訓的由來（Roberto, 1992）。

有個關於一對一指導的絕佳定義，把這歷程分成五個階段：形成一對一指導的結盟、心理—教育階段、重回原生家庭、重塑家庭關係以及繼續貫徹下去（following-through）（Carter & McGoldrick, 1989）。在這過程裡，受督者被引導著去觀察，他們並非身處家族之「外」，而是身處於家族系統之「內」，這個系統是由特定的規則以獨特的方式所約束的。通常在進入重回原生家庭的階段後，才會安排拜訪行程和指定作業。這些指定作業都相當地關乎個人，受督者要獨自懷著焦慮和困惑來省思特定的家庭議題，而不是把壓力帶給家人。

有位第五年的兒童精神科住院醫師，決定專攻家庭系統醫學（family systems medicine）及醫療家庭治療（medical family therapy）。隨著她門診的個案量——生病兒童及其家庭——增加，她慢慢發覺到自己有犧牲自己照顧別人的傾向。她猜想這傾向很可能和她是在雙親之一罹患絕症的家庭長大有關。她找了位家族治療師接受三個月的一對一指導，回顧親人生前最後一段時光與過世那段期間，談談她和手足及另一位活著的雙親所經歷的哀傷，並且改變了她在家中扮演的角色，變得更「平等」、更不那麼習慣性地照顧別人。在練習轉變角色期間，她發現自己愈來愈享受治療的工作，對待個案的態度比較不那麼權威，而且會讓個案家庭本身多承擔一點壓力，多去想想怎麼改變。

督導形式

家庭圖

世代間督導者將家庭圖派上用場的情況有幾個：新手治療師選修原生家庭專題研討、為研究生開的進階原生家庭專題研討，以及特殊形式的現場督導。時下有許多說明得很詳盡的方式，可幫助受督者從家庭圖來思考家族史的各個層面及家庭關係動力

（Braverman,1997;McGoldrick, Gerson & Shellenberger, 1999）。治療師可以藉此探索和個人及家族認同的重要面向有關、流傳了三或四世代的主題和故事，包括促成了重要生命經歷和關係模式的精神信念、性別傳統、族群認同、教育和職業的選擇、經濟和階級相關的因素以及文化歷史。在督導過程裡，臨床工作者透過與督導者一對一或者小團體的方式，檢視自己的家庭圖，找出反覆出現的互動模式、未解決的衝突及其衍生的三角化關係和聯盟、促發事件、死亡、關係的分裂和斷截、搬遷、移民以及社區的改變等等所有形構出他／她目前的自我認同的因素。

視聽式的督導

世代間模式督導團體藉著觀看、討論持續接受錄影的案例和家庭圖，協助受督者形成假說、訂定治療計畫和治療作業。討論的重點在於了解流傳多代的家庭傳說和隱藏的衝突，如何在目前的家庭行為裡起作用，此外也在於了解，家庭對治療介入方式的回應，其背後的脈絡為何。在督導團體裡運用影音資料，給了治療師更多反思的時間去解構治療過程發生的事，以便針對夫妻／家庭和治療師在某個治療時段裡的經歷，討論治療師個人的回應。督導者的觀察重點，包括受督者如何採取新立場、對個人來說具挑戰性或複雜度的治療聯盟、是否讓治療透明化、是否表達個人的回應，以及他／她如何挑戰夫妻和家庭的慣有模式。

現場督導

雖然注重過去史（historically-sensitive）的治療模式似乎不太看重現場督導，但是在世代間取向督導者眼裡，這個形式蘊藏了豐富的內容。在治療的現場，督導者和受督者團體觀察的不僅是技巧的層面，還要釐清促使治療師在治療時段裡感到不自在的「觸因」（McDaniel & Landau-Stanton, 1991, p. 462）。督導者隨後可以討論或者直接介入處理這些觸發事件，來挑戰治療師的靈活度、機巧智謀以及和伴侶或家庭的連結。

督導者還可以早一步而且第一手地捕捉到，妨礙治療師運用某些治療技巧的未解決個人問題的徵兆。個案誘發治療師身上原生家庭未解決的問題時，會出現的徵兆包括：治療師變得被動、迴避或沒什麼回應；出現批判性或負向反應；對治療聯盟感到不安，譬如面對個案家庭時感到矛盾；忽略家族的重要主題和模式；對於某成員的某個行為反應過度或難以跟著治療計畫走。

協同治療式的督導

督導者和受督者組成的雙人協同治療，是象徵—經驗取向的文獻裡討論最密切的一種督導形式（Roberto, 1992）。這是一種具階級性的督導形式，但是督導者和新手治療師之間的關係也非常緊密，督導者會在治療進行中主導介入方法，而受督者則一面觀看一面從旁協助。這種形式的督導，理應在督導進入中期和末期時，變得比較沒有上下關係，改由本質上比較像是同儕關係的兩位治療師來共同引導。協同治療式督導必須在每一次治療時段結束後，進行會商交流（debriefing），好讓受督者對所用的介入方法提出疑問，澄清督導者的用意和方向。

協同治療的一大優點，在於很容易觀察到當下的情緒反應。這一點對督導者來說很具挑戰性，也會引起他／她的脆弱感，但是它對培養受督者的即興能力和彈性來說，是很寶貴的資源。受督者能夠更清楚地觀察到，一位資深臨床工作者在互動關係變得棘手時選擇讓過程變得透明化，或決定更積極介入，又或從中抽離，繼而鼓勵夫妻或家庭彼此互動交流，背後的用意何在，其手法又如何。

個人督導或檢析原生家庭之督導的契約訂定

和督導有關的文獻裡，針對以個人為導向（person-oriented）的督導如何在「治療」和「督導」之間畫線區分的討論，一直相當熱烈豐富（譬如，參見Nichols, Nichols & Hardy, 1990）。這個錯綜複雜的對話反映出，督導者必須敏銳小心地將深度挑戰隔離於督導範圍之外，以避免界限變得模糊以及雙重關係。系統取向督導過去三十年來走過了一個循環，從把個人治療視為養成訓練本身的一部分，進而逆勢迴轉，將治療技巧擺第一，完全不談個人主觀性，直到近年來，才又把興趣放在重新整合這兩者。

托姆（Tomm）在談到他的督導模式（1993）時說道，很多督導者發現，不能和受督者討論治療上的問題，會使得督導的進行綁手綁腳，施展不開。在治療和督導（只限於和案例相關）之間劃下嚴明的界線，使得督導者和受督者之間的關係流失了很多東西。普洛斯基（Prosky, 1993, p. 4）這麼說：「受督者的個人／家庭議題會和他們的臨床工作起共鳴，這是系統場域研究裡固有的一環……加以檢視……製造了最陡峭的學習曲線。」其他學者也特別指出：「……當其他的教學途徑，諸如治療前的規劃、在治療進行時電話叩應（telephone call-ins）以及透過角色扮演來演練所需的技巧等，都沒法奏效時，就必須檢視原生家庭的議題。」（McDaniel & Landau-Stanton, 1991, p. 465）

卓克索大學（Drexel University）的亞彭德（Aponte）及其同僚總結道（Aponte, Powell et al., 2009, p. 382）：「……為了……在治療的專業脈絡裡有純熟的表現，治療師必須了解自己，尤其是在個人生命裡留下鮮明記號——心理面、文化面和精神面——的重要挑戰，以及個人與這些生命主題奮戰的來龍去脈和當前處境。」

再者，治療師也要多加磨練自我觀察以及統整覺知與情緒的方法，以便和個案家族進行治療時遇上重大時刻能夠因應自如。最後，由於深刻體悟到個人的存在都是扎根於過去歷史之後，治療師不僅更懂得個案的掙扎，也會分化出一種自我感。「受訓的脈絡讓受督者……感受到他／她在治療時段裡湧現的所有個人情緒，因為督導者和督導團體關注他／她的個案的同時，也關照著他／她。這過程打開了個人和專業之間的大門，與此同時，兩者之間的界限也更形強化……這過程幫助治療師從分化中達到整合。」（Aponte, 1994, p. 14）

受督者面對治療所要求的靈活度、回應力和機巧智謀的挑戰時，需要有機會去辨認、追蹤和解決個人的關切和重大價值。從世代間觀點來看，治療陷入僵局會對受督者目前的認同、人生決定、他／她和家屬之間重複出現的情緒面三角化關係，以及負荷沉重的關係經驗帶來威脅。「標誌性主題」（signature theme）一詞（Aponte, Powell et al., 2009, p. 384）精妙地捕捉了一個概念，那就是治療師重要的人生體驗和失落，會和他／她對專業上的遭遇及個人遭遇的深層反應相接合。就新手治療師來說，這些深層反應反映了他們個人家庭聯盟的歷史、長期的家族三角化關係、影響個人決定和職業選擇的家中代罪羔羊和未言明的家族訓令、關係的融合或斷離（cut-offs）以及家族「祕辛」。

> 有位治療師在為期一年的實習中期，在督導團體裡呈現三代的家庭圖和原生家庭的相關訊息。雖然他加入這個團體已有四個學期之久，但他從未透露過，他備加呵護的一個最親的妹妹，長期患有精神疾病。他在呈現家庭圖時說出此事，同時談到他對自己的身體健康、事業有成深深感到罪惡。這團體一起討論了他這個反應如何在他治療有精神病患的家庭時呈現出來：對那家庭裡的父母親表現出疏遠和過於苛刻的態度。督導者事後私底下建議他找當地的治療師進行諮商，探索這強烈的罪惡感以及他冒出敵對態度的原因，而這敵意顯然來自原生家庭的經驗。

個人面和技巧面兼具、雙管齊下的督導的一個起點，是明白說清楚督導關係將包含技巧面的學習和脈絡面的學習。在督導之初設定這個雙重目標時也要告知受訓者，在這過程中每個人都要面對的發展性挑戰（McDaniel & Landau-Stanton, 1991）。受督者也要知道，假使他們願意分享關乎臨床內容的個人回應，世代間督導將是豐富受用的體驗。此外，受督者也要清楚地了解，他們可以不選擇這種雙管齊下的督導型態，另選以技巧為主或以經驗為導向，但同樣著重於應用世代間理論的督導。

假使受訓者選擇檢析原生家庭的世代間督導，他／她也應該知道，這個把技巧和臨床資訊整合起來的歷程，關心的不是運用個人資訊與否，而是運用多少。受督者可以決定，就某個特別的關係議題，他／她願意處理到哪個程度；就個人的進展或同在訓練團體裡的其他人的進展，他／她願意討論得多深入；檢視個人的擔憂以及治療所發生的事和他生命經歷的關聯時，他／她要告知督導者多少。督導者必須看重他們和受督者之間的共識，小心別踰越了受督者在督導合約裡畫的那道界限。

檢析原生家庭的世代間督導的界線問題

以提升技巧和個人發展兼顧的督導模式來說，要在檢析原生家庭的督導以及個人治療之間保持一條清楚的界限，是很複雜的過程。採取檢析原生家庭為導向的督導時，督導者要考量到幾個特定的風險（McDaniel and Landau-Stanton, 1991）：

一、**未解決的個人議題**，包括家人前不久亡故、激烈的衝突、家族祕辛以及始料未及的事意外曝光。受督者可能沒料到自己會冒出強烈的情緒，因而使得他／她感到曝露，而且遇到壓力時脆弱感也會增加。

二、**保密的內容沒說清楚**，會使得一同接受督導又一同共事的受督者之間的界限，或者一同接受督導又一同上課的受督者之間的界限，變得模糊。督導團體是個很獨特的工作團體，成員的共同經驗取決於督導的時間、空間以及在其中湧現的反思內容。督導者必須深思如何做好防護，謹慎地保存家庭圖、紀錄和錄影帶。

三、**權力不平等**，發生在受督者不能自由地加入或退出某個層面的受訓關係時。督導者要小心地對原生家庭的議題設限，並且積極地因應受督者的私密需求。一旦某個潛在的議題突顯出來，督導者必須密切追蹤受督者的回應和擔心，尊重受督者對個人經驗所賦予的意義，並且採取對等的姿態來共同探究非常重要。

四、**感知到傷害**，不管是以哪種感知形式感覺到不安全，意味著督導跨入了雙重關係之中，也就是說，督導者已經不慎地踰越了界限，超出了共同探究和進行對話的範疇了。受督者很難察覺到這些踰越個人界限的微小侵犯。督導者必須主動地不斷評估自己的言行並加以修正，例如，詢問受督者是否喜歡某些提問、是否自由地加入討論或退出討論、是否覺得督導內容切中要點而且有用。

督導的評估

世代間取向的訓練，重要的技巧包含：（一）將治療師的自我融入治療的介入方法中；（二）了解原生家庭動力對治療行為的衝擊；（三）指認在家庭互動中呈現出來的世代間理論概念，並且透過技法來加以處置（Nelson, Heilbrun & Figley, 1993）。

三種類型的回饋可用來評量世代間督導的進展和成效，其分別是：針對受督者技巧的觀察評量，例如成功地呈現個人的家庭圖；協同治療或影音式督導的現場觀察；治療師對這學習經驗的自述評量，包括他們對督導成效的看法。這些評量傾向於採用李克特（Likert）量表的形式來評估技巧的學習，同時附上了關乎個人成長的簡短敘述。卓克索大學近來新發展的一項評量工具，運用了一份反思問卷（reflective questionnaire），受督者在督導中呈現案例之前要先填好這份問卷（Aponte & Carlsen, 2009）。這項工具幫助受督者把他／她對臨床個案的規劃和預備呈現的議題，轉化為一系列環環相扣的陳述，而這些陳述探討了他／她對個案的憂慮所賦予的個人意義、將治療師觀點和個案觀點區分開來的個人回應和價值，以及這差異所帶來的個人挑戰。這項評量工具也包含了一份後督導問卷（post-supervisory questionnaire），用來總結督導過程帶來的影響（Aponet & Carlsen, 2009）。

結語

世代間取向督導者的關注，在於傳授一個參考框架，這框架把治療師緊密地捲入和家族連結有關的探究之中。在世代間取向所定義的家族單位裡，長期關係歷程把今天所看到的個案和前幾代的家人串聯在一起，它把數年前甚而數十年前發生之事的銘印傳遞下來，因而在目前的關係結構裡、還有家族成員對自我和他人的形象裡，留下了痕跡。世代間模式強調的兩大重點——對過去史很敏感的介入技巧，以及治療師發展出獨特的「聲音」——使得這取向的督導不僅豐富、多元而且強力。這些督導技術通過了四十餘年時間的考驗，依舊屹立不搖，它將隨著世代間模式在訓練、研究和臨床理論的不斷發展而持續演變。

參考書目

Akamatsu, N. (2008). Teaching white students about racism and its implications in practice. In M. McGoldrick and K. V. Hardy (Eds.), *Re-visioning family therapy* (pp. 413-424). NY: Guilford.

Aponte, H. J. (1994). How personal can training get? *Journal of Marital and Family Therapy, 20*, 3-15.

Aponte, H. J., & Carlsen, J. C. (2009). An instrument for person-of-the-therapist supervision. *Journal of Marital and Family Therapy, 35*, 395-405.

Aponte, H. J., Powell, F. D., Brooks, S., Watson, M. F., Litzke, C., Lawless, J., and Johnson, E. (2009). Training the person of the therapist in an academic setting. *Journal of Marital and Family Therapy, 35*, 381-394.

Ariel, J., Hernández-Wolfe, P., & Stearns, S. (Winter, 2010). Expanding our social justice practices: Advances in theory and training. AFTA Monograph Series. Washington, D.C.: American Family Therapy Academy.

Baker, A. (1993). *The Jewish woman in contemporary society: transitions and traditions*. New York: University Press.

Boszormenyi-Nagy, I. (1976). Behavior change through family change. In A. Burton (Ed.), *What makes behavior change possible?* (pp. 227-258). New York: Brunner/Mazel.

Boszormenyi-Nagy, I., & Krasner, B. R. (1986). *Between give and take: A critical guide to contextual therapy*. New York: Brunner/Mazel.

Boszormenyi-Nagy, I., & Ulrich, D. N. (1981). Contextual family therapy. In A. S. Gurman & D. P. Kniskern (Eds.), *Handbook of family therapy* (pp. 159-186). New York: Brunner/Mazel.

Bowen, M. (1972). Toward the differentiation of a self in one's own family of origin. In J. L. Framo (Ed.), *Family interaction: A dialogue between family researchers and family therapists* (pp. 111-173). New York: Springer.

Bowen, M. (1988). The use of family theory in clinical practice. In M. Bowen (Ed.), *Family therapy in clinical practice* (4th ed., pp. 147-181). Northvale, NJ: Jason Aronson (Original work published 1978).

Braverman, S. (1997). The use of genograms in supervision. In T. C. Todd & C. L. Storm (Eds.), *The complete systemic supervisor* (pp. 349-362). Boston: Allyn and Bacon.

Carter, E. A., & McGoldrick, M. (1989). *The changing family life cycle: A framework for family therapy* (2nd ed.). New York: Simon & Schuster.

Connell, G. M., Mitten, T. J., & Whitaker, C. A .(1993). Reshaping family symbols: A symbolic-experiential perspective. *Journal of Marital and Family therapy, 19*, 243-251.

DeMaria, R., Weeks, G., & Hof, L. (1999). *Focused genograms: Intergenerational assessment of individuals, couples, and families*. NY: Brunner-Routledge.

Eliot, T. S. (1943). *Four quartets*. New York: Harcourt, Brace and World, Inc.

Friedman, E. H. (1991). Bowen theory and therapy. In A. S. Gurman & D. P. Kniskern (Eds.), *Handbook of family therapy* (Vol. 2, pp. 134-170). New York: Brunner/Mazel.

Gilligan, C. (1982). *In a different voice*. Cambridge, MA.: Harvard University Press.

Guerin, P., & Fogarty, T.(1972). Study your own family. In A. Ferber, M. Mendelsohn, & A. Napier (Eds.), *The book of family therapy* (pp. 445-467). N.Y.: Science House.

Guerin, P. (1991). The man who never explained himself. *Family Therapy Networker, 15*, 45-46.

Johnson, D., Cabral, A., Mueller, B., Trub, L., Kruk, J., Upshur, E., Diaz, L., Marrero, L., auf der Heyde, T., Thoma, N., Rodriguez, E., Cione, G., & Fraenkel, P. (2010, Winter). Training in intersectionality sensitivity: A community-based collaborative approach. AFTA Monograph Series, 5-15.

Kaiser, T. L. (1992). The supervisory relationship: An identification of the primary elements in the relationship and an application of two theories of ethical relationships. *Journal of Marital and*

Family Therapy, 18, 283-296.

Knudson-Martin, C. (1994). The female voice: applications to Bowen's family systems theory. *Journal of Marital and Family Therapy, 20*, 35-46.

Knudson-Martin, C. (2008). Gender issues in the practice of couple therapy. In A. S. Gurman (Ed.), *Clinical handbook of couple therapy* (4th ed., pp. 641-661). New York: Guilford.

Luepnitz, D. A. (1988). *The family interpreted: feminist theory in clinical practice*. N.Y.: Basic Books.

McDaniel, S. H., & Landau-Stanton, J. (1991). Family-of-origin work and family therapy skills training: Both-and. *Family Process, 30*, 459-471.

McGoldrick, M., Gerson, R., & Shellenberger, S. (1999). Genograms: *Assessment and intervention*, 2nd ed. NY: W. W. Norton.

Minuchin, S., & Fishman, H. C. (1981). *Family therapy techniques*. Cambridge, MA: Harvard University Press.

Nelson, T. S., Heilbrun, G., & Figley, C. R. (1993). Basic family therapy skills, IV: Transgenerational theories of family therapy. *Journal of Marital and Family Therapy, 19*, 253-266.

Napier, A., & Whitaker, C. A. (1978). *The family crucible*. New York: Harper & Row.

Nelson, T. S., Heilbrun, G., & Figley, C. R. (1993). Basic family therapy skills, IV: Transgenerational theories of family therapy. *Journal of Marital and Family Therapy, 19*, 253-266.

Nichols, W. C., Nichols, D. P., and Hardy, K. V. (1990). Supervision in family therapy: A decade restudy. *Journal of Marital and Family therapy, 16*, 275-285.

Perelsz, A. J., Stolk, Y., & Firestone, A. F. (1990). Patterns of learning in family therapy training. *Family Process, 29*, 29-44.

Prosky, P. (1992). Support for Kantor Family Institute (Letter to the editor). *The Supervisory Bulletin*, 5, 4.

Roberto, L. G.. (1991). Symbolic-experiential family therapy. In A. S. Gurman & D. P. Kniskern (Eds.), *Handbook of family therapy, Volume II* (pp. 444-476). New York: Brunner/Mazel.

Roberto, L. G.. (1992). *Transgenerational family therapies*. New York: Guilford Press.

Roberto-Forman, L. (2008). Transgenerational couple therapy. In A. S. Gurman (Ed.), *Clinical handbook of couple therapy* (4th ed.). New York: Guilford, 196-228.

Sager, C. J. (1976). *Marriage contracts and couple therapy*. New York: Brunner/Mazel.

Scharff, D. E., & Scharff, J. S. (2008). Object relations couple therapy. In A. S. Gurman (Ed.), *Clinical handbook of couple therapy* (4th ed., pp. 167-195). New York: Guilford.

Simon, R., & Brewster, F. (1983). What is training? *Family Therapy Networker, 7*, 25-29, 66.

Stearns, S., & Fraser, E. (2010, Winter). Working with affinity: The journeys of white students and students of color in anti-racism courses. AFTA Monograph Series, 16-26.

Stierlin, H. (1974). Separating parents and adolescents. New York: Quadrangle Press.

Tomm, K. (1993). Editorial: Defining supervision and therapy—A fuzzy boundary? *The Supervisory Bulletin, 6*, 2.

Turner, J. (1993). Males supervising females: The risk of gender-power blindness. *The Supervisory Bulletin, 6*, 4-6.

Whitaker, C. A., &Keith, D. V. (1981). Symbolic-experiential family therapy. In A. S. Gurman & D. P. Kniskern (Eds.), *Handbook of family therapy* (pp. 187-224). New York: Brunner/Mazel.

Whitaker, C. A., & Ryan, M. (1989). *Midnight musings of a family therapist.* N.Y.: W. W. Norton.

Williamson, D. S. (1981). Personal authority via termination of the intergenerational hierarchical boundary: A "new" stage in the family life cycle. *Journal of Marital and Family Therapy, 7*, 441-452.

Williamson, D. S. (1982). Personal authority via termination of the intergenerational hierarchical boundary": Part II—the consultation process and the therapeutic method. *Journal of Marital and Family Therapy, 8*, 23-37.

Wynne, L. C. (1965). Some indications and contraindications for exploratory family therapy. In I. Boszormenyi-Nagy & J. Framo (Eds.), *Intensive family therapy: Theoretical and practical aspects, with special reference to schizophrenia* (pp. 289-322). New York: Harper & Row.

【第十章】純粹系統取向督導模式

湯瑪斯．陶德（Thomas C. Todd, Ph.D.）

雖然在本書其他部分中，多數督導模式的開發者可能都認為他們自己是「系統性的」，但是本章所提的督導模式幾乎是完全以系統原則為基礎的治療方法逐步演變而來。相反地，另外一些督導模式似乎是結合了系統原則，但也大力強調其他層面。去分類及命名本章所提的模式是很困難的；雖然各種方法都有被考慮過，包括「策略性的」（strategic）、「互動型」（interactionalist）、「目的性的」（purposive）。目前所使用的標題和分類與「系統純粹主義者」（systems purists）類似，也就是原本早期系統取向督導所使用的（Madanes and Haley, 1977）。督導模式包括：結構取向 （the structural approach）、三種策略性模式（即Mental Research Institute [MRI], Haley, Madanes）、焦點解決模式（the solution focused model）、米蘭取向（the Milan approach）。本章並無意選擇性地將某些模式排除在外，或者甚至強化任何特定模式對督導所帶來的影響；我反而希望讀者可以看到督導意涵如何從這些熟悉的取向中衍生，介入方法又是如何從中發展出來的，如此一來他們便可以利用任何類似的模式獨立地繼續進行這樣的過程。雖然我很熟悉這些治療和督導模式，但我也承認我可能沒有充分地利用他們。同樣地，我從我漫長的督導生涯中挑出我自己督導的案例，可能有些例子比其他例子更符合所討論的模式，但這些例子都分享了我所酷愛的戲劇性，甚至是令人驚訝的、幽默的，並且通常有些矛盾意象。

本章所介紹的模式在早期的系統取向治療訓練和督導中極具影響力，有些現行的標準督導做法就是從這些早期的模式所衍生出來，像是現場督導以及對原始材料的重視。這些模式揭示了理論的發酵及1970和1980年代時，針對每種理論效力所引發的爭論。在系統療法的早期治療和督導範疇上的差異似乎相當顯著，然而之後的差異並不特別突出。

當個別去檢視每個督導模式時，會發現他們各自的發展曲線有顯著的不同。例如，海利和麥德妮絲（Haley and Madanes）的持續性影響在他們分開——麥德妮絲離開MFT的領域，以及海利在2007年過世後降低。在最近的文獻回顧中（Fisch, Ray, & Schlanger 2009; Ray & Brasher, 2010）可以清楚看到，MRI的短期治療模式是其他模式的基礎，也被納入他們的理論之中。這些回顧強調MRI策略性模式的發展者對系統療法的影響，但並沒有太多證據顯示這些概念有更進一步的發展，或者提到對督導的影響。相反地，焦點解決模式則持續有相當程度的發展，也包含對督導的影響的討論（Fiske, 2007; Nelson, 2005; Nelson & Thomas, 2007; Wheeler, 2007）。接著，在七〇和八〇年代最具影響力的訓練模式之一的結構取向（structural model）（Colapinto, 1988; Minuchin & Fishman, 1981）則以較不「純粹」的方式來演變。例如，亞彭德（Aponte）是早期一位傑出的結構取向治療師、督導、教師，他因為對「治療師個人」（person of the therapist）的強調而有相當大的影響力（Aponte, 1994; Aponte, Powell, Brooks, Watson, Litzke, Lawless, &

Johnson, 2009; Aponte & Winter, 2000），雖然這和結構模式強調運用治療師的自我有所連結，亞彭德的治療師個人模式卻有更廣泛的影響。亞彭德也在訓練治療師時強調價值觀、治療貧困者，以及靈性取向（Aponte, 1996）。很類似地，米紐慶（Minuchin）和他的同事們也將他們的重點延伸到治療貧困的家庭（Minuchin, Colapinto, & Minuchin, 2007），對社會責任有更普遍性的關注（Colapinto, 1998）。近來有一個超出基本結構性模式的例子，描述了在病人和治療師都是華人時，如何調整應用於男性厭食症的個案（Lee, 2007）。最後，米蘭團隊在原始的團隊解散以及吉安凡可．瑟琴（Gianfranco Cecchin）於2007年去世後，其影響力便減弱。

雖然很值得去弄清楚這些模式的核心假設和獨特的方法和技巧，以便了解這些模式在督導作法上的影響，但是一般的趨勢是朝向整合且遠離特定學派模式的治療和督導（Anderson, Rigazzio-DiGiglio, and Kunkler, 1995）。可能除了焦點解決模式以外，目前已經相對比較少再有督導的特定學派模式的創新，似乎也沒有什麼被普遍採用的特定整合模式。對督導來說，最典型的方式還是結合一些基本要素成為一個兼容並蓄或更融合性的個人督導模式，美國婚姻與家族治療學會（American Association of Marriage and Family Therapy [AAMFT]）也持續地要求培訓中的督導要能清楚說明個人的督導哲學（AAMFT, 2007）。我想要讓本章可以成為督導在此過程中的一種資源，讓他們了解純粹的系統性模式的基本假設和可能的影響，以便他們可以更清楚自己的督導哲學。每個模式特有的以及符合其基本假設的方法和技巧都會在本章中特別強調。

共同的督導基本假設及運用

以下幾段將會描述一些督導的基本假設，這些是源自於陶德和瑟雷克曼（Todd and Selekman, 1991）說明結構性和策略性治療模式共同基本假設的文獻回顧。

強調當下的互動

如前面所指出，運用這些模式的督導可被視為「系統純粹主義者」，他們只在乎目前系統間互動的特色，以及維持著這些系統行為的因素。這對督導／治療師／個案家庭系統來說也是同樣的道理，亦是督導所注意的焦點。對於過去史的回溯保持在絕對的最低限度，這和系統性的殊途同歸原則一致（equifinality）——有無數的方法可以進入最終階段，但無法逆向歸納出一組獨特的先決條件。

這清楚地說明了督導的任務, 是去找出維持住治療當下的狀況以及個案的狀況的現有因素。現在的狀況是督導關切的事，因為有個假設認為這個狀況是「困住的」或是有問題的。在不關注過去史的狀況底下，督導的任務是要和受督者一起設想出某種介入方法去解決個案的狀況，或者至少除去障礙。

互動模式的小改變是關鍵

這些模式往往全都抱著樂觀的看法，相信相對上小小的改變最後終究會對系統有很大的影響。這意味著受督者（或者督導者！）行為上小小的改變終究可以貫穿系統，造成顯著且長久的改變。雖然不同模式可能會以不同方式來描述這種改變，然而這項原則卻貫穿了所有模式。焦點解決模式是最清楚描述有正向滾雪球效應改變的模式，小小的改變可以造成更多大的正向改變。

案例：受督者徹底改變反應

我曾經督導過一位治療師，極能夠觀察她自己的行為。她因為一個陷入困境的個案而尋求督導。這位個案有相當程度的潛在致命性，過去曾試圖自殺，每當症狀好轉，開始描述一些正向的改變時，就會開始急轉直下，而認真地說要自殺。治療師在思考過她自己的行為後，她注意到因為自殺的可能性讓她相當緊張，而當個案的自殺傾向降低時，她就明顯變得比較放鬆，安穩地坐在椅子上，但是當個案又開始出現自殺徵兆時，她就突然開始全神貫注，身體往前傾，集中注意個案說的每個字。

開始和督導合作後，治療師採取一種假裝對討論自殺不感興趣的態度，這也有幾分真實，因為她之前已經都全部聽過了。當個案描述新的健康行為時，例如新的休閒或社交活動，治療師就會身體往前傾，並有興趣地回應。個案的反應很令人吃驚，也就是預期中的正向滾雪球效應而非故態復萌。治療師持續地處理治療終結的議題，她大力強調她很樂意持續聽到個案有興趣的事物和完成目標的消息，這也暗示著若再有自殺行為，她可能就不會再接受治療她。

強調協商與觀察的目標導向

這個類型的治療取向在最糟的時候曾被認為是「噱頭」，且是極為介入性的，但也並非一無是處的指控。這些模式最主要的保證是有清楚可觀察到的進展指標，朝著個案的目標前進。這暗示著如果有清楚協商好的督導目標，且有直截了當的成功方法的保護時，在督導中使用間接或甚至是悖論（paradoxical）的技巧以達成受督者改變的目的，可以被認為是正當的方式。

強調正向詮釋而非領悟

這一組的治療模式有強烈的立場反對領悟（insight）的重要性，領悟被視為是不相關的，或者充其量只是改變過程的副產品而不是原因。這種極端的觀點用於督導時想必就稍微緩和了，因為對治療師來說，更重要的是能夠了解什麼因素造成了改變，如此一來他們才能擴大運用到其他的情況和個案。這些模式也有可能會結合教學和督導，但他們通常會避免在治療中運用到教學。

正向詮釋（positive reframing）可以是督導中很有效又精簡的方式。督導中，「消費者」比較可能知道督導有意地重新詮釋受督者的行為，而在治療中類似的企圖則比較不可能被注意到。雖然知道督導者在進行重新詮釋可能會減低此介入的效力，但這個問題會因示範效果的增強而抵消。

保持簡約

這一組的治療模式都以他們的簡約為榮，尤其MRI模式是最極端的一個。由於這些模式著重於改變取向，他們重視簡約及立即可用的假設和對案情建構的理解。在督導中，如同其他的臨床討論，簡單的想法並非必然地就會被接受；不同的治療模式提供多樣的技巧，去解決受督者或同事們過度複雜或負面的想法。

以優點為基礎

這些模式全都試圖要誘發出個案和受督者的優點。他們往往試著要強化現有的優點，而不是認為所有對治療師有用的東西都要靠督導者的指導。如同前述對於領悟的不信任，這些模式往往都要靠情境中的改變來去除限制，並創造可以讓優點展現出來的環境。督導中，在這些正向改變發生之後，通常都會接著討論促成改變的因素。

將阻礙詮釋為解決問題的善意

雖然這個觀點在MRI模式中最清楚展現，但這些模式全都試圖要找出重新正向詮釋阻礙的方式，避免造成受督者的抗拒。明確的假設是認為受督者會盡力提供幫助，而很多「錯誤」對受督者的程度來說都是正常且常見的。

督導是主動且主導的角色

這一組的所有模式全都假設督導者是積極的角色，尤其相較於精神分析取向（第八章）和後現代（第十二章）督導模式來說更是如此。主動性的本質可能不盡相同，就如在不同段落中所描述的，每個模式有其特有的督導介入方法。這些模式裡的督導者們擔任著領導的角色，指導受督者熟悉治療技巧，他們通常也在督導中嘗試並運用這些技巧。

介入性的

治療師和督導者雙方特定的動作被視為極其重要。預先計劃好以及刻意的介入被認為是可行且有用的。另外有一個假設認為介入方法是能加以分類並教導。（這使得以精簡的方式運用現場電話督導來提供介入的建議變得可行。）督導者也投入相當大的精力在設計及選擇督導介入方式，並以最佳方式呈現。

督導者對有效的介入負有責任

在這個群組中的督導者都傾向強調他們的工具性角色。正如後面會提到的，當面對受督者的困境時是由受督者還是督導者提出解決方案，兩者間有一些重要的不同；MRI和焦點解決模式強調督導者的催化角色，而結構性和策略性模式則視督導者為提供指示或其他介入方法的角色。

這些模式全都強烈地反對「阻抗」（resistance）是有效的概念，無論它是來自於家庭成員或是受督者。在這些模式中，責任最終都是在督導者身上，因此，任何有關受督者難以受教的描述，都要正視為督導者的挑戰，而非缺乏進展的藉口。

務實

每個模式都有其自成一格的架構，但在其架構中，所有的模式都傾向非常地務實並善用機會。只要督導者可以證明介入方法可以達到目標，並具體說明成功或失敗的指標，相對上很少會有督導介入方法會被斷然排除在外。

改變可以很快

這一組的模式傾向納入一個信念，認為改變可以很快地發生。雖然他們也會強調逐步地學習，但毫無疑問地，出人意料的介入和突然「啊哈」的體驗不只是有可能，而且是被高度期待的。

個別模式

結構取向

主要目標：矯正階級

此模式會強調督導和治療中階級（hierarchy）的重要性以及跨世代結盟（cross-generational coalitions）的破壞性，這當然可以包括矯正治療師不正確的立場，比如明顯支持小孩子，或是偏袒夫妻的其中一方。督導者也必須警覺他們自己的行為和傾向，是否會削弱階級以及加入對治療有所限制的祕密同盟。

結構性取向的特有假設

● 融入

在結構性治療中會強調刻意地運用融入（joining）（Minuchin & Fishman, 1981）的概念。因為督導關係的專業本質，督導者可能會認為在督導中融入並不比在治療中融入來得重要，但是融入其實有助於鼓勵受督者遵循督導指示。在團體督導中，刻意地操作非語言行為相當有助於平衡團體中的關係，或者制衡督導介入的影響。

督導對自我的運用

結構取向督導也可以大量地運用個人影響來達成一些特定目標（Aponte, 1994）。（就這方面來說，它算是比其他模式「熱情」，它納入了治療師或督導者的情緒反應，其他模式則比較不動感情或甚至冷淡。）在結構性督導中，督導者可以刻意地運用自我，包括督導者的情緒或選擇性的自我揭露，以激勵受督者的行動。

眼見為憑

比起本章其他任何模式，結構性模式的督導更能成為「眼見為憑」的例子。現場督導或者督導錄影會比口頭報告更被信任，督導也常常建議即席互動（enactment）。同樣地，督導通常希望可以測試系統對於直接要求改變的反應。這對於決定督導朝向更策略性的方向之前尤其重要。

典型的結構取向的督導介入

劃分界限

在結構性模式中，督導需要警覺到界限和階級可能帶來的問題，也要準備好介入矯正他們，有鑒於督導／受督者／個案系統的複雜性，這樣的問題很常見，只要督導者保持對溝通模式的了解，介入通常很簡單。例如當在訓練督導者運用電話作現場督導時，我就只是不去碰電話，把它留給準督導（supervisor-in-training）。這可以確保所有的通訊都是透過準督導，避免任何越級溝通而造成階級的混淆。

即席互動

結構取向以強調即席互動的使用著稱；理想上是在現場督導的情境下進行，因為這樣可以同時觀察到行為模式，又可直接介入改變它。在督導中也會運用各種問題的類比；最不理想的狀況是只讓受督者去談論問題，因為基本假設是認為受督者通常不會意識到困難的來源，尤其當來源是他們自己的時候。在督導中，利用角色扮演呈現出陷於困境的治療情境會很有幫助，特別是因為這樣可以讓督導者進行介入。觀看治療錄影帶雖然無法進行直接的督導介入，但從收集資料的觀點來看，對了解關於受督者如何參與在問題當中很有幫助。

強化

刻意地強化督導當中的一些情境會有相當的效果，尤其是當受督者有些反應不足時。這包括治療情境——當受督者似乎太過容忍治療中一些失控的行為時，或督導情境中當受督者欠缺適切的情緒反應時，例如當受督者沒有錄好治療，或者沒有為督導充分做好準備，而他們卻顯得無所謂。

典型的結構取向督導形式

現場電話與走入治療督導

米紐慶、海利、蒙太弗（Montalvo and Strom, 1997）是發展

出現場督導的其中幾位先驅，並使其成為純系統取向督導的標準督導形式。當結構性督導運用現場督導時，現場電話督導便獨具特色。多數督導介入是行動導向的指示，例如「叫父親對母親說話」、「讓小妹妹多參與一點」、「靠近母親一點」，這些都類似結構性治療師會進行的介入——要求做一些特定的動作而很少或完全沒有解釋。

米紐慶還發展出一種具獨特風格的「走入治療」督導，他會在幾乎無預警的狀況下走進去治療現場，並進行出人意料的介入，像是「你的治療師並非在告訴你說你對兒子的保護是在扼殺他。」當父母親要開始反應的時候，他會說「你需要跟你的治療師討論。」然後離開房間。雖然這樣的介入聽起來會讓受督者和家庭感到不安，但它是很典型的結構性介入。

我相信與直接接手剩餘的治療的做法相比，這樣的介入較不具破壞性。相較於接手治療可能被被詮釋為對受督者缺乏信心的表現，走入治療的手法則仍隱含著一個訊息：「你和治療師可以解決問題。」。

案例：調整治療系統

下列的例子說明督導使用結構性概念對一位受督者進行介入的方法，這發生在我幫費城兒童輔導中心（Philadelphia Child Guidance Clinic）發展全家住院計劃時。

> 一位被指控虐待她的獨子的單親媽媽和兒子一起住院。在員工／家庭的層次上，一個熟悉的動力發生得很快，許多團隊成員都把這個小孩子理想化，並很快地下結

論認為他們會比這位母親更稱職，對她有敵意，想要取而代之。

在督導中，這樣的動力很明顯地也重複發生在其他層次上。住院治療師（筆者）透過他的行為表示，他認為這對母子接受他院的門診治療師而非本院優秀治療師的治療很可惜。督導者康布林克—葛拉罕（Lee Combrinck-Graham）醫師便指出，這種態度會讓診所疲於應付紛至沓來的個案，並與轉介來源產生對立。治療計畫被徹底重組以改變溝通的管道，並矯正階級的問題。在準備出院時，我的主要工作是找出這位母親的行動並給予增強，如此她便可以轉而強化她的小孩。

這個假設非常地清楚，每個階級的參與者都必然有能力表現出可以被強化的行為。這個假設認為矯正階級會帶來快速的行為改變，而事實的確如此。所有的關係都很快地變得更正向，而其他行為改變也馬上跟著發生。

海利的策略取向

主要目標：中斷失能的循環

海利以能夠仔細分析行為的循環而聞名，這些行為深藏著一些症狀和失能行為，他也特別注意治療師如何在無意之間成為這一系列循環中的一部分（Haley, 1996）。當督導者遇到這種狀況時，督導者要負責找出中斷此循環的方法，運用一些技巧像是悖論的督導指令（paradoxical supervisory directives）、嚴峻考驗（ordeals）或重新詮釋（Haley, 1996）。

海利策略性模式的基本假設

獨一無二的策略

策略性督導者會針對每一位個案發展一套獨一無二的策略（Haley, 1973），因此可以預想這也同樣適用於督導中。海利很清楚地表示，治療中的教學功能相對上比較不重要，而且甚至可能是很冒犯又有反治療效果的。由此觀點來看，督導中最有趣的是能有一套獨一無二的策略，來幫助受督者打開新的視野。

善用的概念

「善用」（Utilization）是指將任何帶入治療或督導的元素都納入，並視為一種合作（Haley, 1996, 2007），這是一種很重要的督導概念。雖然這個概念在督導中形式化的程度不像在焦點解決督導中那樣正式，但是海利策略性取向督導認為和受督者相搭配而不是和他們爭論，才會有好處。

指令的重要性

此模式特別強調指令的設計和呈現，也很清楚地指出介入的內容只是一部分；具體的措辭和呈現的確切方式被視為至少是同等重要的。督導者需要為督導指令的成功負起全責，並願意仔細地檢視指令所使用的語言以及呈現的方法，是否會造成無法達到預期的影響。

督導的階段性

督導們認為，就多數的困境而言，不可能從開始的「不正常」狀態就直接達到期待的目標（Haley, 1984）；相反地，督導者需要擬訂一個中程目標，這個目標也是「不正常」的，而且不會願意被當成最終結果。例如，叫一位多話的治療師少講一些話是很難操作的，與其這樣做，策略性督導者反而可能會闡述一個理由去請治療師在治療中的一段時間裡完全保持沉默。

典型的策略取向督導介入

悖論的爭議以及悖論的技巧

許多督導者都不太願意在督導中使用悖論，這是基於一些考量：（一）受督者會比治療個案更有可能察覺出悖論的介入方式；（二）知道介入方法的策略性本質會破壞它的有效性；（三）被發現在使用悖論方法會有損督導關係。這些疑慮雖然似乎顯而易見，但事實證明在實際操作時，影響力並不大。一項對治療中使用悖論技巧的調查發現，增加對悖論使用的了解可以提高它們的接受度（不一定是它們的影響力）（Sexton et al., 1993）。在我的經驗裡，當人們因為矛盾的事實而意識到悖論時，這種兩難的困境就會消失了。

各種不同形式的悖論在督導中都可能很有效果，例如說，警告受督者改變得太快的危險性。在這種技巧的時間因素是關鍵。策略性督導可能會質疑受督者是否準備好被認可為成功的治療師，然後繼續列出一些風險。另一種悖論的介入是利用立場（positioning），督導者刻意採取一種與一般預期督導者會有的截然不同立場，目的是為了保持督導的彈性。立場的利用通常會對督導的基本信條提出質疑，而不只是針對一個原本就意見分歧的議題來表達不同的想法。例如，督導者可能會反對受督者對於治療的方向和目標太清楚了，或者認為清楚的約定有可能是不好的。雖然這種介入可能有點開玩笑的性質，而且受督者應該常常會想要弄清楚督導者是不是真的相信他的觀點，但是有效地利用立場需要憑藉一些真實情況，例如對治療清楚或主導的風險。

案例：一則給筆者的悖論訊息

我從一群受督者那邊收到一則書面信息，我當時正在訓練他們使用書面的悖論指示，而這信息的形式讓我起了合理的懷疑。這則仔細雕琢的信息要我在臨床工作人員面前稱讚他們的時候要小心，並詳加說明一些我這樣稱讚他們可能帶來的負面後果。雖然我一直被認為是很積極正面以及出奇地圓滑的，我很少被指責說太過極盡溢美之詞，所以這則訊息同時暗示著「多讚美我們一點」以及「不要太過讚美我們」。當我指控他們使用悖論時，他們很恰當地否認了，但同時又從他們的非語言行為中顯示出，他們非常以他們達致的成果為傲。非常清楚這項介入是悖論，並沒有讓我不去處理有關讚美以及對其後果負責的兩難困境。

善意的考驗

督導的嚴峻考驗（supervisory ordeals）在督導中相當實用，它可以讓效果不佳的督導僵局轉變成「雙贏」的局面，因為和悖論技巧相較，協商出適當的考驗過程相當直截了當。和其他所有的策略性技巧一樣，督導的嚴峻考驗只有在清楚界定、雙方同意的目標前提下才算恰當，因為在達到這些目標後受督者才能擺脫考驗。如果當一些重要的督導目標無法達成，而朝向目標的進展也停滯不前時，作為最後的手段，督導者可以提供一個善意的考驗。雙方都知道這是一種不太愉快的考驗，而且因為受督者沒有達成雙方同意的目標時，受督者便很難不同意這種考驗。通常只要建議這種可能的處方就足以打破僵局。

適當的督導考驗可能有點難以想像，提供一些例子來激發讀者的創意。雖然我很少需要使用一個完整的督導考驗，我曾經使用過或揚言要使用下面的例子：

一、受督者在治療中太囉嗦而且又無法控制的話，可以請他寫下治療中他的每項陳述，然後描述這些陳述的理論依據。

二、受督者不知為什麼似乎總無法帶治療錄影帶來作督導，可以請他選擇做接近逐字稿的「療程紀錄」當作另一個選擇，就像初學者一樣。

三、受督者在督導或治療中有某種特定的「阻礙」時，可以請他就那個主題做一個徹底的文獻回顧。

典型的策略性督導形式

現場團隊的最後指令

如先前所提到的，策略性督導通常包括治療的現場督導團隊和督導者坐鎮在單面鏡之後。通常目標會包括提供一個由鏡子後面的團隊所回饋的指令。

案例：督導的嚴峻考驗

一位準督導（supervisor-in-training, SIT）已經用盡各種介入方法想要讓一位受督者帶治療錄影帶來作督導，於是安排了一個現場的督導，而受督者表示說他會帶錄影帶來，是這六個月來的第一次。督導者（筆者）和準督導預先計畫好受督者帶了錄影帶來該獲得怎樣的認可，但結果不如預期——受督者的確帶了錄影帶來，但因為許多理由它一點用也沒有：那是一卷聽不到聲音的帶子，紀錄著和一個女孩子的治療，但無法聽懂女孩在講什麼，而且她的治療早就已經終結！在鏡子後面的督導者給治療師一個模稜兩可的訊息，恭禧他找到了一卷「完美的錄影帶」，但沒有再詳述細節。

在接下來與準督導的討論中，我意識到這是難得可以運用「嚴峻考驗」的機會。我想到準督導和我都忽略了一件顯而易見的事——因為受督者所有的督導都有錄影，所以若要和他討論的話絕不可能沒有錄影帶。（我們都知道受督者討厭討論過程。）按照我們的約定，準督導把這件事轉達給受督者，更進一步指出「如果有必要的話，在下一次的督導中，我們可以看我們在討論督導錄影帶的錄影等等。」受督者似乎很快地就明白了，但我們花了兩次的督導，介入才發揮預期的效果。在這兩次督導中，準督導放映督導錄影帶並評論受督者的肢體語言和動作的細微變化，一邊也藉由非語言的溝通表示後者知道這是一種折磨，而且沒把這種介入當一回事，只要有必要的話他會繼續。受督者知道只有一種解脫方法，結果他在下次督導時，甚至帶了兩卷錄影帶。從那時起，錄影就不再是一個問題。

相對於害怕被發現在督導中使用策略性介入，這位治療師完全了解發生了什麼事；然而，這項介入仍然有強大的效力。他廣泛地閱讀海利的理論，也知道我在這項介入中的角色。（他後來成為我的準督導！）回顧起來，他描述說他讓自己在錄影的議題上陷入困境，又無法讓自己擺脫，雖然該介入讓他很不舒服，但他認為那樣做很合理，而且很慶幸那有助於推進督導歷程。

麥德妮絲

主要目標：矯正「有益」的階級倒轉

麥德妮絲（1981, 1984, 2006）的策略性模式認為症狀在人際關係中是有幫助的。然而在何種狀況下，督導者才會認為類似的善意存在於督導者和受督者間的關係呢？雖然麥德妮絲沒有針對這個議題說明，有三個因素大概可以促成這種可能性：（一）當督導關係是長期時；（二）當關係延伸到督導時間外（例如，機構裡的督導、系所／學生），以及（三）當一方或雙方都覺得「陷入困境」時。

麥德妮絲模式特有的督導假設

誰在幫助誰？

在兩種極端的督導情境中，去處理誰在幫助誰的問題變得十分重要。第一種情境是一方或雙方都有理由相信受督者在幫助督導者（例如，督導者需要這些督導小時，讓自己成為被認可的督導）。第二種可能有問題的情境是受督者從來不認為需要督導的幫助，至少不是從該位督導身上。

這兩種情境都不至於讓督導關係注定要失敗，他們通常可以透過直接的約定而改善。麥德妮絲特有的貢獻在於建議：如果直接的方法無效的話，督導者可能需要假裝需要受督者的幫助。正如麥德妮絲所提到的（1981, 1984），假裝需要和真的需要它並不一樣，而且這種假裝可以防止其他的「有益的」動力發生。為了讓介入發揮預期的影響，督導者需要準備好誇大的情況。在某個督導中，受督者總不接受幫助，我便故意採取一種無能又無助的姿態，很可惜地，當受督者開始說些安慰的話和擺出高姿態時，我開始時變得非常地惱怒，我內在的反應是：「你這個笨蛋，我不需要你的肯定讓我覺得是有用的督導！」我需要放下架子，並更戲劇性地去誇大我無助的立場，以便讓這段關係從之前困住的動力中解脫。

權力與無能

麥德妮絲相當重視在重要關係中權力的動力。在權力失衡又無法以其他方法處理或解決時，看起來無能可以起一些重新平衡的作用。雖然策略性督導不重視指導和技巧訓練的重要性，而且強調這種由上而下（top-down）的狀況會出現問題，但多數其他模式的治療和督導都允許技巧或知識不足的可能性。當技巧訓練和教育效果不彰時，的確要合理地懷疑受督者的「無能」是否在督導者／受督者／個案系統中有些實用價值。（見第十四章對「共謀的遊戲」的討論。）

治療（和督導？）的階段性

策略性督導認為困境很少靠單一介入方式就解決。當開始的情況陷入困境時，治療以及督導可能都需要透過一系列的階段去進行，通常在達成最終的目標前，會有一些不尋常的過渡階段。以前面的例子來說，在更平衡的關係出現之前，受督者可能需要經歷一段覺得對一位迷惑的督導者有幫助的階段。

典型的督導介入

和海利一樣，麥德妮絲也大量使用現場督導，治療師是傳遞從鏡子後面而來的介入的工具；這可能會造成難以區分督導介入和治療介入。有關麥德妮絲風格的介入很少被寫到，特別是針對治療師的介入，因此這些說明有些只是推測。

儀式

麥德妮絲（1981）描述了她曾提供受督者作為治療介入的一些儀式化作法。這些通常似乎是比海利的嚴峻考驗更有趣的版本，像是請家庭演出一場儀式，包含半夜中小孩因惡夢而驚醒時全家人的情況。這些儀式通常建立在一些對症狀的意義和功能的假設上，特別是在重新平衡家庭中的權力。

雖然希望這種介入比較少需要在督導中使用，但理論上似乎沒有什麼特別的障礙會導致無法使用它們去重新平衡權力或解除困境。這些介入可以是治療師的「儀式」，但家庭卻不知道那是治療師被分派的任務。例如，受督者可能會被指示用一種特別處於劣勢的方法去開始每一次的治療，或者在某些主題上總會詢問母親的意見。

案例：愛爾蘭處方

在一個督導的督導（supervision of supervision）中，我注意到一個很特別的困境，督導中一位樂觀的女性準督導一直嘗試要鼓勵一位男性治療師，但卻無濟於事。這位治療師的某些特質似乎無法讓鼓勵起作用，尤其因為他是個悲觀的愛爾蘭人，以前是耶穌會神學院的學生。為了打破督導僵局並讓心情放鬆，準督導被告知可以讓治療師固定於每次督導時都帶來一則愛爾蘭笑話，可以幫助她了解悲觀主義以及愛爾蘭文化中的兩性關係。（他們兩人都準確無誤地按照指示進行！）

假裝

麥德妮絲提供了許多有創意的例子來讓某人假裝有問題去防止一些問題。將這延伸到督導中，督導者可以假裝有受督者的問題，而請受督者幫忙處理它，或者督導者可以指示受督者假裝有一些受督者其實本來就有的問題，即使督導者或受督者都沒有公開地承認過。這些介入方法很複雜也可能難以理解，所以很重要的是要留意先前的警告，也就是清楚的督導目標是最好的保護，免於那些不相關的和會造成不必要麻煩的間接介入督導。

案例：假裝無能

當我身為一個初學的督導時，諮詢過麥德妮絲一個督導問題。我的一位受督者感覺和他的同儕相較之下不太成功，而對於我或同儕平常的鼓勵也毫無反應。他似乎意志消沉，而這對他的治療有所影響。

麥德妮絲回應說，這在受訓的階段是可預見的問題，而有一種假裝的介入方法總可以達到預期的效果，需要做的就是請受督者尋求個案的憐憫，他要保證在每個個案的下一次治療中，坦承他感覺完全無法勝任，而且考慮要改行。她預期多數的個案會覺得很驚訝，並會很快地指出他們與他的治療所造成的改變。這項督導介入出現了一個假裝的介入常有的效應：治療師笑了笑，然後堅決地說他知道他不需要進行這項實驗。先前陷入困境的動力就被一項介入（或者它的威脅！）解除了。

MRI短期治療模式

很多現代主義和後現代主義模式都受MRI簡短治療模式很大的恩惠，尤其是焦點解決取向。這個模式很多簡易的概念都很明顯地適用於督導。

主要目標：轉變試圖解決問題的方案

MRI取向認為善意的試圖解決問題的方案會是個問題。這個假設似乎也適用於督導，因為它假設良善的意圖，而非病態或甚至受督者的行為，在督導系統中有其「功能」。

MRI取向獨特的假設

顧客身分

受MRI「顧客身分」概念影響的督導會注意到，許多跡象顯示受督者並非真的是督導者的顧客：他們並非有督導問題需要解決而前來接受督導；他們缺乏特定的目標；他們似乎覺得不需要負責將督導建議進行到底。受督者可能在督導的其他方面是「顧客」，包括支持與認可、其他意見、或者只是為了取得督導時數。這樣的動機在以問題為焦點的督導一開始時會產生一些困難，但可以加以運用來增進受督者對督導過程的投入。

典型MRI督導介入

避免重蹈覆轍

MRI模式最基本的介入是直接遵循「試圖解決問題的方案本身會變成問題」此一假設的結果——避免做出「老樣子」的無效行為。常用的祕訣是做180度的轉變，做實質上和之前不成功時所做的相反的事。督導者無法不受這種「老樣子」動力的影響，他們應該要知道督導有可能需要做U型迴轉。所有督導行為都值得做這樣的轉變，尤其是當督導者感覺到他們陷入困境或行為變得愈來愈極端時。有各式各樣可能的例子，像是解釋得太多，或者很少提供意見。無論督導行為的理論依據是什麼，督導者都應該考慮針對慣常的行為做有計劃的轉變。

量身訂作督導介入

督導介入可能似乎順理成章且可靠，但為了達到最大的影響，他們需要符合受督者的世界觀，或者盡可能不要偏離太多，這點非常地重要，因為目標從來不是要改變受督者用「更好的」觀點去看問題，在此模式中，督導者以不與受督者先前的行為和信念相抵觸的方式去發展介入方法，可以讓他們有面子，使用受督者自己的語言和隱喻也可讓介入更容易被接受。

典型的督導形式

治療間的督導

費許（Fisch, 1988）強調一種相對獨特的督導形式，也獲得MRI模式的採用，即治療間的督導。他比較喜歡這種形式更勝於現場督導，現場督導通常在受督者需要被引導到適當方向時，暗示著督導者的觀點是正確的。在每次治療之間進行放鬆的交談會與MRI所強調的受督者行為「大格局」的改變、及根本的信念和假設的改變更為一致。

下面的案例雖然有些吊詭，但卻是督導中作180度轉變的例子。

案例：完美的治療師

一位和我工作的中年女性準督導，是系所裡的教師之一，針對她課程中所督導的一位學生向我諮詢。她和這位學生之間曾因為這位學生在課程中的一些行為有過衝突。這位督導認為這位學生很多行為帶有有性和挑逗的意涵，但這位學生不接受她的觀點，且聲稱督導者是忌妒比較有吸引力的年輕女性。

很不巧地，這位學生接受督導的個案是一位十六歲男孩和他的單親母親，這位母親與兒子的關係含有高度的性意味，而這位兒子似乎相當難以處理這個問題。根據準督導的說法，治療師對這位男孩表現得非常有誘惑力，但是她不接受準督導的觀察，而且一樣也指責她是忌妒。這種權力競爭進入一種僵局，所以準督導尋求我的指導。

我回應說，我知道什麼是合適的介入方法，但很懷疑準督導是否會接受它。事實上，我知道準督導是訓練有素的策略性治療師，只要有充分的動機，她很容易就可以改變她的立場。我解釋說，她應該要知道這位女性是這個個案最完美的治療師，因為她太適合去教導這位年輕人有關有魅力的女人的知識了。準督導馬上就接受進行這項介入的可能性，而且立刻同意使用它。

正如預期的，治療師拒絕準督導的指示在治療中假裝散發誘惑力。治療師和準督導之間，以及治療師和這位母親之間的競爭大大地減少了，這個個案也就繼續往前發展。

焦點解決取向

和其他在本章中所包含的模式比較起來，已經有大量的文章和章節探討焦點解決督導（Edwards & Chen, 1999; Marek, Sandifer, Beach, Coward & Protinsky, 1994; Pichot & Dolan, 2003; Selekman & Todd, 1995; Thomas, 1994, 1996; Wetchler, 1990; Wheeler, 2007）。這些作者在運用焦點解決的概念和技巧上有許多相似之處，所以這個段落從中擷取材料，並避免贅訴或重複沒有太多差異的部分。

主要目標：辨認及增強例外

毫無疑問地，焦點解決督導最獨特的目標就是辨認出可以被增強的例外，幫助受督者發展他們自己的解決方法。焦點解決取向督導者通常會請受督者事先在錄影帶上指出他們覺得自己做得特別好的地方（Selekman & Todd, 1995）。如果合適的話，他們也會被要求對照那些他們覺得被困住的地方。督導者應該要特別認識到自我主導權（personal agency）的議題，應該要增強那些受督者描述自己如何比較成功的部分，以及要如何在將來複製更多類似的成功。雖然督導者也可以辨認出例外，但是能夠緊緊忠於受督者自己辨認出來的例外會更合適。

焦點解決模式獨特的假設

受督者必然會與督導者合作

焦點解決模式特別強調合作的概念。我一開始以為這只是運用語義去避開阻抗的概念，但後來我開始了解到這種思維模式對督導的重要性。就如同在治療中一樣，假設受督者會在督導中和我們合作是很有用的；因此督導者的主要任務變成是要辨認出受督者獨特的合作反應模式（deShazer, 1985）。受督者的反應模式可能相當廣泛，像是對督導指示做出直截了當的反應、將督導者建議稍做修改、做完全跟督導者建議相反的事情等等。督導者在做未來的建議時需要考慮該反應模式。

督導者讓改變的對話持續發生

金哲里奇等人（Gingerich et al., 1988）的研究中發現，治療師使用和改變有關的語言，和正面的治療效果有直接的關係。當這些概念運用在督導時，其假設認為督導者使用改變取向（change-oriented）的語言——例如使用一些有前提假設的字，像是**當**和**會**，和治療中誰特別注意到受督者提及的改變對話——會對受督者的治療有顯著正向的影響。這種作法的具體技巧在下面介入方法的段落中加以介紹。

受督者主導督導目標的界定

較本章談及的其他治療督導者，焦點解決取向督導者視他們的任務為協助受督者在他們的督導學習合約及治療中，為自己找到具體而微的目標。

焦點解決取向督導的介入方法

不談論問題的對話

惠勒（Wheeler, 2007）強調「不談論問題的對話」運用，可以將督導的重點放在受督者的做法以及受督者可以取得用來幫助個案的資源上。惠勒舉了一個例子，他問一位受督者除了工作以外有什麼才藝，這可以協助治療師利用自己的藝術才能去避免機構中可用素材的不足，這個問題之前曾讓這位受督者很挫折。

稱讚和鼓舞

在督導中，稱讚和鼓舞（deShazer, 1988）交織在督導的各個層面——在回顧錄影帶的時候、在現場督導電話指令給予的開頭、在諮詢的休息時間、在每次督導後的討論時間。稱讚受督者他們的治療能力以及在每次督導中的表現，可提供有用的鼓勵作用，也可增進專業的自信心。

評量式問句

評量式問句（deShazer, 1991）可用來建立具體而微的督導目標、維持清晰的督導焦點、作為量化評估過程的有用工具。在受督者確認目標後，他們會被要求用目標達成程度的量化問句來評估他們自己，然後會被問如果他們要在刻度上前進一小步的話，他們該做什麼（Selekman & Todd, 1995）。

假裝奇蹟的發生

狄夏澤（deSchazer）一系列的奇蹟式問句（deShazer 1991）在受督者運作他們的目標以及產生新行為時非常有用。例如，受督者會被問說：「假設在你下次和史密斯家族的治療之前，一個奇蹟發生了，而你和他們之間的僵局化解了，你要怎麼知道這個奇蹟真的發生了？」「你在那次和史密斯家的治療中，會有什麼不同的做法？」「你要怎麼讓那種狀況發生？」「你需要繼續做什麼才能讓那種狀況經常發生？」這樣的問題可以成功地引導受督者替陷入僵局的個案找尋出解套方案的專業知識。

奇蹟式問句可以延伸到請受督者假裝在進行某個特定的奇蹟式行為，然後注意個案會如何反應（deShazer, 1991）。針對這項督導任務，受督者將治療過程錄影對治療師—家庭互動的細微差異的分析會有所助益。

納入個案的觀點

愛德華茲和陳（Edwards and Chen, 1999）提倡應該納入個案的觀點，以減低督導者看法的權威性。如果可行的話，進行的形式可以請個案加入督導討論，若不可行，可以以假裝「好像」個案在現場的方式進行。狄夏澤（2002）曾對評量式問句的運用稍作修改，要求治療師想像個案會如何用評量式問句去評估治療，因為治療師通常會低估他們的工作造成的影響。

如果行不通，就試試別的方法

在焦點解決取向模式中，若知道嘗試解決問題不成功，可以利用有如萬能鑰匙的介入方法——「如果行不通，就試試別的方法」來解決。督導者需警覺到某些他們給予的督導指示可能已被證明無法有效改變受督者的行為。相反地，如果某特定督導合作模式的介入方法對受督者有效，督導者便需要多做一些有效的事情。然而當督導或治療陷入困境時，任何行為改變都有可能使一直做同樣無效行為的情況有所進步。

「覺察」的任務

一項額外由惠勒（2007）所發展的督導工具是「覺察」任務的運用，受督者被給予一些任務，注意每次督導之間是否有特別的事情發生。這樣的任務可以「被設計運用在任何受督者覺得當下對他們實務工作有用的地方」（Wheeler, p. 350）。

典型的焦點解決取向督導形式

最終的介入與督導架構

焦點解決取向模式的訓練，通常包括利用團隊進行現場觀察並形成最終的介入方法，有可能會有督導的電話直播，但總是會帶著大量的稱讚。在諮商的中場休息時間，治療師會接受進一步的鼓勵，治療師要給予家庭的最終介入方法也會形成。督導者可以利用諮商的休息時間，也可能在現場督導以外的情境給予最終的督導介入，例如在個別督導中個案的錄影回顧。錄影帶也很適合用於焦點解決督導，可附加於現場督導或者當作一種替代的選擇，督導者會運用前述的一些技術，通常利用錄影帶去辨別並強調優點而非變成「找問題的偵探」。

案例：好玩的解決辦法

當我在一個焦點解決督導研討會作個案諮詢時，我有點驚訝一位婚姻與家族治療系畢業的治療師詢問設計麥德妮絲式（Madanes-style）的假裝介入方法（pretend intervention）。但因為焦點解決督導的主要原則之一就是要針對受督者的目標去做，所以似乎要尊重這項請求才顯得一致。

經過討論後，顯示這位治療師在一個法院指派的個案中陷入窘境。主要病人是一位十二歲的女孩，她因猥褻兒童（並非病人本身或其他家人）而入獄的父親將要被釋放。治療師被指示在這位女孩「充分理解她父親的犯行」時要通知法院，如此才能進行探視。很可惜地，這位女孩在治療中不太有興趣講話。她的母親和同母異父的姊姊有點不好意思，但比較願意談有關性和性侵害的話題。但當她們談到這些話題時，病人會拿一本雜誌擋住她的臉。直接請她放下雜誌和與她交談都失敗了，治療師開始感受到和法院溝通的時間壓力。

當治療師被要求想像這個個案成功的時候是什麼樣子，治療師描述說不必再與這位女孩進行權力的爭奪，而且會有比較好玩的氣氛。她還分享了一個根據麥德妮絲學派的假設，認為這位女孩是在保護母親和姊姊。很快地，她說：「或許我們應該都拿著雜誌！」我們都同意她應該要認同這位女孩的行為，是在保護及幫助每個人，包括治療師在內，所以應該鼓勵她在任何時候感到有人不自在，就拿起她的雜誌。在經過幾次治療之後，治療師寫信告訴我，她已經按計畫進行了假裝的介入，它的確為治療中的氣氛帶來預期的效果。

新科技

惠勒（2007）討論了各種符合焦點解決督導方法的科技形式，

可用來另外協助督導的進行，這些科技包括電話的幫助、電子郵件和線上論壇的使用。他提出了很多如何充分利用這些形式的實用建議，非常地務實也並不只限用於焦點解決模式。

米蘭團隊的早期工作

主要目標：藉由提問產生各種觀點

正如尼可斯和史瓦茲（Nichols and Schwartz）指出的，很難去描述米蘭模式相關成員的成果，因為有很多不同的米蘭模式（Nichols & Schwartz, 2010, p.431）。在這個段落中，我把我的分析限定在最早的米蘭團隊（Selvini Palazzoli et al., 1978, 1980），以及團隊中的男性和女性成員分開之後波斯可羅和瑟琴（Boscolo and Cecchin）的成果（Boscolo et al., 1987; Cecchin et al., 1993）。托姆（Tomm, 1987a,b, 1988）對米蘭式提問的推廣和發展也包含在內。雖然他們的內容已經變得不那麼介入主義，但是米蘭團隊從一開始，便強調使用不常見的提問形式來呈現現實的多元觀點，並檢視和改變關於系統行為的假設。

米蘭模式獨特的假設

在米蘭模式中，假設和介入之間有細微的差異。在他們關於「假設—循環—中立」（hypothesizing-circularity-neutrality）（Selvini Palazzoli et al., 1980）的經典論文中，最早的米蘭團隊將此三種假設視為他們新興模式的重點，也同時指出假設和詢問循環問句的動作是重要的介入方法。

假設

米蘭團隊相關成員強調督導者無可避免地會產生假設，而督導的進行也必定會受這些假設的影響。在此模式中，對督導者來說重要的是要清楚說明他們對督導／受督者／個案系統的假設，並認識到這些假設會對督導進行所造成的影響。

循環

米蘭團隊非常強調貝特森（Bateson）有關「差異化的訊息」（news of a difference）的概念，認為唯有不同才能夠被察覺得到。察覺到的不同被視為比尋找一個唯一根本「事實」還要重要。督導者應該要非常留意他們在督導中所使用的語言，應該使用一些可以強化督導中討論各種觀點和假設的措辭，而非事實。

中立

雖然對米蘭團隊的批評常質疑在治療中保持真正中立的可能性，也有其他人指出保持道德中立似乎不太受歡迎，但是中立的假設仍是米蘭取向的基礎。督導要傳達一種超然的好奇態度，一起發展出更複雜的假設和觀點。事實被視為可以豐富對事情的理解，而不是提供特定的觀點。

典型的介入方法

目標明確的提問

托姆（1985, 1987a,b, 1988）將米蘭團隊的成果擴大為問句的類型學，包括問句類型隱含的假設、問題背後的意圖、可能對提問人和被詢問的人造成的影響。循環式問句和反映式（reflextive）問句似乎最能符合米蘭模式。督導者有明顯**探索性**的意圖，利用循環問句讓他們自己熟悉臨床情境。指導的前提假設是互動的、系統的、呈現出所有事情都是相關聯的假設。為了對系統的了解而詢問督導問題去辨認出行為模式，往往對受督者有**解放性的效果**，這些受督者假設都會傾聽答案並自己建立連結。因為這些問題具有循環的本質，所以對可看見情境的多元觀點的督導者易有**接受性的作用**。基於對治療和督導的循環假設，反映式問句企圖以間接或一般的方法來影響受督者。主要的意圖是**催化**，將受督者視為獨立的個體，不能被直接地命令，尤其是違背受督者的意志。藉由督導者的運作去開創新的可能性的空間之後，受督者也像個案家庭成員一樣，被鼓勵去運用他們自己問題解決的資源。這些問句企圖對受督者和個案家庭產生開創性的影響。接納開拓空間的督導任務視為對督導者有創造性的影響。督導者應該會覺得托姆完整的類型學在分析特定類型問題的目的性上，以及對受督者和督導者可能造成的影響時有所幫助。

解決悖論的兩難困境

在《悖論與反悖論》（*Paradox and Counterparadox*, Selvini Palazzoli et al., 1978）中，米蘭理論強調人類關係中自然發生的悖論。他們追隨「進退兩難」（Double Bind）理論家（Sluzki & Ransom, 1976）的看法，假設相互矛盾需求的存在是無法擺脫或直接處理的。他們的介入方法強調在一段時間中區分出相互矛盾的需求，以此方法解決悖論的兩難困境。例如，受督者在一些有關成功的兩難困境中，可能會被指示在某些時候故意失敗，而在另外某些計畫好的時候成功，這通常都伴隨著一些理論依據。

希臘合唱團

「希臘合唱團」（The Greek Chorus）（Papp, 1990）和類似的分歧團隊的運用會是對督導者和受督者極為有效的工具。無論在有無現場督導的狀況下，運用分歧的意見都很有利。大致的安排非常簡單：同一議題的兩種觀點都被表達出來，治療師／受督者和個案家庭站在同一邊，通常都採取樂觀的「支持改變」的立場，而督導者或鏡子後面的團隊則表示懷疑的態度，並警告改變的危險性。隨著時間的過去，意見可以因應臨床回饋而改變。如果有進展，反對者應該讓步；如果沒有進展或者進程受阻，受督者可以說：「現在我知道我的督導者在警告我什麼了！」

案例：挫挫專家的銳氣

我的同事馬修．瑟雷克曼（Matthew Selekman）和我在我督導他進行的一項藥癮專案時，策劃了這樣的分歧意見。他認為一位青少年藥物濫用者和他的家庭是真的有所進展，但也說他的督導者是一位有名的藥物濫用專家，卻認為那無法維持下去。正如在這種情況下很常見的，這位青少年非常樂於和處於劣勢者站在同一邊並證明專家有錯。每個禮拜他和治療師都會擊掌並對陶德博士可能會有的反應而幸災樂禍。雖然並沒有運用現場督導，但每個人都非常滿意，因為受督者報告說整個家庭的表現讓專家們很驚訝並讓他們信服。

這樣的分歧也可用於其他層次以及純粹用於督導中。通常另一端的意見可以被認為是「傳統的智慧」，或者是其他抽象的來源，而不一定要是跟某個人物有關。「雖然大部分的書（或其他督導者）可能不會同意我的看法，但我仍相信你（受督者）做的可以奏效。」真實的分歧意見也可能會在團體或共同督導中被強調，同儕通常會支持受督者，而督導者比較會表示懷疑。

米蘭模式典型的督導形式

觀察團隊

團隊的運用可以增加督導中有創造性的複雜度，這包括在治療室中除了常設的治療師外增設一個團隊，以及在鏡子背後觀察的團隊。增設的團隊純粹是被用作觀察團隊，提供他們對團隊／治療師系統的觀察；在這樣的過程中，受督者聽取觀察者對他們所做的事的回饋，可以激勵他們成長。

盡情地線性思考

「盡情地線性思考」是很有用的一種介入方法。對受督者（和督導者）來說，對於治療的觀點要直接變得中立、系統性，可能有點困難。一項對受督者和督導者有用的熱身方法，是大膽甚至誇大地，去進行線性的「指責」。每個參與者可以有不同的立場，並對於誰「造成」問題有極端的看法。在這之後，通常都比較容易在督導中轉變成有多重因果的系統觀點。

案例：沙文主義者／女性主義者的分歧

筆者在一個鄉村地區的診所帶領米蘭式的團隊治療一個「三角戀愛關係」的個案。主要病人是一位中年男性，據稱有恐慌發作，會利用他的症狀持續造成婚姻中的性別歧視動力，讓他太太與他的情婦競爭。這位太太沒有因他的操弄而生氣，反而覺得很愧疚。她因為想要努力變得更有吸引力而瘦了十一公斤。

因為這些事件是在一次與丈夫和太太的治療中所報告，所以性別的議題有造成分裂團隊的危險。團隊中的女性非常憤怒，想要直接勸這位太太不需要忍受先生的行為。團隊中的男性則反對這樣的勸說，認為那對這位太太來說太極端了，但是這項反對的保守論調更加點燃了性別的分歧。

身為團隊的督導者，我認為回饋這樣的團隊動力會對團隊和個案都有治療效果；因此我鼓勵女性們寫一份獨立的女性主義建議，男性則寫一份支持現狀的建議。治療室中的兩位治療師剛好都是男性，讀了這兩份書面的建議，當談到女性給的建議時，他們用一種誇大地屈尊的方式念出來，然後假裝爭論他們是否應該依照正常程序讓女性的建議和男性的建議一起寄出去。那位太太則堅定地打斷他們說：「我要那個！」團隊中除了兩性之間對於誰該因為成功而得到讚揚而有些友善的較量之外，團隊的分歧已不再有害。

結論——在特定模式之外

如前面提到的，雖然系統督導的趨勢通常已經遠離「純粹的」模式，但本章中的模式都被單獨地檢視，並強調每個模式不同的督導假設，以及符合該模式的督導介入案例。希望這些努力可以激勵讀者們擴展他們的督導介入才能。將這些模式分開討論也是想要強調每個模式特有的假設，如此一來讀者們才能了解特定模式的哲學假設，也可以檢驗將模式結合之後的一致性和相容性。

本章中所提的模式都深受家族治療草創期的影響。這些創始人和他們的模式對幾世代的督導者都有重要的影響，這些督導者在「戰壕」中檢驗這些概念，通常是結合這些和來自其他模式的概念和介入方法。此時此刻，很多概念和技巧已經變成督導界的主流，通常已經到了年輕從業人員不了解他們的起源的程度。例如，治療師和督導者通常都會使用「融入」、「即席互動」、「強化」等結構性的概念和技巧，但他們不會認為自己是結構性取向，甚至不知道這些概念的根源。讀者可能已經注意到其他從本章中的模式所衍生出來的熟悉概念，像是MRI的「顧客身分」概念，或悖論技巧，像是海利使用的「阻止改變」（restraining from change）。這些概念都不只隸屬於他們的創始者；相反地，我對本章的期待是能激勵讀者去思考這些概念和技巧與不同模式的關聯，並在持續發展個人督導理論的同時，可以檢驗不同取向與個人和哲學上的契合度。

參考書目

AMFT (2007). *AAMFT Approved Supervisor designation: Standards and responsibilities handbook*. Alexandria, VA: Author.

Anderson, S., Rigazio-DiGilio, S.A., & Kunkler, K.P. (1995). Training and supervision in family therapy: Current issues and future directions. *Family Relations: Journal of Applied Family and Child Studies, 44*(4), 489-500.

Aponte, H. J. (1994). How personal can training get? *Journal of Marital and Family Therapy, 20*, 13-15.

Aponte, H. J. (Fall, 1996). Political bias, moral values, and spirituality in the training of psychotherapists. *Bulletin of the Menninger Clinic. 60*(4), 488-502.

Aponte, H. J., Powell, F. D., Brooks, S., Watson, M. F., Litzke, C. Lawless, J., & Johnson, E. (2009). Training the person of the therapist in an academic setting. *Journal of Marital and Family Therapy, 35*, 381-394.

Aponte, H. J. & Winter, J. E. (2000). The person and practice of the therapist: Treatment and training. In M. Baldwin (Ed.), (2nd ed.) *The Use of self in therapy*. (pp. 127-165). New York: Hawthorne.

Boscolo, L., Cecchin, G., Hoffman, L., & Penn, P. (1987). *Milan systemic family therapy*. New York: Basic Books.

Cecchin, G., Lane, G., & Ray, W. (1993). From strategizing to nonintervention: Toward irreverence in systemic practice. *Journal of Marital & Family Therapy, 19*, 125-136.

Colapinto, J. (1988). Teaching the structural way. In H. Liddle, D. Breunlin, & R. Schwartz (Eds.), *Handbook of family therapy training and supervision* (pp. 17-37). New York: Guilford Press.

Colapinto, J. (1998). Structural family therapy and social responsibility. Paper presented at the X World Family Therapy Conference, Düsseldorf, Germany.

deShazer, S. (1988). *Clues: Investigating solutions in brief therapy,* New York: W. W. Norton

deShazer, S. (1991). *Putting difference to work*. New York: W. W. Norton.

deShazer, S. (2002, September). Solution focused supervision. Workshop at the European Brief Therapy Association annual conference, Cardiff, UK, cited in Wheeler, J. (2007). Solution-focused supervision. In T.S. Nelson and F.N. Thomas (Eds.) *Handbook of solution-focused brief therapy: Clinical applications*. (pp. 343-370). New York: Routledge.

Edwards, J.K., & Chen, M. (1999). Strength-based supervision: Frameworks, current practice, and future directions. *The Family Journal: Counseling and Therapy for Couples and Families, 17*, 349-357.

Fisch, R. (1988). Training in the brief therapy model. In H. Liddie, D. Breunlin, & R. Schwartz (Eds.), *Handbook of family therapy training and supervision* (pp. 78-92). New York: Guilford Press.

Fisch, R., Ray, W.A., & Schlanger, K. (2009). *Focused problem resolution: Selected papers of the MRI Brief Therapy Center*. Phoenix, AZ: Zeig, Tucker, & Theisen.

Fiske, H. (2007). Solution-focused training: The medium and the message. In T.S. Nelson and F.N. Thomas (Eds.) *Handbook of solution-focused brief therapy: Clinical applications.* (pp. 317-341). New York: Routledge,

Gingerich, W., deShazer, S. & Weiner-Davis, M. (1988). Constructing change: A research view of interviewing. In E. Lipchik (Ed.), *Interviewing* (pp.21-32). Rockville, MD: Aspen.

Haley, J. (1973). *Uncommon therapy: The psychiatric techniques of Milton H. Erickson, M. D.* New York: W. W. Norton.

Haley, J. (1984). *Ordeal therapy*. San Francisco: Jossey-Bass.

Haley, J. (1996). *Learning and Teaching Therapy*. New York: Brunner/Routledge.

Haley, J. (2007). *Directive family therapy*. New York: Brunner/Routledge, with M. Richeport-Haley.

Lee (2007) A young Chinese man with Anorexia Nervosa: Same map, different therapist. In S. Minuchin, M.P. Nichols, and W-Y Lee, *Assessing couples and families: From symptom to system.* (pp. 139-158). Boston: Allyn & Bacon.

Madanes, C. (1981). *Strategic family therapy.* San Francisco: Jossey-Bass.

Madanes, C. (1984). *Behind the one-way mirror.* San Francisco: Jossey-Bass.

Madanes, C. (2006). *The therapist as humanist, social activist, and systemic thinker – The selected papers of Cloé Madanes.* New York: Zeig and Tucker.

Madanes, C., & Haley, J. (1977). Dimensions of family therapy. *Journal of Nervous and Mental Disease, 165,* 88-98.

Marek, L.I., Sandifer, D.M., Beach, A., Coward, R.L., & Protinsky, H.O. (1994). Supervision without the problem: A model of solution-focused supervision. *Journal of Family Psychotherapy, 5,* 57-64.

Minuchin, P., Colapinto, J. & Minuchin, S. (2007). *Working with Families of the Poor*, Second Edition, New York: Guilford.

Minuchin, S., & Fishman, H. (1981). *Family therapy techniques.* Cambridge: Harvard University Press.

Montalvo, B., & Storm, C. (1997). Live supervision revolutionizes the supervision process. In Contracts. In T. C. Todd, & C. L.Storm (Eds.), *The complete systemic supervisor: Context, philosophy, and pragmatics* (pp. 283-298). Needham Heights, MA: Allyn & Bacon.

Nelson, T.S. (Ed.), (2005). *Education and training in solution-focused brief therapy.* Binghamtom, NY: The Haworth Press.

Nelson, T.S., & Thomas, F.N. (Eds.). (2007). *Handbook of solution-focused brief therapy: Clinical applications.* New York: Routledge.

Nichols, M., & Schwartz, R. (2009). *Family therapy: Concepts and methods,* 9th ed. Needham Heights, MA: Allyn and Bacon.

Papp, P. (1990). The Greek chorus and other techniques of paradoxical therapy. *Family Process, 19,* 45-57.

Pichot, T., & Dolan, Y.M., (2003). *Solution-focused brief therapy: Its effective use in agency settings.* Binghamton, NY: The Haworth Press.

Ray, W.A., & Brasher, C. (2010). Brief systemic therapy: Creating our future while embracing our past. *Journal of Systemic Therapies, 29*(4), 17-28.

Selekman, M., & Todd, T. (1995). Co-creating a context for change in the supervisory system: The solution-focused supervision model. *Journal of Systemic Therapies, 14,* 21-33.

Selvini Palazzoli, M., Boscolo, L., Cecchoin, G., & Prata, G. (1978). *Paradox and counterparadox.* New York: Jason Aronson.

Selvini Palazzoli, M., Boscolo, L., Cecchoin, G., & Prata, G. (1980). Hypothesizing-circularity-neutrality. *Family Process, 6*, 3-9.

Sexton, T., Montgomery, D., Goff, K. & Nugent, W. (1993). Ethical, therapeutic, and legal considerations in the use of paradoxical techniques: The emerging debate. *Journal of Mental Health Counseling, 15*, 260-277.

Sluzki, C., & Ransom, D. (Eds.) (1976). *Double-bind: The foundation of the communicational approach to the family.* New York: Grune & Stratton.

Thomas, F.N. (1994). Solution-oriented supervision: The coaxing of expertise. *The Family Journal: Counselling and Therapy for Couples and Families, 2,* 11-18.

Thomas, F.N. (1996). Solution focused supervision. In S. Miller, M. Hubble, & B. Duncan (Eds.), *Handbook of solution focused brief therapy: Foundations, applications, and research* (pp. 128-151). San Francisco: Jossey-Bass.

Todd, T., & Selekman, M. (1991). Beyond structural-strategic family therapy. In T. Todd and M. Selekman (Eds.), *Family therapy approaches with adolescent substance abusers* (pp.241-274). Needham Heights, MA: Allyn and Bacon.

Tomm, K. (1987a). Interventive interviewing: I. Strategizing as a fourth guideline for the therapist. *Family Process, 26*, 3-13.

Tomm, K. (1987b). Interventive interviewing: II. Reflexive questioning as a means to enable self-healing. *Family Process, 26*, 167-183.

Tomm, K. (1988). Interventive interviewing: III. Intending to ask lineal, circular, strategic, or reflexive questions? *Family Process, 27*, 1-15.

Wetchler, J.L. (1990). Solution-oriented supervision. *Family Therapy, 17,* 129-138.

Wheeler, J. (2007). Solution-focused supervision. In T.S. Nelson and F.N. Thomas (Eds.) *Handbook of solution-focused brief therapy: Clinical applications.* (pp. 343-370). New York: Routledge.

【第十一章】擴展督導的焦點：整合模式的共同主軸

珊卓·瑞嘉齊歐—迪吉利歐（Sandra A. Rigazio-DiGilio, Ph.D.）

融合個人取向、系統取向和生態系取向的整合式治療，逐漸成為一股新興的趨勢（Greco & Eifeit, 2004; Larner, 2009; Lebow, 2005; McDaniel, Lusterman, & Philpot, 2001; Nichols, 2001; Sprenkle & Blow, 2004; Walsh, 2001），但是促進這股趨勢發展的督導文獻卻不多見（Kaslow, 2002; Lee & Everett, 2004; Siang-Yang, 2009; Tan, 2009; Viney, 2009; Weir, 2009）。採行整合式治療的臨床工作者，必須熟稔、廣納各種理論、學派和技法所提出的關係面的、概念性的、覺知性的以及實作上的技巧，同時在面對形形色色的個案[1]需求時，懂得分辨哪種技巧最管用。有助於這股趨勢發展的督導模式，不僅將各種理論、治療派別和策略引介給受督者，並且提供一個更大的彙整基架（organizational schemata），讓臨床工作者用來進行評估和處置。[2]此外，和整合式治療一樣，整合式取向督導會針對受督者和個案的獨特需求，以及治療關係和督導關係的動力，靈活地調整。

1　「個案」一詞指的是參與治療過程的個人、伴侶、家庭或社群。

2　這裡所舉的這三種模式，屬於進階層級而且相當繁複，由於篇幅有限，無法在此詳細說明。對這些模式感興趣的讀者，請參考本章末尾的參考書目。

本章將介紹的三個整合式督導取向，都是從相應的治療模式發展出來的。每個取向都以其獨特的方式，重組現有的理論、治療派別和技法，形成一個統整的框架，提供更寬廣的另類角度來看待治療與督導。從這一點來說，整合式督導代表了實務工作者專業上的進階成長（Taylor & Gonzales, 2005; Simon, 2006）。

採行整合模式勢必會面臨的一大挑戰，是辨認出把個人發展、系統發展、生態系發展以及治療和督導的核心面向加以概念化的許多變項。本章所呈現的每一個模式，皆提供了一組解析治療師和督導者之實務工作的變項。

第一個模式是以布列恩林（Breunlin）、史瓦茲（Schwartz）和昆恩—卡瑞爾（Mac Kune-Karrer）（1997）所提出的**後設架構觀點**（metaframeworks perspective）為基礎。延伸到督導的領域，這模式用以界定督導的五個變項是：駕馭複雜性、處理家庭層次、處理個人層次、敏察性別議題、敏察文化議題（Foy & Breunlin, 2001）。

第二個模式，是從**系統性認知發展治療**（systemic cognitive-developmental therapy, SCDT）（Rigazio-DiGilio, 2000, 2001, 2007c; Rigazio-DiGilio & McDowell, 2007）發展出來的。其相應的督導模式運用了新皮亞傑學派訊息處理類型的喻象性再詮釋，來辨識受督者及個案的世界觀，並且提出循序漸進的提問和介入策略，來強化和拓展他們的世界觀（Bernard & Goodyear, 2009; Ivey & Rigazio-DiGilio, 2005; Ivey, Rigazio-DiGilio, & Ivey, 2005; Kunkler-Peck, 1999; Rigazio-DiGilio, 1998, 2007a, 2007b; Rigazio-DiGilio, Daniels, & Ivey, 1997）。

第三個模式，**以問題為導向的整合式治療**（integrative problem-centered therapy, IPCT)(Pinsof, 2002, 2005)在督導領域的應用。這模式的督導者協助治療師考量各種理論和治療派別(例如:精神動力學派、認知學派、策略學派、結構學派、後現代女性主義)所提出的介入方法,並且根據三個治療脈絡(家族/共同體、夫妻/雙人、個人)形成明確的治療計畫。

整合式治療的核心假設

每一個整合式治療模式,雖然各有其獨到之處,但仍舊有共同的核心假設。延伸到督導領域裡,這些假設對於受督者的成長以及督導歷程,[3]均帶有某些意涵。

關於治療的假設

一、理解人類的、系統性的、生態系的發展與運作,需要一個全觀性(holistic)和交互性(recursive)的觀點。這三種治療模式在理解上述的發展和運作時,都有其獨特的綜攝性觀點。比方說,**後設架構觀點**根本上把生物—心理—社會視為連續體,立基於此來了解發展和功能。**系統性認知發展治療**則強調,個體、系統和生態系的世界觀,是個人和環境隨著時間的推移不斷對話交流而共同建構出來的。**問題中心整合式治療**關心的是,個體與系統如何透過逐步精確地貼近現實的漸進式學習歷程來理解世界。這些假設對系統取向督導者有個期待,那就是他們要了解每個模

3 由於布列恩林和品索夫(Pinsof)的研究密切相關,讀者會在以下「關於治療的假設」和「對於督導的意涵」,以及後續對這些模式的解說裡,發現兩者之間的交互(recursive)影響。

式如何界定個體發展和關係發展，以協助治療者規劃及執行和基礎治療模式異型同構的介入方法。

二、從健康和／或發展的觀點來看待適應不良。這些模式都認為，成長和適應的問題都不是一種缺陷（non-deficit perspective），因而一概避開了從病理出發的假設以及基於該假設而來的介入方法。布列恩林等人（1997）認為，個案都希望自己表現得很有適應力，他們只有在不得已的情況下才會變得適應不良。瑞嘉齊歐—迪吉利歐把適應不良看成是發展史和脈絡史的自然而合理的結果。品索夫則這麼說：「除非有其他的證明，否則病人系統確實可以利用直接來自治療師系統的最少量協助來解決自身的問題。」（1994, p. 114）。這些模式把診斷的焦點擴及個案系統的多重面向，包括個體和家庭內的次系統，以及家庭之外的影響，譬如社區人員（例如醫療人員、教育者、法務人員、社工），還有家庭社交網絡裡的人（譬如親戚、朋友、同事、某社團的重要成員）。

三、以特定學派為主的模式，不足以應付治療師碰上的形形色色議題和個案類型。這些模式的學者們體認到，以特定學派為主的模式有其限制。他們主張，即便個案的問題相同，也必須考量發展面、歷史面和社會文化面的因素，採取不同的治療方法。每個模式都提供了一套分類的基架，好讓治療師從各式各樣的治療觀點和介入方法之中，融貫一致地挑選最符合處於某個特定脈絡和文化情境下的個案的需求。事實上，個案持續的需求才是焦點所在，是否堅持以特定學派為主，反倒是其次。

在督導上的意涵

一、理解受督者的成長過程和功能運作，需要一個全觀性和交互性的觀點。採行整合取向的系統性督導者，不會帶著先入為主的狹隘觀念，設定受督者該有什麼樣的進步以及進步的速度該是如何。不過，他們腦袋裡都有一個後設性的理論架構，來引導他們和受督者互動，提升治療師對治療及督導的洞察與理解。這互動如何發展，端看督導、受督者以及個案之間如何交流。不論是所謂的**透視論**（perspectivism）（Breunlin et al., 1997）、**協同建構論**（coconstructivism）（Rigazio-DiGilio, 1998）或**互動建構論**（interactive constructivism）（Pinsof, 1994），每一個模式都強調了督導歷程具辨證性和對話性的現實。這個立論的深意在於，督導者必須跨出以特定學派為主的督導模式，進入變動不居的治療師、個案、督導關係乃至於更大脈絡的環境裡。實際上，傳統督導裡採取的同化（assimilative）的立場，已經慢慢由更為平衡的同化／順應（accommodative）的立場取代，如此一來，個案系統和治療師系統之間的交流動力，以及治療師和督導者之間的互動，就個案和臨床工作者的成長來看，變得更形重要。

舉例來說，系統性認知發展督導關注的是，督導者和受督者訊息處理類型的潛能與限制，還有這些潛能與限制如何影響他們的經驗、詮釋和互動，以及督導者和受督者之間的適配性。與後設架構觀點有關的督導取向，採取科學性驗證來了解複雜現象，幫助系統取向督導者運用假說檢驗的方法，隨著治療和督導過程中訊息和理解的增加，改變假說並檢驗之。

二、督導陷入僵局反映出，受督者的需求和督導脈絡不一致。每一個模式都有個核心的前提，那就是治療師帶著他們各式的治療本領來接受督導，以期提升功力。他們原本的一套本領有其獨特的潛能和侷限，而且督導歷程會觸及這些內容。當這些侷限在治療或督導過程中顯現時，常被認為是專業成長的契機，當此之時，督導者有責任提供其專為受督者量身打造的環境，鼓勵辯證性的交流，檢視治療遇到瓶頸的原因，並找出辦法突破之。

舉例來說，佛伊（Foy）和布列恩林（2001）不看受督者在性別建構上的固有缺陷，反而著眼於提升受督者對自身性別的優勢與侷限的覺察。這些學者認為，性別意識是發展性的歷程，必須納入督導的脈絡裡，長時間地來檢視它（Mac Kune-Karrer & Foy 2003）。同樣地，瑞嘉齊歐—迪吉利歐（Rigazio-DiGilio, 1998）也認為，受督者可能受限於某種訊息處理類型。倘若如此，系統性督導者有責任與受督者一同建構督導環境，鼓勵受督者檢視這些侷限，並且探索有益於增進治療能耐的可能資源。

三、整合式架構統整各種治療觀點，提供受督者多重參考點和多重選項，以利提升專業。整合模式協助治療師探究和統整為了理解個案及促進個案成長而發展出來的很多評估方法和治療策略。不論所使用的整合性架構為何，受督者有機會在面對個案時學習、應用、修正一個廣博而周全的方法。無論是布列恩林及其同僚（1997）的**督導的多重架構**（multiple frames of supervision），品索夫（1994）的**問題辨識矩陣**（problem identification matrix），或瑞嘉齊歐—迪吉利歐（1998, 2007b）的**訊息處理類型**（information processing styles），督導者和受督者突破了傳統學派的框架，進入了一個可以測試自身能耐極限的新境地。此外，受督者也可以運用這每一個督導取向所提供的分類系統當基架，彙整自己熟悉的理論、治療和取向。事實上，參與整合式督導的受督者，除了學到某個特定的統整架構外，也學到了不斷建構、提升、修正這些架構的獨特能耐，以藉此回應他們所處的環境。

整合性督導模式

儘管本章介紹的督導模式有著共同的假設，但每一個模式還是各自提供了獨特的後設理論框架，作為督導的方針。這些模式的不同之處，在於用來理解治療師、個案、治療關係和督導結盟（supervisory alliance）的特定框架，以及啟發式的指引督導介入方式的選擇。以下先簡要的說明每個模式的結構性元素，繼而再談這些模式在介入方法、形式、契約和評估這些方面的共通點。

後設架構的督導觀點

根據布列恩林等人的觀點，採取整合式督導的督導者不僅要協助治療師處理個案個人、家族以及兩者之外更廣大的系統，同時還要求治療師周旋在這些層面之間，游刃有餘地運用適用於每個層面的各種治療取向（Breunlin, Rampage, & Eovaldi, 1995; Foy & Breunlin, 2001）。要達到這個目標，有賴五個概念性要素：駕馭複雜性、處理家庭層次、處理個人層次、敏察性別議題以及敏察文化議題。這些要素提供給系統性督導者一些經驗法則，好讓他協助受督者在評估個案時，考量生物—心理—社會這一整個連續體。此外，督導者也可以利用這五個要素來評估治療師的需求。

駕馭複雜性

根據建構論者的假設，治療師不可能充分了解個案所處的現實，因此督導者得要協助受督者體認到，當他們依據視野有限的觀點和策略進行評估與治療時，其本身所受到的限制。就評估這一面而言，督導者協助治療師把正在形成中的臨床假說看成是個案心理、生理和／或人際面的**片面解釋**。治療師被鼓勵去充分檢視每一個面向，以便對處在脈絡中的個案（client-in-context）有更充分的了解。在這過程中，督導者提供不一樣的一套回應方式、洞察和提問，引導治療師探究每個面向並且善用各個理論的優點。

在督導者的協助下，除了建構強有力的假說之外，治療師還得挑選與這些假說一致的治療形式和介入方法。有時候，治療師必須加強自己現有的治療本領，找機會磨練不熟悉的技巧，才有辦法進行挑選。

系統取向督導者也要體認，仰賴有限的框架去理解治療師時，這框架所帶來的限制。因此，協助治療師學習運用不同的觀點和取向時，督導者可從大量的督導實作和形式中，選取最符合受督者需求的做法。

舉例來說，訓練受督者從系統性觀點來解析治療時，督導者也許會堅持治療師把個案的整個家庭帶進治療裡，並且也許會和治療師一同規劃如何達到這個目標，說不定還會祭出現場督導，確保達到成效。之後，督導者也許會藉由回顧錄影內容來幫助治療師深入掌握所得到的訊息。這麼一來，藉著磨練治療師如何駕御複雜性，督導者提供給治療師一種既具有指導性又能共同合作的經驗。

處理家族層次

治療師要從一開始時即把家族視為一整體，並且蒐集家族層面、次系統以及個人層面有礙行動產生的訊息。治療的頭一個焦點，就是找出突破這些阻礙的方法何在。督導者協助治療師把焦點放在家庭互動模式，引導受督者針對這些互動模式如何引發當前問題，形成可檢驗的假說，並且建議一些能夠成功改變這些互動模式的介入方法。

治療師也要學習去檢視，個案的意義感如何形成及其情緒面的障礙。如此一來，督導才能幫助治療師不過於偏重以行動為導向的介入方法，而且能夠兼顧協助家族整合出新意義和情感的介入方法。譬如，督導者可以幫助治療師想出一系列的問題，協助家人坦露想法和感受。想法和感受攤開來之後，治療師繼而在督導的引導下，學習以同理的方式回應，並且和家人一同合作，想出可採取的行動。

同樣地，督導者也會關心影響治療師、治療關係以及督導歷程的行動、意義建構和情緒面的阻礙。譬如說，對於始終得不到個案同意，沒辦法順利把治療過程錄影下來的治療師，督導的重點就可以擺在治療師對於錄影這件事的感受和想法。督導者也會針對如何採取行動，示範何謂同理的傾聽和合作式的訂定計劃。

處理系統中的個人

督導者假定，內在歷程也會影響問題的形成和延續，因此一旦解決家庭層次問題的方法失效時，督導者會鼓勵治療師處理個案個人的內在動力。關於個人的內在動力，存在著四個等級的複雜性。治療師首先從溝通的角度著手，針對每個家族成員所表露的感情、想法和行為對其他家人以及治療師造成什麼影響，形成假說。假使這層次的努力沒見效，那麼治療師在形成假說時，就要把內在歷程考量進去。

在這第二級的複雜性，治療師要更直接地檢視家族成員接觸得到的想法和感受。假使這部分的努力又沒效果，督導者會建議治療師啟動第三級的複雜性，幫助家族成員了解個人內在動力如何牽制個人的思維和感受，以及如何牽動一整個家系統。這時，治療師可以在家族治療的時段裡或附屬於家族治療的個人治療時段裡，採取一些治療方法消除這些阻礙並且創造新經驗。假使應付過這前三等級的複雜性之後依然沒辦法改善個人的障礙，督導者和受督者就要共同討論，是否要針對個案本身進行密集的長期心理治療，不管是在家族治療之外進行，抑或是以此取代家族治療。

督導者在評估或指導受督者時，也要體察這四個等級的複雜性。督導者首先要協助治療師積極地磨練治療本領。在第二等級，督導者會鼓勵治療師去省察，專業上或個人方面的哪些想法和感受會使得治療或督導陷入僵局。治療師說不定也需要談談他／她本身對人類及家庭的發展與適應有何看法，並且去檢視這些看法如何影響他／她跟個案和督導者的互動。假使受督者一直沒有進展，或者治療或督導反覆陷入相似的僵局裡，就要進入第三級的複雜性。治療師會在督導的協助下檢視他／她內在歷程干擾督導歷程的程度有多深。此時，治療師說不定會被強烈建議要接受個別治療，好協助他／她檢視內在歷程如何影響自身以及處在脈絡中的自我。最後，假使干擾一直難以解除或僵局一直無法突破，督導者會啟動第四等級的複雜性。於是，督導者和受督者就要討論，受督者是否要接受密集的心理治療，以輔助督導或取代督導。

敏察性別議題

受督者個人及專業上對於社會化的性別意識抱持什麼信念極為重要，因為這關係到他／她如何看待個案的思考、感受及回應。治療者必須思索女性主義對於家族治療的批判，並且去釐清，在實務工作上處理性別議題時，自己所持的信念為何。督導者協助治療師察覺他／她偏袒或打壓某一性別的偏見和傾向。此外，督導者也要協助治療師辨識個案家族內性別覺察（gender awareness）及兩性平衡（gender balance）的程度。由覺察到平衡這連續過程（continuum）存在著五個轉折點——因襲傳統、對性別有所覺察、極端化、轉變過渡中、達到平衡（Foy & Breunlin, 2001）。治療師也可以用這五個指標來描述個案家族內性別互動的情況，好讓督導者了解治療師對於性別的覺察程度。最後，在督導的協助下，治療師也要去檢視自身的性別如何影響治療。理想上來說，採用這模式的系統取向督導者也會檢視自身對於性別的覺察程度，並且省察自己把兩性平衡的觀點闡述給受督者的能力。

敏察文化議題

採用這模式的督導者會鼓勵受督者探究治療師和個案之間以及個案和主流文化之間的**文化契合度**（cultural fit）。檢視治療師和個案之間的這個界面，意味著治療師有必要對個案的文化傳統，以及個案的信念和主流文化信念之間的界面，有更多一般性的了解。督導者也會鼓勵治療師檢視自身對多元與差異的看法、對治療實務作為一種社會性介入的看法，以及協助個案家庭成功地融入社會文化脈絡的能耐。這關乎文化面的省思也可以延伸到督導結盟之中。督導者必須體認，督導關係裡充斥著個人文化傳統和他人文化傳統相互衝擊激盪的現象。

後設架構觀點的實作

布列恩林和佛伊（2001）的後設架構觀點認為，治療包含了四個相互關聯的歷程：形成假說、研擬計畫、對談以及解讀回饋。應用到督導裡，形成假說的歷程，同樣採用了後設架構的五個要素，來界定和詮釋督導者和治療師之間的互動。督導者基於暫時的假說，擬定將在督導中進行的特定任務和事項。在督導時段裡，隨著對談展開，督導者曉得什麼樣的陳述、提問和指令最能在驗證假說的同時，拓展治療師的視野以及治療脈絡和督導脈絡。與此同時，督導者要解讀來自這三方面的回饋。督導者從假說的觀點解讀這些回饋，並且和治療師進行核對，好確證或推翻他的看法。當雙方形成共識，這些回饋訊息會納入下一輪的假說形成和擬訂計畫的歷程。藉由示範這個歷程，系統取向督導者提供給治療師第一手經驗，好讓他見習這四個軸面的歷程，以便在治療中用出來。

系統性認知發展的督導模式

系統性認知發展的督導模式（SCDS）（Rigazio-DiGilio, 1998, 2007b; Rigazio-DiGilio et al., 1997）呈現了直接把發展理論（Piaget, 1955; Vygotsky, 1987）和督導歷程結合起來的共建取向

（coconstructive approach）。其概念是根據艾維（Ivey）的發展取向治療（Developmental Therapy, 1986），而艾維的這個取向自提出後慢慢枝開葉散，日後衍伸為系統性（Myers & Rigazio-DiGilio, 2005; Rigazio-DiGilio, 2000, 2007c; Rigazio-DiGilio & McDowell, 2007）和生態系（Rigazio-DiGilio & Ivey, 1993; Rigazio-DiGilio & Cramer-Benjamin, 2000）模式。這些延展的枝脈最後自成一派，也就是現今所謂的「系統性認知發展治療」。

系統性認知發展督導認為，受督者的成長是超越階段論的發展概念，別具個人特色的一趟旅程。這觀點認為，受督者成長過程中，其認知變化相當複雜，絕非是線性的發展。系統性認知發展督導提供了一個評估架構，用以將受督者在督導情境中透過自然語言（natural language）呈現的世界觀加以分門別類。這些世界觀可分成四種認知情緒的訊息處理類型（cognitive-emotional information processing style），而治療師便是透過這四類型式在治療及督導脈絡裡去經驗、詮釋和互動。再者，這模式也勾勒了與這些訊息處理類型相符，能夠提升治療能力的督導環境。督導環境的建構，則有賴和發展有關的一系列提問、介入方法和督導形式，而這三者都是以受督者及其個案的立即需求量身打造的。

作為一種可行的督導模式，系統性認知發展督導提供了特定的評估及提問策略。作為一種後設理論架構，系統性認知發展督導提供了一個發展性的分類基架，其統整各種督導介入方法和策略，好讓督導者在融會貫通之餘靈活運用它。這框架也能讓督導者把自己的實務經驗納入這督導模式的綜攝性架構裡。系統性認知發展督導建立在六個面向上：全觀性的發展、認知情緒的訊息處理類型、SCDS評估和介入策略、督導環境、類型的搭配以及類型的轉移。

全觀性發展

「治療師帶著獨特的背景經驗進入督導關係裡，而他／她理解臨床及督導訊息的方式，是由那背景經驗所統整起來的。」（Rigazio-DiGilio & Anderson, 1994）治療師看待世界的方式，取決於他／她接觸、運用四種認知情緒的訊息處理類型的程度。能夠採行多種訊息處理類型的治療師，他／她對個案、治療關係和督導結盟的理解也會更通透周全，如此一來，他／她能夠運用的觀點和介入方法也會更繁多。只接觸有限幾種訊息處理類型，或只表淺地觸及多種訊息處理類型的治療師，其評估和治療的手法也會比較受限。因此，督導的一大目標，即是協助治療師探索、掌握每一種訊息處理類型裡最主要的認知、情感和行為資源，以提升治療能耐和個人覺察力。

認知情緒的訊息處理類型

實證研究顯示，個案的認知情緒的訊息處理類型，可以從治療師與個案本身（Rigazio-DiGilio & Ivey, 1991）及其家人（Speirs, 2006）的臨床會談中辨識出來。此外，研究者觀察督導時段的錄影也發現，治療師將個案概念化時所使用的主要及次要的訊息處理類型，也可以從他們的自然語言裡辨識出來（Kunkler-Peck, 1999; Rigazio-DiGilio & Anderson, 1994）。因此，因人隨勢調整督導環境以突顯每個類型的優勢，是相當可行的作法。

這四種訊息處理類型的每一種，都有一套特有的概念化方式，而且有其優勢（competencies）與限制。能夠運用各種訊息處理類型的治療師，就能掌握各類型的種種優勢，反之，無法做到這一點的治療師，就會受限於某類型。

屬於**感覺動作／基本型**（sensorimotor/elemental）**訊息處理類型**的治療師，運用立即的感覺經驗去理解個案和治療情境。其優勢包括：直接體驗和追蹤情緒交流的能力，以及在治療和督導中辨識個人感受的能力。假若受限於這個傾向，治療師很容易被情緒的互動所左右，因而阻礙了概念層次的能力和實作層次的能力。

屬於**具體運思／情境式**（concrete/situational）**訊息處理類型**的治療師，能夠描述行動與事件，準確地思考與行動。其優勢包括：推理的能力會愈練愈精準，以及能夠掌握個案的反應。受限於這類型的治療師會固執地死守特定的理論或技巧，不太會從抽象及情感的角度來思考。

屬於**形式運思／反思式**（formal/reflective）**訊息處理類型**的治療師，能夠看出一而再反覆出現的互動模式。其優勢包括，從多元角度看事情，將各種理論和治療融會貫通、細膩地研擬治療計畫。受這類型框限的治療師，會過於智識化，容易小看或輕忽情感面和行為面的訊息。此外，這類治療師也不太會把抽象概念化為有效的介入方式。

最後，屬於**辯證式／系統式**（dialectic/systemic）**訊息處理類型**的治療師，能夠體察家庭內、歷史面、社會文化面以及政治面的脈絡帶來的影響。他們會運用這類的訊息，從更廣大的脈絡性觀點來理解臨床現象，並且願意挑戰自己及他人的先入為主的觀念（譬如：和性別、文化、權力、年齡、地位、教育有關的假設）。其優勢包括，覺察脈絡性影響的能力，以及針對個案和更廣大的環境尋求解決辦法。受這類型框限的治療師會被多元的觀點搞得無所適從，無法採取有效的行動。

SCDS評估及介入的提問策略

接受督導之初，治療師會被問及一連串的開放式問題，目的是為了找出主要的和次要的訊息處理類型為何。接著第二組問題上場，用以評估和決定介入方式。這些問題協助治療師在督導過程中探索每個類型所蘊藏的資源。提問的內容都是針對四個特定面向的經驗而來：個案、治療師本身、治療歷程和督導歷程。

從某類型的優勢出發，針對這四個面向提問，其用意在於讓該類型的運作更穩固。比方說，探索辯證式／系統式訊息處理類型時，就個案層面可以這麼問：「家人在規則形成的過程中，受到哪些文化面和性別面的衝擊？」就治療師本身可以這麼問：「你的假設受到文化面和性別面的哪些影響？」就治療歷程的層面：「這些假設如何影響你對這家族的回應以及他們對你的回應？」就督導層面：「我們倆在文化面和性別面的相似處和相異處，如何在督導關係裡展現？」

從某一面向經驗出發，針對四種訊息處理類型提問，其用意在於協助治療師找出每一類型的資源。比方說：就探索治療師本身這一面可以這麼提問：「你和這一家人相處時，哪些感覺特別會被挑起？」（感覺動作／基本型）；「你能否描述你當時在做什麼？」（具體運思／情境式）；「你和其他個案在這樣的治療階段時，有沒有表現出類似的行為？」（形式運思／反思式）；「面對兩性權力如此之懸殊的情況，你會如何挑戰自己對性別的假設？」（辯證式／系統式）。藉由評估及介入的提問策略，系統取向督導者向治療師示範，如何在個案感到舒服的人際溝通範圍內，溫和而直接地提問。再者，藉由調整提問的焦點和出發點，督導者含蓄地向治療師示範，如何依照個案偏好的訊息處理類型，針對不同的個案調整問題。

類型的搭配：用督導環境鞏固基礎

根據系統性認知發展督導，合適的督導環境能夠促進治療師的成長。治療師必須先精通他最主要的類型，才有辦法成功地習得另一種訊息處理類型。為達成此目標，系統性督導者會**配合受督者的訊息處理類型**，營造有助於該類型發展的**督導環境**。

對於以感覺動作／基本型訊息處理類型為主的治療師來說，最適合的是**指導式的環境**（directive environment）。督導者提供清楚的指標供治療者依循，好讓他／她發展專業能力和個人能力。督導內容則強調：教導覺知技巧和實作技巧，以及解決移情及反移情的情緒議題。有助於打造這類環境的督導形式是協同治療團隊（co-therapy team）、透過耳機傳達指令的現場督導以及角色扮演。

屬於具體運思／情境式類型的治療師，在**一對一指導的環境**（coaching environment）裡表現最佳。督導者透過直線性的互動架構，協助治療師理解自己、家庭及督導者的思維、感受和行為。督導內容包括：發展有效而且與文化相容的治療計畫、熟習新的介入方式以及建立督導結盟。有助於打造這類環境的督導形式有：現場督導（治療時段開始之前、進行治療時以及治療時段結束之後）、錄影回顧以及行為練習。

和屬於形式運思／反思式訊息處理類型的治療師最適配的是

諮詢式的環境（consultative environment），這環境鼓勵治療師檢視自己身上、個案身上以及治療脈絡和督導脈絡所挑起的思考模式、感受模式和行動模式。在這環境中，治療師學習去體察由自身、個案、治療情境和督導情境所引發的常見主題。根據某個重要主題剪接而成的治療時段錄影、以治療過程中難以打破的模式為題的案例研討以及自我分析清單（self-analytic inventories）等，都是適合這類環境的督導手法。

對一兩種理論有深入的了解，或能夠有效地運用整合取向的治療師，需要的是**合作式**（collaborative）督導環境以維持個人及專業的發展。這類環境的焦點，擺在治療師的信念系統賴以為繫的核心認知歷程及後設認知歷程。檢視脈絡性及歷史性的影響，有益於解構治療師（及督導者）對治療、督導和發展的假設。這類的內省將為治療和督導帶來新的認識。典型的督導形式包括：以知識論的和本體論的議題為焦點的影音資料和個案研討、同儕諮詢、督導者直接分享想法。

類型的轉移：利用督導環境提升受督者的發展

類型轉移的歷程可協助治療師運用多種訊息處理類型來拓展他對個案、專業及自身的了解。治療師學會善用主要訊息處理類型的優勢後，督導者會醞釀類型轉移的歷程，鼓勵受督者探索未被開發的類型。等到受督者表現出他能夠運用新類型所具有的資源，督導者會重新配合受督者甫上手的類型，營造有益環境，好讓受督者持續去熟習新類型的運作。

隨著督導的進行，類型轉移的歷程幫助治療師一一領略四種訊息處理類型的獨到之處，以最適合的方式達到個案、治療師及督導關係的需求。治療師由於個案需求和本身需求的轉變，所以必須重拾先前所擅長的類型的情況，並不罕見。轉移的過程要能順暢，有賴督導者持續地深入分析這四種類型所關注的重點。

以問題為導向的整合式督導

以問題為導向的整合式治療是融合個別治療與家族治療的臨床—理論（clinical-theoretical）治療模式（Catherall & Pinsof, 1987; Fraenkel and Pinsof, 2001, Pinsof, 2005）。以問題為導向的整合式督導，集各家之大成，將理論建構、臨床實務以及對臨床實務和督導實務的研究融為一體。這一小節要介紹的，是以問題為導向的整合式治療在督導領域的延伸。

以問題為導向的整合式督導（Integrative problem-centered supervision, IPCS），其核心目標在於協助治療師和形形色色的個案形成治療聯盟，同時也幫助治療師運用一種彙整基架來統合各種治療取向和形式，引導治療的走向。治療師「必須體認，不同的家庭需要不同型態的治療聯盟，而且隨著治療的進行，為了達成不同的治療目標，治療聯盟所著重的面向也會有所不同」（Catherall & Pinsof, 1987, p. 156）。此外，治療師必須懂得「如何看出各種形式的治療的關聯性，以便善用它們的優點，減低它們的缺點。」（Pinsof, 1994, p. 104）。透過系統取向進行整合的督導者，必須對此純粹的系統取向治療與督導的形式有著廣泛而深入的瞭解。

結盟理論

根據品索夫的看法，治療聯盟意指個案系統（維持和／或解決個案現有問題的所有人類系統）和治療師系統（提供心理治療給個案系統的所有人類系統）的雙向互動關係。這個聯盟的定義，涵蓋了和治療有直接關聯的人，以及和現有的問題及治療有間接關聯的人。間接個案系統裡的人，可能是常幫忙個案帶孩子、卻從沒在治療過程中現身的祖父母，也可能是常安慰個案、替個案出主意，也從未在正式的治療情境露臉的同事。和個案素未謀面，但為解決問題付出心力的督導者以及醫療健保相關的審核人員（managed care review panels），也屬於個案間接系統裡的人。採用以問題為導向的整合式督導，督導者可協助治療師檢視個案系統和治療師系統裡，所有直接相關或間接相關的人對於問題的解決有何影響，並且考量何時及如何把間接關聯的人納入治療過程中（亦即，邀請祖父母在治療時段露面、請督導者現身、在治療時段中進行現場督導）。

品索夫進一步區分出相互影響的四種形態的聯盟：個人、人際次系統、全系統和系統內的關係。**個人聯盟**指的是個案和治療師系統裡個別成員之間的關係。**人際次系統聯盟**指的是，個案系統和治療師系統內，分別有一人以上和對方系統結盟。**全系統聯盟**涉及的是整個個案系統和整個治療師系統之間的問題，最低限度至少要有一整個系統和另一個系統裡至少一人密切往來。最後，**系統內聯盟**指的是個案系統內或治療師系統內，個人和／或次系統之間的關係。

採用以問題為導向的整合式督導者，必須協助治療師檢視每個形態的聯盟如何影響現有的問題、進行中的治療計畫以及關乎治療的所有回應。要達成這個目標，督導者會利用品索夫所提的治療聯盟基架來協助治療師掌握，在治療脈絡中運作的各種直接或間接的聯盟關係的組態和衝擊。這種檢視有助於治療師決定採取何種治療形式、方法和技巧，以及在治療過程中鎖定哪些聯盟。舉例來說，進行家族治療時，溝通僵局可能出現在夫妻之間（人際次系統的聯盟），而這僵局是難以透過家族治療處理的。因此，督導者和受督者會著手研擬一套把婚姻治療帶進來的附屬治療計畫。

聯盟的形成

治療聯盟的形成，基於三方面的內容：治療師系統和個案系統的成員在治療目標、任務以及情感連結程度這三方面所達成的共識。套用到督導聯盟裡，**任務**指的是督導者和治療師在督導過程裡的活動。雙方對督導任務是否有共識，則直接和兩造在督導過程中的自在程度有關。**目標**指的是對於督導結果達成共識的程度和投入的程度。這類督導在簽訂合約時，清楚地了解督導的目標非常重要。**情感連結**是指督導聯盟的感情面向和關係面向。信賴、尊重、關懷和移情等均屬於這一類。系統取向的督導者必須留意和形成聯盟關係息息相關的這些議題，並且懂得如何和受督者建立、維繫正面的連結。

品索夫的聯盟理論也可用來描繪這三個元素在督導過程中相互牽連的情形。舉例來說，受人尊敬的重量級督導者可能會臨時起意請治療師談談他／她事先無意涉及的原生家庭相關議題。信賴及尊重（感情連結）的程度夠深的話，治療師大多不會介意打破原先並未同意的共識；相反地，若是默默無名的督導者提出同樣的議題，大抵是不能如願的。沒有深厚的情感連結，督導的進行就必須倚賴明確的任務和目標。督導的時間一久，只要督導者和受督者之間有足夠的關懷和信任，雙方會談的內容很可能海闊天空，不會僅限於事先約定好的任務和目標。

治療師本身的層面

督導者和治療師的個人家庭生活會強烈影響督導關係。譬如說，督導者會協助治療師檢視某些議題（例如：從前與目前在家庭內的角色、情緒的氛圍、三角化關係的程度、與家庭分化的程度、未解決的人際衝突以及調適方式）對治療及督導的過程與結果有何影響。此時，督導者也必須連帶地檢視自己以及脈絡中的自己，省察個人的生活對工作的影響。舉例來說，從原生家庭裡習得的角色會在督導脈絡裡再度活躍起來，若不刻意花心思避免，這些角色會影響督導者和治療師之間的任務、目標和情感連結，並且進一步影響到治療聯盟裡的其他成員。因此，督導者和治療師必須警覺自己舊有的角色在督導聯盟和治療聯盟裡再度活躍的情形。雖然要完全擺脫這角色的影響並不可能，然而有自覺的督導者有更多的自由度去選擇扮演什麼角色、何時扮演以及對誰扮演（Pinsof, 2005）。

以問題為導向之取向／形式的矩陣

品索夫建構了一個以問題為導向之取向／形式的矩陣（matrix），是臨床上做決策時用以依循的方針。第一條軸線代表最能有效解決個案問題的治療型式及處置重點。這些治療形式包括家族／團體、夫妻／雙人和個別治療。第二條軸線代表評估問題和研擬治療計畫時可以考量的治療觀點和取向，其依序是行為取向、經驗取向和歷史取向。

以問題為導向的整合式治療，以這雙軸所構成的矩陣為依歸，首先把焦點擺在促使個案前來尋求治療的那些干擾整個系統，讓問題難以解決的行為模式。假使這層次的介入沒奏效，治療師會改從經驗層面介入。假使前兩種方法都不能改善現有的問題，從歷史面介入的做法才會派上用場。「以問題為導向的整合治療的先後步驟，是從此時此地的人際關係切入，進而處理彼時彼處的內在狀態。」（Pinsof, 1994, p. 113）

以這矩陣為基架，督導者也可以依循相同的步驟做為督導策略。他／她可以先就行為層面給治療師一些作業，譬如要求他們建立治療聯盟關係，或者採用矩陣上的某些介入方法。假使治療師可以靈活地完成這些不同的指定作業，督導者也許不需再有進一步的作為。不過，假使治療師在執行某些治療能力上有困難，督導的焦點就會改採經驗取向，著重於檢視建立和維繫治療聯盟的認知和情感面。假使又有困難產生，督導者會幫助治療者檢視歷史面的問題：個人生命經驗如何影響這些治療聯盟的形成。

當然，這先後順序不見得非如此不可。這個矩陣毋寧說是一個經驗法則，供督導者做決策時的參考。儘管品索夫這個綜攝性的架構包羅了督導決策的可能選項，督導者和受督者之間的聯盟關係始終是最重要的。

各種模式之間的共通處及其延伸

督導介入方式

每個整合督導模式都基於一個綜攝性的架構，引導督導者採納各種理論和治療，以便對督導實務有更全盤而通透的理解。

這些架構提供了特定的評估策略，好讓督導者多方面地理解受督者、個案、治療關係和督導關係。根據這些評估策略，督導者可以從大量的督導介入方式裡挑選出**最適配**（best-fit）（也就是說，哪個介入方式最符合治療師、個案以及治療和督導這更大脈絡的需求？）的項目。

除了受惠於大量的評估技巧和介入策略，而這一點是整合式督導有別於折衷式督導的最大特色，其另一個優勢在於運用融貫一致的後設理論來統整治療和督導普遍會用到的各種技巧和策略。這個啟發式的後設理論，可用來作為治療者和督導者在實務工作上的方針。

每個整合式督導模式提供的許多介入方式，都有一定的**啟用順序**（firing order），其用意在於促進治療的能力和自我覺察力。舉例來說，以問題為導向的整合式督導即包含一系列循序漸進的策略，其前提是，唯有在直接而簡單的介入方式證實無效後，才有必要採行較繁複、細膩、費時而且花費高的介入方式。系統性認知發展的督導模式也提供了一系列評估及介入策略，首先是辨識、加強受督者最主要的訊息處理類型，進而探索其他類型，好讓受督者經過長時間以及各種情境的磨練，最後能夠善用發展得最純熟、最能得心應手的類型。最後，後設架構的觀點協助治療者駕馭複雜性，利用各種可得的理論框架，並且基於個案系統對先前的介入方式的回應，來形成假說繼而驗證之。這些治療取向和相關督導方法的共通點，在於每個模式賴以為繫、包羅齊全又融合統整的後設理論。這啟發式的架構是治療師和督導者的工作方針，即便介入手法的重點可能大不相同，但在督導技巧的挑選和運用上是連貫一致的。

督導形式

整合模式廣納任何形式的督導。挑選時仍是以**最適配**為原則，換句話說，取決於治療師和個案的需求。任一種督導形式都可以用在本章所介紹的三種督導模式裡。譬如說，現場督導可用來幫助治療師駕馭複雜性（後設架構觀點），協助受限於形式運思訊息處理類型的治療師，在進行治療的當下把某些治療手法用出來（系統性認知發展的督導模式），或支援治療師建立治療結盟（以問題為導向的督導）。儘管督導形式都一樣，選擇它的理由隨督導模式不同而異。

由於整合模式有其多面的複雜性，任何直接的觀察（例如現場督導或協同治療）或間接觀察（例如透過錄音錄影）的機會都可以加以把握運用，尤其是治療師嘗試採用新的介入手法時。其他形式的督導，諸如個別的個案研討或團體的個案研討等，也可以用來幫助治療師學習新技巧，加強他／她對身為治療師的自我了解。

對文化及脈絡的關注

這三個模式顯然都關注到文化和脈絡。在當今這股高喊治療師養成和督導訓練應該重視文化議題的聲浪出現之前（Banks, 2001; Lee, Nichols, Nichols, & Odom, 2004; Inman, Meza, Brown, & Hargrove, 2004），這些模式早已經注意到文化背景殊異的個案、治療師、督導者帶到督導歷程裡各式各樣的世界觀（Edwards & Patterson, 2006）。後設架構觀點的兩個要素可以幫助督導者面對這些議題。一是該取向對**性別議題很敏感**，直接突顯了治療及督導層面和兩性權力及性別壓制有關的議題。昆恩—卡瑞爾和佛伊（2003）對督導的這一面有詳盡的說明，並且將之與女性主義理論及「全方位」（complete）治療師的專業素養和成長連結起來。

後設架構觀點的另一個要素，是鼓勵督導者考量更大的社會一情緒變項，所以對**文化議題很敏感**。家庭和更廣大的主流文化之間的關係，往往是苦惱的根源，而傳統模式的督導時常忽略這一面。在後設架構觀點的督導裡，這一面的關係是關注的焦點，而且不僅在進行評估時會考量這一面的因素，擬訂治療計畫時也會顧及這一面。品索夫的聯盟理論，也明確地要求整合式督導者，找出個案系統內除了家人以外的那些深具影響力的人，以釐清**全系統聯盟**中的關鍵人物和互動。這些人物往往是更廣大的社會文化環境裡的人，他們透過與整個家族或家族中某個個體的互動，對於家庭之所以前來尋求治療的問題，有著舉足輕重的影響，因此，在決定採用哪種治療形式時，一定要把這些重要人物考慮進來。就系統性認知發展的督導模式來看，治療師的自然語言及建構意義的歷程，浸潤在他們的原生家庭以及目前的文化脈絡裡，因此，使用這模式的督導者，首先必須傾聽、理解受督者的世界觀，而受督者也要學習如何去了解個案身上被文化所滲透的世界觀。再者，系統性認知發展的督導模式乃生態系取向，因而家庭和更廣大的社會環境之間的關係，是治療歷程和督導歷程裡的重要議題。總而言之，這三種模式都有助於提升治療者和督導者整合文化及脈絡性因素的能力。

契約

整合式督導契約的第一要素是，治療師要把個別的理論和治療方法融會貫通，統合成條理一貫的後設理論架構，藉此對人類的發展、系統性發展以及治療歷程有多面的理解。第二個要素是，治療師必須對某些系統性治療取向有基本的認識，加上先前進行個別治療的實務經驗，以此來開始學習。

第三個要素是，治療師必須清楚明白，督導過程可能會涉及和個人及專業有關的議題。就個人方面，自我覺察力、家庭經驗以及對性別意識和文化意識的傾向，都將是督導所關注的內容。專業上的議題則包括：建立治療聯盟的能力、駕馭複雜性的能力，以及從各種理論和治療觀點界定個人、系統和生態系動力的能力。大多數的契約也會提出援用最原始的臨床資料（例如進行現場督導、協同治療、錄音錄影資料）的要求。最後，整合式架構給予治療師很大的自由，治療師可以盡情提出個人對督導的期待。

一如所有形式的督導，治療師也必須去留意在臨床實務上可能會遇到的倫理問題、脈絡問題和法律問題。另一個普遍的議題則是，當督導過程中顯示受督者有必要尋求個別治療時，受督者的意願何如。

契約的最後一項考量，關係到督導的內容。受督者應該學習某個特定的整合模式？或者說，督導者該利用自己的一套整合性觀點，引導受督者熟習他那一套模式？還是引導受督者形成自己的一套整合性觀點？運用整合性觀點的系統取向督導者，有兩種方式來利用他的後設式理論建構。第一種，以系統性認知發展的督導模式為主，是督導者以後設模式為框架，針對受督者的需要調整策略和介入方式。第二種，以品索夫和布列恩林的為主，是督導者經常使用的一種，也就是直接傳授某個整合式督導與治療。當然，本章介紹的三種督導模式都可以依某個情境的脈絡性需求運用這兩種方式。因此，擬訂督導契約時明確地討論先行採用哪種方式，以及假使需要更改的話如何進行更動，這一點非常重要。

評估

進行整合式督導時，其特殊的一套介入方法不是事先挑選組搭好的，因此成不成功視三個變數而定：個人的意義感（personal meaning）、理論的關連性（theoretical connectedness）以及臨床上的實用性（clinical utility）。關於**個人的意義感**，督導的經驗必須被受督者現有的知識體系（working knowledge base）消化吸收才行。督導必須對受督者產生意義。假使督導者的介入方法，受督者沒辦法領會，就無法將之轉為新的訊息或洞察，提升治療能力，或對於身為治療師的自己有另一番體會。因此，整合式督導始終要把治療師的限制、資源、需求和才能納入考量。

從**理論的關連性**來看，整合式督導的主要目標，在於協助治療師了解各個學派和取向的治療方法，繼而深思熟慮地挑選和決策。因此，所有的督導方法都應該協助受督者學會，如何從一個更大的架構來看各種觀點和策略在學理上的關連性。

督導的介入方式，就臨床上來說，也有其直接或間接的**實用性**。有些介入方法可以直接應用在治療方面，而且很容易轉換。另一些介入方法的實用性比較間接，但是它們對治療師的成長來說還是很重要。無論如何，這些介入方法最終不外乎是為了提升治療師的專業效能和自我認識。

本章介紹的這三種模式，也各自發展出特定的評估工具和策略，可用來衡量治療師、個案和督導歷程的進展。比方說，後設架構觀點的學者即發展出一個量表，可用來評量反映在治療師觀點裡的兩性平衡的程度（Mac Kune-Karrer & Foy, 2003）。系統性認知發展的督導模式的學者，則發展出一組提問的策略和附帶的分類系統，可用來評量受督者運用四類訊息處理類別的廣度和彈性（Rigazio-DiGilio, 2007b; Rigazio-DiGilio & Anderson, 1994; Rigazio-DiGilio et al., 1997）。至於以問題為導向的督導，品索夫、辛巴格（Zimbarg）以及科納布拉克—費德斯（Knoblock-Fedders）（2008）也確認了他們所發展出來的治療聯盟量表，可以有效地掌握治療師建立正面治療關係的能力的進展。

受督者在督導過程中的表現如何，則可以從每個模式發展出來的臨床工具，還有督導者持續的從旁評估來判斷，督導者的評估內容包括：受督者挑選的介入方法是否對個案有意義、是否掌握到各種理論的關連性、是否將所學應用到臨床工作上。除了這一般性的評估之外，每個模式對於何謂「全方位系統取向治療師」的見解也不同。

從以問題為導向的整合式治療的角度來看，「夠好」的治療師應該有能力建立正面的聯盟關係，而且有能力運用從系統性角度出發以及從個體角度出發的策略與方法，來處理個案的需求。採用後設架構觀點的治療師，專業上是否表現得圓滿，則端看他／她如何就臨床上得到的回饋，解析介入方法的效用，以及能否基於他／她對個案家庭、個人、文化面、性別面的理解，形成充分的假說。

最後，系統性認知發展督導模式認為，「全方位」的治療師對於認知發展的協同建構典範有著深刻的理解。這類的治療師懂得如何、何時去辨識、探觸個案的世界觀，有能力運用經由四種認知發展訊息處理類型得來的各種系統性、個體性和網絡性的策略，而且有能力和個案共同建構有助於認知發展而且具文化意識和性別意識的治療環境。

全方位系統取向督導者

做為「全方位系統取向治療者」要達到的標準，也適用於「全方位系統取向督導者」。此外，整合取向督導者也要對督導工作錯綜複雜的本質有著透徹的理解。比方說，伯納德和顧德義（Bernard and Goodyear, 2009）把督導界定為心理衛生專業的資深成員和資淺成員之間，可加以評估、具階級性、會隨時間延伸、有多重目的的關係。如此來看，受督者和督導者帶著獨特的預設進入關係裡，這獨特的預設既激發又侷限自我和他人的某些面向。這雙方交互影響的觀點意味著，整合取向督導者必須跳脫以特定學派為主、受治療內容所驅動的督導模式，直接面對治療、督導和更廣大的脈絡中，高度人性、多重面向的場域。從這角度來看，全方位整合取向督導者必須懂得如何運用和提升蘊藏在多重脈絡裡的機會，激發自己和受督者在個人面向及專業上有所成長。

督導者必須協助治療師運用綜攝性的整合架構來建構多元觀點，並且援引各種理論、治療和策略，針對個案的特定需求，設計明確的治療計畫，經由這樣來幫助受督者的成長。整合取向督導者必須有能力持續地融合各種理論、治療和技法，為治療師設計出整套的學習經驗。整合取向督導者必須願意以某個理論或治療為立場，或統整各個取向，抑或引導受督者建構更廣博通透的觀點。這麼一來，督導者必須願意探索新觀念和新教材，不管是探究單一取向或結合眾多取向，以滿足受督者的需求。

專業的成長也包括了受督者和督導者對自己有持續性的理解。這些理解包括體察社會面或文化面所建構的世界觀，以及這世界觀如何同時侷限及促進自我感以及關係中的自我。

全方位系統取向督導者懂得幫助治療師省思個人議題對治療的影響。整合取向督導者懂得，如何讓自己的思考清晰明確，而且有能力協助治療師在督導和治療過程中同樣做到這一點。

最後，「全方位」整合取向督導體認到，任何的督導模式根本上都是「不足」的。他們明白，所有個案皆適用的「完美」治療，或所有治療師皆適用的「完美」督導模式並不存在，而整合取向模式不過是提升治療效能的方法之一。惟有不斷尋求新的策略和介入方法，持開放的態度修正重要的信念和模式，願意學習、融合新理論，才能體現「全方位系統取向」整合式督導者的真正精神。

結語

整合模式的督導採取多元的觀點，整體運用下來，它對受督者和個案的成長與調適，提供了更深刻而扎實的理解。這些模式給督導者一個有系統的方式來統整各式各樣龐雜的理論觀點和取向，用在督導過程中。因此，督導者進行督導時變得很有彈性，他們可以隨時調整督導關係，以符合治療師、個案及治療關係特定的文化面和脈絡性需求，而且可以協助的受督者類型涵蓋很廣。本章所介紹的每一個督導模式，都提供了獨樹一格、融貫一致的觀點和策略，幫助督導者了解整合取向的優點。

參考書目

Banks, A. (2001).Tweaking the Euro-American perspective: Infusing cultural awareness and sensitivity into the supervision of family therapy. *Family Journal, (9)*4, 420-423.

Bernard, J. M., & Goodyear, R. K. (2009). *Fundamentals of clinical supervision.* Upper Saddle River, NJ: Merrill

Breunlin, D., Rampage, C., & Eovaldi, M. (i1995). Family therapy supervision: Toward an integrative perspective. In R. Mikesell, D. Lusterman, & S. McDaniel (Eds.) *Integrating family therapy: A handbook of family psychology and systems theory* (pp. 541-560). Washington, DC: American Psychological Association

Breunlin, D., Schwartz, R., & Mac Kune-Karrer, B. (1997). *Metaframeworks.* San Francisco, CA: Jossey-Bass.

Catherall, D., & Pinsof, W. (1987). The impact of the therapist's personal family life on the ability to establish viable therapeutic alliances in family and marital therapy. *Journal of Psychotherapy and the Family, 3*, 135-160.

Edwards, T. M. & Patterson, J. E. (2006). Supervising family therapy trainees in primary care medical settings: Context matters. *Journal of Marital and Family Therapy (32)*1, 33-43.

Fraenkel, P. & Pinsof, W. M., (2001). Teaching family therapy-centered integration: Assimilation and beyond. *Journal of Psychotherapy Integration, 11*, 59-85.

Foy, C. W., & Breunlin, D. C. (2001). Integrative supervision: A metaframeworks perspective. *In C. L. Philpot (Ed.), Casebook for integrating family therapy: An ecosystemic approach.* (pp. 387-394). Washington, DC US: American Psychological Association.

Greco, L. A. & Eifeit, G. H. (2004). Treating Parent-Adolescent Conflict: Is Acceptance the Missing Link for an Integrative Family Therapy? *Cognitive and Behavioral Practice, (11)*3, 305-314.

Inman, A. G., Meza, M. M., Brown, A. L., & Hargrove, B. K. (2004). Student-faculty perceptions of multicultural training in accredited marriage and family programs in relation to students' self reported competence. *Journal of Marital and Family Therapy (30)*3, 373-388.

Ivey, A. (1986/2004). *Developmental therapy: Theory into practice.* San Francisco: Jossey-Bass.

Ivey, A., and Rigazio-DiGilio, S. (2005). The standard cognitive-developmental classification system. In A. Ivey, M. Bradford Ivey, J. Myers, & T. Sweeney. *Developmental counseling and therapy: Promoting wellness over the lifespan.* (pp. 194-200). Lahaska Press/Houghton Mifflin.

Ivey, A., Rigazio-DiGilio, S., and Ivey, M. (2005). The standard cognitive developmental interview. In

A. Ivey, M. Bradford Ivey, J. Myers, & T. Sweeney. *Developmental counseling and therapy: Promoting wellness over the lifespan.* (pp. 201-213). Lahaska Press/Houghton Mifflin.

Kaslow, F. (2002). *Comprehensive handbook of psychotherapy: Integrative/eclective, vol. 4*. Hoboken, NJ US: John Wiley & Sons Inc.

Kunkler-Peck, K. (1999).*The development and initial validation of the supervisee cognitive-developmental profile questionnaire.* Unpublished dissertation. Ann Arbor, MI. UMI.

Larner, G. (2009) Integrative family therapy with childhood chronic illness: An ethics of practice. *Australian & New Zealand Journal of Family Therapy, (30)*1, 51-65

Lee, R. E., & Everett, C. A. (2004). *The integrative family therapy supervisor: A primer.* New York: Brunner-Routledge.

Lebow, J. L. (2005). *Handbook of clinical family therapy*. Hoboken, NJ, US: John Wiley & Sons Inc.

Lee, R. E., Nichols, D. P., Nichols, W. C., & Odom, T. (2004). Trends in family therapy supervision: The past 25 years and into the future. *Journal of Marital and Family Therapy, (30)*1, 61-69.

Mac Kune-Karrer, B., & Foy, C. W. (2003). The gender metaframework. In T. J. Goodrich (Ed.), *Feminist family therapy: Empowerment in social context.* (pp. 351-363). Washington, DC US: American Psychological Association.

McDaniel, S. H., Lusterman, D., & Philpot, C. L. (2001). In Philpot C. L. (Ed.), *Casebook for integrating family therapy: An ecosystemic approach.* Washington, DC US: American Psychological Association.

Myers, J., and Rigazio-DiGilio, S. (2005). Using Developmental Counseling and Therapy with Families. Chapter in A. Ivey, M. Bradford Ivey, J. Myers, & T. Sweeney. *Developmental counseling and therapy: Promoting wellness over the lifespan* (pp. 162-185). Lahaska Press/Houghton Mifflin.

Nichols, W. C. (2001). Integrative family therapy. *Journal of Psychotherapy Integration (11)*3, 289-312.

Piaget, J. (1955). *The language and thought of the child.* New York: New America Library (originally published, 1923).

Pinsof, W. (1994). An overview of integrative problem-centered therapy: A synthesis of family and individual psychotherapies. *Journal of Family Therapy, 16,* 103-120.

Pinsof, W. (2002). Integrative problem-centered therapy. In F. W. Kaslow (Ed.), *Comprehensive handbook of psychotherapy: Integrative/eclectic, vol. 4.* (pp. 341-366). Hoboken, NJ US: John Wiley & Sons Inc.

Pinsof, W. (2005). Integrative problem-centered therapy. In M. R. Goldfried (Ed.), *Handbook of psychotherapy integration* (2nd ed.). (pp. 382-402). New York, NY US: Oxford University Press.

Pinsof, W., & Catherall, D. (1986). The integrative psychotherapy alliance: Family, couple and individual therapy scales. *Journal of Marital and Family Therapy, 12*, 137-151.

Pinsof, W., Zimbarg, R. & Knoblock-Fedders, L. (2008). Factorial and construct validity of the revised short form integrative psychotherapy alliance for family, couple, and individual therapy. *Family Process (47)*, 281-301.

Rigazio-DiGilio, S. (1998). Toward a reconstructed view of counselor supervision. Invited Commentary on Special Section: Reconstructing Counselor Education: Supervision, Teaching, and Clinical Training Revisited. T. Sexton (Section Coordinator). *Counselor Education and Supervision, 38*, 43-51.

Rigazio-DiGilio, S. (2000). Reconstructing psychological distress and disorder from a relational perspective: A systemic, coconstructive-developmental framework. Chapter in R. Neimeyer and J. Raskin (Eds.). *Constructions of disorder.* (pp. 309-332). Washington, DC: American Psychological Association.

Rigazio-DiGilio, S. (2001). Postmodern theories of counseling. Chapter 13 in D. C. Locke, J. E. Meyers, & E. L Herr (Eds.) *The handbook of counseling.* (pp. 197–218)Thousand Oaks, CA: Sage.

Rigazio-DiGilio, S. (2007a). Towards the Operationalization of Cultural and Contextual Competencies in Clinical Supervision: A Marriage and Family Therapy Model. Plenary Session for the Third International Interdisciplinary Conference on Clinical Supervision. Amherst, New York.

Rigazio-DiGilio, S. (2007b). Systemic Cognitive-Developmental Supervision: Accessing and Extending Meaning and Options within the Supervisory Exchange. Presentation for the *Third International Interdisciplinary Conference on Clinical Supervision.* Amherst, New York.

Rigazio-DiGilio, S. (2007c). Family counseling and therapy: Multicultural and theoretical foundations and issues of practice (pp. 429-468). Chapter in A. Ivey, M. D'Andrea, M. Ivey, & L. Simek-Morgan, *Theories of Counseling and psychotherapy: A multicultural perspective*, Sixth edition. Needham Heights, MA: Allyn and Bacon.

Rigazio-DiGilio, S., & Anderson, S. (1994). A cognitive-developmental model for marital and family therapy supervision. *Clinical Supervisor, 12*(2), 93-118.

Rigazio-DiGilio, S., and Cramer-Benjamin, D. (2000). Families with learning disabilities, physical disabilities and other childhood challenges. In W. C. Nichols; M. A. Pace-Nichols; D. S. Becvar & A. Y. Napier (Eds.), *Handbook of family development: dynamics and therapeutic interventions.* (pp. 415-438). New York: John Wiley & Sons.

Rigazio-DiGilio, S., Daniels, T., and Ivey, A. (1997). Systemic Cognitive-Developmental Supervision: A developmental-integrative approach to psychotherapy supervision. In C. E. Watkins, Jr. (Ed.) *Handbook of psychotherapy supervision*, (pp. 223-249). New York: John Wiley & Sons, Inc.

Rigazio-DiGilio, S., and Ivey, A. (1991). Developmental Counseling and Therapy: A framework for individual and family treatment. *Counseling and Human Development, 24*, 1-20.

Rigazio-DiGilio, S., and Ivey, A. (1993) Systemic Cognitive Developmental Therapy: An integrative framework. *The Family Journal: Counseling and Therapy for Couples and Families, 1*, 208-219.

Rigazio-DiGilio, S., and McDowell, T. (2007) Systemic family therapy theories. Chapter in J. Frew & M. Spiegler (Eds.) *Contemporary Psychotherapies for a Diverse World.* (pp. 442-488).New York:

Lahaska Press/Houghton Mifflin.

Siang-Yang, T. (2009). Developing integration skills: The role of clinical supervision. *Journal of Psychology & Theology, 37*(1), 54-61.

Simon, G. M. (2006). The heart of the matter: A proposal for placing the self of the therapist at the center of family therapy research and training. *Family Process, 45*, 331-344.

Speirs, K. (2006). Reliability and predictive validity of the SCDT questioning strategies and classification system. Unpublished Master's Thesis, University of Connecticut, Storrs, CT.

Sprenkle, D. J. & Blow, A. J. (2004). Common factors and our sacred models. *Journal of Marital and Family Therapy, 30* 113-129.

Tan, S. (2009). Developing integration skills: The role of clinical supervision. *Journal of Psychology & Theology, 37*(1), 54-61.

Taylor, R. J., & Gonzales, F. (2005). Communication flow and change theory within a family therapy supervision model. *Contemporary Family Therapy 27*(2), 163-176.

Viney, T (2009). Clinical supervision: the need for an integrative approach in supervising the experienced practitioner. In M. Jukes, and J. Alright (Eds.). *Person-Centered practices: A therapeutic perspective.* (pp. 241-249). London, UK: Quay Books

Vygotsky, L. (1987). *Thought and language* (A. Kozulin, Trans.). Cambridge, MA: MIT Press.

Walsh, W. M. (2001). Integrative family for couples. In L. Sperry (Ed.) *Integrative and biopsychosocial therapy: Maximizing treatment outcomes with individuals and couples.* pp. 17-41. Alexandria, VA, US: American Counseling Association, 2001.

Weir, K. N. (2009). Countering the isomorphic study of isomorphism: Coercive, mimetic, and normative isomorphic in the training, supervision, and industry of marriage and family therapy. *Journal of Family Psychotherapy, (20)*1, 60-71.

【第十二章】系統取向督導的後現代模式[1]

蒙特・波貝拉（Monte R. Bobele, Ph.D.）
瓊安・碧芙（Joan L. Biever, Ph.D.）

後現代概念已經在心理治療的實務裡深深扎根（Besley, 2002; Biever, Bobele & North, 2002; Fish, 1993; Gergen, 1985; Hoffman, 1991; Hoyt, 1994; Linares, 2001; McNamee & Gergen, 1992; Neimeyer, 1993; Polkinghorne & Kvale, 1992; Weingarten, 1991）。近年來很多擲地有聲的文獻，紛紛談論這領域的督導和訓練的議題（Becvar, 2002; Howard, 2008; Lee & Littlejohns, 2007; Lowe, Hunt, & Simmons, 2008; Philp, Guy, & Lowe, 2007; Speedy, 2000; Stevenson, 2005; Ungar, 2006）。亦有證據顯示，後現代治療（Arce, 2005）和督導（Licea, Paquentin, & Selicoff, 2004; Selicoff, 2006）在墨西哥和拉丁美洲受到愈來愈多的關注。在亞洲地區，該取向的治療也掀起一股熱潮（Chan & Ma, 2008; Fang-Ru, Shuang-Luo & Wen-Feng, 2005; Hung & Sung, 2007; McDaniel, 2008; Sim & Chiyi, 2009; Ye, 2003）。這一章的開頭，我們將簡短介紹和後現代主義相關的一些概念。

後現代主義一詞常被用來描述一個不再尋求也不再相信，生活各領域有其終極基礎的運動。這趨勢可見於全世界二十世紀後

1　衷心感謝我們的同事兼好友格蘭・嘉納博士（Glen Gardner, Ph.D. 1943-2004）對於本章先前版本的諸多貢獻。他持續影響我們對於如何把後現代概念應用到督導實務的思考。

期許多面向：世人愈發理解到多重觀點與現實的存在；愈發察覺到不同文化觀的價值；對生活各領域裡僵化的常規感到不滿；明顯意識到我們自身和他人的心理組成對我們的覺知與信念帶來的衝擊；更加體悟到個人觀點的影響力與效用。透過網路增進和他人即時聯繫，現代科技對這些改變也起了推波助瀾的效果。

當科學隱喻無法滿意地詮釋社會科學家和心理治療師的工作時，他們開始尋找新的隱喻。例如，一個在心理治療常見並已獲得認可的隱喻便是「敘事」（Narrative）。在心理治療領域裡具有後現代敏感度意味著，治療師會務實地運用適合特定個案的隱喻、技法、故事或敘述。

許多將後現代主義納入督導的應用正在興起。本章主要是依據古利辛（Goolishian）和安德森（Anderson）（Anderson, 1997; Anderson & Gehart, 2007; Anderson & Goolishian, 1988; Anderson & Goolishian, 1992; Anderson & Rambo, 1988）、懷特（White）與艾普斯坦（Epston）（White, 2007; White & Epston, 1990），以及碧芙（Biever）、嘉納（Gardner）和波貝拉（Bobele）（Biever & Gardner, 1995; Bobele, Gardner & Biever, 1995）的研究，來描述後現代主義在督導上的應用。我們採用源起於後現代主義的社會建構論觀點，針對督導歷程作探討（Biever & Gardner, 1995; Bobele, Gardner, & Biever, 1995）。

本章首先概述影響後現代督導的常見假設，繼而檢視在主流的系統取向治療督導情境裡，後現代工作會遇到的困境。我們也將提供有效解決這些困境的方法和技巧。就我們的機構、受督者以及我們的背景和經驗而言，我們承認我們的督導情境是獨特的。我們希望讀者能夠把我們的經驗延伸到他們的工作場域。

影響督導的共同假設

雖然後現代治療有好幾種不同的表現方式，但是它們有著共同的一些假設。社會建構論為很多的後現代治療提供了認識論的基礎。根據社會建構論，意義是透過社會互動和社會共識所發展出來（Gergen, 1985）。一般而言，我們所理解到的一切都是社會性磋商（socially negotiated）的結果，而且和它深嵌其中的脈絡息息相關。這觀點的一個意涵是，意義並不是靜止不變，它其實是經年累月下社會互動的產物。社會建構論強調觀念和意義在彼此對話中的交疊（crisscrossing）。安德森和古利辛（1988）把這種交疊描述成「互為主體性」（intersubjective），他們定義為：「……事情的一種開展狀態，在這過程裡，兩或多人同意（了解）他們正以同樣的方式在經驗同樣的事件……他們了解到這個共識的脆弱性，它需要持續不斷地再磋商和辯論。」在另一個脈絡下，安德森和古利辛（1990）將這個概念形容為「合作語言系統取向」（Collaborative Language Systems approach）的訓練：

> 這訓練系統，就像治療系統，是一種意義產生的系統或語言系統。在如此的語言系統或學習系統裡，老師和學生共同創造意義，從這角度來看，雙方都是學習者。老師（督導者）和學生（治療師）彼此創造敘事與故事，並且據此訂定學習任務。這學習系統的描述隱含著一個概念：這是個合作、對等、平行的系統，（老師與學生）在其中分享彼此的專業技能。

順著同樣的思維，葛根（Gergen, 1985）闡述道：「從一個建構主義者的立場來看，這個理解的歷程不是自動地受自然力所驅使，而是置身於關係中的人積極合作的成果」（p. 267）。會談（conversations）是隨著時間開展的動態歷程。這個動態歷程的一個意涵是，意義乃倏忽無常。沒有哪種文字、意念或溝通是完整、清晰或持久的，因為隨時都可能有新的詮釋出現（Anderson & Goolishian, 1988）。因此，意義總是「在形成之中」（on the way），個案、治療師、受督者和督導者也總是在建構新意義的歷程中，無時無刻不在對他們自身及交談的夥伴建構意義。所以督導者的督導重點，就是要處理這不停變動的意義。「持後現代觀點的督導會邀請受督者來關注治療的『現實』，是如何透過不斷變化意義的語言而創造出來。沒有任何故事能說出全貌。」（Stewart, 1994, p. 6）

大多數社會建構論者強調採取一種「不確知」（not-knowing）的立場（Anderson, 1997; Anderson, 2005; Anderson & Goolishian, 1988; Rober, 2002）來看待受督者的情況。由這觀點來看，治療師不具有能夠掌握個案「內情」的優勢知識（no privileged information）；更精確地說，知識的產生有賴於人與人之間的社會互動。我們明白，督導的專業技能取決於督導的交談如何進行。這種「不確知心態」，或者說不以專家自居（non-expert）的立場，並未忽視督導者所擁有的經驗和專業技能，而是宣稱「……沒有『預設性理解』（pre-knowing）的存在，也沒有不可顛覆的結論，因為結論往往是靠偏頗的資料收集和僅側重支持理論的資料而得出。」（Allen, 1993, p.40）督導者假定受督者有不一樣的觀點。史都華（Stewart, 1994）如此描述受督者專業技能的價值：「我們鼓勵受督者運用多年實務所累積的諸多想法，但我們也鼓勵他們不要握得太緊——不要讓任何既定的觀念或作法來限定治療的發展。」（Stewart, 1994, p. 6）。

後現代督導的目標，在於提升受督者理解多元觀點的能力，幫助受督者發展新的意義，好讓他們用以促進治療實務。幫助受督者發展新意義的方法之一，是鼓勵受督者發揮想像，用不一樣的方式來理解治療性談話：「督導系統的目標是為了共同演化新意義，兩造共同發展出的情境，進而從中學習與改變。」（Anderson & Swim, 1995, p. 2）。其他後現代督導者（Parry & Doan, 1994; Roberts, 1994; Speedy, 2000; Ungar, 2006; White, 1989/1990; Whiting, 2007）直接聚焦在改變受督者在督導歷程中對自己所感知的意義（Davis, et al., 1994, p. 2），藉由和受督者「共同建構一個關乎能力與成長、而非關乎不足與困頓的新的『自我敘述』（self-stories）」。很多後現代督導者在努力運用從訓練、教育和臨床經驗獲取的經驗和知識之餘，也懂得欣賞、滋養受督者在經驗上和知識上的獨特性。

督導的困境

試著把後現代的概念應用到督導領域的督導者，剛開始時會面臨到採行後現代觀點特有的困境（Bobele et al., 1995; Ungar, 2006）。後現代督導者必須重新思考階級、專業技術、「真實」（truth）、分類（classification）和考評（evaluation）這些概念。

階級性的延伸

後現代主義讓督導者重新思考階級的概念。督導的進行所賴以為繫的訓練、法規和倫理脈絡，免不了會產生無可迴避的階級性。此外，受督者一般說來會期待督導者具有更多的專業技能、更豐富的經驗，而且會為專業把關。督導者也不免會建議受督者採行不一樣的方法並且加以考評，或為訓練過程打分數。儘管督導者很可能會滔滔不絕地跟受督者說明，他把彼此界定為一種對等的關係，不過在受督者和其他人眼裡，這關係往往還是具有階級性。

艾金森（Atkinson, 1993）一針見血地談到這個議題：「我想我確實擁有這種居高在上的影響力；我想我常常難以避免這種居高在上的影響力；我想我可能會濫用這個影響力。」（pp. 167-168）後現代督導者認清這無可避免的階級性，於是把目標放在減少因階級關係造成的無益的、使督導受限的後果。方法有二：以保留的語言（tentative language）向受督者呈現觀點，以及一有機會便利用治療團隊來呈現多元觀點（Bobele et al., 1995）。正如史蒂文森（Stevenson, 2005）細膩地描述：「督導的整個階級性及其採行的形式，在認清我們既是編故事的人也是說故事的人那一剎那崩塌倒落。」（p. 521）

不以專家自居

後現代的督導「不以專家自居」（Anderson & Rambo, 1988; Anderson & Swim, 1995）。假使督導者不再是「專家」，他們如何重新思考他們的定位？後現代督導者不認為自己擁有掌握個案內情的優勢知識。督導者當然可以援引個人知識、技巧和經驗，來提升受督者的專業。社會建構論者認為，督導者和受督者可以有效地運用這些不同的技巧和知識。後現代督導者對自己的定位，就是讓這彼此合作、相互激盪的過程發揮到極致（Anderson & Swim, 1995）。艾倫（Allen, 1993）對於採取合作立場的治療師的描述，也適用於督導者：

> 對於治療師的專家立場有所質疑，並不代表治療師應該拋開所有的知識和技能……這意味著沒有『預設性理解』（pre-knowing）存在，也沒有不可顛覆的結論，因為結論往往是靠偏頗的資料收集和僅側重支持理論的資料而得出。」（p. 40）

玩味多重的真實

最惱人的困境說不定是，可用來探究某個情境或問題的方法實在太多了。沒有哪個解決方法既是最好的、又適用於各種脈絡。後現代督導往往會在同一時間裡接納和玩味多元、對立、相互牴觸的概念。督導的目標則在激發各式各樣有益的想法，好讓受督者將之運用到治療裡。後現代督導者可能會對治療師的某些「優異」行為顯現出偏好，但同時也會承認其他取向的做法也同樣有效。督導所展現的這種彈性，也會鼓勵受督者理解到，個案的不同觀點有其合理性。

在分類和不貼標籤之間斟酌拿捏

後現代督導者總會問：「還有哪些可能的解釋？在這種情況下怎麼進行不一樣的理解？」諸如《精神疾病的診斷與統計手

冊》（DSM-IV）這類診斷性的思維系統，只能視為考察個案處境的許多可能有效的方法之一。在我們的督導實務裡，我們鼓勵受督者盡量不用病理或常規性的標籤，因這類標籤很容易阻斷意義的延伸。我們的專業養成課程和通俗文化，總是對人的行為賦予既定的、診斷性的和常規性的解釋，使得年輕的專業人員淹沒在這股洪流之中。後現代督導者幫助受督者對家庭或問題類型有一般性的理解，同時也能夠看出個案的獨特性，在兩者之間找到平衡。後現代督導者促使受督者理解治療情境裡的脈絡性因素。

著重評量的地域性意義，而非普世意義

後現代督導者相信，受督者天生具有某些技巧、能力和資質，一旦加以開發琢磨，將有助於激勵個案的正向改變。我們把督導歷程看成是提升受督者有效運用這些固有資能的一個過程。大多數督導和訓練脈絡裡的現實是，督導者有責任對受督者的技巧、能力和資質進行評量。這考評歷程對受督者而言是重要的訊息。考評這項任務是學術訓練很重要的一環，也是督導者之後在面對認證單位和更大的專業社群時，該負起的把關責任。

考評的責任對督導者來說是很平常的一件事，但是我們也了解到，評量是一種區域性的建構，其意義具有地域性，絕不是放諸四海皆準。這評量的歷程不可免地要將各種行為分門別類。這些區分可能是簡單地二分為及格／不及格以及充分／不足。社會建構主義取向的督導者所做的區分和其他取向的督導者不同，但無論如何，這些區分還是存在。因此，對社會建構論者來說，評量所依據的標準，是督導者認為從事心理治療這一行最重要的內涵。好幾位後現代督導者對考評的議題多有著墨。透納和范恩

（Turner and Fine, 1995）描述了意義的地域性如何透過三種脈絡發生階級性的轉變：（一）由和督導者面對面的交談衍生的人際情境現實；（二）由督導者和受督者的特定訓練脈絡衍生的區域情境現實；（三）由專業社群和協會對實務工作所訂定的正式準則、標準和法規發展出來的核心情境現實。

在我們的實務裡，我們試圖和受督者共同打造一些機制，以進行有效的考評和專業生態裡其他的重要部分。這意味著，督導的目標經常是由受督者和督導者共同訂定，但也會考量督導脈絡、督導者和受督者的經驗和期待，以及更上層專業脈絡的期待等因素。舉例來說，每個學期之初，我們會要求每個受督者立下該學期的個人目標。接著我們會根據每個受督者的個人目標，定期評估他們的進步情形。學期終了時，總評估的其中一項，就是督導者和受督者面對面共同評量受督者的進步情形。終究說來，這也是受督者評量整個督導經驗的一個機會。透納和范恩（1995）以及本書的第十三章，也提供了數個絕佳範例，說明這後現代督導的合作歷程。

後現代督導者也經常透過單面鏡和閉路電視進行現場督導，以持續掌握受督者進步的情形（Hardy, 1993; Lewis & Rohrbaugh, 1989）。弗萊蒙斯、葛林和蘭波（Flemons, Green, and Rambo, 1996）設計了一個清單並闡明其緣由，提供受督者了解採行後現代治療所需的重要技巧和能力。受督者持續地使用這類清單，可以多少掌握到自己進步的情況。受督者的自陳式評量，說不定是督導者最重要的工具，因為它給了督導者聆聽受督者陳述自己的進展的機會。

「介入」的問題

將近二十年前，很多後現代主義的家族治療師開始批判專業領域受到工具性和介入性做法所主導。有些人極力主張，治療師應當避免刻意地介入運作中的系統（Cecchin, Lane, & Ray, 1993; Goolishian & Anderson, 1992; Hoffman, 1991）。但也有另一些人主張，要一概避免這類的介入是不可能的（Atkinson, 1992; Bobele et al., 1995）。由於專業圈裡思潮的轉變，大多的數後現代取向的督導和治療，都會謹慎地不再介入某個系統，不再以符合督導者的「專家」知識來促使受督者產生特定改變。雖然某些後現代治療師依然有介入的作為，但是理想上來說，僅止於有效把握治療性的交談（Anderson, 1997; Anderson & Goolishian, 1988; Anderson & Swim, 1993）。這兩種介入風格的差別在於，後現代式的「介入」是以抱持著「不知道」或好奇的立場。後現代督導「介入」的意圖在於擴展帶入治療性會談想法的多樣性。因此，後現代督導者的介入，重點在於提問而不是回答。傳統的督導介入，反過來說，可能限制了很多可能性和想法。

常見的後現代督導實作

與後現代概念一致的督導形式

雖說沒有哪個督導形式絕無僅有地突顯了後現代主義的特色，不過該取向的督導者依然有他們常用的方式：現場督導和反映團隊（reflecting team）（Bowen, 2006; London & Tarragona, 2007; Lowe et al., 2008）。大多數的督導形式都可以直接套用後現代觀點，這是因為這個取向和其他取向的不同，不在於督導形式而是立論基礎。後現代督導者常偏好團體督導、治療團隊和現場督導，因為這些形式有助於開創多重觀點，使得督導經驗更多元豐富（Anderson & Swim, 1993; Biever & Gardner, 1995; Davis et al., 1994; Parry & Doan, 1994; Prest, Darden, & Keller, 1990; Roberts, 1994）。

我們偏好現場督導，尤其是以治療團隊的模式。有些督導者依然認為透過電話和受督者直接溝通很有幫助。運用由多位受督者和一位督導者所組成的治療團隊來進行督導，不是後現代取向督導獨有的做法（Bowen, 2006; Green & Herget, 1991; Lowe et al., 2008; Quinn & Hood, 1985），不過採用這類團隊有益於達成後現代治療和督導的目標。團隊成員會提供各式各樣的觀點、價值、建議和形形色色的故事，受督者和個案進行治療時可以援引這些素材。

反映團隊（Anderson, 1987）這種可以讓個案聆聽該團隊直接觀察某回治療之後的想法，而不是透過治療師從中傳遞訊息的督導形式，常常是後現代督導者採行的形式（Biever & Gardner, 1995; Bobele, Chenail, Douthit, Green, & Stulberg, 1989; Eubanks, 2002; Griffith & Griffith, 1992; London & Tarragona, 2007; Prest et al., 1990）。反映團隊作為治療／督導策略是一種絕佳的技術範例，它直接承襲了後現代取向獨具的敏銳度（Biever & Gardner, 1995; Prest et al., 1990）。反映團隊讓個案和受督者聽到很多不同的聲音。

擴展受督者觀點的後現代督導練習

休士頓．加維斯頓中心（The Houston Galveston Institute）經常示範他們在督導和諮詢中所採用的「假扮」（As if）練習。在這個練習裡，督導者和其中一位受督者進行訪談，其餘的受督者則坐在一旁聆聽。每位聽者都必須假扮成故事裡的人物，並從這個人物的立場去聆聽。舉例來說，有人「假扮」個案的父親，有人是母親，其餘的人則假扮小孩、祖父母、觀護人、老師或其他醫療人員等等。總結這段訪談時，聽者要分享他所假扮的那個人可能會有的想法。在這個階段，督導者和受督者單純只是傾聽，此時也不鼓勵聽者之間進行交談。聽者說完他們的想法後，原本成對的督導二人開始討論他們所聽到的內容，而且會特別留意他們之前沒想過而有所助益的故事。

蘭波（Rambo, 1989）也提出了一項督導練習，幫助治療師在看待問題時發展多重觀點。在這項練習裡，一群受督者兩兩一組，彼此跟對方說灰姑娘的故事，說得愈好玩有趣愈好。接著，他們要找另一名成員，從後母的角度重新把這故事說一遍。之後，受督者根據《精神疾病的診斷與統計手冊》的醫學用語，把灰姑娘的故事寫下來。我們採用這項練習時稍做了點變化：要求團體裡的每個受督者假扮故事裡的人物，輪流從後母、繼姐妹、王子等等的角度（視團體成員的人數而定），對著整個團體重新述說這個故事。我們發覺，在幫助受督者就某個情境發展多重觀點和多元解釋這方面，這練習特別管用。

派瑞和唐恩（Parry and Doan, 1994）則設計了許多幫助受督者發展「新故事」的練習。有些練習鼓勵受督者以個案為藍本，發展出能夠為治療注入新思考和行動的新敘述。另一些練習，焦點則擺在幫助受督者改變他們對於自己身為治療師看法的陳述。新的陳述為治療師開啟了行動的新契機。

為了幫助受督者了解「好故事」的架構為何，懷特（White, 1989/1990）設計了一套練習讓督導團體挑選出一本小說來讀。等每個人都讀完這部小說後，團體聚會討論他們的讀後心得。討論的焦點擺在讀者如何被故事吸引、受督者對故事的情節與人物的不同理解、故事的架構對於讀者如何體驗故事有何影響，以及關於這部小說的優點的任何想法。

督導者的提問鼓勵受督者從多重可能性去理解現象

如前面提過的，很多後現代督導者鼓勵受督者從多重的可能性去理解個案的處境。後現代督導者藉由容許其他觀點存在的暫時性語言（tentative language），向受督者呈現觀點。現場督導、團隊以及團體督導，為督導提供了多元的聲音與觀點，藉此減少雙方在專業技能和「權力」上所認知的差異。我們會試著問以下的這些問題，它們都沒有預設的答案。

- 你認為個案理解到什麼？
- 你的理解是什麼？
- 哪些可能的新理解會有用？
- 你可以問但沒問的其他問題是什麼？
- 這個家庭或這個人告訴了你哪些和研究或理論不同的事？

我們和受督者一起評估可用的資源，指出優點和資產何在，而不是去找出缺點。我們想了解對個案和對受督者來說，什麼是有效的。我們和受督者一起探索治療的脈絡。我們也知道個案的社經環境很重要，並且去了解限制提供治療環境可能性的各種干擾因素為何。我們了解這些徵結好幫助受督者敏察影響治療的情境性因素，以及可能發生的問題。我們之所以問這些問題，是為了把這些觀念帶進督導的交談裡。我們不尋找特定的答案，我們也鼓勵受督者敏察他們的期待：關於何謂有效的治療，以及這些看法如何侷限其他可能性產生。

為了幫助受督者從敘事觀點來看傳統個案工作的診斷性內容，督導者的某些提問有時候是很有幫助的：「關於這個個案，外頭流傳著哪些診斷性的謠言？」或「你從其他心理衛生專業人員那裡，聽到了哪些關於這個個案的流言？」以這種方式來了解「事實面」，有時候可以幫助受督者認清傳統精神醫學的解釋只是個案訊息的來源之一，並不具有獨斷性。

妨礙督導有效進行的因素

用高度重視發展階段的督導模式來理解後現代概念的督導歷程，並非是最佳的選擇。雖然後現代督導者認為受督者有「新手」和「老手」之分，但他們不太可能會熱烈擁抱司鐸坦伯格及其同僚（Stoltenberg, 2008; Stolenberg & McNeill, 2009）提倡的階段鮮明的受督者發展模式。後現代督導者認為那些關乎受督者在這階段或下階段能做什麼或不能做什麼的預設，其實都相當侷限。發展性的模式受很多督導者青睞，然而卻有更多的研究拿不出實際證據為這些模式背書（Falender & Shafranske, 2004）。

安德森和史威姆（Anderson and Swim, 1993）寫道，證實了這種受督者的分類隱含著變數：

> 我們偏好多樣、異質的學習系統……最理想的學習團體，是由經驗背景殊異的參與者所組成，因而呈現出多

元豐富的工作環境、專業經驗的程度、學歷、個人生命經驗、文化，和種族。（p. 149）

後現代督導者看重不同程度、理解或類型，因為它們能讓督導團體內的觀點和聲音變得豐富多樣。以階段論觀點把受督者加以分類的這種現代主義取向的作法，侷限了我們對事情的理解。

主張受督者必須學會一套特定技巧的督導模式，可能會讓某些後現代督導者感到困擾，因為這類模式往往把督導的焦點擺在磨練技巧。「技巧」這概念帶有專業技術（expertise）的意涵，後現代主義者常認為它們不見得有用。弗萊蒙斯等人（Flemons et al., 1996）試圖從後現代主義觀點，明確地指出受督者必須具備的有用技巧，其用意在於提供督導者一個可以評量受督者進步情形的依據，而不是據此來設計課程。

另一個傳統上對督導的期待，是受督者和督導者必須服膺相同的理論學派，這未必是後現代取向的觀點。就後現代主義來看，受督者和督導者只有在目標上必須一致：在彼此的世界觀裡拓展新的可能性。如此說來，顯而易見地，督導者和受督者的觀點總是不一樣。受督者和督導者採用同一種模式進行治療都會產生差異了，更別說雙方採用不一樣的模式進行治療。不管督導的脈絡為何，督導者和受督者的合約內容，一定要徹底說清楚。懷特（1989/1990）指出，受督者的自在程度，取決於所有參與者對於合約上明載的期待之滿足程度。他建議所有受督者都應該取得充分的資訊，並據此來選擇督導關係。有些受督者會希望從督導過程裡學會某種治療取向，並且希望督導者幫助他達成這個目標；另有些受督者則對學習從督導者的理論取向進行治療並不感興趣。後現代督導者的督導依據，是合約的內容以及受督者偏好的理論模式。

後現代督導獨特而不可違背的面向

就某個程度來說，很多後現代督導者很少擺出神聖不可侵犯的樣子。堅持某種極端，有違後現代取向督導會談的精神。即便如此，這取向的督導關係還是有很務實的面向，而且通常不可違背。這些面向包括：督導者必須幫助受督者融入合作式取向的督導；受督者起碼要對「參與督導歷程」表示默許，並且敞開心胸玩味新觀念、練習新行為。督導者有責任保持開闊的交談空間，接納任何的想法。督導者還必須掌握到能夠評估受督者進步狀況的資訊。比方說，不願意接受現場督導或把治療過程錄影下來的受督者，還是必須在某個「可考評的」模式下進行督導，督導者要能夠利用某些素材消極地評量受督者。

學者往往會建議治療和督導採同樣的結構。就某個程度上來說，這兩者的的目標都在改變行為和／或認知運作，兩者的確有相通之處，但在歷程上未必相同。督導畢竟不是治療。雖然有些督導者會採用同樣適用於個案的某些活動來訓練受督者（Parry & Doan, 1994; Roberts, 1994），但是對於關係的目標其假設是不同的。在治療裡，後現代治療師假定個案是他們自己生活的專家，但在督導裡，受督者不見得是治療的專家。採取後現代觀點的督導者，傾向於把督導內容的焦點擺在受督者和個案的治療關係。恩戈（Ungar, 2006）建議督導者反思他們在督導過程裡所展現的多重角色，如同他們協助受督者辨識在治療關係裡所扮演的多重角色一樣。督導者明確地和受督者劃定督導關係的界線也很有幫助。再者，後現代治療由於經常利用治療團隊，也有助於排除和心理治療不相干的個人議題。

後現代督導者會敏銳地察覺社會心理學家所謂的基本歸因謬誤（fundamental attribution error）。當我們在詮釋或解釋他人的行為時，輕忽了情境或環境脈絡的同時，又高估了性格變項或個人特質，就會發生這種謬誤。後現代督導者關注治療和督導特有的情境性變項，比較不看重受督者的個人議題。會在督導中討論到的個人議題，都是那些肯定會直接衝擊受督者提供有效治療的議題。

督導者往往會發現，關注受督者個人議題使得交談無以為繼，侷限了交談所蘊藏的契機。在後現代督導裡，強調藉由個人的治療經驗來促進個人成長的作法（Aponte et al., 2009）相當罕見。假使受督者似乎避免不了以病理的角度來理解個案的問題，似乎很難創造其他的可能性，或者個人問題或偏見反覆地干擾臨床工作，那麼轉介給第三者是比較恰當的作法。

所有的督導者都對個案負有臨床上、倫理上和法律上的責任。這些義務通常比受督者的學習需求更為重要，否則會引起衝突。個案的需求和受督者的需求顯然是不一樣的。我們的倫理責任規定，我們的受督者必須跟他們的個案說明督導關係是治療脈絡很重要的一環。診斷和分類系統並非後現代取向實務工作者的信仰，所以督導者往往會避免將「棘手」或「複雜」的案例以配對的方式，分派給專業技能據信較好的受督者。如此的分類可能會對受督者和個案雙方優勢和限制，營造出無益的期待。

成功的後現代督導模式

後現代督導的大目標在於提升受督者掌握治療性會談的能力。後現代督導者的角色在於提升受督者產生新資訊的能力（Anderson & Swim, 1994; Davis, et al., 1994; Shilts & Aronson, 1993; Thomas, 1994）。儘管督導者的焦點通常在個案身上，但他們也經常會激勵受督者，讓他們對自己本身及其能力，產生新的認識和看法（Parry & Doan, 1994; Roberts, 1994; White, 1989/1990）。受督者跟個案進行治療性互動時，也要花更多的時間採取「不知道」的心態。後現代督導者鼓勵受督者對個案懷著好奇心，而不是擺出非合作式的「專家」姿態。後現代督導者相信，如此的改變能夠促進互動，讓個案發現自己的強項和能力，並對他們自己及其處境有更多的了解。社會心理學家長久以來便發覺，非強制性的引導最能有效地帶來持久的認知改變。我們發現，激發受督者產生多重觀點，能讓受督者更有自己的想法。

從督導者的立場來看，當受督者談論他們的治療工作或計劃時，描述到如何開拓可能性以及對個案的新理解，督導就是成功的。假使受督者一開始覺得治療陷入瓶頸，但卻覺得督導情境順暢無阻，讓他對個案系統產生多重的新理解，這督導也是成功的。舉個例來說，假使受督者很難了解或傾聽某個個案系統的人，或對他／她的舉止不以為然，但是督導幫助了這位治療師對令他反感的人有了不帶貶意的新認識，這督導也是成功的。

在這一章裡，我們提供了指引後現代督導者的一些基本假設。我們在適當的地方加進了其他後現代督導者的想法。看到近二十年來後現代督導實務的蓬勃發展我們感到很欣慰，我們對亞洲興起的後現代治療的新展現尤其感到興趣。根據沈和祁（Sim and Chiyi, 2009），心理治療在中國是相當新穎的行業。後現代系統取向治療近十年來在台灣和中國大興其道。沈和祁的研究發現，從一九八九到二〇〇六年之間，後現代治療在中國大陸快速崛起。

奠基於現代主義假設的督導實務，對後現代督導者來說，充滿了很多悖論和困境。甚至是「後現代督導」一詞，本身也很反諷、弔詭和自我矛盾，即使如此，我們會繼續以較不引起歧義的方式，把我們的實務工作之所以獨特之處說得更精確。我們試著在此分享我們因應這些困境的一些方法。

參考書目

Allen, J. A. (1993). The constructivist paradigm: Values and ethics. In J. Laird (Ed.), *Revisioning social work education: A social constructionist approach* (pp. 31-54). New York, NY: Haworth Press.

Andersen, T. (1987). The reflecting team: Dialogue and meta-dialogue in clinical work. *Family Process, 26*, 415-428.

Anderson, H. (1997). *Conversation, language and possibilities*. New York: Basic Books.

Anderson, H. (2005). Myths about "Not-Knowing". *Family Process, 44*, 497-504. doi: 10.1111/j.1545-5300.2005.00074.x

Anderson, H., & Gehart, D. R. (2007). *Collaborative therapy: Relationships and conversations that make a difference*. New York, NY: Routledge.

Anderson, H., & Goolishian, H. A. (1988). Human systems as linguistic systems: Preliminary and evolving ideas about the implications for clinical theory. *Family Process, 27*, 371-393.

Anderson, H., & Goolishian, H. A. (1990). Beyond cybernetics: Comments on Atkinson and Heath's "Further thoughts on second-order family therapy." *Family Process, 29*, 157-163.

Anderson, H., & Goolishian, H. A. (1992). The client is the expert: A not-knowing approach to therapy. In S. McNamee & K. J. Gergen (Eds.), *Therapy as Social Construction* (pp. 25-39). London, United Kingdom: Sage Publications.

Anderson, H., & Rambo, A. H. (1988). An experiment in systemic family therapy training: A trainer and trainee perspective. *Journal of Strategic and Systemic Therapies 7*(1), 54-70.

Anderson, H., & Swim, S. (1993). Learning as collaborative conversation combining the student's and teacher's expertise. *Human Systems: The Journal of Systemic Consultation and Management, 4*, 145-160.

Anderson, H., & Swim, S. (1995). Supervision as collaborative conversation: Connecting the voices of supervisor and supervisee. *Journal of Systemic Therapies, 14*(2), 1-13.

Aponte, H. J., Powell, F. D., Brooks, S., Watson, M. F., Litzke, C., Lawless, J., et al. (2009). Training the Person of the Therapist in an Academic Setting. [Article]. *Journal of Marital & Family Therapy, 35*, 381-394. doi: 10.1111/j.1752-0606.2009.00123.x

Arce, G. L. (2005). *Terapias postmodernas.* México City: Editorial pax México.

Atkinson, B. J. (1992). Aesthetics and pragmatics of family therapy revisited. *Journal of Marital & Family Therapy, 18*, 389-393.

Atkinson, B. J. (1993). Hierarchy: The imbalance of risk. Special Section: Four views on the construct of hierarchy. *Family Process, 32*, 167-170.

Becvar, D. (2002). Commentary on 'Supervision as a disciplined focus on self and not the other: A different systems model' by Thomas J. Schur. *Contemporary Family Therapy: An International Journal, 24*, 423-427. doi:10.1023/A:1019807131155.

Besley, A. C. (2002). Foucault and the turn to narrative therapy. *British Journal of Guidance & Counselling, 30*(2), 125-143.

Biever, J. L., Bobele, M., & North, M. W. (2002). Therapy with intercultural couples: A postmodern approach. In S. Palmer (Ed.) *Multicultural counseling: A reader* (pp. 73-81). London, United Kingdom: Sage.

Biever, J. L., & Gardner, G. T. (1995). The use of reflecting teams in social constructionist training. *Journal of Systemic Therapies, 14*(3), 47-56.

Bobele, M., Chenail, R., Douthit, P., Green, S., & Stulberg, T. (1989). An interacting team model. *Zietschrift fur systemische Therapie, 3*, 146-153.

Bobele, M., Gardner, G., & Biever, J. (1995). Supervision as social construction. *Journal of Systemic Therapies., 41*(2), 14-25.

Bowen, B. (2006). Family therapy: the reflecting team. *Therapy Today, 17*(9), 9-12.

Cecchin, G., Lane, G., & Ray, W. A. (1993). From strategizing to nonintervention: Toward irreverence in systemic practice. *Journal of Marital & Family Therapy, 19*, 125-136.

Chan, Z. C. Y., & Ma, J. L. C. (2008). Unwrapping the Box: Dancing With the Clients. *Health Care for Women International, 29*, 431-445. doi: 10.1080/07399330701876661

Efran, J. S., & Clarfield, L. E. (1992). Constructionist therapy: Sense and nonsense. In S. McNamee & K. J. Gergen (Eds.), *Therapy as social construction* (pp. 200-217). London: Sage.

Eubanks, R. A. (2002). The MRI reflecting team: An integrated approach. *Journal of Systemic Therapies,*

21, 10-19.

Falender, C. A., & Shafranske, E. P. (2004). *Clinical supervision: A competency-based approach.* Washington, DC: American Psychological Association.

Fang-Ru, Y., Shuang-Luo, Z., & Wen-Feng, L. (2005). Comparative Study of Solution-Focused Brief Therapy (SFBT) Combined with Paroxetine in the Treatment of Obsessive-Compulsive Disorder. *Chinese Mental Health Journal, 19*(4), 288-290.

Fish, V. (1993). Poststructuralism in family therapy: Interrogating the narrative/conversational mode. *Journal of Marital & Family Therapy, 19*, 221-232.

Flemons, D. G., Green, S. K., & Rambo, A. H. (1996). Evaluating therapists' practices in a postmodern world: A discussion and a scheme. *Family Process, 35*, 43-56. doi: 10.1111/j.1545-5300.1996.00043.x

Gergen, K. J. (1985). The social constructionist movement in modern psychology. *American Psychologist, 40*, 266-275.

Goolishian, H. A., & Anderson, H. (1992). Strategy and intervention versus nonintervention: A matter of theory? *Journal of Marital & Family Therapy, 18*, 5-15.

Green, R. J., & Herget, M. (1991). Outcomes of systemic/strategic team consultation: III. The importance of therapist warmth and active structuring. *Family Process, 30*, 321-336.

Griffith, J. L., & Griffith, M. E. (1992). Speaking the unspeakable: Use of the reflecting position in therapies for somatic symptoms. *Family systems medicine, 10*, 41-51.

Hardy, K. V. (1993). Live supervision in the postmodern era of family therapy: Issues, reflections, and questions. *Contemporary Family Therapy An International Journal, 15*(1), 9-20.

Hoffman, L. (1991). A reflexive stance for family therapy. *Journal of Strategic and Systemic Therapies, 10*, 4-17.

Howard, F. (2008). Managing stress or enhancing wellbeing? Positive psychology's contributions to clinical supervision. *Australian Psychologist, 43*(2), 105-113.

Hoyt, M. F. (1994). *Constructive therapies.* New York, NY: Guilford Press.

Hung, H. Y., & Sung, S. C. (2007). Applying solution focused brief therapy to the nursing of a depressive patient with negative thinking. *Hu Li Za Zhi, 54*(4), 94-100.

Lee, L., & Littlejohns, S. (2007). Deconstructing Agnes: Externalization in systemic supervision. *Journal of Family Therapy, 29*, 238-248.

Lewis, W., & Rohrbaugh, M. (1989). Live supervision by family therapists: A Virginia survey. *Journal of Marital & Family Therapy, 15*, 323-326.

Licea, G., Paquentin, I., & Selicoff, H. (2004). *Voces y más voces II: Reflexiones sobre la supervisión.* México, DF: Instituto de Psyicoterapia Alinde.

Linares, J. (2001). Does history end with postmodernism? Toward an ultramodern family therapy.

Family Process, 40, 401-412.

London, S., & Tarragona, M. (2007). Collaborative therapy and supervision in a psychiatric hospital. In H. Anderson & D. Gehart (Eds.), *Collaborative therapy: Relationships and conversations that make a difference.* (pp. 251-267). New York, NY: Routledge/Taylor & Francis Group.

Lowe, R., Hunt, C., & Simmons, P. (2008). Towards multi-positioned live supervision in family therapy: Combining treatment and observation teams with first- and second-order perspectives. *Contemporary Family Therapy: An International Journal, 30*, 3-14.

McDaniel, J. (2008). The greening of China: The constructive postmodern movement in contemporary china. *Worldviews: Environment Culture Religion, 12*(2/3), 270-290. doi: 10.1163/156853508x360028

McNamee, S., & Gergen, K. J. (1992). *Therapy as social construction: Inquiries in social construction.* London: Sage.

Neimeyer, G. J. (1993). The challenge of change: Reflections on constructivist psychotherapy. *Journal of Cognitive Psychotherapy, 7*, 183-194.

Parry, A., & Doan, R. E. (1994). *Story re-visions: Narrative therapy in the postmodern world.* New York: Guilford.

Philp, K., Guy, G., & Lowe, R. (2007). Social constructionist supervision or supervision as social construction? Some dilemmas. *Journal of Systemic Therapies, 26*, 51-62.

Polkinghorne, D. E., & Kvale, S. (1992). Postmodern epistemology of practice *Psychology and postmodernism.* (pp. 146-165). Thousand Oaks, CA: Sage.

Prest, L. A., Darden, E. C., & Keller, J. F. (1990). "The fly on the wall" reflecting team supervision. *Journal of Marital & Family Therapy, 16*, 265-273.

Quinn, W. H., Atkinson, B. J., & Hood, C. J. (1985). The stuck-case clinic as a group supervision model. *Journal of Marital & Family Therapy, 11*, 67-73.

Rambo, A. (1989). Cinderella revisited. *Journal of Marital & Family Therapy, 15*, 91-93.

Rober, P. (2002). Constructive hypothesizing, hypothesizing, dialogic understanding and the therapist's inner conversation: Some ideas about knowing and not knowing in the family therapy session. *Journal of Marital & Family Therapy, 28*, 467-478.

Roberts, J. (1994). *Tales and transformations.* New York: Norton.

Selicoff, H. (2006). Looking for good supervision: A fit between collaborative and hierarchical methods. *Journal of Systemic Therapies, 25*, 37-51.

Shilts, L. G., & Aronson, J. (1993). Circular hearing: Working through the muddles of supervision. *Journal of Family Psychotherapy, 4*, 57-67.

Sim, T., & Chiyi, H. U. (2009). Family therapy in the forbidden city: A review of Chinese journals from 1978 to 2006. *Family Process, 48*, 559-583. doi: 10.1111/j.1545-5300.2009.01302.x

Speedy, J. (2000). Consulting with gargoyles: Applying narrative ideas and practices in counselling supervision. *European Journal of Psychotherapy, Counselling & Health, 3*, 419.

Stevenson, C. (2005). Postmoderizing clinical supervision in nursing. *Issues in Mental Health Nursing, 26*(5), 519-529. doi: 10.1080/01612840590931966

Stewart, K. (1994). Postmodernism and supervision. *The Supervision Bulletin, 7*(3), 6.

Stoltenberg, C. D. (2008). Developmental approaches to supervision. In C. A. Falender & E. P. Shafranske (Eds.), *Casebook for clinical supervision: A competency-based approach*. (pp. 39-56). Washington, DC US: American Psychological Association.

Stoltenberg, C. D., & McNeill, B. W. (Eds.). (2009). *IDM Supervision: An Integrative Developmental Model for Supervising Counselors and Therapists* (3rd ed.). London: Routledge.

Thomas, F. N. (1994). Solution-oriented supervision: The coaxing of expertise. *The Family Journal: Counseling and Therapy for Couples and Families, 2*(1), 11-18.

Turner, J., & Fine, M. (1995). Postmodern evaluation in family therapy supervision. *Journal of Systemic Therapies, 14*(2), 57-69.

Ungar, M. (2006). Practicing as a postmodern supervisor. *Journal of Marital & Family Therapy, 32*, 59-71.

Weingarten, K. (1991). The discourses of intimacy: Adding a social constructionist and feminist. *Family Process, 30*, 285-305.

White, M. (1989/1990). Family therapy training and supervision in a world of experience and narrative. *Dulwich Centre Newsletter* (Summer), 27-38.

White, M. (2007). *Maps of narrative practice*. New York, NY: Norton.

White, M., & Epston, D. (1990). *Narrative means to therapeutic ends*. New York, NY: Norton.

Whiting, J. B. (2007). Authors, artists, and social constructionism: A case study of narrative supervision. *American Journal of Family Therapy, 35*, 139-150.

Ye, H. H. (2003). An analysis of psychotherapy and its counseling in the postmodern context. *Psychological Science (China), 26*, 578-582.

第三部
督導關係
Relationships Section

【第十三章】合作式督導：留意權力問題

馬歇·范恩（Marshall Fine, Ed.D.）

珍·透納（Jean Turner, Ph.D.）[1]

二十年前的一個夢：我站在我第一位系統性治療督導者面前。我一無所知，焦急地想要汲取知識，渴望一頭栽進督導所指引的方向。我看起來很羞怯，她劈頭便跟我說，身為我的督導者，她不會給我任何答案，也不會教我該怎麼做。她打算運用我實務上龐雜的知識和經驗來進行督導。我慌了，急忙說：「我沒有東西可以給！我會無所適從！許多家庭還得依靠我這虛有其表的空殼。」我嚇出一身冷汗，用盡僅剩的一丁點力氣逃之夭夭，陷入驚醒後的迷惘中。我應該改行當會計才對！

我們可以假想有這麼個完美無缺的合作式督導者存在，他是這一行的佼佼者，經常關注平等的議題，願意全心投入，而且徹底包容各種形式的差異。當然，這種人並不存在。督導是雙方連續性的共同合作，不論督導者偏好哪個取向。過去十年來，由於合作取向（collaboration）愈來愈受到青睞，督導者們以自己的一

1 本章是依據共享的概念而成形。馬歇撰寫了主要的文字稿；珍主要就文稿的內容提出評論，並進行編輯修改。

套解讀方式各自闡述（例如：Behan, 2003; Prouty, Thomas, Johnson & Long, 2001）。我們在實務工作中發現以下的定義，可以作為區分合作取向旗幟下各個流派的有效準則——系統性治療下的合作取向督導涉及了

> 督導者和治療師之間面對面、持續的、充滿善意的對話；這是個密集的相互學習過程；其中的權力關係是透明的；其重點在於達到專業標準並且確保受督者的個案的福祉。

在這一章裡，我們從合乎正統的角度來看**督導**：提升這個專業領域的標準化作為（standardization）、維護督導目標和倫理實踐（ethical practice）的一致性，以及傳遞專業技巧、知識和態度給治療師。傳統上合乎正統的目標，一直是督導者以單向或階級性方式透過特定的活動來推動（Hicks & Cornille, 1999）。在這傳統的框架裡，督導者被視為具有某種特殊技能和知識，因此比「接受」督導的人「優秀」（Behan, 2003）。督導者是大師級的治療者——他／她握有答案、有遠見，而且擁有正當的權力可以規範和指正。相反地，對合作式督導進行批判性的思辨，反而使得我們特別把注意力放在我們的道德偏好上：打破階級，以及讓督導者和治療師之間的權力關係透明化。

督導關係裡的權力

依我們之見，合作並不意味著雙方在共同努力的過程裡彼此

的付出或地位是平等的，它不如說是所有參與者之間的一種共同磋商（Behan, 2003）。在所有的關係裡，不管是合作式的或非合作式的，權力無所不在（Foucault, 1979）。督導關係或多或少比較對等一些，但也絕不是完全平起平坐（Behan, 2003; Lewis & Cheshire, 2007; Martinez, Cue Davis, & Dahl, 2000; Murphy & Wright, 2005）。因此，我們要問的一個核心問題是：權力關係是怎麼在督導關係裡的所有參與者之間建構與呈現？

評量

所有的督導者，不論他們各自的觀點為何，都會檢核治療師的治療工作，以確保符合專業標準。「檢核」（examination）作為督導的一種功能，這概念並不陌生（Murphy & Wright, 2005）。檢核涉及現代的兩大權力實踐：階級性的觀察（hierarchical observation），以及常規化的評斷（normalizing judgment）（Foucault, 1979）。**階級性的觀察**意指被授予權力的人（督導者）監督（surveilance）或「督察」（looking over）尋求合法地位的人（治療者），以企圖掌控治療師的知識和實務，使之符合專業最重要的常規。督導者的「觀察的凝視」（observing gaze）所具的威力之大，到了（一）在治療師眼裡，這「凝視」經常充斥在所有臨床工作周遭，（二）治療師不曉得督導者何時、或如何進行觀察的地步。舉例來說，若督導者沒說清楚他／她將多麼廣泛地檢閱個案的紀錄，或何時會從單面鏡後進行觀察，治療師很可能會強烈地感覺到督導者權力的威懾，並且開始根據督導者的期待自我監督。

常規化的評斷意指，依照個人達到握有權力者所設的常規化標準的程度多寡，來將個人進行分級或分類。這些評斷都是透過對較沒有權力的一方施以「微型處罰」（micro-penalties）來起作用，也就是說，當他們沒達到標準時，這些評斷便是他們的自律準則（disciplinary measures）。比方說，在系統性督導的脈絡裡，督導者也許會提起治療師某一回與個案會談時表現得不專業的情形。這位督導者之所以這麼做，是為了提醒治療師，往後若有類似的情況發生，很可能會帶來更嚴重的後果。

在檢核或評量的歷程裡，無所不在的觀察和依標準而來的評斷，融入了「常規化的凝視」（normalizing gaze）（Foucault, 1979）裡，這通常會牽涉到書面紀錄（documentation）——督導者以書寫的文本（報告）來描述他們的觀察，及對治療師的評判。這「書寫的權力」意味著評判報告建構了文件的當事人。這些報告多少提供了永久的證據，有成為僵化強勢描述的風險，使得權力上弱勢的一方難以反駁。如此一來，書寫這些檢核文本的人，便成了被書寫者的生活和個人特質的偏頗的「編輯者」（partial editor）（White, 1989/90; 2007）。當（一）必須達到的標準不是很具體或不是很明確，（二）對評量歷程和評鑑報告的定稿，治療師缺乏參與意見的機會，（三）權力關係沒有討論的餘地，督導者和考評報告的權力就會更為提高。

地位的權力和知識的權力

既然一個具階級性的關係說穿了是以考評性的判斷為基礎，我們認為合作式督導這概念裡可能存有某種的矛盾（Fine, 2003; Hicks & Cornille, 1999; Turner & Fine, 1996）。然而，一旦我們能夠指認不同形式的權力存在於何處，這矛盾也許就會消失。

在定義上，任何的督導都是某種專業所賦予的合法權力地位。這種督導性的地位權力是真實的，一旦發揮作用時，一定會對受督者帶來衝擊。這種權力的賦予有所必要，因為總要有人對治療和督導中所發生的事負起責任，保障個案的福祉（Lewis & Cheshire, 2007）。當身為合作式督導的我們說到要把督導的階級性拉平時，指的不是這一方面的權力。我們始終認為我們的確具有權利上的優勢。

第二種權力的成形，是當一個人被視為學有專精而具有寶貴知識時。我們認為這種知識權力是更需要攤開來質疑的面向，某個程度上可以藉此拉平督導者和治療師之間的權力關係。我們身為社會建構論者的立場，將知識看成是片面、局部性的社會性建構，因此，知識是極其易變（Gergen, 1994）。這種看待知識的觀點，代表了棄離現代主義的典範轉移：有適用於跨情境的知識基礎的存在，構成知識的根基，可以讓新訊息以逐漸累積的方式增添進來，最終能夠如實地反映現實。

身為後現代主義者和建構論者的我們，採取了不同的立場。我們並非反智，而是質疑實證主義者所相信的基礎或放諸四海皆準的「事實」（truths）。對治療實務而言，這信念是有問題的，因為它忽略了個案以及治療師和督導者深嵌其中、造成了不平等限制和機會的脈絡。如其他人所言，這些不平等的限制和機會，也涵蓋了特權的差異，而這和錯縱交織的社會階級、文化、性別和種族等面向息息相關（例如，參見Hare Mustin, 1994; Hicks & Cornille, 1999; Martinez et al., 2000; Prouty Lyness & Helmeke, 2008）。再者，我們也要挑戰所謂的專家知識（expert knowledge）所賴以為繫的科學客觀性，因為它掩蔽了雖不明顯卻始終在知識製造者腦裡縈繞的政治意圖。反過來說，採取「思辯」（critical）或者說權力解析的立場來看待知識，可以讓這種政治性運作變得透明，使之公開接受質疑，以便提高權力弱勢族群的主控權（agency）。在工作上自問或他問以下幾個關於知識／權力的問題，對身為督導者的我們很重要：

- **誰的**知識具有優勢？
- 這情況是**如何／何時／何地**產生的？
- **其內情為何**？

治療師的權力

當我們的眼睛被更有權力一方所發出的亮光所攫獲，會看不見自己的權力。當你把目光移開，這道光束的戳穿力道減弱，我們會看見光線在嬉戲，或者看見它微妙的漸層變化。把治療師看成只是接受督者常規化凝視的被動的客體或「溫馴的個體」（docile bodies）是謬誤的（McNay, 1992）。事實上，所有的權力關係都不穩定而易變。即使面對掌權者，每個人都還是有進行反思的能力（建構他們自身的特質），而且能夠根據他們自己的道德偏好來行動（White, 2007）。

就人際的層面來說，比較沒有權力的人只要能夠和握有較多權力的人維持對話，就有機會扭轉關係（Marlaire & Maynard, 1993）。我們認為，督導的交談不僅是督導者強化其權力的管道，它也曝露出督導者偏好的觀念和做法，這麼一來，它打開了許多可能性，好讓治療師提出異議或反抗，即使在較不是合作取向的關係裡，他們也可以默默地抗拒。接受訓練課程的治療師會定期評估督導者的表現（Sessions, 2002），萬一他們和督導者發生難以解決的嚴重衝突，也可要求部門主管介入處理（Nelson & Friedlander, 2001）。最後，就機構的層面而言，認證的協會或法規主管機關（regulatory body）賦予治療師申訴的權力。這些做法能夠保護他們不受到督導上不公平的對待。儘管治療師們對督導關係的影響力不一，但督導者要負起最大的責任確保公平，支持治療師的主控權，並且主動關照未說出的需要（Bird, 2006）。

督導者的自省和批判性分析

自省（reflexivity）是有心要發展更具有合作性質之督導關係的督導者的重大承諾。自省牽涉到「把批判的眼光轉向自身，同時也轉向專業、歷史及文化的論述，而這些論述會增進（empower）或框限人在某個關係脈絡中思考與行動的能力。」（Hawes, 1998: pp. 98-99）。這自省在實務中如何表現？它牽涉兩個行動層面。首先，督導者持續檢視他／她偏好的觀念和信念如何衝擊督導的會談，並且自問：它們造成多大的限制？它們帶來多大的啟發？督導者的自我質問，也要擴及他／她偏好的觀念和他／她深嵌其中的各種社會脈絡（文化的、體制的、區域性的以及人際的）之間有何關聯，以及在這些範疇裡權力以何種方式在運作。這種自省的分析並不容易。我們發現，我們往往必須找同事諮詢，才有辦法獲取足夠的觀點，進而看出我們和他人之間所涉及的更隱微的權力運作。其次，督導者要把個人的自省分析帶進他／她和治療師的對話裡。他們不僅彼此分享個人對於自己所偏好的觀念的質疑，而且要探究與各種脈絡有關的權力關係如何影響他們的督導關係、治療關係，以及他們所任職的機構內的關係。

在這個對話歷程裡，合作取向督導者有責任去檢視督導和治療關係裡既有的權力關係，關於種族、性別、階級、才能、性傾向以及其他社會建構的認同有關的多元交織（Garcia, Kosutic, McDowell & Anderson, 2009; Killian, 2001; McDowell, 2004）。治療師可能會率先提起權力、特權和打壓的議題。不過，除非治療師感覺到督導者真誠地願意敞開心胸來談，否則這情況不太可能發生（Lawless, Gale & Bacigalupe, 2001）。督導者敞開心胸最明顯的表現，就是帶出與權力邊緣化及社會的多元交錯（intersectionality）有關的對話，而且不只一次，並持續性地進行，變成督導裡的自省歷程的一環。當治療師能夠在督導裡的這些自省和批判性的對話裡探討壓制和歧視，他們會更有能力鼓舞個案，幫助個案辨識和抵抗限制他們生活的權力運作。

合作式的環境：善意的實踐

僅透過權力的角度來看待督導關係既狹隘又會引發誤解。這樣做會削弱其他的因素，而且扭曲了所有持續性的關係裡別具特色、互為主體性的面向。我們在此要強調的，是督導者和治療師共同合作必然會形成的人與人的連結（Prouty Lyness & Helmeke, 2008）。這種連結性因為雙方聚焦於為個案提供優良服務而提升了。其餘的一切，我們看成是這善意環境的一部分。我們認為這種善意類似於克羅克（Crocket）、寇澤（Kotzé）和弗林多夫（Flintoff）（2007）所說的「關懷倫理」（ethic of care），依他們之見，它包含了在治療關係裡展現的積極支持和寬宏大量。

我們相信正是這善意不斷地滋養，為包括個案在內的所有參與者提供了創新與有利的督導。善意與合作關係之所以能夠開展，全賴所有參與者感覺到一定程度以上的自在，並且樂意說出他們的觀念和意見。我們之所以強調「一定程度以上」是因為，不同於哈伯瑪斯（Habermas, 1987）的看法，我們認為「所有人皆徹底自由和平等、全然自主地討論」（Greene, 1994, p. 443）這種理想談話情境並不存在。我們認為，個體能否暢所欲言，和那個脈絡裡所蘊藏的權力多寡，以及治療師和督導者對彼此的言行的信任程度有關。當然，善意不是合作式督導獨有的，大多數的督導形式某個程度上都要倚賴善意。不過，如同我們將詳加描述的，比較對等的合作關係，有賴督導關係展現出信任和互惠，而超越單向建構的傳統督導關係（Croket, 2002）。

合作式實務

透明化：解構督導的權力關係

使督導情境中權力的本質和衝擊透明化，一直是我們十餘年來所努力的重要目標（Turner & Fine, 1996）。近年來其他學者也紛紛強調透明化的重要（例如：Lewis & Cheshire, 2007; Murphy & Wright, 2005; Prouty Lyness & Helmeke, 2008）。這透明化淡化了階級性注視（hierarchical observation）的威力，因而督導者和治療師能夠從他們各自的角色觀察彼此的工作。我們發現，權力的運作愈是隱晦神祕，被督導的治療師愈覺得不確定不可靠，他們也就愈沒辦法自在地投入開放的對話。我們在展開督導之初，按照慣例會請治療師傾聽我們承認所握有的權力——權利的範圍、在整個督導系統裡的限度，以及我們怎麼看待自己帶著權力進入所期待發展的關係裡。挑明這種權力關係的存在，等於宣告督導關係裡的權力現象是可以公開對話的話題。我們帶出權力話題的方式，是先在「督導系統」領域內「定位」自己。這系統起碼包含了個案、治療師、督導者、臨床情境以及專業協會。在這督導系統的每個位置上，都存在著社會性建構的權力關係；透過參與者之間基於個人史（historically-based）的對話，來得出磋商後的意義並建立共同的習慣（Turner & Fine, 1996）。這些羅列的權力關係和伴隨而來的主體位置（subject positions）（Weinberg, 2007），指出了左右督導決策的作用力及背景脈絡（Paré & Tarragona, 2006）。我們將在以下簡要地概述這些特定的權力關係。

隸屬於某個專業協會所需要遵守的倫理標準和規章，我們稱之為**體制性的權力關係**（institutional relations of power）。它們是該協會的成員共同建構出來的，對個別的督導者和治療師來說，也是最沒有彈性、最不切身的。這體制性的權力關係是專業階級的最高指導原則，因而統攝體制內的一切作為。假使有治療師嚴重違反代表這些權力關係的規章——通常是其所屬的專業協會倫理守則裡言明的行為準則，督導者不得已還是要負起把關的責任，將其逐出合法專業的門戶之外。也許偶爾不免有個別成員會挑戰協會規章的不公正之處，但這些規章的更動永遠是慢半拍的。

區域性的權力關係（local relations of power），是透過在某個特定地區執業的督導者之間——比方說，主持某個訓練課程，或是隸屬某個專業的地方分會，經常聚會的一群督導者——的對話運作的。從他們的對話中衍生出來的意義和共同作為，其中必然有和體制性權力關係相符的部分，但是它們也包含了與區域情境的限制和機會一致的共識和習性。舉例來說，任職於我們「伴侶與家族治療訓練中心」的四位督導者，傾向於從社會建構主義者、敘事取向以及女性主義的框架來進行實務工作。我們公開向受督者表明我們的偏好，並且承認我們一定會有所偏頗（Marsten & Howard, 2006）。我們邀請治療師至少嘗試一些和這些取向有關的作法。假使督導者在某些時候偏離了區域性團體共識，他們可能會受到壓力或產生衝突，不過只要那新的取向符合體制性權力關係所規範的專業倫理，他們在專業上的合法地位並不會受影響。

人際性的權力關係（Interpersonal relations of power），源自於督導者和治療師之間持續的會談和互動。由於這種權力關係通常只牽涉少數人，而這些人透過長期而親密的對話，形成了一套彼此共享而獨有的意義／習性，因此彈性最大，也最具特色。在這種權力關係裡，治療師擁有最大的機會去影響督導進行的方向，尤其是在合作式督導的環境裡。比方說，你不可能要求專業協會的行政人員，更改證照資格裡的某個標準，只因為某個治療師或督導者希望如此。不過，治療師可以試著說服督導者改變督導進行的方式，甚至更改評量治療師的方式。

個人性的權力關係（Personal relations of power），源於和個人的倫理意義及實踐有關的內在對話（internal conversation）。這關乎個別督導者或治療師的品德（integrity）——每個人最重視的意義和習性。由於它們源於個人和自己的關係這個脈絡，所以都是獨一無二的。假使某個治療師或督導者個人的行為準則受威脅，它們可能會凌駕其他權力關係之上。比方說，某治療師想要對個案施以某個技巧，這技巧就體制性權力關係而言毫無問題，可是卻和督導者的「自我倫理」（ethics of self）相牴觸，即可能挑起督導者的個人性權力關係。對兩性不平等現象極為關注的督導者，很可能常會遇到個人性權力關係的問題，而在強調系統觀點多於女性主義批判的治療取向裡，兩性不平等是很普遍的現象。

消費性權力關係（consumer relations of power）發生在一群接受督導的治療師和某位督導者間的對話，或者接受同一位治療師治療的一群個案給予該治療師回饋時。在接受同一位督導者督導的一群治療師和該督導者之間的消費性權力關係，最可能發生在教育訓練中心內，在那裡，各組的治療師們分別和各自的督導者進行對話。當治療師們掀起消費性權力關係議題時，他們很可能全體獲得為自己發聲的力量，而能夠將意見傳達給督導者和／或其他行政人員（Murphy & Wright, 2005）。接受督導的治療師的個案們，也可以向督導者或訓練中心主任提出抗議，藉此影響督導歷程。然而，基於保密原則，個案們很少有機會可以和彼此對話而形成共識。個別個案對於治療過程的想法，也能回饋給督導者，進而影響督導歷程，並用以評估治療和督導。

當我們透過相關的論述點明權力關係發生的場域和主體位置，我們便是和治療師聯手來解構專業協會的常規性的凝視，去除所有相關的權力關係帶來的迷思。在這過程當中，權力的階層不僅現形而且效力減弱，但不會全面消除（Sax, 2008）。當權力關係的能見度提升，達到了互惠互利的脈絡，督導者和治療師雙方可以更加坦誠地互助合作，但依然遵守制度性權力關係的相關規範。

評量：權力均等的實踐

督導關係裡的權力關係在評量歷程裡最是明顯（Turner & Fine, 1996）。督導者書寫的最終評估報告，提供了被考評的治療師是否達到專業標準（常規化的程度）的定論式陳述（ultimate indication）。有鑑於評量所具有的威力（Murphy & Wright, 2005），我們發展出了**實踐權力均等**的幾個做法——這些做法的用意在於因應偏離合作取向督導的權力失衡加劇，同時釐清我們做為督導者所具有的常規性凝視的限度何在。我們在本章一開頭就指出了治療師必須接受評量的本質，也指出了這些權力關係如何影響評量歷程。以此讓權力關係不斷透明化的方式，來增加治療師個人的主控權，因而他們能更自由地去挑戰督導者的評量性判斷。假使挑戰演變成爭執是最不樂見的情況，治療師可以聯合起來運用他們的權力，挑選一位顧問加入督導的討論。這位顧問，通常是另一位督導者，其角色不僅是和治療師或督導者站在一起，而且要當雙方的資源。治療師也可能會找他們的同事來幫忙，替他們清楚地表達觀點，給他們力量，並且見證這個歷程。

我們所有的書面報告都包含了免責聲明，它框定了書寫報告的脈絡、內容的限度，以及督導者在特定時間裡的片面觀點。起草評估報告之前，我們會和治療師對話，並避免添加未在督導過程中討論、或雙方同意的評量標準外的內容。為了讓治療師和督導者在書面報告上有同等的發言權，有些評估報告以雙方共同書寫的方式呈現，讓兩造有機會在同一份文件上表達看法。在其他形式的報告裡，治療師可安排他們的同事在督導的考評敘述上發表意見（相關細節請參見Turner & Fine, 1996）。

製造意見交流的空間

我們和其他人（Martinez et al., 2000）皆認為，所有人的意見，包括我們的在內，都有其價值，都值得在督導的對話裡得到關注。因此我們非常在意我們是否留有足夠的對話空間，讓所有人抒發己見。我們目前所投入的製造空間的方式，是「實踐權力均等」（practices of proportion），也就是說，依據治療師的發言調整督導發言的方向。

在這個創造均等發言空間的過程裡，督導者陳述想法時的語氣格外關鍵。假使督導者以強而有力或極其肯定的口吻說話，大多數的治療師都會貶低自己不一樣的觀點，終究不敢表達異議。每個人，尤其是督導者，都應該試著表達出對自己觀點的保留，好讓大家有充分對話和質疑的空間。[2]我們相信，這歷程也開啟了一個「學習空間」，好幫助治療師「形成他們自己的聲音」（Lysak, 2006, p. 94）。

均等的發言空間（proportional space）的第二個重要特色是「相對發言時間」（relative talk time）——我們是在一項專訪某位治療師的研究裡頭一次看見這個用語。其意指每個參與者在發言時間上的相對量。合作式取向包含了內在和／或公開的反思，藉此因應督導者的聲音和治療師的聲音兩造明顯失衡的情況。舉例來說，進行團體督導時，我們一發現團體成員的投入程度有明顯的差異時，我們就會公開提議，就發言時間不均的問題進行討

2　重要的一點是合作取向愈加鮮明的督導者，並非總是能對自己的看法有所保留。為了維護體制性權力關係，我們總是強烈表達和治療倫理與個案福祉有關的看法。此外，我們也常在個人性權力關係的驅使下熱烈地表達我們的感覺。遇上這些情況，我們應該把自己的觀點視為個人經驗的特定結果，並且請他人提問，並請他們以同樣的方式持守自己的觀點。

論。密集地共同學習這個我們和其他人視之為合作式督導的重要特色，有賴於所有人共同參與對話（Prouty et al., 2001）。

共同勘定督導脈絡

合作取向督導最鮮明的標幟，是持續地和治療師就督導歷程進行對話，其內容包括回顧過去的督導經驗、檢視目前、計畫未來，以及，說來吊詭地，試著確保我們採行合作取向的熱情不是強行加諸在參與者身上。因為採行我們所偏好的督導模式常面對的一個風險，是忽略了受督者的個人需求，而事實上「最知道督導該往哪個方向走的是治療師，不是督導者。」（Storm et al., 2001, p. 234）

做為合作取向的督導者，我們很樂意就督導內容、歷程和會談架構與受督者進行磋商（Martinez et al., 2000）。無論治療師帶來什麼樣的內容（例如：目前的個人議題、原生家庭的動力、觀看影帶的心得），只要它和治療師的專業成長有關，我們都很願意與之對話。基於督導團體成員的偏好，治療師可以選擇透過反映團隊的形式、督導性諮詢或者團體直接給意見的方式，來獲取成員的回饋。

同步且發展目標設定

督導者和治療師共同關注的是個案福祉，還有治療師在倫理上和專業實務上達到標準的能力。然而，除了這些主要的關注以及為達到體制性權力關係所要求的法定時數外，合作式督導者會讓治療師自行設定督導目標。督導者顯然得要了解治療師的意圖，並且針對這些目標是否能夠在督導脈絡的限制下落實，提供務實的建議。在目標的設定上，我們堅持這種以治療師為中心的立場，不論治療師的專業程度為何。經驗少的治療師沒有足夠的訊息可以說清楚他想達成什麼目標，因此我們期待他們剛開始設定目標時不用那麼明確，可以預留之後修改的空間。我們採取以治療師主導的立場，幫助治療師在後現代督導系統的人際脈絡下，擴增達到個人發展目標的機會和主控權（Paré & Tarragona, 2006; Winslade, 2002）。

身為督導者，我們也會對自己定下目標，並且對我們督導的治療師「公開」這些目標。舉例來說，馬歇會在進行團體督導時明白告知治療師，只要他認為對督導團體有用的想法，他都會嘗試，並且不會輕易放棄。他並沒有和治療師們對這個目標進行磋商，而且這目標也不見得符合共同的利益。但是治療師可以藉由我們把目標透明化，觀察到我們追求改變與成長的心意。如此一來，督導就比較是一個平行而不是階級化的歷程。我們認為無論彼此，所有的目標都具有發展性，而且可以隨著督導對話的展開加以修改。這個讓治療師來主導目標的設定，而且可以隨時修正的立場，和傳統督導一開始便設定好目標，而最終也以達到目標的程度多寡來進行考評比較起來，是個很重大的改變。

誰作主？何時作主？

以合作取向工作的我們，建議治療師和個案共同決定治療進行的方向。這個以治療師為中心作法唯一的例外是，當我們認為治療師所決定的方向可能有違倫理、不專業，或如路易斯和伽雪（Lewis and Cheshire, 2007）說的不安全時。比方說，在某一回的現場督導，觀察者注意到某治療師不斷地強力反駁個案的想法，最後個案忍不住哭了起來。事後督導者找治療師協談。起初那治療師仍聲稱自己的行為沒有任何不妥，但隨後很快就明白，他對個案的負面反應牽扯了個人的情緒。這位治療師瞭解自己的反應後，開放地和個案討論彼此對那次經驗的感受。

除非踰越了專業的界線，不論治療師處在哪個發展階段，我們都會鼓勵他們透過與個案的對話作出最後的決定。這並不容易，因為我們總覺得我們所偏好的作法更吸引人。但是我們從不對治療師隱藏我們的看法和偏好，也不假裝無意影響他們，我們偶爾還會大張旗鼓地推銷呢。無論如何，我們都會表明，那些都只是我們個人的暫時想法。

不確定之中的確定

我們對於「所知」（knowing）所抱持的不確定態度，不見得老是受歡迎。很多剛當上治療師不久的人，就像各行各業的新手一樣，總喜歡明確的東西和可以讓他們依循的某些準則，好讓他們在新領域裡可以走得很穩健（Quarto, 2002）。當他們體認到自己必須為另一個人的福祉負責，而且自己的能力不是那麼地充分時，他們會特別地想要降低不確定感。我得要強調，我們不會讓治療師在面對以個案為中心的情境，可能有傷害之虞而必須立即有所行動的情況下，處在一種不確定的狀態。因此，由我們偏好的對話式決策所產生的不確定感，必須由某種的確定感來加以平衡，而這個確定感的源頭，來自於治療師感受到督導關係和我們所承諾的對話關係是值得信賴的。

雖然不確定感起初會挑起不安的感覺，但是它也會鼓舞新手治療師在一個相對受到保護的環境裡進行思索。他們會逐漸地信賴起自己，相信自己有能力形成有意思的想法和選項。他們不大可能會（如我們以前一般）發現自己處於會引發焦慮的情境之中，想要找出他們認為督導者會期待或喜歡聽到的答案。相反地，治療師會體會到他們和督導者合力開闢出嶄新的治療之路——每個人都在草叢裡摸索前進，設法攜手橫越未知的疆域。

謙遜和共同的不安

身為建構主義觀點的督導者使得我們以謙卑的態度，來看待我們所匯集的專業／個人學習。我們體認到，這些學習就兩種意義上來說是片面的。一是它們是不完整的，二是我們從這樣的學習當中發現自己的片面。由於我們在系統取向治療裡所談的知識及經驗都與人類關係有關，所以謙遜的態度格外適當——一個所有人都有所涉略的範疇，所以每個人都算半個專家。

傳統上，由於新手治療師對系統取向治療文化接觸不多，在面對該取向的督導者所傳遞的知識時也更為「不安」，因為那些資訊對他們來說相當陌生。我們身為合作取向的督導，將自己的片面知識視為暫時性的觀點，在面對治療師身上我們所不熟悉的知識時，一樣也會感到不安。合作式取向的立場之一便包含了把這相同的處境顯露出來，讓治療師知道我們也會受他們的言行舉止的影響（Lewis & Cheshire, 2007）。

合作式督導的效能

在進行總結之前，談一談可信度（accountability）／效能的問題很重要。關於這一點，最起碼要顧及三個問題：首先，就治療師想要取得的專業來說，他／她要有什麼樣的表現才算符合專業準則和倫理標準？這是從體制性權力關係的角度來看效能的問題。其次，治療師要有什麼樣的表現才算符合督導者所偏好的取向？第三，相符的程度要多大才算數？後兩個問題比較是從區域性及人際性權力關係的角度出發。

從體制性權力關係的角度來看，推論督導效能的基礎，在於觀察治療師的作為有多麼貼近他／她想取得證照之專業協會的期待和倫理標準。[3]更精確地來說，督導者在督導歷程之初所觀察到並予以回饋的那些專業上和倫理上的小「疏忽」，在督導歷程尾聲時是否依然明顯？

偏合作取向的督導者還會加入一個不常被提及的面向。合作式督導涉及把督導透明化，打造出治療師樂於表達想法和感受的空間，而且著重督導者對倫理及專業議題的警覺性。因此，我們把另一項觀察納入效能的評估，那就是治療師就我們身上和這些體制性權力關係有關的行為舉止，給了多少的回饋。換句話說，我們想知道，治療師是否能夠自行形成一種常規性的凝視——他們是否注意到，我們及他們的同事在倫理方面和專業上的表現如何，以及這些表現喚起了他們的那些關切？

第二個關於督導效能的問題，涉及區域性和人際性的權力關係。舉例來說，我們期待督導者會在督導裡，突顯他們所偏好的取向所關注的議題。比方說，鮑溫取向（Bowenian）的督導者，會關注治療師在治療中處理情緒反應性和分化議題時的表現如何，而結構取向治療的督導者，會著眼於治療師在維持界線和避免聯

3　我們注意到，有些時候和倫理標準本身有關的作為可能是有問題的，因此需要督導者和治療師加以質疑（Fine & Teram, 2009）。

盟形成的表現如何。有人也許會循著這個邏輯來推想，合作取向的督導者就會去觀察治療師的作為有多麼符合督導者企圖「拉平」彼此位階和進行對話的偏好。假使治療師不符合標準，是否表示「失敗」或督導效果不彰？但願不是。我們想看見的是，治療師有意願以某種方式思索玩味我們的觀點——熱烈地與我們進行對話。假使治療師無意嘗試我們偏好的治療方式，並探究他們是否適合，那麼他／她是不是願意用和我們的取向相關的概念，去釐清和推敲另一套作法？由於我們重視多重的觀點，因此治療師的開放度，是我們用以了解督導者和治療師之間的對話是否有成果、有效用的一項指標。

假使我們有效地打造了合作式的環境，我們會看到治療師隨著督導的進行愈來愈能自由而坦然地表達意見。假使我們做到了開放心胸，接納了治療師們帶來的所有變化多端的形式和獨特的主體性，我們會發現自己「分崩離析」，而且和以前採行較不屬於合作取向的作法時比起來，更常感到焦慮。這分崩離析的感覺其實是個指標，顯示一種密集的共同學習正在發生，而且在我們眼裡，它也是合作式督導正在發揮效能的徵兆。

最後，我們沒有測量效能的「鐵則」（hard measure）。我們全靠觀察，並且試著從我們的經驗和偏好來理解這些觀察。然而，我們也和大多數的督導者一樣，極其仰賴來自治療師的回饋。就這一點來說，我們認為它是團體督導的一大優勢所在，因為進行團體督導時，治療師們有機會針對督導者的作為彼此對話。我們嘗試把我們對自己的反思批判帶進團體裡，以期如此一來，治療師也能夠無拘無束地表達對我們取向的喜惡。不過，我們也謹記一點，我們永遠難料，不對等的位階權力如何影響治療師對我們的作為進行批判的意願。有鑑於這個權力差異，我們邀請治療師們也書寫一份關於我們的督導表現的評估報告，而且我們只會在所有的考評工作結束後才會閱讀它。採行我們在這一章裡所概述的合作取向，使得我們牢記一點，即便有這道防護措施以及最具合作潛能的環境，所有的可信度／效能評估都是片面的，而且只適用於督導者／治療師之間權力關係脈絡。因此，言而總之，只要我們留心權力問題，就毋須在意權力問題！

參考書目

Behan, C. P. (2003). Some ground to stand on: Narrative supervision. *Journal of Systemic Therapies, 22*(4), 29-42.

Bird, J. (2006). *Constructing the narrative in super-vision.* Aukland, NZ: Edge.

Crocket, K. (2002). Introducing counsellors to collaborative supervision. *The International Journal of Narrative Therapy and Community Work, 4,* 19-24.

Crocket, K., Kotzé, E., & Flintoff, V. (2007). Reflections on shaping the ethics of our teaching practices. *Journal of Systemic Therapies, 26*(3), 29-42.

Fine, M. (2003). Reflections on the intersection of power and competition in reflecting teams as applied to academic settings. *Journal of Marital and Family Therapy, 29*(3), 339-352.

Fine, M., & Teram, E. (2009). Believers and skeptics: Where social workers situate themselves regarding the code of ethics. *Ethics & Behavior, 19*(1), 60-78.

Foucault, M. (1979). *Discipline and punishment: The birth of the prison*. New York: Springer-Verlag.

Garcia, M., Kosutic, I., McDowell, T., & Anderson, S. A. (2009). Raising critical consciousness in family therapy supervision. *Journal of Feminist Family Therapy, 21*(1), 18-38.

Gergen, K.J. (1994). Exploring the postmodern: Perils or potentials? *American Psychologist, 49*, 412-416.

Greene, M. (1994). Epistemology and educational research: The influence of recent approaches to knowledge. In L. Darling-Hammond (Ed.), *Review of research in education, 20,* (pp. 423-464). Washington, DC: AERA

Habermas, J. (1987). An alternative way out of the philosophy of the subject: Communicative versus subject-centred reason. In F. Lawrence, Trans., *The philosophical discourse of modernity: Twelve lectures* (pp. 294-326). Cambridge, MA: MIT Press.

Hare-Mustin, R. T. (1994). Discourses in the mirrored room: A postmodern analysis of therapy. *Family Process, 33*, 19-35.

Hawes, S. E. (1998). Positioning a dialogic reflexivity in the practice of feminist supervision. In B. M. Bayer & J. Shotter (Eds.), *Reconstructing the psychological subject: Bodies, practices and technologies* (pp. 94-110). London: Sage.

Hicks, M. W., & Cornille, T. A. (1999). Gender, power, and relationship ethics in family therapy education. *Contemporary Family Therapy, 21*(1), 45-56.

Killian, K. (2001). Differences making a difference: Cross-cultural interactions in supervisory relationships. *Journal of Feminist Family Therapy, 12*(2/3), 61-104.

Lawless, J. J., Gale, J. E., & Bacigalupe, G. (2001). The discourse of race and culture in family therapy supervision: A conversation analysis. *Contemporary Family Therapy, 23,* 181-197.

Lewis, D., & Cheshire, A. (2007). Te Whakaakona: Teaching and learning as one. *Journal of Systemic Therapies, 26*(3), 43-56.

Lysack, M. (2006). Developing one's own voice as a therapist: A dialogic approach to therapist education. *Journal of Systemic Therapies, 25*(4), 84-96.

Marlaire, C.L., & Maynard, D.W. (1993). Social problems and the organization of talk and interaction. In J.A. Holstein & G. Miller (Eds.), *Reconsidering social constructionism.* (pp. 173-198). New York: Aldine de Gruyter.

Marsten, D., & Howard, G. (2006). Shared influence: A narrative approach to teaching narrative therapy. *Journal of Systemic Therapies, 25*(4), 97-110.

Martinez, L. J., Cue Davis, K., & Dahl, B. (1999). Feminist ethical challenges in supervision: A trainee perspective. *Women and Therapy, 22*(4), 35-54.

McDowell, T. (2004). Exploring the racial experience of therapists in training: A critical race theory perspective. *American Journal of Family Therapy, 32*(4), 305-324.

McNay, L. (1992). *Foucault and feminism: Power, gender and the self.* Boston, Mass: Northeastern University.

Murphy, M. J., & Wright, D. W. (2005). Supervisees' perspectives of power use in supervision. *Journal of Marital and Family Therapy, 31*(3), 283-296.

Nelson, M. L., & Friedlander, M. L. (2001). A close look at conflictual supervisory relationships: The trainee's perspective. *Journal of Counseling Psychology, 48*(4), 384-395.

Paré, D., & Tarragona, M. (2006). Generous pedagogy: Teaching and learning postmodern therapies. *Journal of Systemic Therapies, 25*(4), 1-7.

Prouty, A. M., Thomas, V., Johnson, S., & Long, J.K. (2001). Methods of feminist family therapy supervision. *Journal of Marital and Family Therapy, 27*(1), 85-98.

Prouty Lyness, A. M., & Helmeke, K. B. (2008). Clinical mentorship: One more aspect of feminist supervision. *Journal of Feminist Family Therapy, 20*(2), 166-199.

Quarto, C. J. (2002). Supervisors' and supervisees' perceptions of control and conflict in counseling supervision. *The Clinical Supervisor, 21*(2), 21-37.

Sax, P. (2008). *Re-authoring teaching: Creating a collaboratory*. Rotterdam: Sense.

Sessions, P. (2002). The art of teaching. *The International Journal of Narrative Therapy and Community Work, 4,* 62-65.

Storm, C., Todd, T. C., Sprenkle, D. H., & Morgan, M. M. (2001). Gaps between MFT supervision assumptions and common practice: Suggested best practices. *Journal of Marital and Family Therapy, 27*(2), 227-240.

Turner, J., & Fine, M. (1996). Postmodern evaluation in family therapy supervision. *Journal of Systemic Therapies, 14*, 57-69.

White, M. (1989/90). Family therapy training and supervision in a world of experience and narrative. *Dulwich Centre Newsletter, Summer,* 27-38.

White, M. (2007). *Maps of narrative practice.* New York: W. W. Norton.

Weinberg, M. (2007). Ethical use of the self: The complexity of multiple selves in clinical practice. In D. Mandell, (Ed.). *Revisiting the use of self: Questioning professional identities* (pp. 213-233). Toronto: Canadian Scholars Press.

Winslade, J. (2002). Storying professional identity. *The International Journal of Narrative Therapy and Community Work, 4,* 33-38.

【第十四章】督導過程中所遭遇的困難：受督者的觀點

湯瑪斯．陶德（Thomas C. Todd, Ph.D.）

這本書主要是為督導者而寫，因此涵蓋了各種建議，以防止在督導過程中發生困難，例如，與受督者訂定明確的督導約定、詳細紀錄督導的過程、定期評估督導歷程本身，與督導者雙方持續地給予彼此回饋等等。本章將處理兩個層面的議題，首先，可預期地，在督導過程中總有些時候，即使有上面所提到的這些基本督導機制，仍然可能出現一些困難的狀況，妨害了有效督導關係的產生，而這些困難有時候還頗難以解決。本章所要討論的第二個議題比較隱微，至少對筆者來說是如此。有點讓我感到訝異的是，當我與一群學生／受督者[1]談到這本計畫中的督導用書時，在我們的討論中特別突顯的一點，是學生們對於先前所提到的正規督導機制是否能夠保護到受督者，多持保留且懷疑的態度。對於這些保護機制的某些部分，他們不太有信心，對於有些部分他們甚至覺得如果真的啟用了，對於受督者的傷害甚至比對督導者

1　作者要感謝許多受督者對於寫作本章的貢獻，他們曾經或目前正在接受作者的督導。可惜的是，基於本章當中將陳述的一些顯而易見的理由，他們大多不願意具名，因此我以匿名的方式來處理。唯二例外的是提姆．史帝奇（Tim Steach），當我們收集對於督導關係的文獻時，他幫了大忙，以及艾琳．彼得森（Erin Petersen），她克服了許多技術上的問

還大。

本章的主要目的，是要幫助督導者設身處地了解受督者的立場（第二頁開始），尤其是當督導關係具有某些風險，或是雙方的權力位階差距很大的時候，例如當受督者是學生、下屬時。我將討論的主題包括：如何增強合乎規範的督導機制、如何知道這個機制依然可靠、值得信賴，以及如何消除受督者的疑慮，讓他們覺得這個督導的歷程沒有偏離正軌、傷害到受督者。

在檢視晚近對於督導和督導關係的研究之前，我們可以打個比喻，生動地呈現受督者對於「督導可能造成傷害」這層疑慮。一個極佳的比方，是拿心理治療個案未蒙其利反受其害來做例子。葛曼和尼斯肯（Gurman and Kniskern, 1978）是最早探討這個議題的研究者，他們提出一個在婚姻家族治療之督導當中，督導關係造成負面影響的範例。把這個範例轉換到督導情境裡，他們描繪出以下這個案例：

> 有位督導者對於處理督導關係的技巧很差，他在督導開始沒多久，就直截了當地攻擊受督者的防衛機轉，而且未能指正受督者進行心理治療時的不良模式，同時，所提供的督導缺乏清楚結構，無法給予受督者所需的支持。當受督者是新手，或是很容易焦慮緊張時，這樣的督導風格所造成的傷害更大（Gurman & Kniskern, 1978, p. 14）。

在上面葛曼與尼斯肯所設想的情節當中沒有提及的一個要素，就是當督導關係是非自願性的時候，往往會大大提高同時危及督導本身以及受督者之心理治療的風險。因為此時督導者有評估受督者的職責，在這種情形下，受督者有面對負面評估之嚴重後果的可能性，此時多數的受督者會認為，意圖終止督導關係會帶來不利自己的後果，所以他們通常會試著忍耐，而非企圖離開這個督導關係，或是公開指出問題。

多數的督導者，通常都會關切督導本身的品質和對受督者的影響力——如何能夠提供更適切合用的督導？如何能夠更深入地影響受督者，以及受督者所進行的心理治療？如何處理督導關係中的阻抗現象？相對地，和受督者討論時，卻發現受督者所關心的通常反而是比較基本的事。雖然受督者也會關心督導的品質，一般而言，他們往往更關注督導關係的基本約定受到漠視（例如，督導者無法按時提供督導）、被歧視（例如，性騷擾），以及督導毫無幫助、甚至貶低受督者。即使是在這種相當極端的情況下，受督者常常仍沒有意願採取行動，尤其是當他們覺得可能因此而蒙受極大損失，以及覺得即使提出申訴也於事無補、毫無改善督導品質之機會的時候。

關於治療關係的近來研究

近年來，有關心理健康之督導的研究蓬勃發展，使得筆者開始大力推廣「以實證為基礎的督導」（Milne & Westerman, 2001; Orlinsky, Botterman, & Ronnestad, 2001）。這裡將提示幾個重點，它們對於督導關係之理解至為重要：督導聯盟關係、督導之共通要素（common factors）的重要性，以及督導者與受督者雙方在感知上的差異。

督導聯盟關係

督導聯盟關係是理解督導關係的一個重要概念架構（可參照以下對於督導聯盟關係之實證研究的文獻回顧：Constantino, Castonguay and Schut [2001]; Ladany, Walker and Melinkoff [2001]; Muse-Burke, Ladany, and Deck [2001]）。督導聯盟關係的要素包括：督導雙方情感連結的品質、雙方對於督導目標和督導內容是否有共識，以及督導者是否能夠負起監督聯盟關係之職責，並有增強聯盟關係之實際作為。

善費德（Shanfield）及其同仁曾進行研究，試圖了解受督者對於「督導是否有效」之評分的預測因子（Shanfield, Matthews, & Hetherly, 1993; Shanfield, Mohl, Matthews, & Hetherly, 1992）。他們發現，效力最強的預測因子是對受督者的同理心，同時，能夠把重心放在受督者身上，也是重要的預測因子。有一個質性研究曾經觀察督導過程的錄影，發現得到最佳評價的督導者，是那些能夠把焦點放在受督者主動想談的議題上、也就是把重點放在如何幫助受督者了解個案的督導者。當督導者把焦點放在受督者和個案的關係上、而且是由受督者主動提出時，助益最大。對於督導的目標，雙方應有共識，並納入督導關係的約定裡，但是是由督導者來承擔責任。對於督導進行的方式，以及督導的形式與結構，也應達成共識（Lampropoulos, 2003, White & Russell, 1995）。藍培普洛斯（Lampropoulos）還進一步提到，督導的方式與風格，還應該順應受督者的特性，例如發展階段、學習風格以及人格特色等等。雖然，督導過程當中所發生的困難，雙方的個性和作為都有責任，但是導正這些困難、與補強搖搖欲墜之督導聯盟的最終責任，應當是在督導者身上（Burke, Goodyear & Guzzard, 1998）。

共通要素

有幾位研究者曾經檢視對心理治療中之共通要素（common factors）的研究成果，看看它們對督導有沒有什麼啟示（Lampropoulos, 2003, Morgan & Sprenkle, 2007）。藍培普洛斯（2003）從共同要素的角度，提出了一個對督導歷程的整體性看法。他提出，雖然心理治療與督導之間存在著明顯的差異（本書中的其他章節已提及），但是如果能夠著重對共通要素的分析，那麼或許可以將其他情境（例如，教育）裡的研究成果，應用到督導當中。除了強調督導關係是一個首要的共通要素之外，藍培普洛斯還擴大了對共通要素的討論，涵蓋其他對督導具有啟發作用的層面。需要給予受督者許多支持，以處理他們的焦慮，尤其是在督導的早期。同樣地，如瓦金（Watkins, 1996）所強調的，督導者也要提供適當的正向期待，讓受督者覺得自己的經驗並非異端（normalization），以避免他們受挫之餘喪氣失志。

對受督者而言，重要的督導目標包括了自我探索、覺察與洞見。這些和心理治療的目標很類似，但是更重要的一點，是這些目標應侷限於受督者的專業能力，而不要和個人治療混為一談（Ronnestad & Skovholdt, 1993）。在督導的過程當中，應當能夠在某種程度上面質受督者本身的問題和缺點，但是這些面質應當有助於發展新的知識與治療技巧。

在過去對心理治療之共通要素的研究中，強調治療師對於治療本身應有一個可理解的基本理論（rationale）。以此類推，督導者也應該對於督導本身，乃至於督導如何進行的「儀式」（supervision rituals），有一個根本理論或觀點。也就是說，每個督導技術，都應有相對應的特定理論基礎。這些各式各類的技術，包括了在督導當中要求受督者準備個案的家庭圖（genogram）、記錄心理治療的歷程，或是挑選治療片段的錄音在督導當中播放等等。

督導者和受督者的感知差異

在大多數的情形下，督導雙方對於督導經驗都相當滿意，真正發生問題的督導其實相當少見。即便大多數人的體驗是正向的，但是督導者和受督者之間存在歧見，卻非少見（Henderson, Cawyer & Watkins, 1999; Henry, Hart & Nance, 2006; Reichelt & Skjerve, 2002）。同時，因為督導者和受督者之間存在著權力上的不平等，會使得這些歧見難以處理，這一點就格外讓人憂心。因為種種因素，這些感知差異可能會對督導歷程造成顯著的影響。韓德森（Henderson）等人使用質性訪談研究，來比較督導雙方對於「什麼是有效的督導」在看法上有何不同。受督者強調的是督導者要具備能力，他／她是知識的來源（但是理想上應該也能夠對不同觀點保持開放的態度），並且能夠促進受督者成長、結合理論與實務。相較之下，督導者著重的是受督者自身，強調的是受督者要能自我整合與自我覺察。

亨利、哈特與南斯（Henry, Hart and Nance, 2006）試圖在研究督導雙方的不同傾向之外，也能夠具體地比較雙方對督導中實際發生的狀況是否看法有異。他們發現，督導者與受督者同時覺得三項督導主題中的兩項是重要的。亨利等人也觀察十二項督導主題在督導歷程中各自所占的比例，發覺督導雙方對此的看法有明顯差異。

萊希特與史基佛（Reichelt and Skjerve, 2002）研究督導過程，

發覺督導雙方感知的一致性僅有低到中度。他們使用質性研究法，研究督導歷程的影帶，針對以下三點檢視督導雙方在感知上的一致性：（一）督導者在督導當中做了什麼；（二）督導者之作為的背後意圖；（三）對於受督者的影響。他們發現，當督導者自訂督導主題，而非以受訓者為主的時候，雙方感知出現差異的情形最為嚴重。

督導潛在的不良效應

岡佐拉和堤瑞瑙（Gazzola and Theriault, 2007）回顧文獻，整理出無效的、甚至是有害的督導。除了受督者提供的心理諮商缺乏療效之外，這些不良效應還包括：受督者感到難堪，或是因而隱瞞一些治療的相關資訊。雖然督導可以促進受督者成長，但也有可能反向地抑制了成長。督導者的某些作為會造成受督者的僵化（就是受督者覺得處處受限），包括了：僵化固著的督導、督導不足、造成督導關係之功能不彰，以及缺乏敏感度等等。相較下，能夠促發受督者成長的作為（就是受督者覺得自己變得更有創造力、願意接受不同見解），包括了督導者塑造了一個鼓勵成長的督導情境、讓受督者覺得被肯定、讓受督者依其本身所需而成長，以及展現正向的人格特質。這兩位學者也指出，受督者的表現，例如主動有自信，或是相反地被動退縮，也會相對地促進自我成長或是僵化受限。但兩位學者也強調，督導關係本身的權力不對等，使得督導者在促發正向之督導情境這件事情上，負擔了較大的責任。

拉蒙—桑契斯等人（Ramos-Sanchez et al., 2002）研究督導的不良事件，包括從雙方性格不適配（poor supervisory fit），到顯然違反倫理守則的行為。他們的結論是：

> 負向督導經驗的影響，是全面且持久的。這會造成受督者質疑自身投入心理治療之專業的決定，甚至改行，同時伴隨著無望感、夢想破滅與挫敗感，因為受督者覺得自己不具備做為一個治療師的能力（p. 200）。

歐康納（O'Connor, 2001）指出幾個造成不良之督導的要素：（一）過度依賴受督者的自我陳述，即使這是最常見的督導形式；（二）對於理想的狀態有共識，但是對於什麼是不該有的行為則含糊不清；（三）督導者和受督者本身都沒有接受過訓練，對什麼是好的督導缺乏了解。為了克服以上問題，他建議，應當明定督導約定，並且督導雙方都要接受更多教育訓練。

讓受督者沉默忍耐的理由

受督者通常很害怕，如果對不好的督導經驗提出申訴，有可能導致不良後果。如果受督者是學生，他們可能不願意對學習機構提出申訴，因為擔心無法從臨床督導當中得到所需的認證。學生也可能會擔心被轉到其他的臨床機構，要重新實習，有可能因此而浪費了許多時間。受督者也會擔憂得到負面的評量結果或是糟糕的成績，對學生而言，這有可能會危及學籍，或是損及得到實習或工作的機會。就受雇的受督者而言，負面的評量結果可能會影響他們日後升遷的機會。

即使是在上述這些後果並非顯而易見的情況下，受督者仍會小心行事。例如，學生們在臨床訓練結束拿到成績後，或許會比較直言不諱，但是仍有所遲疑，畢竟學生們深知，他們先前的督導者可能在他們畢業之後提供他們工作，或是推薦工作。在非體制化的情境下，受督者比較不會擔心遭到督導者的蓄意報復；然而典型的情況是，他們也不希望自己與督導者的關係蒙上陰影，或被視為是到處申訴或找麻煩的人，或是不受教的治療師。

打破沉默的建議

雙方一起評估潛在之不良後果

以上所提出的種種問題並不容易解決。督導者的口頭保證，通常是不夠的。有必要聽聽受督者的心聲，以幫助他們正確地評估潛在的不良後果。如果能夠提供一些類似情境下的正面範例，可能會有所助益。對於進修中的學生而言，很重要的一點是指出時間有限，如果他們覺得未能得到所需的督導、訓練，或是對其他督導或訓練約定中的要件感到滿意的話，要盡快提出與處理（例如，一個典型的狀況是，臨床訓練單位難以提供所答應的臨床個案數或種類，這對於已經處於訓練尾聲的學生而言格外困擾，因為已經太遲而無法解決問題了）。如果能夠及早處理這些困難，有助於減少學生浪費時間的風險。如果督導者可以盡快安排其他或額外的訓練地點，或是有必要時更換督導者，通常不會對學生的進度造成重大衝擊。如果一直等到訓練已經開始許久之後才處理，學生所擔心的某些不良後果，可能就難以免除了。

仔細評估機構的支持機制

督導者和受督者雙方，最好都能夠好好評量，在面對潛在的申訴、或是負面評量結果時，是否能夠從工作或訓練機構得到所需要的幫助。採取強烈的負面行動往往是困難而令人不快的，例如提出性騷擾之申訴、建議取消某人的實習機會，或是建議某位受督者不應取得認證、執照，或是沒有達到訓練或專業機構的基本要求。不難想像，這些行動會讓人感到失望與挫折，尤其是當這一切都源自於理應採取行動的專責機構，未能認真看待督導者或受督者的申訴，或是錯過申訴有據而該有所作為的時候。

雖然我們不可能故意讓自己處於這種毫無勝算的局面，然而要能夠預料這些情形的發生，也非易事。受督者還有另一層疑慮，就是即使只是假設性地提出「如果發生了怎麼辦？」，也有不良後果。當正式提出疑問時，經常會得到制式化的保證，但這種保證有時反而造成誤導。任何訓練機構，都會明白宣示決不容忍任何性騷擾、性別歧視、種族歧視等等，並會嚴正處理，或是讓不合格的學生無法取得認證。但往往只有在官方的保證也能被非官方的可靠資料所確認時，才會讓人信服。如果過去有類似申訴情形，並且也得到了適當的處置，這樣的正面範例最能夠消除疑慮。

然而，在採取行動之前，提出正式的詢問還是有點用處的。大多數機構都有處理申訴的標準程序，如果機構未能依程序行事（例如，記錄在正式的文件裡，或是以正規的管道來傳達），那麼可能就無法達到預期效果。

顯然地，遭逢嚴重不良事件卻又未能採取行動，也有其代價。如果初步的申訴未能帶來預期效果，那麼督導者或受督者在決定是否採取進一步行動之前，應該三思而後行。尤其當機構的初步處理，看來只是在自我迴護，甚至是勾結與共謀的時候，提出申訴的人要仔細考慮向機構以外單位提出再次申訴的優缺點，例如向執照認證單位提出申訴，或是向給予該機構認證的職權單位提出申訴。採取這樣的行動，或是揚言要採取行動，看似頗為激烈，但是如果能夠決心要看到申訴有結果，通常最後的結局是正面的。

要求回饋，並且確實執行

在每次督導快結束時，督導者應該讓受督者提出回饋，這對於了解督導是否有幫助及其影響因素至為重要。當我問一群受督者，他們的督導者是否要他們給予回饋的時候，他們幾乎都是一臉錯愕，想不出有任何被常規性地要求給予回饋的經驗（他們倒是有想到，曾經有機會在學期結束時對督導者提出正式評估，或是對實習當中的督導提出評估）。在進一步的討論中，我們整理出一個對督導者粗略的分類：（一）從不要求回饋的督導者。這讓受督者覺得，督導者不論是對細微、或者是明顯的非語言溝通，都完全視而不見。這些督導者覺得自己完全知道受督者的需求是什麼，所以沒有必要問。同樣地，這些督導者似乎心有定論，覺得普天之下只有一種最理想的督導方式（就是他們的方式），可以套用到所有的受督者身上。（二）會要求回饋的督導者。但是在受督者的眼裡看來，他們只是要得到肯定，確認自己的督導正確無誤。這些督導者被拿來與焦慮的性伴侶相比擬，他們等於是在問「你覺得我表現如何？」，但只是想聽到正面的答案。（三）督導者希望得到回饋，而且讓人覺得不論是正面或負面的回饋都會被接受。這一類的督導者表現出絕大多數有益的督導行為，基本上，受督者形容說：「這樣的督導者絕少直接要求回饋，他們是如此地能夠完全呼應受督者，以至於要求回饋也顯得沒有必要。」

基於心理治療之共通要素的文獻，我們認為，如果能夠重視受督者的回饋，可能可以大大提升他們對督導的滿意度。在一個大型的研究中，米勒（Miller）及其同事探討心理治療之療效（Miller, Duncan, Brown, Sorrell & Chalk, 2006），他們在每次治療開始之前，詢問個案對於治療的滿意度。當滿意度不如預期時，治療師被要求要向個案詢問一些簡單的問題。相較於不願意詢問個案的治療師，個案對於願意尋求個案回饋的治療師有較高的滿意度。基於同樣的道理，督導者也能採取類似做法，不只是問一些基本問題（例如，「這樣有幫助嗎？」），還能進一步仔細探詢受督者的感受與想法，好像督導者也有機會學習到新事物一樣。在我們先前出版的《督導手冊》（Storm & Todd, 2002）一書中，可以找到詳細的督導回饋表。李與艾佛瑞特（Lee and Everett, 2004）在他們的著作中，也提及如何把受督者的回饋變成督導歷程的一部分。理想的情況下，督導者會思考何種回饋對自己的幫助最大，然後以此原則請受督者給予回饋，但是也讓受督者可以從自己的立場出發，不受限地自由發問。有些問題是一般性的（例如，今天我們的督導當中，哪一部分你覺得幫助最大？哪一部分覺得毫無用處？」），有些則針對特定議題（例如，「當我要你提出對個案症狀的假說時，你覺得怎樣？」）。我們並不期待所有的督導者都採用書面的督導回饋表，但是若能在每次督導快結束時，以及定期的正式評量中，尋求受督者的回饋，將有所助益。

你的督導對象覺得你是怎樣的督導者？

我長期在不同的訓練計畫當中擔任主持人，發覺那些正在接受督導的治療師，往往能夠將很重要的資訊傳達給新進受訓人員，這一點令我印象深刻。與印刷精美的訓練手冊，或是各種政策手冊或守則相較下，新來的學生比較相信前輩們直率的評言。我總是回想起在讀中學的時候，那本大家傳來傳去的小冊子，在裡面，大家以匿名方式寫下對彼此的老實話——每個人總是好奇自己在別人眼中是什麼樣子，但是又很怕看到事情的真相。我猜許多督導者大概也有類似的感受，既好奇，又害怕。

對我而言看來顯而易見的一件事，就是在已出版的文獻中，絕少提到對受督者而言什麼是最重要的。被督導的人可能會說，很多督導者對於自己的督導有什麼重要特色，以及這對於督導關係有什麼影響，顯然毫無自覺（Dellorto, 1990）。這些督導特色有很大部分與個人的督導風格有關（受督者評論說：「他就是會一直說，你做錯了」、「他會說你做得很好，但其實他只是希望你別去煩他」）。督導的內容也有關係（「她真的是一位很會支持你的督導，但是她非常保守，千萬別說什麼會冒犯到她的話」「在心理治療你是可以這樣做，例如接病人打來的緊急電話之類的，但是在督導裡千萬別提及此事」）。

本章已多次談到坦白地給予督導者回饋之困難處，因此，很明顯地，督導者要從受督者身上，得到有關自身特性的看法，是非常困難的事。如果督導者和某位受督者的關係很好，或許有可能獲得這樣的回饋，但是你真正想要聽到回饋的對象，卻又往往不是這樣的受督者。有些受督者可能願意說個大概，尤其是在轉述其他受督者的看法的時候（「我並不怕你，但是有許多學生覺得你滿兇的」）。如果是在有許多受督者的大型機構，例如教育訓練單位，在讓個別受督者保持匿名的前提下，或許可以得到整體性的回饋。另一個可能得到資訊的管道，是督導者針對他自己已經有點猜到答案的議題來問問題，但是如果受督者覺得督導者只是想聽好話，那這個方法也沒有效。如果督導者真的要了解實情，那他可能得追根究底，別把好話當真。例如：

督　導：你會覺得我的話很無聊，或是有點不知所云嗎？

治療師：哦，不會不會。

督　導：我知道，有時候我會有點離題。當你不認同我的看法的時候，我要怎麼知道呢？

治療師：我會說出來。

督　導：我倒不覺得大家都會這樣做。在團體督導時，我經常覺得有些成員好像精神恍惚、沒在專心。

治療師：有可能，我知道有些學生在督導結束後，會說他們寧可你說得更直接一點。

因為督導者的個人特色通常是根深蒂固、難以改變的，所以督導者最好能坦誠撫心自問：「我真的想聽真話嗎？」「如果我真的聽到實話，這會影響到我的督導做法，和我處理督導關係的方式嗎？」除非受督者覺得這兩個問題的答案都是肯定的，不然督導絕無可能聽到實話。即使督導關係很好，而且受督者也放心督導者真心想聽實話，但是如果說了也不能改變什麼的話，受督者仍會不願意坦誠相告。受督者會覺得這麼做對督導者來說有些殘忍，而且沒有建設性。

確保督導約定的履行

本書強調，正式的督導約定或契約，對於保護受督者而言很重要。標準的督導約定有個主要缺點：（一）許多對受督者來說很重要的議題，沒有包括在約定裡。（二）受督者不一定能信賴寫下的約定。我們將本著與本章其他部分一致的觀點，試圖從受督者的角度來審視督導約定。

典型的督導約定，對於督導者期望受督者怎麼做有明確的規範，通常包括期待受督者在督導前要事先準備、督導過程中是否可錄音錄影，以及在督導當中會談到什麼等等。受督者通常希望對於**他們**可能從督導者身上得到什麼，有清楚的說明。這些有的是很實際的，例如由誰來記錄、用什麼方式來記錄等等，但是有的則比較不明確，例如督導者是否會給出建議、是否推薦讀物，以及雙方如何合作等等。

把所要求的事項予以載明，也是不夠的。受督者會希望知道這些要求是否當真，而且在偶發狀況下如何處置。這些事項可能被明確地寫在督導約定裡，但是，不管有沒有寫下來，最重要的議題，是督導者到底**怎麼做**？例如，筆者極端看重受督者在每次督導前都要準備書面的個案摘要。但是幾乎每一個受督者，都會在某一次督導裡沒有事先準備這份摘要，說是表格用完了或是忘了放在哪裡了之類的話。如果我馬上拿出空白表格給受督者，或是我說「沒關係」，這兩者的意涵是截然不同的。一個比較嚴格的做法（通常做一次也就夠了），是拿出表格請受督者當場填完，然後我先去忙別的事。

小心留意受督者在表達期待時的行為表現，是很重要的。我長期有遲到的壞習慣，尤其是在一大早的時候。為了減輕罪惡感，最近我向受督者提議，在遲到太嚴重的時候可以抵扣督導費用。我的一位督導學生因此提出督導時間的認證問題，她明確地表示，對她來說，能夠得到完整的督導學分，比督導費用更重要，因此她寧願付錢來得到完整的督導時間與學分。這個例子突顯了一個一般性的議題：受督者申訴的權利，如何以語言和非語言的方式來傳達。督導者是否明確地表明，受督者有權對此申訴（例如，督導者慢性遲到的問題）？同樣重要的是，這樣的表達是否真的可以改變督導者的行事風格？

處理督導中的衝突

督導當中發生了一些衝突，或是如何去控制衝突的議題，是難以避免的事，尤其是在督導關係與督導方式隨時間而調整、改變的時候。在督導關係的初期，雙方還在摸索彼此角色的時候，可能會有衝突。如果督導者擔當主動積極的角色，而受督者「順應」督導者，遵循督導的指示，那關係可能頗為和諧（Tracey, 2002）。相反地，如果受督者不接受督導者的掌控，就會產生衝突。如果受督者期待督導者告訴他們該怎麼做，但是督導者無法滿足這樣的期待的時候，也會有衝突產生。在督導歷程的後期，進階的受督者期待更多的自主權，與更平等的關係時，如果督導者仍試圖維持主導權，也會造成衝突（Quarto, 2002）。夸圖（Quarto）主張，督導者能夠體認到這樣的轉變，並提供受督者更多機會自我掌控，是很重要的，這樣的調整有助於強化督導聯盟關係。

督導者與受督者的共謀與盲點

目前為止本章討論督導雙方，或是其中一方在督導過程當中遭遇困難，這有時會引發衝突。雖然本章中所描述的許多情境不一定導致公開衝突，因為受督者害怕會引發衝突。另一種極端狀況也可能讓督導產生問題，那就是督導當中幾乎沒有衝突，因為雙方形成了一種共謀的模式。本章當中在其他地方所提到的例子，比較像是受督者為了不傷及督導者的自尊，或是避免督導者報復，而與督導者共謀。這一段所要處理的議題，則是督導雙方都參與到共謀的關係裡，而避免了衝突的發生，或是因為雙方同時都有「盲點」存在。

共謀產生的原因

有各形各色的原因會產生共謀現象，可以是有意識的，也可以是無意識的。在討論私人督導關係的那一章裡，會談到經濟因素的影響，造成督導雙方或其中一方無視於某些問題或困難的存在，例如受督者沒有學到東西、臨床上的表現不佳，或是督導前的準備不足、督導當中的參與不投入等等。那一章節當中，以及本書中的其他章節裡也有討論到雙重關係的議題，這也會妨害督導雙方對不良事件進行充足與坦誠的討論。其他型式的共謀也會引發問題，雖然沒有那麼極端。督導者可能不願面對衝突的議題，因為他不喜歡衝突，尤其是當他深信在督導當中只能強調正面或合作關係的時候。最後，如果督導雙方共同信仰某種特定的治療模式，或是兩者有相似的背景，例如宗教、種族或性別的時候，也可能會忽略了與這些共同特點有關的議題。

共謀性的「賽局」

督導雙方可能會陷入一來一往的共謀性「賽局」（games）裡，此時他們扮演互補性的角色，以避免坦誠以對，或是避免打破慣例所帶來的焦慮感。這種互補性角色有各種形式，而且可能發生在許多督導關係裡。這些模式如果變得僵化、影響了回饋的校正機制，則可能造成負面影響。常見的例子有：受督者不斷說好話恭維督導者，督導者欣然接受；受督者有一連串的問題，測試督導者的能力，讓督導者變成了一個「有問必答」的人；受督者不斷地自我質疑，而督導者不斷給予保證與安慰。

察覺共謀關係

很少督導者會覺得自己促成了共謀關係，但是誰能信心滿滿地說自己的督導從未發生這樣的問題？我注意到，有些模式可以用來顯示督導雙方有迴避衝突的現象，在不同的督導方式裡都可以見到，雖然，某些督導方式特別會惡化共謀的問題。這在旁觀別人的督導時，特別容易發覺，但是對於自己的督導就難上許多，雖然，看自己的督導錄影或錄音會有些幫助。

最常見的共謀型式，雖然很輕微，可能是督導雙方完全只專注在個案身上。當督導雙方更進一步花很多時間在指責個案沒有進步，而不覺得自己也有點責任時就更明顯了，或是不認為這是治療師在督導者協助下該去解決的問題。當然，有時候不免會花很多時間來深入討論個案，但是通常旁觀者清的一點，是督導當中未能處理某些重要議題，或是受督者沒有為治療負起相對責任。如果受督者談到治療裡所發生的問題，適當的做法是在督導時應該聚焦於研擬一個處理這些問題的計畫。同樣地，如果受督者描述個案具有某些特性，例如依附共生（co-dependence），或是陷入家族系統中的糾結狀態（enmeshment），那順理成章的議題，是如何調整治療計畫，將這些特色納入考量。如果督導都沒有討論到這些議題，就表示可能有某些共謀在發生，尤其是督導雙方陷入在看似親密（pseudo-mutuality）的氣氛當中，而因此損害了個案的利益的時候。

另一個常見的模式，是督導者讓受督者躲在抽象、一般性說法的保護傘底下（治療師：「我將會處理他們的病態性相互依賴。」督導者：「非常好。」）這些概念與做法很含糊，督導也會變得不切實際與逃避責任。至於處理的藥方是直接了當：迫使受督者澄清這些抽象名詞的意思，並在治療當中採取特定形式的相應做法。很重要的是，應該取得更多關於治療當中實際發生了什麼的資料，例如聽錄音或是現場督導（live supervision）。

這些打破共謀關係的做法並不困難，但是有時會讓督導者覺得不安，尤其是對新手督導者。這一章最主要是強調受督者的觀點，所以這裡要指出，受督者通常無法自覺到共謀現象。他們會覺得督導有點不對勁，或是督導者不知為何不願明說，雖然受督者也無法明白地指出到底那裡不對，或是找各種理由來解釋。典型的狀況是，當督導被導正到更務實的方向上時，雙方都會覺得鬆了一口氣。

同質性所導致的盲點

當督導雙方的某些重要特質很相似時，因為同質性而造成

「盲點」的機會就大大增加。重要特質有很多種，包括了宗教、種族、地域、性別、個人風格、心理健康專業，以及理論取向等等。當然，某種程度的相似性，以及相同背景，也有助於形成與強化督導聯盟，所以同質性本身並不是個問題。但是同質性不易覺察，也因此當它造成督導上的盲點時，雙方很難發現到這一點。基於此，合併使用不同的督導形式（例如個別與團體督導）、諮詢其他的督導老師或治療團隊，或者甚至請第三者幫忙聽治療的錄音，都有助於發掘盲點。

過去對督導所做的研究和發表的文獻，主要是討論督導雙方顯而易見的同質性和異質性，例如種族、是否為弱勢族群，以及性別。（第十二頁開始）波易德—富蘭克林（Boyd-Franklin, 2001）曾探討督導者、受督者與個案之間不同種族背景之組合，及其對個案感受和督導關係的影響。康士坦丁、華倫和米維（Constantine, Warren and Miville, 2005）則檢視督導雙方都是白人的情形，發現到種族同質性，的確會限縮了對多元文化的掌握能力，但是如果督導者對於自身的白人認同有很成熟的自我覺知，那就不會是個問題。如果督導兩方面都對自身的白人認同感沒有覺察，那麼他們有可能會低估種族身分與種族議題的重要性，忽略了自身白人優越感的影響。這三位研究者如此評論潛在的共謀關係：

> 白人督導者與受督者有可能在督導當中，共謀去低估或避免處理種族議題，安於現狀。當雙方都對種族認同問題缺乏敏感度的時候，雖然這或許有助於兩造在督導關係裡不會受困於種族身分與種族議題，但是這樣逃避問題的做法，最終還是會影響受督者與不同文化背景之個案共同

合作的能力（p. 492）。

關於性別議題，衛斯特、福格和亞契（Wester, Vogel and Archer, 2004）發現到當督導雙方都是男性的時候，他們可能對情感表達的感知力較為薄弱，或是傾向於將男同性戀個案、或是其他非傳統、有強烈情感表達的男性個案視為病態。

督導中的成長與發展議題

受督者的成長與發展

大多數的督導者會認為，受督者在學習的不同階段有不同的學習需求，一般而言，在訓練初期需要較多的協助與指示，在後期則需要較多的自主權（Holloway, 1995; Rønnestad & Skovholt, 2003; Stoltenberg, 1981; Taibbi, 1990）。相對應地，督導者在指導入門的受督者時，在態度上比較像是老師，在督導後期則較像是同事（Lee & Everett, 2004, Morgan & Sprenkle, 2007, Storm, Todd, Sprenkle, & Morgan, 2001）。雖然這聽來很合理，但研究卻發現並不盡然如此。摩根與史班可（Morgan and Sprenkle, 2007）在檢視三篇有關督導之發展模式的重要文獻回顧時（Holloway, 1992; Stoltenberg, McNeill, & Crethar, 1994; Watkins, 1995），發現在這些發展模式的背面，很少有研究能提供佐證。

督導者的成長與發展

督導者的發展議題很少得到關注。夸圖（2002）引用了幾個研究（參照Muse-Burke, et al., 2001; Nelson & Friedlander, 2001），指出

新手督導者比較會顯露出想掌控一切、僵化固執與咄咄逼人的態度，當感到自己的權威被挑戰時，也比較容易表現出來。與本章中其他議題的討論類似，受督者對於資深與資淺的督導者也會表現出不同的反應。受督者可能會試圖測試督導者的學識與經驗，但即便如此，督導者也不能就因此有理由與受督者爭奪主導權、或表現出其他無益於督導的行為。

受督者對不同督導方式的反應

對於不同督導方式的偏好，其實是反應出受督者在不同學習階段的不同發展需求，一般的傾向是，受督者在初期需要指導性的協助與指示，後期則傾向有更多主導權。然而，在每個學習階段，受督者對於不同的督導方式、或是訓練的其他部分，可能也會有五味雜陳的感受。督導者如何去了解受督者對於不同督導模式的感受，尤其是受督者對於現場督導的反應，研究文獻倒是提供了一些指引（參見Anderson, Schlossberg, & Rigazio-DiGilio, 2000, Champe & Kleist, 2003）。我們大可以假設受督者對於任何督導方式，都是會有所反應的，在督導方式與他們所預期的差別很大時，他們的反應特別強，不論這督導的方式是要求受督者製做家庭圖，或是請他們找一個個案來做現場督導。例如，初學者可能會覺得現場督導的幫助很大，但又覺得這治療變成不是自己的；較資深的治療師可能會覺得團體督導的效率極佳，也很適合自己的學習需求，但也滿懷念過去的一對一督導經驗。

本章所一貫強調的，是督導者應該要找到一個方式來得到受督者的回饋。雖然不會因為受督者不喜歡，就放棄所採用的某種督導方式，但是針對個人做些調整通常是可以辦得到的，而且最好是能這樣做。得到受督者完整的回饋有時候會造成困擾，尤其是當受督者所不喜歡的是正規的傳統訓練方式時。不論督導方式是歷久彌新的傳統方式（例如治療逐字稿），或是新方法（例如反映團體[reflecting teams]），情況都是一樣的。督導者應該用開放、沒有偏見的態度請受督者給予回饋。雖然，對受督者解釋回饋的好處是有幫助的，但同樣重要的是，督導者要在他們所表現出來的態度、以及非語言性的行為當中傳達這樣的訊息：督導者期待從受督者的回饋當中學到東西。

本章中一貫強調的直率溝通，並非易事。有鑑於此，督導者也要敏於覺察受督者對於督導模式和技術，以非語言的方式所傳達出來的反應（例如，當督導過程沒有在錄影時，受督者的表現是否改變了？是不是在錄影前說了一些重要的事，或是要等到督導結束、走到大廳的時候才說？）同樣地，在督導當中沒有治療錄影可看，或是現場督導的家庭沒有出現時，督導會變得有何不同？這些差異都應該在督導當中仔細地觀察、好好地討論，同時，仍是用真誠的、充滿好奇心的態度來討論。

解決督導僵局，或是停止督導關係

督導僵局

基於我自己本身多年的督導經驗，和給予其他督導者諮詢的經驗，我必須提醒督導者，不能理所當然地以為，當他們覺得督導陷入僵局的時候，受督者也會有同樣的感覺。令人驚訝卻又並非少見的是，受督者覺得頗有進展，但是督導者卻覺得失去耐性，並且對於缺乏進展感到不滿。這通常並非只是主觀上的差異、或只是對於督導進度的判斷標準不同而已。常見的情形是，雙方有著截然不同的目標，而且應該坐下來好好討論一下彼此的差異。

基於同樣的觀點，也要小心下面這個相反的狀況：即使督導者對受督者的進度很滿意（特別是受督者的進展是朝向督導者所設定的目標的時候），也不能保證受督者也一樣覺得滿意。尤其是在本章所提到的種種因素影響到督導的時候，督導者應該好好地了解受督者真正的感受與想法。

顯而易見地，當督導的其中一方，或是雙方同時覺得陷入僵局的時候，開誠佈公地談一談是相當重要的。應該好好地討論彼此在感知上的差異，以及雙方對此僵局的解釋為何。督導者應該這樣假定：受督者對於督導的進度不滿意，一定會有一些想法，而且督導者應該認真看待這些想法，而非推說那只是受督者的自我防衛而已。

當督導雙方的想法相左時，有沒有可能找到一個較高層次的觀點，可以同時容納兩方的看法呢？例如，受督者覺得沒有得到足夠的支持，但督導者卻認為，以受督者目前的程度，應該不需要那麼多的支持了。即使未能達成共識，督導者仍然可以按照受督者的意見做做看，即使督導者並不認同受督者的觀點（例如，當受督者抱怨督導者的指導不夠清晰明確時，督導者可以先接受這樣的意見，把對受督者的建議直截了當地寫下來，或是讓受督者也把他的意見寫下來）。

當有必要結束督導關係時

就好像婚姻關係中的雙方，督導者和受督者常常沒有思考到結束督導關係的可能性。良好的督導約定／契約，就好像婚前協議書一樣，也要考慮到分道揚鑣的可能性。即使事前小心地訂定督導約定，在不得已結束督導關係時，雙方都有可能覺得很不舒服，甚至在心裡留下陰影（或甚至是法律糾紛）。

雙方同意結束督導關係。提早結束督導關係最直截了當的方式，是在雙方同意的情況下進行，結束的理由是督導停滯不前，或是不適合彼此。理想的情況是，在督導的早期就做出決定，如果督導已進行相當時日，那麼影響會較大，後果也較多——受督者的全部督導時數都可以得到認證嗎？督導者願意交出對受督者的評估嗎？即使能夠順利「了結」督導關係，這些問題都必須考慮到，並予以處理。

過去的文獻很少提到如何結束督導關係的指引。米德（Mead, 1990）列出了四項注意事項：（一）應該整理出受督者到目前為止的進展，（二）討論關於進一步訓練與督導的需求，（三）把督導情境推廣到其他的一般情境當中，（四）解決督導雙方之間的相處問題，讓督導有個完結（closure）（p. 127）。讀到這些建議，讀者們可能已心有定見：在有些情況下，要達到這些目標幾乎是不可能的，例如，當結束督導的原因是受督者覺得毫無進展時，或者，在更極端的情況下，結束的原因是受督者違反了治療倫理，或是受督者想要中止督導的原因是他們對督導非常不滿意。

雖然，要平順地結束督導，就像能夠平順地結束婚姻一樣地不簡單，但是不管在任何情況下，雙方最好還是避免突然地中止督導。值得試著達到上面所提到的四項目標，即使最終可能沒有一個能夠完全地達成。依情況而定，有時督導者仍可以幫忙受督者從宏觀的角度來回顧督導經驗，將它視為長遠過程當中的一小步，同時，在受督者接受個人治療後，或是和另一位督導者工作，而這個過程會繼續延續下去。即使在最糟的情況下，督導者還是有可能去強調督導所達成的某些進展，雖然，有時候因為彼此的衝突太大，使得督導者說不出口，而受督者也聽不下去。

「過早」結束的督導，通常會讓督導者只能用一紙書面評估作結尾，但雙方可能對於這書面評估的內容有極大的歧見。雖然，受督者有提出反駁意見書的機會，但是如果能夠面對面地談一談，看看是否有協商的空間，在書面評估裡換個字眼，總是會有所幫助的。通常，受督者反彈最大的地方，不一定是督導者覺得評估當中最重要的部分。

提出受督者不得執業之建議。督導者最擔心害怕的結果，包括判定受督者無法修得此督導學分，甚至是提出受督者不得執業、必須轉行之建議。督導者擔任為心理治療專業把關的角色，是受到個案、其他專業者，以及受督者所共同認定的重要功能（Russell, Dupree, Beggs, Peterson, & Anderson, 2007, Russell & Peterson, 2003; Storm, Todd, Sprenkle, & Morgan, 2001）。即使這種情況相當罕見，但是應該在督導約定中載明，包括：對受督者的期待、評估受督者的方法，以及倫理準則等等。逐出心理治療專業的程序與原則，必須明定之，並且審慎遵守。我們可以這麼說：這些法則不會容許單一督導者片面剝奪受督者執業的權利。

如果這種結局發生在督導的後期，可以想見的是，受督者必定無法接受，甚至會提出法律訴訟。所以，要判定受督者不得繼續待在心理治療專業裡，而理由是因為受督者未能達到最基本的能力要求時，理由必須非常充分，經得起質問與詰難。如果是因為倫理或法律問題而做出決定時，比較不會受到質疑。在任何情況下，最好都能夠不要操之過急，循序漸進地達到沒有爭議的結果。要達到這個目標，難免會經過一個艱難、逐步的過程，有定期的審核、對督導過程的討論，以及各種修復與矯正的可能性。如果可以如此這般地小心處理，受督者有可能可以接受，他們其實並不適合這一行，或是可能得暫停相當時日、去進行個人的治療。

結論

雖然本章提到了不少似乎滿嚇人的情境，但這並非主要重點。重點是，我希望可以啟發讀者對受督者之觀點的關注，並予以重視。同時，也能體會到受督者無法坦誠與督導者溝通的種種難處。雖然，有許多潛在的問題需要小心避免（尤其是透過預期這些問題可能會發生，以及小心訂定督導約定來減少這些潛在問題），首要的預防措施，仍有賴於良好的督導關係，以及雙方坦誠的溝通。

參考書目

Anderson, S.A., Schlossberg, M., & Rigazio-DiGilio, S. (2000). Family therapy trainees' evaluations of their best and worst experiences. *Journal of Marital and Family Therapy, 26*, 79-91.

Boyd-Franklin, N. (2001). Using the multisystems model with an African-American family: Cross-racial therapy and supervision. In S.H. McDaniel, D-D. Lusterman, & C.L. Philpot (Eds.), *Casebook for integrating family therapy: An ecosystemic approach*. Washington, DC: American Psychological Association, 395-400.

Burke, W.R., Goodyear, R.K., & Guzzard, C.R. (1998). Weakenings and repairs in supervisory alliances. *American Journal of Psychotherapy, 52*, 450-462.

Champe, J., & Kleist, D.M. (2003). Live supervision: A review of the research. *Family Journal: Counseling and Therapy for Couples and Families, 11,* 268-275.

Constantine, M.G., Warren, A.K., & Miville, M.L. (2005). White racial identity dyadic interactions in supervision: Implications for supervisees' multicultural counseling competence. *Journal of Consulting Psychology, 52* (4), 490-496.

Constantino, L.G., Castonguay, L.G., & Schut, A.J. (2001). The working alliance: A flagship for the "scientist-practitioner" model in psychotherapy. In G.S, Tryon (Ed.), *Counseling based on process research: Applying what we know.* Boston: Allyn & Bacon, 81-131.

Dellorto, M. (1990). Family therapy supervisory matches: Factors that contribute to goodness in fit. Unpublished doctoral dissertation, Illinois School of Professional Psychology.

Gazzola, N., & Thierault, A. (2007). Super- (and not-so-super-) vision of counselors-in-training: Supervisee perspectives on broadening and narrowing processes. *British Journal of Guidance & Counseling, 35* (2), 189-204.

Gurman, A., & Kniskern, D. (1978). Deterioration in marital and family therapy: Empirical, clinical, and conceptual issues. *Family Process, 17,* 3-20.

Henry, P. J., Hart, G.M., & Nance, D. W. (2006) Supervision topics as perceived by supervisors and supervisees. *The Clinical Supervisor, 23* (2), 139-152.

Henderson, C.E., Cawyer, C.S., & Watkins, C.E. (1999). A comparison of student and supervisor perceptions of effective practicum supervision. *The Clinical Supervisor, 18* (1), 47-74.

Holloway, E. L. (1992). Supervision: A way of teaching and learning. In S. D. Brown & R. W. Lent (Eds.), *Handbook of counseling psychology* (2nd ed.). New York: John Wiley & Sons, 177-214.

Holloway, E. L. (1995). *Clinical supervision: A systems approach.* Thousand Oaks, CA: Sage.

Ladany, N., Walker, J. A., & Melinkoff, D. S. (2001). Supervisory style: Its relationship to the supervisory working alliance and supervisory self-disclosure. *Counselor Education and Supervision, 33*, 294-304.

Lampropoulos, G. K. (2003). A common factors view of counseling supervision process. *The Clinical Supervisor, 21* (1), 77-95.

Lee, R., & Everett, C. (2004). *The integrative family therapy supervisor: A primer.* New York: Brunner-Routledge.

Mead, D. (1990). *Effective supervision: A task-oriented model for the developing professions.* New York: Brunner/Mazel.

Miller, S. D., Duncan, B. L., Brown, J., Sorrell, R., & Chalk, M. B. (2006). Using formal client feedback to improve retention and outcome: Making ongoing, real-time assessment feasible. *Journal of Brief Therapy, 5* (1), 5-22.

Milne, D. L., & Westerman, C. (2001). Evidence-based supervision: Rationale and illustration. *Clinical Psychology and Psychotherapy, 8,* 444-457.

Morgan, M. M. & Sprenkle, D. H. (2007). Toward a common-factors approach to supervision. *Journal of Marital and Family Therapy, 33,* 1-17.

Muse-Burke, J. L., Ladany, N., & Deck, M. (2001). The supervisory relationship. In J. Bradley and N. Ladany (Eds.), *Counselor supervision: Principles, process & practice (3rd Ed.).* Philadelphia: Brunner-Routledge, 28-262.

Nelson, M. L., & Friedlander, M. I. (2001). A close look at conflictual supervisory relationships: The trainee's perspective. *Journal of Counseling Psychology, 48*, 384-395.

O'Connor, B. P. (2001). Reasons for less than ideal supervision. *The Clinical Supervisor, 19* (2), 173-183.

Orlinsky, D. E., Botterman, J. F., & Ronnestad, M. H. (2001). Towards an empirically-grounded model of psychotherapy training: Five thousand therapists rate influence on their development. *Australian Psychologist, 36,* 139-148.

Quarto, C. J. (2002). Supervisors' and supervisees' perception of control and conflict in counseling supervision. *The Clinical Supervisor, 21*(2), 21-37.

Ramos-Sanchez, L., Goodwin, A., Riggs, S., Touster, L. O., Wright, L. K., Ratansiripong, P., & Rodolfa, E. (2002). Negative supervisory events: Effects on supervision satisfaction and supervisory alliance. *Professional Psychology: Research and Practice, 33* (2), 197-202.

Reichelt, S., & Skjerve, J. (2002). Correspondence between supervisors and trainees in their perception of supervision events. *Journal of Clinical Psychology, 58*(7), 759-772.

Ronnestad, M. H., & Skovholdt, T. M. (1993). Supervision of beginning and advanced graduate students of counseling and psychotherapy. *Journal of Counseling & Development, 71*, 396-405.

Russell, C., Dupree, W., Beggs, M., Peterson, C., & Anderson, M. (2007). Responding to remediation and gatekeeping challenges in supervision. *Journal of Marital and Family Therapy, 33*(2), 227-244.

Russell, C., & Peterson, C. (2003). Student impairment and remediation in accredited marriage and family therapy programs. *Journal of Marital and Family Therapy, 29*(3), 329-337.

Shanfield, S. B., Matthews, K. L., & Hetherly, V. (1993). What do excellent psychotherapy supervisors do? *American Journal of Psychiatry, 150*, 1081-1084.

Shanfield, S. B., Mohl, P. C., Matthews, K. L., & Hetherly, V. (1992). Quantitative assessment of the behavior of psychotherapy supervisors. *American Journal of Psychiatry, 149,* 352-357.

Stoltenberg, C. (1981). Approaching supervision from a developmental perspective: The counselor complexity model. *Journal of Counseling Psychology, 28*, 59-65.

Stoltenberg, C. D., McNeill, B. W., & Crethar, H. C. (1994). Changes in supervision as counselors gain experience: A review. *Professional Psychology: Research and Practice, 25*, 416-449.

Storm, C., & Todd, T. C. (2002). *The reasonably complete systemic supervisor resource guide.* New York:

Authors Choice Press.

Storm, C., Todd, T., Sprenkle, D., & Morgan, M. (2001). Gaps between MFT supervision assumptions and common practice: Suggested best practices. *Journal of Marital and Family Therapy, 27*, 227-239.

Taibbi, R. (1990). Integrated family therapy: A model for supervision. *Families in Society, 71*, 542-549.

Tracey, T. J. (2002). Stages of counseling and therapy: An examination of complementarity and the working alliance. In G. S. Tryon (Ed.), *Counseling based on process research: Applying what we know.* Boston: Allyn & Bacon, 265-297.

Watkins, C. E. (1995). Psychotherapy supervisor and supervisee: Developmental models and research nine years later. *Clinical Psychology Review, 7*, 647-680.

Watkins, C. E. (1996). On demoralization and awe in psychotherapy supervision. *Clinical Supervisor, 14*, 139-148.

Wester, S. R., Vogel, D.L., & Archer, J. (2004). Male restricted emotionality and counseling supervision. *Journal of Counseling & Development, 82,* 91-97.

White, M. B., & Russell, C. S. (1995). The essential elements of supervisory systems: A modified delphi study. *Journal of Marital and Family Therapy, 21*, 33-53.

第四部
實務操作
Pragmatics Section

【第十五章】督導關係的藍圖：合約

雪若・史東（Cheryl L. Storm, Ph.D.）

最近，我丈夫和我決定要整修我們的房子，有人提醒我，一定要擬定好一份具體而詳細的合約，這是很重要的。在聽到許多有關整修房子的恐怖故事後，我們非常謹慎地找到一位我們認為可以信任的營造商，然後不辭辛苦地討論整修計畫的每個細節。我們一起討論各項預備工作、彼此的期待、評量的方式，以及一旦發生問題時的解決程序等。就像大多數的屋主一樣，我們的整修工作並不完美，當然也不會完全沒有問題。然而，和別的屋主不一樣的是，我們相當滿意整修的結果，而我們的營造商也得到很好的報酬。回想起來，我們花了很多時間仔細敲定書面合約的各種條款，然而這些時間花得很值得。最重要的是，這份合約其實就是我們之間工作關係的藍圖。

同樣地，督導者和受督者的工作協議──**督導合約**（supervision contract），也是對雙方都有利的。雖然自1980年代起，就曾鼓勵督導者要主動和受督者訂定合約（Fox, 1983），但直到最近，大家才了解這樣做的各種好處（Cobia & Boes, 2000; Lee & Everett, 2004; Osborn & Davis, 1996; Storm & Todd, 1997b; Thomas, 2007）。當督導者和受督者產生共識時，督導者明確表達並因而加強了他們對受督者的承諾；受督者知道對督導該有何期待，可能被期待什麼，以及該做些什麼才能獲得成功。雙方或許比較能有效率地工作，減少誤解，並比較滿意彼此的角色（Thomas, 2007, p. 230）。

一開始，督導合約可以幫助督導者和受督者澄清彼此的期待，並且列出雙方在關係中應負的責任（Lee & Everett, 2004; Osborn & Davis, 1996）。擬定一份合約「可以加強雙方在探索需求和確定目標上的真誠合作關係」（Fox, 1983, p. 39）。合約是取得受督者對督導過程的「被告知而同意」（informed consent）的關鍵，並「在相關的因素下，確定受督者已同意參與督導。」（Thomas, 2007, p. 229）

當受督者已被告知，且參與了訂立合約的過程，由於協議後的條款很明確，彼此之間的對應關係即已產生。對所有的督導者和受督者而言（尤其是女性、弱勢族群的受督者，和女性主義者），正式的督導合約可以增加督導時的相互責任以促進學習（Prouty, Thomas, Johnson, & Long, 2001）。比方說，凱依小姐（一個弱勢族群受督者）較能向她的主要督導者泰德先生（在專業社群中擁有較大的權力和優勢），要求多一些時間討論某困難的個案，因為兩人在一開始訂合約時，泰德曾表示願意針對凱依的特殊需求量身提供督導。

隨著督導關係的進展，可以適當地調整督導合約（時間愈久愈有必要）以符合雙方的獨特需求和願望。例如，督導者約翰和受督者莎蓉同意變更合約，增加現場督導的次數，因為雙方都覺得莎蓉可以從這種指導方式獲益，也更能理解如何和互動緊密的家庭工作。如同上述案例，合約是可以更改的，以配合受督者的成長和學習進度。

有了合約，也可以在未來的某些關鍵時刻提供處理方向。當督導者和受督者開始工作之初，通常總會對未來的督導經驗抱持美好的想像。如果雙方曾事先協議當問題出現時該如何處理，那麼一旦真的發生了無法預知的困難，兩人就不至於傷了和氣（Thomas, 2007）。比方說，布萊恩（督導者）和凱文（受督者）兩人對評量結果意見相左，最後他們決定依據合約中的原則來處理，事後雙方都感覺如釋重負。

訂定合約可以使督導者和受督者獲得最佳的適配性，並確保雙方都能達成預定目標（Prest, Schindler-Zimmerman, & Sporakowski, 1992）。督導者福嵐和受督者貝蒂在初次會面時，討論了貝蒂對督導的期待，以及福嵐能提供的督導。最後的決定是，貝蒂應該另找一位更適配的督導者。

合約可以提供督導者和受督者一個具體的方式，以評量和記錄雙方的進展和表現（Lee & Everett, 2004; Prouty et al., 2001; Thomas, 2007）。唐，一位私人執業的受督者，在他的督導者查理要他多錄幾卷療程錄影帶以進行督導時，並不訝異，因為他們在最初的督導合約中已載明此點。同樣地，當唐提醒查理說，他希望將敘事治療理論整合進他原本的策略取向並調整督導方向時，查理也覺得理所當然。所以，合約能夠增加督導的成功機率，同時也減少可能產生誤會的模糊地帶，因而對彼此都有保護作用（Cobia & Boes, 2000; Storm, 1991; Storm, Todd, Sprenkle, & Morgan, 2004; Thomas, 2007）。

督導合約的內容

每一位督導者和受督者都應該共同擬定某種形式的督導合約。然而，每份合約的正式性、具體性和互惠性，可能都有差別。例如，有些督導者會擬訂一份與商業契約類似的正式合約，而另一些督導者只會在非正式的談話中涵蓋一些基本內容。有些督導者的合約僅僅列出某些重要的協議，而另有些人則會仔細地說明所有協議的細節。有些督導者非常清楚自己可以同意受督者的條款，因此會以標準化的合約條列出來。

有些督導者或許希望和受督者共同協商條款，因此會預留空間讓受督者表達意見，有的人甚至會為每位受督者擬定其獨有的合約。在我的經驗裡，以書面合約正式列出協議的內容，再加上一些具體說明，對我和受督者兩人都非常有用。雖然我也會鼓勵受督者提出意見並且將之加入合約中，但隨著經驗愈來愈多，我的結論是，如果某些資訊和條款對我非常重要，我是一定會列在督導合約中的。有些條款會基於我個人的特殊情況而添加上去。例如，由於我的工作時程經常會變動，且工作地點分散在三個不同的地方，還有我常常在週末旅行，所以在合約中必須具體說明當受督者急需我的督導回應時該如何處理，這是非常要緊的。其他條款也很重要，因為可以幫助我和受督者獲得有效的督導經驗。例如，為了取得州政府或某專業團體的認證，督導必須符合某些標準，我發現一開始就把這些要求弄清楚，是非常重要的。

無論合約的正式性、具體性和互惠性如何，有效的督導合約一定會包括下列事項：條列出工作流程、澄清督導關係、確立目標、說明督導方式、討論臨床議題、配合認證規定、具體陳述評量方式，討論與電子通訊相關的議題。在下面的章節裡，我會針對每一個領域討論，並且從督導者的實際經驗中舉例說明如何有效地擬訂合約。

條列出工作流程

有關督導的具體細節安排通常是必須最先協商的事項，包括督導的費用、次數、時間、地點、聚會時間長短，以及全部的時程表。合約中需有條款說明要進行的是個別督導和／或團體督導，因為這兩種督導形式涉及的問題和流程可能不同，收費的問題尤其重要。許多督導者對個人督導和團體督導的收費不同。例如，在團體督導中，不管受督者有多少人，督導者的基本收費是否都固定不變？還是，所有受督者平均分攤督導者的鐘點費？

受督者的工作情境中可能已指派有督導者，督導者也可能來自其他機構，或同時有內部督導者和外來督導者，而這些不同的狀況各有其必須面對的挑戰和困難。根據進行督導的情境脈絡做具體安排是很重要的，例如，若不是在督導者的工作地點進行督導，那麼督導者是否必須參訪受督者的工作場域？若有此需要，那麼要多久參訪一次？某些受督者有多位督導者（例如，在社會服務機構工作的治療師可能擁有兩位督導者，但機構指派的督導者並不符合認證標準，而外來的私人合約督導者則合乎規定），此時，事先討論這兩位督導者的職權和法律責任是很重要的，如此才能避免受督者被困在某種督導衝突中（Prest, Schindler-Zimmerman, & Sporakowski, 1992; Ungar & Costanzo, 2007）。

對督導者和受督者而言，任何一方取消督導都可能產生嚴重的後果。督導者或許會發現自己必須對受督者的工作負法律責任，而他卻對受督者的個案狀況瞭解不深。在私人執業的情境下，若受督者取消督導的次數過多，督導者可能因而浪費了很多寶貴的時間。而若督導者自己取消的次數過多，那麼受督者達到認證標準的時程可能會嚴重落後，雙方都可能深感挫折和不便。因此之故，許多督導者會在合約中加入「取消」條款。傑斯可（Jeske, 1994）曾提及，若是他自己未事先通知受督者就臨時取消督導，那麼他願意再免費督導一次，但若是受督者取消，則仍然要全額收費。

和心理健康實務中的「被告知而同意」的作法一樣，督導者也必須要求受督者告知個案他正在接受督導（Thomas, 2007）。同樣地，準督導（SIT）也必須告知其受督者，他自己的督導者的名字和證照，還有他的督導訓練過程。麥道薇（McDowell, 1991）發現，邀請機構督導者參與訂約過程有很多好處，因此會和機構督導者討論督導對工作系統的影響。透過和機構行政主管的合作，她也相信比較容易讓外來的督導產生正面的效果。雙方應具體陳述必須遵守的倫理守則和執業標準。舉例來說，鮑伯是美國婚姻與家族治療學會（AAMFT）認可的督導者，而受督者吉姆是一位有執照的社會工作者。兩人對彼此的專業責任和倫理守則都應該有所了解，這是非常重要的。雖然這兩種專業的規定大部分相同，但還是有一些差異存在。由於鮑伯是在婚姻與家族治療領域的規範下進行督導，對他來說，直接觀察治療過程是非常重要的。但是對吉姆來說就不那麼重要，因為他的專業領域並未要求督導時必須呈現原始資料。因此，所有與督導有關的人，包括個案、受督者、督導者和機構，都必須是知情的消費者。

澄清督導關係

第一次的訂約會面，應從探索彼此一起工作的適配性開始。督導者和受督者分享彼此較偏好的治療學派和督導方式、理念、工作風格，這是一個非常重要的起點（White, 1989/1990），同時也討論兩人對督導過程所做的準備（Mead, 1990）。另一個討論重點是，雙方是否有意願在兩人偏好的學派之外，有彈性地探索其他學派的理念、方法和治療風格。不只一次，我和可能的受督者在仔細地探索彼此的適配性後才決定一起合作。

除了要討論個人的偏好，也要討論個案、受督者、督導者三方的不同身分和其中涉及的權力、特權或壓制現象，如何在某情境脈絡下影響了治療和督導過程，並且努力在整個督導歷程中關注到這些議題（Taylor, Hernández, Deri, Rankin IV, & Siegel, 2006）。督導者應該是這類勇敢對談的主要捍衛者。而由於督導者已指出將會探索這些領域，這也表示他正在邀請受督者於督導中提出這些議題。

督導者通常對深植於督導關係中的階級高低和權力分野各有其看法。如同福斯（Fox, 1983）曾指出的，在大部分合約中，參與協商的是地位平等的夥伴。但如果執行督導的是受督者工作機構中的督導者，受督者並無法輕易退出督導關係。如果是治療師和私人合約的督導者間的督導關係，受督者的權力就比較大，兩人就可以比較平等地參與最初的協商。然而，一旦達成協議，受督者要進入某專業領域，通常就必須仰賴督導者的背書。有些督導者強調他們帶入治療關係的專長，以及這種督導位階的好處；有些督導者則傾向於淡化督導權力可能產生的負面影響，並說明他們將如何在督導中盡力減少這種權力（參閱第十三章）。由於督導者在督導關係中擁有既定的權力，他們應該了解受督者可能不願意對督導經驗直言不諱，因此督導者必須主動邀請受督者給予誠實的回饋，並且在最初的協議中納入受督者可以提出訴願的方式（Storm, Todd, Sprenkle, & Morgan, 2001）。

若雙方事先已同意該如何重新協商合約或解決意見不合之處，這在出現最壞的情況時可說是一道救命符。有些督導者自己會盡力協調出友善的條款，因此也會要求受督者必須同樣盡力。例如，史朵納（Stoner, 1994）曾在他的合約中載明：

> 雖然在督導過程中，我們會盡力創造且維護一種友善的氛圍，我們仍然覺知會出現某些議題和專業界線的問題，這些問題可能涉及個人偏見、友誼、性別、個性、種族、性取向、價值觀，以及治療理念和方式的差異。若雙方出現不合、權力競爭或界限議題時，我們承諾會試圖以一種專業且互利的方式解決這些問題。

許多督導者建議，可以邀請第三者（有時可事先協商出某些特定的人）來協助解決衝突。如果督導提前終止（無論是為了什麼原因），有些督導者會在取得受督者的同意後，先行諮詢受督者的繼任督導者。韓森（Hanson, 1993）規定，必須提前兩週通知，好讓雙方有時間做調整。

若兩人之間出現雙重關係，必須深入討論可能涉及的複雜性，包括可能的後遺症、權力剝削以及加強督導等。由於當問題出現時，情況可能已經很棘手，所以合約中應載明處理這些問題的程序，這是非常重要的。將上述議題包括在合約內，對雙方都很有幫助（參閱第三章有關多重督導關係的討論）。

確立督導目標

不同的督導者對他們的督導目標有不同的哲學理念。比方，有些督導者強調能力訓練，有些督導者則重視個人成長（參見Aponte & Carlson, 2009; Celano, Smith, & Kaslow, 2009; Flemons, Green, & Rambo, 1996; Watson, 1993）。對那些重視個人成長經驗的督導者而言，艾金森（Atkinson, 1997）建議：督導者應該把自己偏好的督導方式清楚地告知治療師，以避免此種方式被濫用，而治療師也必須是在自願的情況下進入此種督導歷程。許多重視個人成長的督導者要求受督者必須呈現原生家庭圖，或例行性分享其私人的資訊（如Aponte & Carlson, 2009; Braverman, 1997）。有些督導者規定受督者在接受督導的同時也必須接受治療；還有些督導者則事先提出警告：若受督者的私人議題妨礙了學習歷程，將會轉介受督者接受治療。

具體的學習目標可包括：學會知覺性的技巧、概念性的技巧和執行面的技巧；理解某治療學派的理論性、實務性或技術性的應用；擅長處理某特殊症狀或族群；或完成某特定發展性目標，如建立自己的風格或整合不同的治療模式（Rigazio-DiGilio, 1997a, 1997b）。有些督導者相信，了解受督者的認知和學習風格，並為他們量身設定學習目標是很重要的。治療師也會為了個人特殊的原因，如希望獲得支持、滋潤或個人成長，而尋求督導。由於有些治療師希望複製過去的督導經驗，而有些治療師則希望避免重複，所以了解受督者過去的督導經驗可以讓督導者更能發揮效用。

說明督導方式

督導者應該將督導方式（不管是與督導者一起治療、現場督導、回顧錄影或錄音帶還是個案報告等）整合進督導合約中，這些督導方式都是督導者可運用的不同媒介（Lee & Everett, 2004）。珍是一位督導者，而凱文是受督者。由於凱文在評估個案的家庭模式方面深感困難，珍和凱文兩人都同意以錄影帶作為督導的主要方式。相反地，在督導另一個受督者蘇珊時，珍則相當強調個案報告，因為蘇珊對處理不同類型的個案有很多疑問，而這種方式能讓雙方在有限的督導時間內得以討論到這些議題。由於督導方式不同，雙方也必須有不同的準備。例如，有些督導者喜歡在督導之前先觀看受督者的全程治療錄影帶，而另一些督導者卻期待受督者根據他們想討論的議題，事先選擇好某治療影帶片段以便在督導時播放。事先協議好督導方式，可以讓督導者和受督者採取適當的步驟進行督導，並且充分地利用督導時間。

對系統取向督導而言，通常在合約中必須說明：督導者可以有什麼方式直接觀察到受督者的治療實況（也就是說，治療的原始資料）。現場督導或觀看治療錄音／錄影帶可以讓督導者知道自己是否適時提供了足夠的督導，是否根據治療資料正確地評量了治療師在督導中的準備度和進展，並且確保個案至少能接受到最起碼的治療（Storm, 1993）。督導者對取得原始資料的要求可能是督導的絆腳石之一，因為還必須另外取得受督者的工作機構和個案的同意。若督導不在受督者工作的地方進行，個案資料和錄音／錄影帶的傳遞必須特別謹慎，絕對要注意保密性問題。

討論臨床議題

由於督導者和受督者兩人皆需對受督者的臨床工作負責（Engleberg & Storm, 1990; Falvey, 2002; Glenn & Serovich, 1994），因此討論彼此各自應負的責任是很重要的。督導者應說明他們對於提供給個案的治療所負的法律責任，同時也明白個案的最終責任仍在他們身上。另外也必須清楚說明，當個案對自己或他人造成危險性，或發現有兒童或老人受虐或照顧疏失時，該如何處理，這是非常重要的。大多數督導者會條列出受督者在這種狀況下應該採取的每個步驟，尤其當受督者工作的機構對危機個案並沒有一套既定的處理程序時。督導者應該說明自己的督導的有限性，有些督導者會將自己的醫療疏失保險的內容告知受督者，並要求受督者也要提供相關的文件。對系統取向督導者而言，還必須要求受督者在他們的臨床實務中一定要強調系統性的觀點，這是非常重要的。

督導者和受督者要事先決定如何分享臨床資訊，因為這個機制讓他們可以在督導中聚焦，並善用兩人聚在一起的時間。督導者告訴治療師，個案資料該如何呈現，然後受督者據此準備督導素材。受督者通常希望事先知道督導者需要什麼資料才能討論個案：有些督導者要求受督者必須依某特定格式呈現書面或口頭摘要；有些督導者規定受督者要畫出個案的家庭圖，有些督導者要求呈現個案的所有檔案，等等（見Hovestadt [2001]和Storm &Todd [1997b]中列有個案報告格式的範例）。不管是何種機制，督導者和受督者對何謂「有用的個案資料」能有共識，才能避免讓督導變成漫談。

因為督導者須為受督者的所有個案負責，所以應該有一個整體回顧受督者案例的機制。督導者也必須判斷，督導時間是否足以涵蓋受督者的所有個案量。如果受督者每週的個案量是四十位，而督導時間只有一小時，這樣夠嗎？由於督導者以後必須證明受督者的治療時數是否足夠，雙方應設定一種記錄臨床治療時數的方式，以便提出必要的證明文件。最後，督導者應該告知受督者他會以何種方式記錄督導過程（Falvey, 2002; Glenn & Serovich, 1994）。

配合認證團體、雇主和教育機構的規定

由於督導深受認證團體、雇主和教育機構的規定所影響，督導者要常常檢視這些受督者必須符合的標準，並利用這些規定來完成雙方最後的督導合約。州政府、認證團體、雇主和教育課程的規定可能非常一致，但也可能天差地遠，甚至督導者和受督者兩人對督導的看法也可能不同。

若督導是基於規定才進行，督導者最好要注意其中的具體標準，並據此設計督導方式。通常這種強制性督導有特別的規定，比方說，AAMFT（2007）不承認「授課式教學」（didactic instruction）為一種督導方式。有些督導者會告知受督者他們在認證團體或學術機構中的評量角色，而若受督者在某方面出現不足時，會要求受督者進行一些補救措施，如規定受督者上一些課程、回顧影帶等。

具體說明評量程序

評量程序（evaluation procedure）中應具體詳述：何人於何時取得何種資料，並說明資料的出處。無論督導者和受督者是持續

性或只在特定時間點進行考評，一開始即在合約中說明評量程序並附上評量表格，如此才能讓雙方對此關鍵性的程序負起責任，因為考評結果可能會影響受督者能否進入此專業。

督導者或許應事先想想，他們需要何種資料才能對受督者的能力提出有意義的看法，然後把這些資料放入合約中。督導者只須說明受督者的治療能力嗎？還是也必須說明受督者是否遵守法規、受督者的個案管理能力、或整體的專業行為？在後者的情況下，督導者可能需要和受督者的雇主經常保持聯繫，並且有管道取得一些紀錄。如果是認證團體或教育課程規定的強制性督導，標準作法是在督導結束時寫一份書面考評表。督導者通常會邀請受督者一起回顧督導過程的紀錄。

評量程序很容易受到督導者對督導的哲學理念所影響。若督導者的理念是鼓勵受督者分享其個人議題，他應該要解釋這些資料在考評時會如何處理。有些督導者評量時會強調受督者在其獨特目標上的進展，另有些督導者則是以外在標準來評斷治療師的表現。有些督導者認為受督者應該盡最大的努力參與評量過程，所以主要根據受督者的自我覺知程度來評量。另有些督導者則會使用標準化的評估工具（參閱Perosa & Perosa [2010]，其中回顧了一些評估治療師能力的量表；Hovestadt [2001]和Storm & Todd [1997b]中則列有一些考評方法）。另有些人會將個案對受督者的評語列入評量程序中（參閱Lee & Everett [2004]，其中說明如何納入個案的觀點）。

由於督導具有守門人的功能，有些督導者或許會要求受督者必須接受額外的臨床訓練和督導。如史朵納（1994）所述：

> 督導時數證明並不意味著督導者已經為受督者的能力背書。這種背書必須根據：雙方是否以一種合乎倫理和專業的形式成功地完成督導歷程，而受督者的專業能力也經過督導者謹慎的評估。

大多數督導者有一套評量方法，來考評督導歷程和做為督導者的自己（Lee & Everett, 2004）。有些督導者會鼓勵受督者持續地給予督導者一些回饋，另有些督導者則會非常正式地在特定的時間點上，透過某些具體的回饋表格來取得資料（參閱Hovestadt [2001]和Storm & Todd [1997b]的例子）。

電子通訊

必要時，合約中需具體說明受督者在治療中可以如何使用電子通訊科技（electronic communication），也要說明督導者在督導過程中是否也會使用這些方法。治療師是否提供線上治療（online therapy）？是否會以電子郵件或網路科技來輔助治療？或是使用電子郵件來處理與治療有關的工作流程？如果有此情形，受督者必須清楚這些科技的限制，並且了解相關的倫理和法律議題。督導者必須和受督者討論該採取哪些步驟以維護個案的隱私，如何告知個案使用線上治療和電子通訊的好處及危險性，還有其中涉及的倫理和法律議題（Oravec, 2000）。許多督導者會在合約中納入處理這些情況的原則。

同樣地，督導者也要和受督者討論他們是否會進行線上督導？是否會以電子郵件或網路會議來輔助督導？或是使用電子郵件來處理與督導有關的行政事務？雖然利用電子通訊進行督導有很多好處，但也有許多缺點，例如，個案和受督者的隱私保密問題、在不同區域進行督導時必須遵循的法規、費用問題、督導時數的認定問題、紀錄保存，以及治療師的特殊需求等（Ambrose, 2000; Bacigalupe, 2010; Fialkov, Haddad, & Gagliardi, 2001; Greenwalt, 2001）。有些督導者會在合約中納入處理這類問題的原則和步驟。例如，督導者金姆忘了事先和她的受督者艾美討論有關電子郵件的處理問題，因此在收到艾美無數封詢問某些議題（這些議題通常應該在他們預定的督導時間中討論）的電子郵件後感到非常詫異。於是在下次督導中，金姆和艾美討論了在督導時間外寄發電子郵件的原則，其中特別說明寄發郵件的時機以及寄發哪類資訊才是合宜的。為了保護個案的隱私，有些督導者會要求受督者從電子信件中刪除個案的私人資料，或是在運用視訊會議討論時給個案取個假名，即使目前普遍認為使用這類科技是相當安全的（Bacigalupe, 2010）。

逐步建立有效的督導合約

最初的督導合約

治療師珊蒂希望找一位督導者協助自己取得兩張地區性的執照，而這兩個地方對取得執照的規定並不相同。她目前在一個家族治療機構工作，並且也開始私人執業。雖然她在機構中也接受督導，但她的督導者無法和她討論她私人執業的個案，或提供足夠的督導時數以符合認證規定。珊蒂已有諮商學位而專長於系統性治療。經過機構同事的推薦，她打電話給梅莉莎請求督導。

在得知梅莉莎還有時間可以接受新的受督者，並且她的督導者資格也適用於這兩個地方後，兩人簡短地討論了督導相關事項和梅莉莎的整體目標。交換過意見後，她們同意可以先試著一起工作，並且約好一個時間討論各種具體的督導安排。

在這次的碰面中，兩人討論的範圍涵蓋了本章所建議的合約內容。她們同意每兩週督導一次，每次兩個小時，地點在梅莉莎的辦公室，督導費用也取得共識。珊蒂表示希望和另一位治療師共同接受督導，一方面可以減輕她的負擔，另一方面她感覺到在專業上很孤單（在她工作的小機構裡只有兩位治療師）。然而，她並不認識任何人。梅莉莎說她知道有一個受督者或許對這種安排有興趣，她可以和這個人聯絡看看。

接著，她們討論各自的背景、訓練和督導經驗。梅莉莎也說明了自己的背景以及擔任督導者的準備。她們似乎是很好的配對。珊蒂偏好結構學派，而她的督導目標是希望自己對結構學派的介入方式更加嫻熟。梅莉莎雖然比較是個焦點解決取向的治療師，但對自己的結構派治療能力和幫助珊蒂達成目標也深具信心。梅莉莎也認為珊蒂似乎已有足夠的系統性治療的知識背景。

如果珊蒂想取得這兩個地方的執照，雙方都同意督導過程必須同時符合兩地的規定。梅莉莎問珊蒂她的工作機構是否知道她在外面尋找督導。珊蒂已經和機構的督導者談過，並且督導者同意可以討論機構的個案。事實上，機構的督導者也希望和梅莉莎談談，如此他才能支持珊蒂。雖然對珊蒂而言，把治療影帶用在督導上是一個新的作法，但她不認為這會是個問題。珊蒂對現場督導較遲疑，但很熱切地想在督導中呈現治療影帶。

她們也討論珊蒂私人執業的個案。珊蒂的本堂牧師轉介四名個案給她，她不確定如果告訴這些個案她正在接受督導並要求錄影，他們會有何反應。當梅莉莎堅持個案必須被告知，而她自己也必須有管道取得個案的原始資料時，珊蒂顯得很不自在。梅莉莎將珊蒂的反應歸因於珊蒂對她們督導關係的不熟悉、缺乏以原始資料做督導的經驗，以及珊蒂試圖在陌生地區自行執業的掛慮。梅莉莎相信她們可以克服珊蒂的不安。此次碰面後，梅莉莎將彼此的協議正式地寫成書面資料。在下次聚會一開始時，兩人均仔細閱讀。

重新評估最初的督導合約

最初，督導進行得很順利。珊蒂似乎對督導很投入，她會把與個案相關的議題帶來督導，她對梅莉莎的建議很有興趣，也會試著運用督導時討論過的治療策略。梅莉莎和珊蒂的督導關係逐漸發展，而兩人也很喜歡一起工作。

漸漸地，有一種模式浮現了，珊蒂開始抱怨和個案全家人會談有困難。梅莉莎注意到，珊蒂從機構帶來的影帶都是單獨與母親或青少年進行的晤談，而很少有與他們兩人一起會談的療程。由於珊蒂呈現這些療程影帶的目的似乎頗為適當，梅莉莎就沒有質疑珊蒂單獨與不同家庭成員會談的決定。後來梅莉莎決定深入了解珊蒂的作法，珊蒂坦承她對與全家人會談有些遲疑。她說在她接受訓練時，只和一個家庭會談過，她所有的治療經驗都是個別治療。

在梅莉莎知道珊蒂缺乏家族會談的經驗之後不久，她接到一通珊蒂機構督導者的來電，提到有一些父母抱怨珊蒂只會站在青少年孩子那邊，並不了解做父母的關懷和憂慮。機構督導者很擔心這個情況，他希望梅莉莎幫助珊蒂更能與家長互動。

梅莉莎和珊蒂討論時，珊蒂表示她面對親子衝突時常感到不自在，所以一旦衝突出現，她就會把家人分開，而不是幫助他們共同解決不合之處。梅莉莎此時開始對珊蒂尋求督導的最初目標感到疑惑，她問珊蒂是否希望成為一位更有能力的結構學派治療師（這個學派鼓勵家庭成員互動，因而有時可能會有激烈的場面出現）。珊蒂說她曾在某個研討會上見過一位知名的結構學派治療大師，很喜歡他做治療的方式，也曾讀過他寫的一篇文章而很欣賞他的工作，珊蒂認為這種取向很適合她目前的工作情境。然而，一旦她試著做做看時，她發現這比她預期的更為困難。她開始覺得以結構學派工作讓她愈來愈焦慮，她也逃避和同事討論這件事，因為這只是讓她更感覺到專業的孤單。

重新協商督導合約

雖然梅莉莎和珊蒂一開始時曾經討論過珊蒂的治療經驗和訓練背景，梅莉莎現在了解當時自己沒有更深入討論，是太馬虎了。她沒有具體詢問珊蒂的家族治療經驗，或她對結構學派治療（或甚至是家族治療）的了解。梅莉莎對珊蒂的背景、教育、訓練的想像，遠超過珊蒂實際有的程度。由於梅莉莎沒有詢問細節，珊蒂也不知道梅莉莎想知道的相關訊息是什麼。如果梅莉莎早知道珊蒂缺乏經驗，她擬定的初步協議就會不一樣了。梅莉莎決定要和珊蒂重新協商督導合約。

梅莉莎主動和珊蒂仔細地討論她的背景知識和過去的經驗，如此她們才能量身打造進行督導以配合珊蒂的需求。她們決定要納入結構學派家族治療的閱讀書目，並另外安排時間討論相關資料。她們認為現場督導可以讓珊蒂學到更多，也做了適當的安排。她們更重新設定珊蒂的目標以配合她的能力，兩人同意珊蒂的目標應是學習結構學派治療的基本技巧，並能和個案的家庭建立治療關係。由於她們找不到另一位受督者一起來接受督導，又為了減輕珊蒂的孤獨感，梅莉莎建議珊蒂參加一個團體督導小組，其中有著和她有類似背景的治療師。珊蒂很興奮地加入這個團體。在討論過私人執業須負的責任後，珊蒂了解她目前的準備度還不夠，決定將她的家族個案轉介給別人。

雖然一開始的督導是建立在非常謹慎的訂約過程上，但只有透過實際一起走過督導歷程，梅莉莎和珊蒂才能創造出完全適合珊蒂的督導安排。最初的合約可說是一個地基，在其上她們兩人才能進一步建立更合適的督導關係。

訂約要點

下面是一些我認為值得謹記在心，而且很有幫助的訂約小撇步。先搞清楚受督者要求督導的主要目的是什麼——為了訓練、督導、諮詢，還是上述某種組合？即使在單次的督導中，督導者通常可以彈性地在這些角色中進行轉換（Ungar, 2006）。儘管如此，每種角色有其獨具的性質和義務（Storm & Todd, 1997b）。督導者在採取督導者角色時，先界定好他們在個人層面上和專業層面上願意擔負的責任，會是很有幫助的（Storm, Todd, Sprenkle, & Morgan, 2001）。一旦確定了督導目的究竟是為了訓練、督導、諮詢或上述組合之後，一定要強調其中所涉及的責任、歷程架構、要達成的目標、考評方式和追蹤方式等。

為了擬訂一份可以反映督導者的哲學、偏好的理念、方法和督導處遇（intervention）的合約，一定要先和未來的受督者清楚而簡短地討論這些訊息。舉個例子，我會和可能的受督者強調下面幾點：我很關注脈絡變項如個案、受督者和我自己的多重身分對督導的影響；我也很注意權力問題、邊緣化現象、以及與主流論述相關的壓制；我是個建構主義者和我重視系統的信念；還有我的主動且有架構的督導風格。當你在說明你的偏好時，也要了解受督者比較喜歡的治療的理念、方法、處遇和風格，以及對督導的看法。這會讓你們兩人瞭解未來是否可能有一個令人滿意的督導經驗。

把你對自己和受督者的期待條列出來。為了增加「受督者的需求」以及「督導者的知識和技能」之間的適配性，福斯（1983）建議要討論下列問題：「我們對彼此的期待是什麼？我們可以給對方什麼？我們的目標一致嗎？可能達成嗎？如何達成？有什麼障礙嗎？我們如何知道已達成目標？」（p. 39）。藉著這些詢問，福斯相信受督者會變成一位主動的、**自我導向**（self-directive）且投入的學習者，這樣的學習者瞭解自己的需求且會超越「告訴我怎麼做」，並能自我肯定地負起自己在專業發展上的責任。

將所有相關的領域都納入合約中，這是非常重要的。典型的合約包括本章條列出的各項元素。普雷斯特、辛德勒—齊默曼，和史波拉考斯基（Prest, Schindler-Zimmerman, and Sporakowski, 1992, 1997）曾編製一份「初步督導會談檢核表」（Initial Supervision Session Checklist），其中條列了許多應該涵蓋的主題。

為了使彼此的協議更加清楚並保存紀錄，督導者最好以書面方式將合約正式化，合約範例也找得到（AAMFT, 2007; Sutter, MacPherson, & Geeseman, 1996; Thomas, 2007）。書面合約中可以納入督導者和受督者兩人獨特的哲學理念和個人風格（參閱Storm & Todd [1997b]，其中有各種不同風格的書面合約）。書面合約的最大好處之一是可以提醒雙方當初對彼此的承諾。

雖然為不同的受督者量身擬訂督導合約是很重要的，但是也要注意到一些要求強制督導的認證團體和教育訓練機構的規定和限制。這樣可以讓受督者確實接受到他們需要的督導，以達成他們的專業目標。

最後，一定要預留空間以便雙方對合約有重新考量和再協商的機會。一份已擬好的合約，但卻被完全遺忘而丟在抽屜裡，是無法發揮它最大的效用的。相反地，一份破舊但隨著督導關係進展而修改的合約，卻可以創造出滿意的督導消費者。

參考書目

Ambrose, H. (2000). Therapy and supervision in the age of the internet. *Supervision Bulletin*, 13-14.

American Association for Marriage and Family Therapy (AAMFT) (2007). *AAMFT Approved Supervisor designation: Standards and responsibilities.* Washington, DC: Author.

Aponte, H. J., & Carlson, J.C. (2009). An instrument for person-of-the-therapist supervision. *Journal of Marital and Family Therapy, 35,* 395-405.

Atkinson, B. J. (1997). Informed consent form. In C. L. Storm & T. C. Todd (Eds.), *The reasonably complete systemic supervisor resource guide* (pp. 11-15). Needham Heights, MA: Allyn & Bacon.

Bacigalupe, G. (2010). Supervision 2.0: E-supervision a decade later. *Family Therapy Magazine, 9*(1), 38-41.

Braverman, L. (1997). The use of genograms in supervision. In T.C. Todd & C. L. Storm (Eds.), *The complete systemic supervisor: Context, philosophy and pragmatics* (pp. 349-360). Needham Heights, MA: Allyn & Bacon.

Cobia, D. C., & Boes, S. R. (2000). Professional disclosure statements and formal plans for supervision: Two strategies for minimizing the risk of ethical conflicts in post-master's supervision. *Journal of Counseling & Development, 78*(3), 293-7.

Celano, M. P., Smith, C. O., & Kaslow, N.J. (2010). A competency-based approach to couple and family therapy supervision. *Psychotherapy: Theory, Research, Practice, Training, 47*(1), 35-44.

Engleberg, S., & Storm, C. L. (1990). Supervising defensively: Advice from legal counsel. *Supervision Bulletin, 4,* 6.

Falvey, J. E. (2002). Managing clinical supervision: Ethical practice and legal risk management. Pacific Grove, CA: Brooks/Cole.

Falikov, C., Haddad, D., & Gagliardi, J. (2001). Face to face on the line: An invitation to learn from online supervision. *Supervision Bulletin*, Summer, 1-3.

Flemons, D. G., Green, S., & Rambo, A. (1996). Evaluating therapists' practices in a postmodern world: A discussion and a scheme. *Family Process, 35*(1), 43-57.

Fox, K. (1983). Contracting in supervision: A goal-oriented process. *The Clinical Supervisor, 7,* 37-49.

Glenn, E. & Serovich, J. M. (1994). Documentation of family therapy supervision: A rationale and method. *The American Journal of Family Therapy, 22*, 345-355.

Greenwalt, B. C. (2001). Cybersupervision: Some ethical issues. *Supervision Bulletin*, Summer, 1-3.

Hanson, I. (1993). Supervision contract. Unpublished document.

Hovestadt, A. (Ed.). [2001]. Practice management forms: Tools for the business of therapy. Washington DC: American Association for Marriage and Family Therapy.

Jeske, J. (1994). Supervision contract. Unpublished document.

Lee, R., & Everett, C. (2004). *The integrative family therapy supervisor: A primer.* New York: Brunner-Routledge.

McDowell, T, (1991). Contracting from the top down. Supervision *Bulletin, 6,* 3-4.

Mead, D. (1990). Effective supervision: A task-oriented model for the mental health professions. New York: Brunner/Mazel.

Oravec, J. A. (2000). Online counselling and the Internet: perspectives for mental health care supervision and education. *Journal of Mental Health,* 9, 121-35.

Osborn, C. J., & Davis, T. E. (1996). The supervision contract: Making it perfectly clear. *Clinical Supervisor*, 14, 121–134.

Perosa, L. M., & Perosa, S.L. (2010). Assessing competencies in couples and family therapy/ counseling: A call to the profession. *Journal of Marital and Family Therapy, 36,* 126-143.

Prest, L., Schindler-Zimmerman, T., & Sporakowski, M. (1992). The initial supervision session (ISSC) A guide for the MFT supervision process. *The Clinical Supervisor,* 70, 117-133.

Prest, L., & Schindler-Zimmerman, T., (1997). A guide: The initial supervision session checklist. In C. L. Storm & T. C. Todd (Eds.), *The reasonably complete systemic supervisor resource guide (p.* 158-160). Needham Heights, MA: Allyn & Bacon.

Prouty, A. M., Thomas, V., Johnson, S., Long, J. K. (2001). Methods of feminist family therapy supervision. *Journal of Marital and Family Therapy, 27,* 85-97.

Rigazio-DiGilio, S. (1997a). Integrated supervision: Approaches to tailoring the supervision process. In T.C. Todd & C.L. Storm (Eds.), *The complete systemic supervisor: Context, philosophy and pragmatics* (pp. 1-16). Needham Heights, MA: Allyn & Bacon.

Rigazio-DiGilio, S. (1997b). How to assess supervisees and tailor interventions. In C.L. Storm & T.C. Todd & (Eds.), *The reasonably complete systemic supervisor resource guide* (90-94). Needham Heights, MA: Allyn & Bacon.

Stoner, A. (1994). Supervision contract. Unpublished document excerpts reprinted with permission.

Storm, C. (1991). Striking the supervision bargain. *Supervision Bulletin, 4,* 3-4.

Storm, C. (1993). Defensive supervision: Balancing ethical responsibility with vulnerability. In G. Brock (Ed.), *Ethics casebook* (pp 173-190). Washington, DC: AAMFT.

Storm, C. L., & Todd, T. C. (1997a). Thoughts on the evolution of MFT supervision. In T.C. Todd & C.L. Storm (Eds.), *The complete systemic supervisor: Context, philosophy and pragmatics* (pp. 1-16). Needham Heights, MA: Allyn & Bacon.

Storm, C. L., & Todd, T. C. (1997b). *The reasonably complete systemic supervisor resource guide.* Needham Heights, MA: Allyn & Bacon.

Storm, C. L., Todd, T. C., Sprenkle, D. H, & Morgan, M. M. (2001). Gaps between MFT supervision assumptions and common practice: Suggested best practices. *Journal of Marital and Family Therapy,* 27, 227-239.

Sutter, E., MacPherson, R. H., & Geeseman, R. (2002). Contracting for supervision. *Professional Psychology: Research and Practice, 33,* 495-498.

Taylor, B., Hernández, P., Deri, A., Rankin IV, P.R., & Siegel, A. (2006). Integrating diversity dimensions in supervision: Perspectives of ethnic minority AAMFT Approved Supervisors. *Clinical Supervisor,* 25, 3-21.

Thomas, J. T. (2007). Informed consent through contracting for supervision: Minimizing risks, enhancing benefits. *Professional Psychology: Research and Practice, 38*, 221-23

Ungar, M., & Costanzo, L. (2007). Supervision challenges when supervisors are outside supervisees' agencies. *Journal of Systemic Therapies, 26*(2), 68-83.

Ungar, M. (2006). Practicing as a postmodern supervisor. *Journal of Marital and Family Therapy, 32,* 59-71.

Watson, M.F. (1993). Supervising the person of the therapist: Issues, challenges, and dilemmas. *Contemporary Family Therapy, 15,* 21-31.

White, M. (1989/1990). Family therapy training and supervision in a world of experience and narrative. *Dulwich Centre Newsletter, Summer,* 27-38.

【第十六章】經典、歷久彌新的督導方法：有關選擇與整合的準則

雪若・史東（Cheryl L. Storm, Ph.D.）

有效的督導者在督導的時候會彈性地選用不同的方法，來幫助受督者的臨床工作和專業發展，如果對各種督導方法有細緻的了解與掌握，便能找出對自己、受督者和督導情境來說最適合的方式。**方法**（methods）指的是督導進行的方式，包括模式（modalities）、結構（structures）、實作（practices）等幾個方面；**模式**指的是受督者透過什麼方式把個案材料提供給督導者，例如直接報告個案、和督導一起回顧過程紀錄（process notes）、觀看治療錄影或是聽錄音、在治療進行的同時由督導者進行現場督導、和督導者進行協同治療（co-therapy）、乃至於網路督導（electronic supervision）等，目前在督導模式方面已經有一些很好的回顧論文（比較 Lee & Everett, 2004 和 Champe & Kleist, 2003 關於現場督導），至於有關如何有效應用各種模式的文獻（比較 McCollum & Wetchler, 1995, Protinsky, 1997, Fialkov, Haddad, & Gagliardi, 2001）也已經累積了相當數量；**結構**指的是哪些人能夠參與到督導過程中，包括個別的受督者、二人受督者、協同治療的團隊、治療團隊、反映團隊（reflecting team）、小組的受督者等，同樣地現在也有不少文獻回顧各種督導結構（比較 Lee & Everett,

2004 和 Clarke & Rowan [2009] 有關多成員的結構）及其有效的應用（比較 Hendrix, Fournier, & Briggs, 2001, York, 1997）；至於實作，在此指的是利用家庭圖（Braverman, 1977）、合約（Cobia & Boes, 2000）和督導策略，來提高有關權力、特權與邊緣化的批判意識（Garcia, Kosutic, McDowell, & Anderson, 2009）。

根據有關督導潮流演變的研究（Lee, Nichols, Nichols, & Odom, 2004; DeRoma, Hickey, & Stark, 2007），在整個督導持續的過程中，各種不同的方法都可能被使用。一開始督導者的選擇往往基於督導情境和受督者治療設置的實用層面，也牽涉到他們對這些方法的熟悉程度，畢竟這是他們做為督導者經驗的一部分；然而，督導者在考慮周詳、了解情況之下作出的選擇最為有效（Lee & Everett, 2004, York, 1997）。李與艾佛瑞特（Lee and Everett, 2004）建議在任何選擇中都應該考慮整個訓練系統，包括個案、治療者、督導者以及專業設置；在結構的選擇上，約克（York, 1977）建議考慮督導系統的影響（例如個案的特徵、治療者的專業發展、督導者與受督者的認識論等）以及這個督導系統背後更大的背景（例如執業情境、可獲得的資源和多元文化方面的因素等）。在這篇文章裡，基於不同的督導方法會導向不同的學習經驗，我會先列出若干督導者在選擇方法時應該考慮的因素，然後再舉出督導者對方法作調整，使其適合自己、受督者以及督導情境的時候，需要考慮的重點，章節的最後是這些歷久彌新的督導方法的使用準則，重點放在督導者有效使用這些方法所需的能力（competency）上。

關於學習經驗的考慮

以下是選擇督導方法時，考慮學習過程需要注意的重要因素，每項因素均有進一步的說明，兩個表格——**選擇督導模式**（詳464-467頁，表16-1）和**選擇督導結構**（詳468-471頁，表16-2）比較了常用的模式、結構以及不同的方法如何形塑學習過程，在比較追求的效果時，我特別指出最可能藉此發展的能力。

因素：對學習的促進以及方法中既有的限制

每一種方法都可能帶來若干好處而增進督導的進展，同時也會帶來一些限制而束縛督導的進展（Lee & Everett, 2004）。雖然情境中往往有些要素是固定的，一般來說，督導者對於如何完成督導工作的要求，還是有相當的選擇空間；舉個例子，即使受督者必須用個案報告督導的形式來滿足教育、資格認證、規定或者工作上的要求，所謂的個案報告還是可以在不同的結構下進行，例如一對一、一對二或是和督導者進行協同治療。在仔細地評估過優缺點後，督導者可能會決定某個治療高風險個案的受督者適合一對二的督導，因為如此一來，後者在獲得深入督導的同時，也可以得到同事的支持。在一定的情境範圍內選擇最能促進學習、限制最少的方法，會使督導更為有效。

因素：參與者投入的程度以及對他們的作用

不同的方法對於個案、督導者和受督者所要求的涉入程度不同，對於參與的各方所需的付出，和對所有人產生的個別影響也

表16-1　選擇督導

因		
模式	促進	限制
過程報告 （*Process Notes*）	可以獲知受督者和個案間的系統性動力 依據原始資料的逐字稿	花費時間來完成 表達焦慮會最少
錄音 （*Audiotapes*）	可以獲得語言的原始資料 特別標示出治療的節奏、時機、步調以及語言的使用 實際上容易做	缺少在聲音脈絡裡的視覺線索 在督導中保持聚焦 隱私性和錄音的保存 受督者和個案有相當程度的表達焦慮
錄影／DVDs （*Videotapes/DVDs*）	可以獲得語言與非語言的原始資料 可以持續對治療的某一切片、某次治療或者若干片段進行深入研究 和治療間的情感距離有助於反思	忽視治療脈絡和整體的治療 隱私性和錄影的保存 受督者和個案有相當程度的表達焦慮
現場督導 （*Live Supervision*）	在最緊要的時候練習技巧以及新的介入方式 督導的支持、重新導向與／或示範 觀察者透過觀看與諮詢來學習 治療的品質控管 第一手的治療資料，是受督者覺知之外的資料 透過處在當下創造熱忱	治療與督導中可能有插入或擾亂 督導者對治療可能過度覺得負責任 受督者無法分辨督導者的不同技巧 將焦點窄化在單次治療上 對所有人來說可能有表達焦慮

模式時的考慮因素

素

參與和作用	時間距離	追求的效果
個案的同意 受督者內在的整理 督導者回顧逐字稿	中等 可觸及原始資料 反思性學習	聚焦在反移情與平行過程 治療師自我的能力
個案的同意 一般需要由受督者挑選片段 督導者提供立即回應	中等 可觸及原始資料 反思性學習	關係以及介入的能力
個案同意 一般需要由受督者挑選片段 督導者提供立即回應	中等 可觸及原始資料 反思性學習	選定的若干能力 系統性的感知與概念能力
個案的允許以及對督導過程的涉入 受督者同時高度涉入督導和治療 督導者的涉入程度高，對治療有直接作用	當下的學習	針對若干能力進行實驗或練習 擴大行為和介入方式的選擇 針對受督者被「困住」的點

表16-1 選擇督導

因		
模式	促進	限制
個案報告 （*Case Presentation*）	聚焦在治療的整體結構 包括政治、社會、文化脈絡，以及考慮其他的可能 主題橫跨個案、臨床議題和個人遭受的挑戰 可以獲得受督者的反思和經驗 實際上來說容易	缺少原始資料 僅依靠受督者的感知
線上督導 （*Electronic Supervision*）	對於治療者的初步反應有即時、相關的輸入 時間的可調整性，使待在鄉下或孤立環境的人和專家都可以參加 起初的投資之後，效價相對較高 若透過線上的方式，受督者的學習透過寫東西，以促進開放、更深的投入在督導和自我反思中 若透過線上的方式，可以有持續的督導記錄	不是一般定義下的督導 隱私性 制訂價格以及計算所需時數的複雜度 責任的追溯上適用好幾個地點的法律 對於反應性和個案的知識的期待

模式時的考慮因素（續前頁）

素

參與和作用	時間距離	追求的效果
不牽涉個案 由受督者組織與整合個案的材料和議題 對受督者報告的經驗給予立即回應	距離實際治療遙遠 反思性學習 可以藉由觀看錄影加入當下的學習	針對概念化的能力 專業以及治療者自我的能力 將各種偏好整合到受督者獨特的治療取向中
不牽涉個案 若透過線上的方式，打字的時間由督導者和受督者分擔 受督者的焦慮由於督導者可能的立即反應而減低	距離實際治療遙遠	自我督導的能力

表16-2　選擇督導

因		
結構	促進	限制
個別 （Individuals）	親密、強烈的關係 有更多時間聚焦在個案和受督者的成長上 私密性得以促進開放和坦誠 方便	受督者作為機構學生的關係，知識有限 督導者作為唯一的回饋者，點子太少 模糊受督者個人治療和督導的邊界
雙人 （Dyads）	透過同儕以及同儕和督導者的互動學習 更加輕鬆、較少焦慮 從督導者和同儕處得到回饋 增加方法的種類	受督者在技巧或發展程度差異太大時相當有挑戰性 隱私性議題 平衡時間與注意力 可能形成「三角關係」
和督導者共同治療 （Co-therapy with Supervisor）	合作性的關係 即時的回饋 督導者作為模範 減少督導者的責任	有督導者取而代之的危險 受督者可能不會覺得自己對個案那麼需要負責任 限制受督者的投入和自主性
協同治療 （Co-therapy）	同輩學習 促進個案計畫 協同治療者能夠重現個案的動力 共同責任可以降低焦慮	協同治療者間衝突的可能性 陷入協同治療者成為封閉系統的危險 協同治療者缺乏自主性

結構時的考慮因素

素

參與和作用	時間距離	追求的效果
不涉及或影響個案 受督者強烈的涉入 督導者集中的注意力	隨著作法而不同，可以有也可以沒有原始資料	調整學習使其同時適合受督者的獨特需求 治療者自我的能力
不涉及或影響個案 共同分享個案報告和督導的注意力 平衡督導的需要	隨著作法而不同，可以有也可以沒有原始資料	調整學習使其同時適合兩位受督者的獨特需求 促進同儕關係以及同儕諮詢
個案、受督者、督導者之間的強烈涉入 強化階級劃分	和個案在當下共處	參與觀察者的學習
個案和協同治療者間的強烈涉入 督導者必須和兩位受督者合作	隨著作法而不同，可以有也可以沒有原始資料 共同的治療經驗	調整學習以適合兩位受督者 增進同儕關係與協作能力

表16-2　選擇督導

		因
結構	**促進**	**限制**
小組 （Groups）	得到更多的觀點、風格、想法、模式和介入方式 擴大方法的種類 主題的浮現 團體的創造性 效價比高	如果受督者的能力和發展程度差異太大，會很有挑戰 瓜分督導者的時間和注意力 每位個案和治療者的時間變少，然而要負的責任相同 表達焦慮
團隊與反映團隊 （Teams & Reflecting Teams)	多重視角 多人介入 團隊創意 如果所有成員的看法都得到尊重與認可，能夠創造熱忱	需要組織以及團隊的同意 治療者間發生衝突的可能 治療者缺少自主性以及表達焦慮 因費用高昂而顯得不切實際

結構時的考慮因素（續前頁）		
素		
參與和作用	**時間距離**	**追求的效果**
對個案沒有作用 成員分享責任以及同儕支持 有效使用督導者的時間，需要觀照團體動力	隨著作法而不同，可以有也可以沒有原始資料	同儕學習 豐富多元的學習環境 專業社會化的發生
個案同意 受督者的積極參與 受督者促進團隊進程	共同經驗到實際治療 若涉及原始資料，督導者可能對治療知情	同儕學習 協作以及個案計畫能力 若有反映團隊可以有學習 後現代的視角

是如此。舉個例子來說，現場督導不只要得到受督者允許，也需要個案同意，這種方法同時也牽涉到各方在過程中持續的參與，對於治療本身、督導和其中的每個參與者都會產生直接作用；反之，過程紀錄督導不需要額外的同意，也不會直接影響個案，只是這種方法需要受督者額外做些工作，像是準備逐字稿，並在督導之前重新瀏覽過，督導者也需要花時間先過目一遍。督導者選擇方法的時候，重要的是考慮對於參與其中的各方的影響。

因素：距離治療時間的遠近影響學習過程

距離實際治療的遠近程度（proximity）隨著方法的不同而有所差異，距離會凸顯不同資訊在學習過程裡的重要性，所產生的督導重點也會不一樣。如果督導發生的時間和治療本身相當接近，那麼受督者的立即反應和治療中的行為表現，有時候也包括個案的反應，會是主要的關注點；舉個例子來說，如果督導者也是治療現場的共同參與者，例如在共同治療的情境下，督導者和受督者在當下以及治療結束後的反應便是注意的焦點（Grunebaum & Hoffman, 2005）。相反地，如果督導發生在一段相當的時間之後，受督者和治療過程的原始材料也已經有段距離，此時受督者事後回溯的印象與經驗才是重點；例如在個案報告督導中，受督者報告自身的反應，督導者直接回應這些陳述，不管督導的結構為何（Stewart, 1977）；如果是在治療錄音可得的情況下，受督者得以接觸到原始資料，由於可以觀察自己先前的行動，他們經驗與反應的複雜度又多了一層（McCollum & Wetchler, 1995）。選擇督導方法時，可以根據哪一類資訊能夠促成最有益的學習方式（例如當下性或者事後反思式的學習）來進行。

因素：督導所追求的學習效果

督導者與受督者通常會對他們所追求的整體性學習效果達成協議，在督導進展中也經常會進一步擬定特定的目標。有些方法對於學習若干能力或是達致某些目標較有效；舉例來說，治療的錄影提供機會讓受督者可以深入、重複地審視治療中的某些片段，以辨識其中系統性的互動模式（Lee & Everett, 2004）；團體督導可以擴大受督者所知的治療干預手段，因為他們可以聽到其他人的意見（Edwards & Heshmati, 2003）；個案報告可以引導有關多元文化影響的對話，並喚起有關治療與督導中的權力、特權、邊緣化議題的批判意識（Garcia, et al., 2009）；在現場督導中，督導者可以場直接給予指導和支持，從而幫助受督者熟習某個特定的技巧（Champe & Kleist, 2003）。審慎地考慮哪一種方法最能達到欲追求的效果是很重要的。

有關調整督導方法的考量

雖然督導者一開始往往從比較固定的方法出發，來支持某些特定的理念，各種學派的督導者也會從別人那裡「借」一些門路過來，加上若干調整改變，使其符合自己的偏好、督導者的獨特面向和特定的情境等；舉個粗淺的例子來說，使用家庭圖進行督導是從原生家庭治療（family of origin therapy）發展出來的，如今的督導者認可各種對家庭圖進行擴大使用的方法，包括把家庭圖作為一種結構，讓受督者依據它來報告個案資料、凸顯多元文化影響、學習系統性觀點，以及聚焦在治療者的自我（self-of-the-therapist）（Aponte & Carlsen, 2009, Braverman, 1997, Hardy &

Laszloffly, 1995）等等。以下是就一般常見的督導方式進行調整時，有用的考慮因素。

因素：督導者偏好的督導哲學

督導者對於督導工作往往有偏好的理念，當選用的方法能支持這樣的哲學時，督導會更為有效（Storm, Todd, Sprenkle, & Morgan, 2001），方法是由督導者對於治療、督導和受督者成長的哲學假設發展而來；舉個例子來說，致力於敘事治療模式的督導者可能會偏好同時和兩位或結成小組的受督者一起工作，因為這樣的結構有助於開拓多元視角，符合他本身預設的後現代模式；如果督導者相信，受督者的家庭經驗會對他們在治療中使用自身的有效能力產生影響，往往會把家庭圖的使用放進督導方法中，讓受督者有機會反思自己的困難。督導者辨識出自己督導哲學中的重要元素，然後從現有的眾多方法中，選擇出最能幫助他們聚焦在這些元素上的方法。

因素：偏好的督導關係

有些方法在原來的版本裡需要督導者引領過程的進行，有些則把部分責任放在受督者身上，儘管督導者還是負責促進（facilitation）的作用。對於督導關係是由督導者或受督者主導，抑或是合作（collaborative）的模式，督導雙方往往各有偏好，創新的督導者可以調整既有的方法，使其符合自己的偏好；舉個例子來說，現場督導最早被引進專業領域裡的時候，主要是由督導者主導，然而有些督導者開創性地把它轉變成是由受督者主導，或是督導雙方合作（Hardy, 1993）。若能考慮對關係的偏好，並據此調整方法，督導者可以避免使受督者感到挫折，不管挫折是來自於感覺督導者主導得太少、太多或是合作程度不足。

因素：參與者的學習偏好

督導者和受督者對於學習風格和有關學習的文化信念上，往往有相當差異。舉個例子來說，線上督導（on-line supervision）對於當今數位時代的受督者來說特別合適，他們往往已經習慣於虛擬世界的學習方式（Bacigalupe, 2010）；或者，讓我們看看下面的督導雙方組合：有個受督者，他的核心文化價值中認為學習必須是聆聽那些受過正式教育、擁有廣泛經驗的人，遇上了認為學習是一種共同建構、抱持後現代思維的督導者。受督者會覺得舒服的方法，是更多地由督導者來傳授自己的專業知識，例如透過個案報告的方式。他們對合作的方式可能會不滿意，例如透過反映團隊的形式，儘管督導者可能比較喜歡這種方法。在這樣的情況下，團體督導也許可以作為不同學習信念間的橋樑，特別是如果督導者能使參與者投入對話裡，分享彼此（包括督導者自己）的觀念的話。選擇方法的時候，考慮督導雙方有關學習的信念是否搭配是很重要的。

因素：督導情境

所謂的督導情境，大致是由督導在哪兒舉行來決定的；有些方法在特定的情境下算是常態，例如社會服務機構裡的團體督導、私人合約督導下的個別督導，或是教育性學程中的團隊督導等。一般來說，這些方法符合特定情境下的學習目標、受督者的數目、參與者的時程安排以及現有的設備資源，因此對督導者來說是使用上最簡便的。情境和受督者的能力以及專業經驗會互相影響，在一般的訓練學程裡，受督者們的能力與經驗相當齊一，多半處於初學的階段；而在私人合約的督導下，受督者的專業發展程度往往比較進階；至於在社會服務機構裡，受督者彼此間的能力和經驗往往有很大的差異。約克（1997）認為當受督者間的能力歧異性很大時，如何確保其中的新手得到充分的督導，對督導者來說是一大挑戰；相反地，卡爾森和艾瑞克森（Carlson and Erickson, 2001）則認為，只要督導者採用的方法得以讓充裕的時間距焦在新手的個人知識與經驗上 ，這些人還是可以完全地參與進來。許多社會服務機構裡，督導者來自於機構之外，這給督導的進行帶來了特別的挑戰（Ungar & Constanzo, 2007），為了適應個別情境的獨特性，有創造力的督導者會尋找原本屬於其他特定情境、較少被使用的方法，並做一些可能的修改。舉個例子來說，在某個私人合約的設置之下，反映團隊這個方式幾乎沒有被用過，督導者提議將一次的督導過程錄影下來，然後在治療中播放給個案看，繼而將個案的反應錄下來，在下一次督導中播放，對於受督者來說，這帶出了接近反映團隊的作用；最重要的是，當督導者考慮到專業情境對督導情境的影響，很自然地，系統性的觀點已經被囊括其中。

關於使用歷久彌新的方法的準則

一旦督導者選擇了某種方法並加以調整，通常會著重於執行的方法，因此多半傾向於在督導過程中添進一些東西，而不是減少；有效地使用各種方法需要特定的督導能力（supervisory competencies），以下是有關如何使用常見的督導方法的一般性準則，重點會放在所需的督導能力上，提到的方法則是那些歷久彌新、為大多數督導者在實務中使用的種類。

一、督導者和受督者一起討論，共同探索、選擇與調整方法。進行督導計畫的時候，督導者會預先詢問受督者先前的經驗，以及對不同方法的興趣，分享彼此認為需要考慮的事項，尋找受督者符合哪些特定方法要求的條件；如果是在偏向合作的關係下做出決定，某些情況下受督者還是能夠欣賞督導者佔據階級分明的位置（Prouty, Thomas, Johnson, & Long, 2001），這表示即使在方法中是由督導者主導，只要是在共同合作的情況下做出選擇，也可以相當有效。當受督者理解某種方法所給予的成長機會，並做出選擇，他們可能從遲疑的參與者搖身一變，變得能認可這樣的方法。

二、督導者使用幾種方法的組合，來針對不同的能力以及多種學習目標。這方面需要督導者對於各種方法、進行揀擇時應該考慮的重要因素，以及調整方法的方式，有細緻的了解，並且擁有有效執行這些方法所需的能力，懷亭（Whiting, 2007）相信，採用不同方法的組合有助於受督者看到不同的觀點。

三、在督導方法正式上路之前，督導者向受督者提出有關原始資料的隱私保護和電子設備的使用等議題，確保受督者告知個案，並採取若干舉措來保護個案。督導者必須釐清受督者和個案之間有關督導者角色和督導的隱私性的溝通，包括錄音或錄影資料的使用與存放，並建議受督者如何處理督導中透過電子通訊往來的資訊（Bacigalupe, 2010, Shaw & Shaw, 2006）。如果督導是透過網路來進行，督導者和受督者必須對線上資訊的分享，以及電子通訊下的安全達成清楚的共識，以保護個案和受督者自己的隱私；巴屈郭普（Bacigalupe, 2010）建議有關身分辨識的個案資訊不宜在線上提到，即使是安全的網站亦然，這樣方能確保匿名性。網路督導需要督導者熟知線上通訊的使用，例如網路視訊會議（web conferencing）、社交網絡（social networking）以及其他新的科技發展。

四、進行有原始資料的督導時，督導者尊重受督者的經驗，適時有效地選擇插入的時機，並加以說明，此外，在現場督導中，督導者要展現出耐性和克制（Montalvo, 1997），同時也必須額外嫻熟於處理治療和督導同步發生下，更高的複雜度。現場治療的中斷或錄影的停止如果有好好處理，不見得會造成破壞（Champe & Kleist, 2003），但是如果沒有謹慎處理的話，督導的方法可能會使治療或或督導，或者兩者都蒙上陰影。

五、對於不同督導方法所需的事先準備，督導者要溝通清楚自己的期待，並幫助受督者發展使用其選擇的方法所需的技巧。事先準備能確保督導中的時間和精力集中在受督者的臨床工作和專業發展，而不是在使用不同方法的具體事務上（例如準備好房間和設備、統整個案資料，包括書面、口頭、錄音或混合等格式），督導者需要什麼樣的資訊才能有效工作往往因人而異，有些人要求用特定的格式來報告個案材料（比較 Aponte & Carlson, 2010, Storm & Todd, 2002），督導者要清楚地告知受督者他們需要何種資訊，以及用什麼方式報告，才能符合選定的督導方法。

六、督導治療團隊或督導團隊，或者兩者都有的時候，督導者要促進成員間工作上的共識，與持續進行的團隊歷程，特別強調和團隊假設與共識的一致性。治療團隊有很多種不同的類型，像是每個人分享責任的團隊、擔任某個治療者諮詢角色的團隊、或反映團隊，很多督導者在督導過程中會使用這些團隊類型的變體（Clark & Rowan, 2009; Lowe, Hunt, & Simmons, 2008; York, 1997），督導者必須了解各種治療與督導團隊的基本預設，並據此來引導團隊過程的進行。

七、在各種受督者多於一人的結構下，督導者必須要同時注意參與者間的關係，以及他們的學習需求、團隊的整體功能和團隊歷程。這樣能創造好的背景，有利學習，持續地提供成員支持，以及解決任何出現的問題，督導者以身示範，促進尊重對方的回應方式（Edward & Heshmater, 2003），注意團體歷程，鼓勵分享權力，開放地探索成員間的相似處或差異點；多成員的結構有許多不同的形式，像是受督者輪流報告可直接接觸到原始資料（也可能沒有）、富有挑戰性或是成功的個案，然後一起討論臨床場景、治療技巧、治療者的自我等議題。

選擇、調整以及施行方法以免落入窠臼

如果方法比較傳統、老是照某個作法執行，或者督導者總是偏好某種方法，督導者可能會落入使用某些方法的「窠臼」（ruts）之中，有時候需要一次進行得不順利的督導來提醒督導者，選定的方法可能不是受督者偏好或是能從中受益的類型（Storm & Todd, 1997）；當受督者的需求改變，或者「窠臼」發生的時候，積極的督導者和受督者必須尋求其他的可能性，創造性地改變既有的方法，使其更適應當下獨特的情境。幸虧督導雙方可以修改或是合併採用的方法何其多，有無盡的可能可以讓督

導中的學習變得更順利。

參考書目

Aponte, H. J., & Carlsen, J.C. (2009). An instrument for person-of-the therapist supervision. *Journal of Marital and Family Therapy, 35*, 395-405.

Bacigalupe, G. (2010). Supervision 2.0: E-supervision a decade later. *Family Therapy Magazine, January/February,* 38-41.

Braverman, S. (1997). The use of genograms in supervision. In T. C. Todd, & C. L. Storm (Eds.), *The complete systemic supervisor: Context, philosophy, and pragmatics* (pp. 349-362). Needham Heights, MA: Allyn & Bacon.

Carlson, T.D., & Erickson, M.J. (2001). Honoring and privileging personal experience and knowledge: Ideas for a narrative therapy approach to the training and supervision of new therapists. *Contemporary Family Therapy: An International Journal, 23*, 199-220.

Clarke, G., & Rowan, A. (2009). Looking again at the team dimension in systemic psychotherapy: Is attending to group process a critical context for practice? *Journal of Family Therapy, 31 (1),* 85-107.

Cobia, C., & Boes, S. (2000). Professional disclosure statements and formal plans for supervision: Two strategies for minimizing the risk of ethical conflicts in post-master's supervision. *Journal of Counseling and Development, 78,* 293-297.

Champe, J., & Kleist, D.M. (2003). Live supervision: A review of the research. *Family Journal: Counseling and Therapy for Couples and Families, 11,* 268-275.

DeRoma, V., Hickey, D., & Stanek, K. (2007). Methods of supervision in marriage and family therapist training: A brief report. *North American Journal of Psychology, 9*, 415-422.

Edwards, T., & Heshmati, A. (2003). A guide for beginning family therapy group supervisors. American Journal of Family Therapy, 31, 295-304.

Fialkov, C.; Haddad, D., & Gagliardi, J. (2001). Face to face on the line: An invitation to learn online supervision. *Supervision Bulletin, Summer*, 1-3.

Garcia, M., Kosutic, I., McDowell, T., Anderson, S. (2009). Raising critical consciousness in family therapy supervision. *Journal of Feminist Family Therapy, 21* (1), 18-38.

Grunebaum, E., & Hoffman, S. (2005). Participant supervision in cotherapy: personal reflections of a family therapy trainee. *Family Therapy-The Journal of the California Graduate School of Family Psychology, 32*, 125-129.

Hardy, K. (1993). Live supervision in the postmodern era of family therapy: Issues, reflections, and questions. *Contemporary Family Therapy, 15*, 9-20.

Hardy, K., & Laszloffy, T. (1995). The cultural genogram: Key to training culturally competent family therapists. *Journal of Marital and Family Therapy, 21*, 227-237.

Hendrix, C.C., Fournier, D.C., & Briggs, K. (2001). Impact of co-therapy teams on client outcomes in therapy training in marriage and family therapy training. *Contemporary Family Therapy: An International Journal, 23* (1), 63-82.

McCollum, E. E., & Wetchler, J. L. (1995). In defense of case consultation supervision: Maybe „dead" supervision isn't dead after all. *Journal of Marital and Family Therapy, 21*, 155-166.

Montalvo, B. (1997). Live supervision: Restrained and sequence centered. In T. C. Todd, & C. L. Storm (Eds.), *The complete systemic supervisor: Context, philosophy, and pragmatics* (289-297). Needham Heights, MA: Allyn & Bacon.

Lee, R., & Everett, C. (2004). *The integrative family therapy supervisor: A primer.* New York: Brunner-Routledge.

Lee, R., Nichols, D., Nichols, W., Odom, T. (2004). Trends in family therapy supervision: The past 25 years and into the future. *Journal of Marital and Family Therapy, 30*, 61-69.

Lowe, R., Hunt, C., & Simmons, P. (2008). Towards multi-positioned live supervision in family therapy: Combining treatment and observation teams with first- and second-order perspectives. *Contemporary Family Therapy: An International Journal, 30,* 3-15.

Protinsky, H. (1997). Dismounting the tiger: Using tape in supervision. In T. C. Todd, & C. L. Storm (Eds.), *The complete systemic supervisor: Context, philosophy, and pragmatics* (pp. 298-307). Needham Heights, MA: Allyn & Bacon.

Prouty, A.M., Thomas, V., Johnson, S., & Long, J.K. (2001). Methods of feminist family therapy supervision. *Journal of Marital and Family Therapy, 27*, 85-97.

Shaw, H.E., & Shaw, S.F. (2006). Critical ethical issues in online counseling: Assessing current practices with an ethical intent checklist. *Journal of Counseling and Development, 84,* 41-53.

Stewart, K. (1997). Case consultation: Stories told about stories. In T. C. Todd, & C. L. Storm (Eds.), The complete systemic supervisor: Context, philosophy, and pragmatics (pp. 308-318). Needham Heights, MA: Allyn & Bacon.

Storm, C. L. (1997). The blueprint for supervision relationships: Contracts. In T. C. Todd, & C. L.Storm (Eds.), *The complete systemic supervisor: Context, philosophy, and pragmatics* (pp. 308-318). Needham Heights, MA: Allyn & Bacon.

Storm, C.L., Todd, T.C., Sprenkle, D., & Morgan, M. (2001). Gaps between MFT supervision assumptions and common practice: Suggested best practices. *Journal of Marital and Family Therapy, 27*, 227-240.

Storm, C.L., & Todd, T.C., (2002). *The reasonably complete systemic supervisor resource guide.* Author Choice

Press: Lincoln, NE.

Ungar, M., & Constanzo, L. (2007). Supervision challenges when supervisors are outside supervisees' agencies. *Journal of Systemic Therapies, 26* (2), 2007, 68–83.

York, C. (1997). Selecting and constructing supervision structures: Individuals, dyads, co-therapists, groups and teams. In T. Todd & C. Storm (Eds.). *The complete systemic supervisor: Context, philosophy and pragmatics* (pp.320-333). Needham Heights, MA: Allyn & Bacon.

Whiting, J. B. (2007). Authors, artists, and social constructionism: A case study of narrative supervision. *American Journal of Family Therapy, 35*, 139-152.

【第十七章】把關：契合度評估

雪若・史東（Cheryl L. Storm, Ph.D.）

把關（Gatekeeping）被視為是督導者的主要責任（Storm, Todd, Sprenkle, Morgan, 2001; Storm, McDowell, & Long, 2003; Russell & Petersen, 2003）。背後的信念是，透過評量的過程，督導者監督進入系統取向治療師社群的門檻。他們得確定只開放給那些擁有知識、個人特質及技巧，有能力進行治療的人。（Russell & Peterson, 2003, Russell, Dupree, Beggs, Peterson, Anderson, 2007）督導者庇護受督者，避免後者提供超過其能力、可能在過程中傷害個案的治療。督導者亦協助那些正處在「苦惱中」（亦即，做為一位治療師，個人或多或少的不自在）、或「專業上有缺陷」（亦即，提供不符標準的治療）的受督者，接受他們所需要的幫助。學術計畫中有關督導行為的研究，發現督導者在相當程度上幫助了受督者獲得其必要能力，也幫助了那些遇上麻煩的受督者（Russell, Dupree, Beggs, Peterson, Anderson, 2007）。

藉由這個把關的動作，督導者在幾層意義上對公眾作保證。督導者身為一位德術兼修的專業人士，面對顧客的興趣好惡負起小心「管控品質」的責任。個案期待治療師既尊重又公正地對待他們；不強加文化標準或治療師自己的信仰於個案身上；也不濫用治療師的權力或違背執業的倫理；在治療師能力範圍內勉力而為；在必要時亦知發動照會，並轉介給其他治療師。藉由關照這些督導中的事宜，督導者對公眾保證，這麼一個可信的系統取向治療師的社群是存在的，公眾可前來尋求協助。督導者也對公眾保證，當治療師能力不足、身陷苦惱，或個人修為上有所缺陷時，這扇入口大門將暫時性地、有時是永久地關閉，督導者將避免這些治療師在社群中執業（Ressull, Dupre, Beggs, Peterson, Anderson, 2007）。因此只要有督導者把關，公眾即可信任臨床訓練、畢業學位、執照或各式證明，因為這種種形式各自保有其信實效度，同時可作為一種參考，可賴以選擇足夠勝任的治療師，並且信任治療的整個過程。

把關者這個身分使督導者成為一個具有權力的、評估性的角色，它假定有所謂正確執行治療的方式存在，並在這個基礎上進行考評。督導者與受督者對於把關者如何要求督導者「評斷」治療歷程、評估受督者的能力、受督者的個人特質、督導的歷程以及評鑑督導者的能力，具有高度敏感性。這讓我想到最近當我和我所督導的一位治療師在某個長廊擦身而過，我就她對一個家庭的工作給了一些評論。之後，我這位受督者分享說，這是她的督導者所曾給過她的最受用的回饋，也讓她相信自己可以成為一個治療師。顯而易見地，我渾然未察覺她的自我懷疑。我很震驚我那不假思索、未經整理的評論，對於她做為治療師的自我感覺帶來如此巨大的衝擊，還好那抬高了她的自信，爾後我也對自己督導的權力變得更加小心謹慎。就像例子中這位受督者，他們會擔心自己如何被評估，是否被督導者看做是有能力的，是否會通過考驗或被迫出局。

把關者的角色可以對受督者帶來重要的結果。在一個有關歐

美受督者如何看待督導的權力的研究中，受督者把考評

> 看作是督導最賦有權力的交換，理由有二，它具有永久性的特質（以等級分數的形式、推薦信，或是督導者對於執照發放或證明給予等方式），也因為其對於受督者的志業可能產生的潛在的衝擊。（Murphy & Wright, 2005, p. 288）

督導性考評對於受督者未來可能獲得的專業機會，可能有重大影響。如果這扇大門拒絕了一位受督者，那麼當中一些受督者或許就會失去許多現成的選擇，則他們對於訓練所投資的費用、時間與努力，都可能付諸流水。

督導者和與受督者通常都痛切體認這些可能的下場。受督者可能因此在督導中有限度地參與，無法完全開放，為的是緩和可能的後果並保留他們的機會。雖然不同文化的受督者可能經驗到不同程度的督導的權力，如果受督者所面對的後果是相似的，那麼說評量可能是督導中最賦有權力的交換，就可能是一個普遍的現象。督導者通常都意識到評量的這個主觀本質，並想知道他們是否能夠區辨有能力進行治療與沒有能力進行的人。透納與范恩（Turner and Fine, 1995）談到，「身為督導者，我們處在一個矛盾的位置：擁有權力去下一個評斷，但是得承認這些判斷是基於一個片段且主觀的了解。」（p. 58）對許多督導者來說，他們的考評擁有這麼大的權力是一個令人怯步的沉重負擔；甚至會勸阻一些專業人士擔任督導者的角色。

在本章中，我的目的是要提出一種把關的方式，讓督導者可

以完成他們的責任，但毋須非得成為如此有影響力、享有特權的專家不可。我提議督導者試著將把關當成是一個任務，目的是要找出答案，回答受督者是否合適系統性的實務工作，是否合適成為系統性社群的一員。受督者所偏好的治療假設、想法、價值、治療介入與風格，是否和社群共同的系統性治療哲學、專業感、以及治療的實務工作相符合？在這種方式中，受督者做一個實驗，練習做一個系統性治療師，並且評估對他們而言這是否有意義、是否可接受。督導者考評「需要督導者負責區分『好的』治療與『壞的』治療——或許只需要回答，「這個適合我，但是那個不適合。」（Flemons, Green, & Rambo, 1996, p. 45）

接下來，就是在系統性社群的觀點彼此相互同意的前提下，來考慮受督者與督導者的反應。實際上的確不存在所謂大一統的系統性社群；相反地，卻有許多系統性社群同時存在。舉例而言，系統性社群包括：奠基於系統性典範的婚姻或家族治療師之專業；不同專業中的系統性團體，諸如家族心理師或家族精神科醫師：由許多不同專業人士組成的系統性諮商師團體，如牧師、物質成癮諮商師，以及其他如社工師。每一個社群有其各自的工作共識，不論在信念、價值、倫理、態度或是被認可的實務工作上，此外，也共有一些關鍵的系統性假設。受督者必須確定他們是否真的想成為這個社群的一員，是否他們能夠擁抱這些價值、規範與其實務工作。受督者與所選擇的系統性治療社群，是否能契合到彼此相互匹配？

在下一部分，我將論述，強調契合與否和系統性架構，兩者是彼此一致的，也將詳談為了使此種把關方式成功，督導性契合的重要性。接著我會描述關鍵歷程——導師關係、一個有利於考評的培育性情境的發展，以及考評契合度的實際操作，以回答上述問題。本章最末尾將討論一個罕見情況：當受督者最後認為系統性治療適合他們，但是他們的督導者卻感到強烈不妥，主張應拒之於門外的狀況。但願這個方法對督導者與受督者而言，能夠讓把關的歷程變得較不令人畏懼、也較不那麼負面。

決定契合程度是一種把關的方式

如同讀者將會看到的，依據契合程度來加以把關的想法，與系統性與社會性建構的想法，彼此是一致的，兩者均強調治療的多重觀點、認為系統取向治療師並無所謂客觀正確的標準、都將督導者考評的權力降到最低、並且都重視建立一個合作性的督導關係。強調督導的參與者如何在一個合作的關係下，評估受督者對於系統取向治療的個人反應，受督者的實務能力是否與系統取向治療的信條與實作一致，是否受督者與社群中的成員對於治療擁有共同的相似信念、價值、倫理以及態度。

這種把關的方式將原有的評量經驗做了三個重要的轉變。第一，強調「契合度」，將評量從原來聚焦於督導者基於某實務工作的絕對標準所做的評斷，轉變成聚焦於多重觀點。如同佛雷蒙斯、格林與藍波（Flemons, Green and Rambo, 1996）從社會建構學家的立場所談到的，「並不存在一個客觀的位置，可據以評斷另一位治療師的工作是好或壞」（p. 43）。他們繼續解釋：

> 如果並不存在所謂正確的方式來跟個案會談，那督導者採取特定立場或斷言一個特殊觀點的基礎又何在？換言

之，如果所有的知識都是在一個大一統的步調下創造的，那麼督導者又如何能宣稱，他們知道哪些步驟是最重要的呢（p. 44-45）？

這個方式建議，督導者與受督者的觀點，應該要從一個相互選擇的系統性治療社群的架構來加以考量，包括它所伴隨的相關實務工作的集體意見。讓來自督導者、受督者以及該特殊系統性社群的多重觀點，共同來決定哪一步驟才是最為重要、應該要注重的。

第二，這個方式將督導者評量的權力降到最低，但是在受督者參與回答契合與否的過程中，將受督者評量的聲音放大。雖然督導者仍然在擁有考評權力的脈絡下運作，這個做法將轉變督導權力被使用的方式，而受督者報告督導權力如何被使用才是重要的（Murphy & Wright, 2005）。合作性的評量取代了原來由督導者提供獨自判斷的結果，即只依據受督者治療進行方式的對或錯，或依據他／她具有的某些個人特質，決定是否要「邀請」受督者或「判出局」。如此一來，濫用權力的狀況將較不可能發生，例如，督導者過度聚焦在受督者的失誤、或將受督者精神病理化（Porter & Vasques, 1997），或者，受督者隱藏某些訊息，以錯誤的控訴對督導者的聲譽帶來負面影響（Ladany, 2004）。

最後，評量歷程的整體情緒氛圍也轉變了，受督者與督導者聚焦在是否受督者適合進行系統性的實務工作，以及受督者與系統性治療社群是否有一個令人安心的契合。在這種方式中，評量可以被看作是一道正面的光，受督者在系統性實務工作的實驗中，有機會接收訊息，讓自己得以改進，並能得利於後續的督導

（Murphy & Wright, 2005）。即便是對那些不曾參與系統性治療社群的人，評量可以變成是令人興奮的、一個蘊釀成長的過程，而不再被否定感、或是疑惑某人是否正在估量你的感覺所破壞。

督導契合與否的問題

為了讓受督者與督導者感到有信心，知道他們可以一起決定契合的程度，並且對有關契合與否的最終答案感到放心，他們必須要與督導契合與否的問題周旋。究竟督導者有多適合這位受督者？當受督者實際上需要督導，他是否能擺脫督導來客觀考評其契合程度？隨著受督者的不同經驗程度，他的需要可能千變萬化，也可能期望有某些特別專精的領域。既然受督者通過把關大門進到一個系統性社群的時間，總是和督導者的經驗不盡相同，那麼，當受督者成為該社群的成員，督導者是否能提供他／她所需要的呢？如果答案是「不完全是」或「不是」，那麼督導歷程即應有所改變；有時，如果可能的話，就應該更換督導者。舉例來說，改變所重視的治療模式或是所採用的督導方法，或許能改善督導的歷程。另一些時候，一位在某些方面不同的督導者（例如，風格、反應行動、偏好的想法）或許更為契合。督導契合與否的問題在整個督導中，都是很重要、需要去考慮的，不只是從督導者與受督者個人的角度，也應從兩人組合的角度來思考。當督導者提出問題，他們的督導是否適合受督者，或在那個情境下，對受督者而言，他們是否是最佳可能的督導者，一個肯定的答案，增加了最終共同決定之契合度的可信度。

如師傅般地引導受督者，鼓勵其實驗契合程度

當師徒關係是督導關係的一部分時，在一個鼓勵實驗與自我發現的情境下，受督者有重要的機會可以去嘗試做一個系統治療師，或成為所選擇的系統性治療社群的一份子。

> 身為臨床工作者，我們當中有許多人足夠幸運能擁有導師，師傅教導我們成為專業人士，我們當中的某些人則更為幸運，他們的師傅以其悲憫心與臨床技巧示範如何成為一位治療師，也用他們個人生命與專業生涯的絕佳幽默感與智慧來做示範。只要學習者想要學習，就會有導師出現（Prouty, Helmeke, & Lyness, 2002, p. 44）。

師徒關係常常被看作和督導是不相容的，因為督導中把關的成分，也因為師傅的引導常被看作是一個相互的、一來一往的關係，而督導則被看作任務性—階級性（transactional-hierarchical）的關係（Johnson, 2007）。然而，當採用某種把關的方式，在這種方式下督導者和受督者一起加入一個相互的、一來一往的歷程，找出受督者與系統性實務工作契合與否的答案，並回答參與所選擇的系統性治療師社群是否對其有意義，那麼師徒關係與督導兩者就可以彼此相容。

> 當這個關係被揭開，兩者的安全性與知識在督導關係中會增加，容許新型態的對話，不只是關於個案，也可以是關於我們如何建立關係、如何將人際間的動力概念化、

> 以及如何去經驗情緒。我們做彼此的教練，我們接受彼此、也相互挑戰，我們提供諮詢並指導彼此看見個人與其專業的資源（Lyness & Helmeke, 2008, p. 192）。

在師傅的角色中，督導者與受督者隨後進入實驗性與發現的歷程中。督導者幫助受督者取得、批評並實驗治療的想法，執行治療好比受督者已將那些整合併入他們的治療當中（Lyness & Helmeke, 2008）。舉例而言，我有許多受督者曾經表達發現系統性治療對他們來說是鬆了一口氣，因為他們對個人主義取向的治療感到不妥。他們欣然接受系統性社群，也受系統性社群的歡迎。對其他人而言，把焦點放在關係與互動——系統性治療的要義，從來就是沒有意義的，進一步導致他們去尋求其他治療社群，也會促使他們的督導者建議其他管道與資源。

督導變成是一個自我檢驗的場域，可以談恐懼、矛盾，也可以談成為一個臨床工作者的焦慮；分享臨床的、專業的、個人的經驗，探究多樣化的政治與個人的自我認同，進行治療師自我的工作（Lyness & Helmeke, 2008）。為了讓自我檢驗得以發生，創造安全感是相當重要的。如同林奈斯及赫美克（Lyness and Helmeke, 2008）在他們對於女性主義督導引導的研究所陳述的：

> 「安全感是如何產生的，或許因人而異，端看他或她的個人生命經驗而定，包括那些有關歧視與應得權力的經驗，不過，感到可以安全地探索自己似乎是師徒信任關係的基礎之一。」（Prouty, Helmeke, & Lyness, 2002, p. 187）

發生在整個相互、一來一往的師徒關係中的權力分享，以及強調把關中的契合度，共同貢獻了安全感的創造，而此安全感正是實驗性與自我發現所需要的。

督導者與受督者分享了社群的信念、價值、倫理與態度，促進了受督者在社群當中建立有意義的專業關係，也幫助他們取得資源，以精進其志業以及專業的成長。要言之，受督者學習該專業的精神特質並參與該社群，以試行運用該系統性治療師的專業自我認同。

師傅的引導（mentoring）不僅是將督導者所知曉的傳授到下一世代，更重要的是協助受督者自我檢驗，甚至超越之。它包括了支持受督者的聲音，支持受督者做為一位治療師，也支持受督者感覺自我是對更大的專業社群有貢獻的專業人士（Lyness & Helmeke, 2008）。師傅的目的是幫助受督者可以自在地將系統性實務工作發揮到極限，挑戰督導者，質疑他們的身為治療師與督導者的偏見與偏好，並且看見自己以正式成員的身分影響系統性社群。實務工作社群將得利於這些社群新成員的聲音與意見刺激。如果督導者無法提供引導以支持受督者的自我感（sense of themselves），這些有天分的系統治療師原本或許能給社群貢獻良多的，可能會因此而質疑自身的專業能力，因而決定放棄執業。一些督導者因考慮治療師在面對以下因素時對其自信的挑戰，而將治療師的自我照顧加進師傅引導歷程中討論，包括高臨床負擔、低薪工作、處理危機與創傷對治療者所產生的效應，以及新治療師在期望有足夠自信可助於其社群參與、成為系統性治療師且長長久久之。依據費爾（Phair, 2002）所說，治療師自我照護（self-care）可帶來對自己的人生與志業較佳的控制感，最終享有較佳的寧靜感、平衡感，並享受其生命。

一個培育性的評量環境允許提出契合程度的問題

所謂培育性的評量環境是指，在那個環境中提出契合與否的問題是被鼓勵且支持的，且督導者與受督者可以自由地開啟契合與否的問題。這些契合與否的問題不會被受督者經驗為被督導者批評，不會侵蝕受督者的自信，或是造成受督者斷言自己無論如何不足以成為專業人士或夠好的人。相對地，討論契合與否是一個可以深思熟慮、探索受督者的工作與經驗的時間。以下部分將建議幾種方式讓督導者來營造這種培育性的評量環境。

留意時間、地點與評量的面向

督導者透過「一部分的實務工作」（practices of proportion）（Fine & Turner, 1997, p. 235）促進一個培育性的評量環境，所謂「一部分的實務工作」乃是認為考評將發生在一個特殊地點、在一個特定的時間、藉由一位特定的督導者、談一個特殊面向——只呈現受督者工作的部分特殊觀點。這些實務工作創造出督導者的當責性，藉由強調評量永遠是在某個地點、某個時間、某個面向上的一個契合與否的答案，來使督導的權力透明化（Fine & Turner, 2009, Turner & Fine, 2009）。如果量尺因地、時、督導觀點的不同而轉變成另一個新的形狀，那麼評量也將隨之有戲劇化的轉變。舉例來說，想想若一位督導者從在一個大學進行督導——在那裡有一個制式的評估歷程，轉變成為在某私人執業進行督導。瞬間他就有了更大的自由空間以及責任，可以來定義要評量什麼、何時評估、如何進行與相關議題等等。從另一方面來看，如果一個督導者原本大都是督導和其背景相近的治療師，但是現在要督導來自幾個不同文化背景、提供服務給來自不同文化與不同語言的家庭的治療師時，又該如何考慮？熟悉的督導方式依賴先前已達成的調適。在另一個狀況下，一位督導者搬到一個新地點，在那裡系統取向治療師的規範與爭議正在上演。突然間，督導者過去所認為可以被接受的實務工作的方式，變成了不符合倫理，或甚至是不合法的。督導者若能留意時間、地點以及觀點因素，就是「允許」了受督者可以完全地探索、仔細地檢驗、甚至可能拒絕某些督導觀點，如果那些觀點並未捕捉到受督者的自身經驗的話。

有關所考評之系統性能力的工作共識

當督導者與受督者對所評估的系統性能力有一個工作共識，讓他們對契合與否的評量、反應以及對話可以在此基礎上建立，則考評環境可因而更加放鬆，因為評量標準的不確定性已經被排除。系統性能力集體共識的存在，對督導者與受督者而言都是一個資源。在美國與加拿大的系統取向訓練師與督導者為特定的專業背景描述了所謂系統性能力，例如精神科住院醫師訓練（如：Berman & Heru, 2005），又如專業團體如婚姻與家族治療師（如：美國婚姻與家族治療學會[AAMFT], 2004）、與家族心理師（如：Kaslow, Celano, & Stanton, 2005），以及著重相同重點的督導者們（例如：都持著社會建構信念的督導者（Flemons, Green, Rambo [1996]））。研究調查系統性治療教育者的意見，已經確認了系統性實務工作的治療師技巧（Nelson & Johnson, 1999）。這些有關能力的不同標準用在訓練與規範系統性治療師，尤其是婚姻與家族治療計劃與執照法。就效度、完整性、能力的價值與相對重要性，以及會因世界改變而隨之改變的能力而論，那些執行系統性治療者在想法上有相當大的歧異。即便如此，從這些想法中做選擇倒是一個有用的評量起始點，因為雙方都有一個相互了解的開始。許多督導者報告，對大量看成是無比重要的能力項目覺得難以對付（如：在AAMFT的版本中共有128個指定能力），因此縮小焦點、清楚選擇要聚焦的能力、好好討論這些能力、在督導開始前互相都能接受，並在歷程中落實，將有助於評估（Lee & Everett, 2004）。

在這裡或在其他地方，督導者都需要留意一個負面的或冷淡的評量，對受督者可能的意義與結果——是否受督者和其他人的確存在一個落差，或在某些領域發生問題（諸如：嚴重僭越倫理；缺乏基本的人際技巧）嚴重到必須令人質疑，該受督者極不適於任何諮商角色，不論是系統取向的或非系統取向的。相反地，受督者也可能在爾後的訓練習得某些能力，使得上述領域的缺陷不至於導致一個負面的把關決定。

經常性的督導考評與督導者的回應

督導者可藉由表達熱心、好奇與真心地對受督者如何評量督導感興趣，並且對回饋有所回應，來促進一個培育性環境的成形。然而，受督者通常會猶豫（也總是如此）是否完全敞開或批判其督導者。受督者通常報告他們會將對督導的疑慮保留在心中，有時是出於對他們督導者的尊敬，但通常是因要對某位掌握其專業命運的權力的人坦誠而有所顧忌。經常邀請受督者對督導作回饋是至關重要的，不論是採用何種形式。部分督導者採用一種正式的方式，例如在每次督導後完成**督導回饋表**（Supervisory Feedback Form, Williams, 1994），也有一些督導採用報到式（check-in）的開放性詢問，「我們該怎麼做？」受督者的回饋可以是提出要求改變督導行為（例如：「希望有較多督導性的支持，尤其是X方面」）、也可以是要求改變督導的歷程（例如：「希望督導的時間較為結構化」）、或者是督導關係的相關議題（例如：「希望對我的做法有較多回應」）。

不論受督者是直接提出清楚的要求希望改變，或是在督導中隱微地溝通改變的可能性，重要的是，督導者要要仔細傾聽受督者所說的，認真盡責地和受督者一起探索，並且特別留意那些未直接傳達的訊息。舉例來說，當我嗅到了些微線索，顯示督導似乎並未符合受督者的需要時，我詢問她是否想要督導做任何改變，她說督導進行的很順啊！但是當我提出一個具體方式來改變督導的進行，想知道這麼做是否更符合她的需要時，她卻很熱情地回應說「好」。如果一位受督者這麼說，「我希望你能盡早告訴我我工作正面的部分」，她很可能是在說她感覺你批判性太強！當督導者在督導中觸及這些主題，而非任它們在督導結束後變成尾大不掉的批評，受督者會較有信心，知道是否契合是關乎他們的經驗，而不是他們接受足夠的督導與否。當受督者感到他們是自由地、誠實地、開放地、甚至是帶著批判性地，和系統性社群分享他與督導者的經驗，他們也同時回饋了所謂有效督導是由哪些要素所構成的。

督導者也可以得利於回顧受督者對督導的考評——包括不同受督者、在不同時空之下所作的評量，以了解自己是否存在有未知的或不小心的偏見。一個督導者的偏見可能影響他與某特定受督者契合的能力。如果偏見真的存在，可能就需要調整督導方式，或轉介給另一位督導者，如果可行的話。八〇年代初期，督導者們受訪以檢驗我們在督導中的性別敏感度，我很震驚地發現，男性或女性受督者對我的考評有著某種固定形式。我的男性受督者要求我給予更具建設性的評論，認為我把他們看得比他們所想的更有能力；但是我的女性受督者則說，她們覺得我直接指出她們有所成長的部分，但缺乏足夠的鼓勵。這提醒了我，我的性別社會化正在影響我所作的督導。考評總不免附帶對一個人、對一個較大的團體以及／或是對社會的一系列假設。在我的例子中，我需要更加留意我的性別社會化，調整我對男性與女性受督者的督導，給予兩者一個培育性的督導環境。

考評契合度

一旦督導關係的運作可以促進實驗性、自我發現以及一個培育性的考評環境的形成——契合與否的問題在這樣的環境中被鼓勵、支持、被開啟；那麼督導者與受督者已經準備好要開始回答契合與否的終極問題。是否受督者所偏好的治療假設、想法、價值、介入方式與風格，與社群所共享的系統性治療哲學、專業感與實務工作彼此相契合？以下是考評契合度的實務操作。

回饋、回饋、再回饋，形成性評量與總結性評量

為了考評契合度，督導者與受督者必須持續地、反覆地回饋受督者在學習過程中做得如何（亦即：形成性評量[formative

evaluation]），也需要機會去給予評論、並在特定時間點反映整體的契合度（亦即：總結性評量[summative evaluation]）。投身於持續的形成性評量與特定的總結性評量可以避免兩造過於驚訝，並使「考評性」的評論成為是督導的例行性正常溝通。

> 「督導者必須回顧在整個旅程中，公路上的號誌與里程標示，而不是只盯著督導之路的終點。在三千公里遠的旅程後，告訴受督者說他或她抵達一個錯誤的目的地，並沒有什麼幫助。相反地，一個有效的考評是持續進行且遞迴去解決的（recursive）[1]。一個由玩家、地圖和運輸工具所組成的督導系統，需要週期性地檢查、調整並且再檢查，以確保旅程順利，且依照原訂計畫而行（Haber, 1996, p. 126）」。

那些提供大量的持續性的回饋的督導者，告訴受督者他們在治療中哪裡做得好、哪裡可以再做一些改變——將會備受感激與欣賞（Bischoff, Barton, Thober, & Hawley, 2002; Lee & Everett, 2004）。聚焦在受督者做的好的部分將可協助其建立自信，這是新治療師的主要任務（Bischoff, Barton, Thober, & Hawley, 2002）。受督者主動帶領過程中的每一步驟，透過要求督導者作特定與多樣的回饋，告訴督導者他們哪裡學得最好，也讓督導者知道哪裡與系統性實務工作契合、哪裡不契合。典型的總結性書面評量視督導時間長短而定，通常至少在督導中期與最後進行，除非督導的時間橫跨數年，而且有關總結性評量的討論次數較為頻繁。在書

1 遞迴．凡析解成小的問題一個一個先解出，則大的問題也可以很快解出。

面總結性評量中，督導者應注意到書寫文字在大部分文化中的力量，督導者可以合併其他部分的治療實作，例如將強調社會歷史脈絡的免責聲明也包括進來，一同撰寫受督者的評量文件，並加進其他意見的聲音，在下一部分將會詳述（Turner & Fine, 2009）。

多重觀點建立合作搭檔，一起評量契合程度

一個地方性的股東社群，每一位都提供他們在各自有利位置上的部分觀點，提供個人的評論以茲社群考慮，藉由容納不同觀點一起評量契合程度。這些股東的功能就如同合作性搭檔，為評量契合程度一起來努力。多重觀點會減低督導者的聲音，因為督導者的觀點變成是眾多觀點中的一個；儘管它仍是最為重要的幾個觀點之一（Turner & Fine, 2009）。受督者為了其他許多專業成長以外的理由尋求督導——以達到學位的需要、執照的要求或成為一些專業組織的成員，諸如此類。在這些情況下，另一位股東加入督導者所代表的歷程。每一個情況都附帶有某種參數，以及期望、要求與記錄的責任。

股東們可能要考慮的觀點包括如下。督導者對橫跨不同次會談的主題的看法，對評估取得一致意見以及下一步該怎麼走的掌握能力，及對個人反應等等的看法。受督者對於自己在系統性實務工作的甘苦談，與其自我評估取得一致意見的掌握能力，應有相通之處。其他受督者對於受督者應具備能力之看法，以及對他們的聯合指導的看法；這些看法可以在團體督導或受督者要求某幾位同事給予口頭或書面意見時取得（Fine & Turner, 2009）。其他專業人士對受督者的反應，例如機構的同事、學校長官等等，也提供有關其專業能力的意見。個案的考評也可提供一個有關受督

者能力的關鍵看法，因為他們最切身相關。有許多方式可以取得個案看法，從紙筆填寫意見調查，到個案諮詢對他們治療的看法等（Lee & Everett, 2004）。當督導者和受督者邀請這些不同觀點進到考評過程中，契合與否的考評就可以建立在一個更寬廣、更為完整的基礎之上。

多元方法促成一個豐富、深入、紮實、複雜的契合度評量

多元方法加上多重觀點可對受督者的工作提供一個豐富、深入、紮實、複雜的描述，在這種方式中，沒有一個單一意見會籠罩整個過程、或被認為其重要性被過度強調。採用多元方法可以藉由許多不同合作搭檔來擴充觀點。舉例來說，實際觀察治療（例如：觀看錄影帶或治療過程、聽錄音帶、和受督者一起進行治療等）、閱讀紀錄（亦即：個案紀錄與機構的紀錄、督導者的紀錄等）、以及其他的考評面向。受督者行為的具體範例、個案與治療師的互動及書寫的摘錄，對受督者將更有助益，相較於廣泛的、通則化的評量，後者可能不容易理解，也不易明白如何去做改變。

當缺乏契合度時

當缺乏契合度時，有三種可能的主要劇本。在第一個劇本中，督導中有某些時刻，督導者與受督者採取不同觀點看待事情，導致其中一人或另一人做出決定——缺乏契合度的狀況確實發生了。根據一個採用會談分析所作的研究顯示，在這些時刻，督導者與受督者通常採用一種隱微的策略來溝通，但卻缺乏共識（Ratliff, Wampler, & Morris, 2000）。

> 分析督導中的一般事件（mundane occurrences）描述了一個過程，督導者在這個過程中以一種非常試驗性的方式給予建議與評量，而被訓練者考慮督導者的看法，就好像他們可以選擇接受或拒絕督導者的意見……這種形式同時尊重了督導者與被訓練者兩造雙方的自主權（Ratliff, Wampler, and Morris, 2000, p. 381）。

受督者的自主權在考評契合與否的臨床判斷，督導者的責任要能確保受督者能勝任系統性實務工作，要在這兩者間求取平衡，需要督導者去判斷——何時應藉由考評或指導來面質受督者，何時該允許受督者保有其原色（Ratliff, Wampler, & Morris, 2000）。

第二個劇本的發生是當督導者與受督者同時都下結論，認為系統性實務工作並不適合受督者。因為對受督者可能的潛在的後果，這種討論從來就不簡單，尤其是當其他的選擇極為有限的時候。在某一種情況下，這個決定可能導致受督者失去學位，如果受督者正處在某教學計畫的實習階段的中點。在另一種情況下，這個決定可能導致受督者失去重要訓練時數、付出的努力與金錢，但是尚能藉由提供治療來維持生計。當無法契合系統性實作的結果是可以被一種契合度把關的方式來預期的，則還是存在著一種可能性，亦即，把它看作是一個成功的結果，而非受督者的某種失敗。

第三種劇本的發生，是當其中一方或另一方決定系統性實務工作並不適合受督者時。當受督者做出這個決定，而督導者並不同意時，督導者可以幫助受督者重現檢驗他／她的決定，看是否受督者的決定是純粹出於只需去發現自己在社群中的專業適當位置（niche）來做出判斷，或是受督者確實還需要額外的幫助，以發展他在社群中生存與成功所需要的非治療技巧；又或者是，確實是難以契合。有時候，受督者的顧慮與感覺不妥，必須成為系統性論述的一部分，因為它可能會導致實務上的重大變革，並推動社群向前進步。舉例來說，系統性治療與督導從美國與加拿大一些被邊緣化的受督者（參見Kelley & Boyd-Franklin, 2005, McDowell, Fang, Griggs, Speirs, Perumbilly, & Kublay, 2006; Mittal & Wieling, 2006, Wieling & Rastogi, 2003）或督導者（參見Taylor, Hernández, Deri, Rankin, & Siegel, 2006）身上獲得了極大的啟發。

當受督者感到系統性實務操作適合他們，督導者可能就必須決定是否該治療師「他所投入的實務工作，在一些重要方向上，讓督導者有所顧慮，或感到不對勁」（Flemons, Green, & Rambo, 1996, p. 45），而這個部分是需要採取某些督導行動的。戴維斯（Davis, 2002）注意到督導者通常要和這些問題角力，「我把事情渲染得太過誇張嗎？」一旦督導者的回答是「不會」，就應該真誠地討論是否受督者與系統性實務工作與系統性社群相契合，有沒有其他的選擇可以考慮。督導者可以提供一些改善措施，例如某些課程、閱讀資料、額外的一些實務工作；並且再重新協商督導目標，以設法解決為了契合所需培養的能力等，諸如此類。一個開誠布公的討論可以使受督者決定是否放棄成為治療師；受督者甚至可能會因這樣的討論而鬆一口氣，尤其在當他為了成為治療師的發展已經憂慮良久之時。

當督導者感覺缺乏契合的程度甚鉅，督導者可能會阻止受督者成為系統性治療社群的成員，或甚至成為治療師。研究結果顯示，諮商計畫中的督導者大都嚴肅地看待其把關，即便如此，大部分志在成為治療師的受督者也都能達到某種契合（Russell & Peterson, 2003）。在一個碩士學程中，某個有關系統性督導者的研究指出，督導者報告了幾個案例，如保留見習階段、解雇、或因受督者不誠實，以及在回答一個假設性的案例片段時說法前後矛盾、缺乏一致性，而呈報倫理小組（Russell, DuPree, Beggs, Peterson, & Anderson, 2007）。雖然一個有關婚姻治療與家族治療計畫的督導者研究指出，督導者傾向於且努力達到一個相互性的決定（Russell, DuPree, Beggs, Peterson, & Anderson, 2007），在某些狀況下，督導者會（通常很不情願地）用他們的考評權力關上大門。慶幸的是，這不是只奠基於他們身為督導者的考評權力，而是一個公正的過程，當中每一方均有權保有無偏見的上訴過程（Lee & Everett, 2004）。不僅如此，它是建立在一個豐富的、及時的回饋機制上，在一個導師關係中兼顧形成性評量與總結性評量，由考評成員在一個培育性的評量環境中，以其集合性觀點，用多元的、豐富的、深度的、紮實的、複雜的描述，來了解受督者的工作狀況。在這個案例中，督導者透過探索其他專業途徑與社群，延續他們的導師角色，當一扇門關上時，提供其他資源，開啟另一扇大門。

結論

「契合」永遠存在一個相對性；今天契合的人，未必明天也契合，今天不契合的人，或許明天卻可能契合。系統性治療的想法與實務工作總是充斥著新進展，細微調整亦時常發生，系統性治療師社群也會隨著新成員的加入、以及原有成員的退出而改變。當考評是一個過程，目的在找出個人與系統性治療實務工作契合與否的答案，而不是一個永遠不變的結果時，督導者做為把關者將可以和他們的受督者一起合作，共同來開啟或關上把關的大門。

參考書目

American Association for Marriage and Family Therapy. (2004). Marriage and Family Therapy Core Competencies. Retrieved 6/15/07 from source.

Berman, E., & Heru, A. (2005). Family systems training in psychiatric residencies. Family Process, 44(3), 283-302.

Bischoff, R., Barton, M., Thober, J., & Hawley, R. (2002). Events and experiences impacting the development of clinical self-confidence: A study of the first year of clients contact. Journal of Marital and Family Therapy, 28(3) 371-382.

Davis, J. C. (2004). Gatekeeping in family therapy supervision: An exploratory qualitative study. Unpublished doctoral dissertation, Purdue University.

Fine, M. & Truner, J. (1997, 2009). Minding the power. In T. Todd & C. Storm, (Eds.) The complete systemic supervisor: Context, philosophy, and pragmatics. (pp.229-240). Lincoln, NE: Authors Choice Publishing.

Flemons, D.G., Green, S, & Rambo, A. (1996). Evaluating therapists' practices in a postmodern world: A discussion and a scheme. Family Process, 35, 1, 43-57.

Haber, R. (1996). Dimensions of psychotherapy. New York: WW Norton & Co.

Johnson, W. B. (2007). Transformational supervision: When supervisors mentor. Professional Psychology, 38(3), 259-267.

Kaslow, N., Celano, M., & Stanton, M. (2005). Training in family psychology: A competencies-based approach. Family Process, 44(3), 337-354.

Kelley, S. & Boyd-Franklin, N. (2005). African American women in client, therapist, and supervisory relationships: The parallel processes of race, culture, and family. In M. Rastogi & E. Wieling,(Eds.). Voices of Color: First Person Accounts of Ethnic Minority Therapists (pp. 67-90). Thousand Oaks, CA: Sage Publications.

Ladany, N. (2004). Psychotherapy supervision: What lies beneath. *Psychotherapy Research. 14*, 1-14.

Lee, R., & Everett, C. (2004). The integrative family therapy supervisor: A primer. New York: Brunner-Routledge.

Lyness, A., & Helmeke, K. (2008). Clinical mentorship: One more aspect of feminist supervision. *Journal of Feminist Family Therapy, 20* (2), 166-199.

McDowell, T., Fang, S., Griggs, J., Speirs, K., Perumbilly, S. & Kublay, A., (2006). International dialogue: Our experience in a family therapy program. *Journal of Systemic Therapy, 25*(1), 1-15.

Mittal, M. & Wieling, E. (2006). Training experiences of international doctoral students in marriage and family therapy. *Journal of Marital and Family Therapy, 32*(3), 369-383.

Murphy, M., & Wright, D. (2005). Supervisee perspectives of power use in supervision. Journal of Marital and Family Therapy, 31(3), 283-295.

Nelson, T., & Johnson, L. (1999). The basic skills evaluation devise. Journal of Marital and Family Therapy, 25, 1, 15-30.

Phair, H. (2002). Personal communiation.

Porter, N., & Vasquez, M. (1997). Covision: Feminist supervision, process, and collaboration. In J. Worelle & N.G. Johnson (Eds.). Shaping the future of feminist psychology (pp. 155-171). Washington D.C.: American Psychological Association.

Prouty, A., Helmeke, K., & Lyness, K. (2002, January/February). Opportunities for mentorship in supervision. Family Therapy Magazine, 1(1), 44-46.

Ratliff, D., Wampler, K., Morris, G. H. (2000). Lack of consensus in supervision. Journal of Marital and Family Therapy, 26 (3), 373-384.

Russell, C., Dupree, W., Beggs, M., Peterson, C., & Anderson, M. (2007). Responding to remediation and gatekeeping challenges in supervision. Journal of Marital and Family Therapy, 33(2), 227-244.

Russell, C., & Peterson, C. (2003). Student impairment and remediation in accredited marriage and family therapy programs. Journal of Marital and Family Therapy, 29(3), 329-337.

Storm, C., McDowell, T., & Long, J. (2003). The metamorphisis of training and supervision. In T. Sexton, G. Weeks, M. Robbins (Eds.) The handbook of family therapy (pp. 431-446). New York: Brunner Routledge.

Storm, C., Todd, T., Sprenkle, D., & Morgan, M. (2001). Gaps between MFT supervision assumptions and common practice: Suggested best practices. Journal of Marital and Family Therapy, 27, 227-239.

Taylor, B., Hern`andez, P., Deri, A., Rankin, P., & Siegel, A. (2006). Integrating diversity dimensions in supervision: Perspectives of ethnic minority AAMFT Approved Supervisors. Clinical Supervisor, 25(1), 3-21.

Turner, J., & Fine, M. (1997, 2009). Postmodern evaluation practices. In C. Storm & T. Todd (Eds.)

The reasonably completes systemic resource guide (pp. 184-187). Lincoln NE: Authors Choice Publishing.

Turner, J, & Fine, M. (1995). Postmodern evaluation in family therapy supervision. Journal of Systemic Therapy, 14, 57-69.

Wiehling, E., & Rastogi, M. (2003). Voices of marriage and family therapists of color: An exploratory survey. Journal of Feminist Family Therapy, 15(1), 1-20.

Williams, L. (1994). A tool for training supervisors. Using the supervision feedback form (SFF). Journal of Marital and Family Therapy, 20 (3), 311-315.

第五部
督導者的訓練
Supervisor Training Section

【第十八章】發展督導能力與指導準督導

雪若・史東（Cheryl L. Storm, Ph.D.）
湯瑪斯・陶得（Thomas C. Todd, Ph.D.）
特莉莎・麥道薇（Teresa McDowell）[1]

在督導訓練（supervisory training）過程中，準督導（supervisor-in-training, SIT）從治療師變成合格的督導者，會發生三個概念上的轉變（conceptual shifts）：首先，準督導（SIT）逐漸把督導視為一項獨特的工作，需要新的能力，而不只是和受督者分享自己的臨床智慧而已，如同布列恩林、利鐸和史瓦茲（Breunlin, Liddle, and Scwartz, 1988）所說的，「督導者的工作就是督導，而不是做間接的治療」（p. 212），要做到這樣，督導者必須克服常見的誘惑——專注於自己偏好、能反映出自己的治療取向；相反地，他們必須要根據受督者偏好的理念、獨特的能力和個人特質，把重點放在受督者做為治療師的發展上；這種想要自己做治療的誘惑是很容易理解的，畢竟準督導對於把臨床經驗傳給下一代總是感到興致勃勃，在有關受訓經驗的訪談裡，準督導把這個轉變說成是「最重要的教訓之一」，還說它「往往伴隨著

1 本章包括特莉莎・麥道薇和提姆・薩瑟蘭（Tim Sutherland）做為受訓中的督導者（SIT，本書通譯成準督導），為本書的第一版同一章節所寫的部分內容，許多有關督導的描述來自於他們的經驗，在此我們特別感謝他們的貢獻。

挫折而來」，特別是因為他們通常期待訓練可以帶來更好的治療知識（Ögren, Boëthius, & Sundin, 2008, p. 20）。持續一致地向準督導提出以下的問題，可以幫助他們抵抗這種想要間接做治療的誘惑，重新聚焦在受督者的發展上：「做為治療者，你可能會這樣做，但是你要怎麼幫助受督者發展出能力，來決定怎麼做比較好呢？」

其次，準督導會把關注的焦點從個案系統擴大到治療系統（即個案加上治療者）和督導系統（即個案、治療者再加上督導者）（Liddle, Breunlin, Schwartz, & Constantine, 1984），關注這兩個系統需要同時注意個案、治療者、督導者間的複雜關係，即使不考慮關係系統間的互動（實際上這並不可能），處理這樣的複雜度也是一大挑戰。準督導很快就會發現，個案的背後還有許多東西在進行著，儘管和個案的關係仍舊位於醒目的前景，準督導要擴大視野，涵蓋個案與治療者的關係，和他們與受督者之間的關係；準督導這麼做的時候，要盡可能地辨識自己對各個關係系統的影響。

最後，準督導必須跳脫比較狹隘的觀點，覺得自己只是在促進受督者的發展，儘管這個角色的重要性很少被充分認知，他們的任務其實遠較督導一兩個治療者更為廣泛，督導負擔著非常關鍵的任務——培育合格治療者的專業人馬。許多研究指出，督導對於治療的結果有正向的作用，因而支持督導者和進行督導的重要性（Callahan, Almstrom, Swift, Borja, Heath, 2009; Holloway & Neufeldt, 1995）。把關注的範圍拉得更廣，需要準督導理解受督者的工作環境、督導安排與目標、以及準督導在臨床設置中扮演的角色，有了這些準備，準督導才能妥善地給自己定位，使自己能成功地用有利於督導的方式來介入；這也可能造成另一種發展，準督導和受督者的老闆或簽訂督導合約的機構協商或再協商，釐清彼此所認知的督導責任為何。

當準督導在訓練中得到支持與鼓勵，幫助他們抵擋做治療的誘惑、將視角拓展到督導系統並認清督導在工作環境裡的角色時，這些轉變會比較容易達成。

理想的督導訓練

特莉莎擁有婚姻與家庭治療的學位，在考慮接受督導訓練之前，已經在社會服務機構和私人執業場所工作了四年之久，在這些機構裡，她累積了許多替別人訓練、諮詢與督導的經驗。在準督導的訓練過程中，她採取相當積極的姿態，指出自己想要專注於哪些領域，並和她選定的指導老師雪若一起擬定督導計畫，以及爭取符合自己需要的督導機會，她準備去上一門有關督導的課，還和幾個訓練程度經驗不一的治療者訂定督導合約；透過安排，她督導一個心理健康門診小組、一個私人執業的治療師和幾個當地學院的學生。在督導訓練的過程中，她做過個人和團體的督導，使用過錄音的方法，也做過現場督導，在接受引導的過程中（mentorship），雪若同時進到特瑞莎的現場督導裡去做指導，也試過許多不同的結構、方法和技術，雪若安排雙方的會晤，並持續聚焦在特瑞莎的發展上，使她能關注並發展自己做為督導者的新認同。

或許理想的督導訓練經驗就像上面描述的一樣，準督導可以透過課程來學習，同時也在資深的督導者指導下開始從事督導工作（AAMFT, 2007）。根據研究發現，有效的督導學習牽涉到實際工作情況下（“real world” situations）的指導、榜樣學習（modeling）、監看下的工作（monitored practice）和回饋（Majcher & Daniluk, 2009; O’Connor, 2000）。許多準督導雖然沒有相應的職稱或教育背景，也做起督導的工作，他們可能會為比較沒有經驗的同事提供諮詢，或是在工作場所裡扮演督導的角色，這些人往往擁有豐富的專業、執業或人生經驗，同時對如何用最快速、經濟、有效率的方式獲得訓練感興趣。

然而，獲得系統性督導課程的管道往往很有限，在資深督導的指導下進行督導的機會往往也很難預先安排好，因此，想要進行督導訓練的人，往往要在選中的引導者（mentor）幫助之下，設法創造一套適合自己的「定做」（customized）訓練經驗，包括訓練課程、對治療者的督導以及引導（mentoring）等。

督導課程的組成部分體現督導的基本要素

督導課程必須提供督導的基本要素，包括發展督導者初步能力的機會，形式上可以是學院課程、小組準督導者組成的研討班（seminar）、或者由做為老師的督導者帶領的獨立學習班。規劃督導課程不外乎是要透過練習、角色扮演等主動的方法，認知與使用參與者的經驗，把材料引導到應用方面，並避免使用做治療的熱門時段（prime practice hours），如果參與者之間能互相尊重，準督導可以從同儕對話中學到很多東西，好比在團體裡一樣（Geron & Malkinson, 2000; Ögren, Boëthius, & Sundin, 2008）。具有包容性的學習情境是很重要的，因為參與者的專業經驗往往有很大的差異，必須強調的是，督導的方法有很多種，每個人都可以參與，因為每個人在過去都曾經當過受督者。關於督導課程的整體結構與教學內容，已經有一些資料或資源（Breunlin, Liddle, & Schwartz, 1988; Heath & Storm, 1985; Geron & Malkinson, 2000; Smith, A., Smith, G., Stephens-West, Gallagher, 2002），一般來說課程的長短不等，從十五個小時的導論，到長達三十個小時、包含個人化督導哲學發展的都有；設計課程的時候，要緊的是將準督導身邊已有的材料放進來，作業的指派也應該以實務為原則。

督導的實務部分提供嘗試這個角色的機會

在這個部分裡，準督導督導治療者相當一段時間，使得他們可以體驗督導者的角色，像是一步步發展治療者的能力、進行督導初期與後期的的評估、有充分的機會發展自己的督導能力並面對挑戰等。各種實務經驗中，最豐富的莫過於治療者的專業發展程度不一、所在的環境設置也不同的時候；最全面性的訓練，應該要有機會用不同的方法，在不同的督導安排下，面對目標各異的受督者，有的是為了尋求專業資格認證，有的只是追求個人成長。如果準督導想要得到某種認證，例如美國婚姻與家族治療學會認定的督導資格（AAMFT, 2007），那麼在課程的這個部分，必須在一定的時間裡，達到一定數目的督導時數，以及督導過一定數目的受督者。

透過資深督導者的指引帶出的引導成分

不管關係是屬於指導還是「督導的督導」（supervision-of-supervision），督導訓練都包括由資深的督導者和準督導在課程的實務部分一起工作，準督導者往往把這個經驗視為訓練的關鍵（Majcher & Daniluk, 2009）。引導和「督導的督導」雖然類似，然而前者比較不強調教導和上對下的評估，對過程的引導程度較低，對於準督導的受督者的臨床工作，其擔負的督導責任也有不同的法律意涵。一般來說，我們比較偏好引導的過程，因為它和近年對系統性督導訓練的要求（AAMFT, 2007），以及晚近強調合作訓練（collaborative training）的動向較為一致（Aponte, Powell, Brooks, Watson, Litzke, Lawless, & Johnson, 2009），然而，資深督導者必須和準督導確定，究竟是雙方互相合作、資深督導者給予忠告的前者，還是資深督導者扮演主動帶領與引導角色的後者，比較符合準督導的需要。

把引導（或「督導的督導」）納入督導訓練之中可以「保障臨床督導者在學習與發展的循環過程中，逐步深化理解與整合的程度」（Majcher & Daniluk, 2009, p. 69），美國婚姻與家族治療學會的規定中要求最少要有三十六小時的督導引導，時數可以分攤由兩位督導者進行（AAMFT, 2007）。

督導訓練的學習目標

在當代大多數的系統性督導訓練中，有關能力（competencies）的要求都是從八〇年代美國婚姻與家族治療學會的學習目標修改而來的（Todd & Storm, 1997），因為這個學會是唯一一個在系統性督導訓練方面設定標準的組織。在下面的章節裡，我們會描述系統取向督導者所需的能力，以及這些能力如何被整合到課程的各部分裡。讀者將會看到，某個部分可能會強調特定的能力，有些能力雖然不是焦點所在，卻可能隨著訓練經驗的遞進與時間的推移，透過課程各部分間的協同作用（synergy）加總起來。

知曉當代的督導理論和關鍵知識

督導者要知曉當代的系統性督導理論和關鍵的督導文獻，一般來說，這包括準督導學習系統性督導者的核心能力（Nelson, Chenail, Alexander, Crane, Johnson, & Schwalli, 2007; Berman & Heru, 2005; Kaslow, Celano, & Stanton, 2005）、督導取向和督導的共同要素（Lampropoulos, 2002; Morgan & Sprenkle, 2007）。這樣的知識一般是從回顧當代的督導文獻和督導取向開始，包括那些基於治療模式、發展觀念或通用性的理論的東西（請見 Morgan and Sprenkle [2007] 有關督導取向的回顧文章），摩根和史班可（Morgan and Sprenkle）指出「任何一種模式、共同要素或是其他東西，都不可能對每個人或是每個情況來說是最好的方法，人類和督導過程都太複雜了，不能這麼傲慢。」（p. 7）

這方面的知識可以幫助準督導界定「督導實務的範圍」（scope of supervision practice），他們必須決定要不要受督者（一）根據準督導者偏好的取向來工作，或者可以選取其他取向；（二）設法適應受督者的治療模式；（三）轉介給另一個督導者，當治療者的治療概念和他們不同的時候；（四）或者是採取一般性的督導理論（Storm, 1994; White, 1989/1990）。很少有督導者可以如此奢侈地督導治療者從某種「純粹」的理論取向來工作，或是督導設置下的受督者只依循某一種取向；再者，督導者必須要了解受督者的種類——實習生、研究生或者兩者都是，熟悉各種督導理論的準督導應該能督導各種不同的受督者，包括進階程度的治療者，這些人的目標往往比較有企圖心，像是發展比較獨特的治療模式，來整合幾種不同的取向與理念。

對準督導來說，這個能力最容易從課程的部分得到。學習督導理論的能力，主要是透過對重要的系統性督導理論，特別是其「哲學假設和實際效應」（AAMFT, 2007, p. 3）進行比較，包括這些理論的目標、督導關係、方法和介入方式等（Russell, 2000）。當準督導在角色扮演裡嘗試使用自身以外的取向，他們很快就會明白，基本的理論假設便預設了特定的方法和介入方式，對督導會有很大的影響，這樣做可以幫助新的督導者釐清自己的督導哲學。

擁有得以指引實務的督導哲學

對於改變、學習、在什麼樣的幫助下督導能發生、權威的形態和評估的點（locus of evaluation）、技巧和方法、以及有效督導的障礙等（Olsen & Stern, 1990），督導者要有張概念地圖，能反應這些東西；這樣的督導哲學用來指引實務工作，必須能應用到各種不同的受督者和情境裡，同時和法律或倫理上的責任一致。

發展出一種哲學通常有三個步驟；首先，準督導檢視自己對於治療和督導有何堅定抱持的理念，藉此辨識出偏好的觀念、方法和督導風格，治療和督導之間異質同型的關係使得觀念可以從前者挪到後者的情境裡來使用（White & Russell, 1997），由此可知，大部分的準督導已經有一套足以轉換成核心督導哲學的治療理論。雖然從治療模式中尋求指引相當合理（Storm & Heath,

1991; Storm, McDowell, & Long, 2003; Storm, Todd, Sprenkle, Morgan, 2001），督導和治療畢竟不是同一回事。其次，準督導決定自己的治療取向和督導之間的「適配性」，這需要批判性的探索和反省，什麼時候治療觀念在督導裡有用，何時沒有用，然後據此來調整其督導哲學。最後，準督導的哲學必須基於當代的督導知識和研究發現。

一般來說，這項學習目標對準督導來說，是最具有挑戰性的，這或許是因為發展哲學聽起來像是個可怕的任務，這個過程一開始是透過課程的教授，而後隨著指導的過程而開展；大部分的課程需要文字化的督導哲學，關鍵的是有關方法的教學，能提供準督導機會來發現自己既有的信念，找出他們的哲學中需要繼續發展或改變的部分，準則（guidelines）對於把各種觀念整合進個人的哲學裡很重要，因為許多準督導的觀念都是從不同來源的東西（例如治療和督導取向、女性主義思潮、多元文化主義等）整合而來（例如 Piercy & Sprenkle, 1997），在指導過程中，準督導的哲學會經歷不斷的測試、修正與擴充，當準督導感到困惑的時候，指導者會鼓勵他們用自己的治療理論作為指引，問他們說「若是按照你的治療模式，你會怎麼做呢？」，指導者也會幫他們找出這些治療理念在督導情境下的限制，好比問他們說「你的治療模式在這個情境裡有什麼地方不適合？」。舉個例子來說，史東與希斯（Storm and Heath, 1991）發現當受督者報告個案問題，除了滿足督導時數要求之外並沒有其他特定目標的時候，短期治療模式會比較適合督導情境；最後，指導者會幫助準督導聚焦在受督者的學習上，例如他們的哲學是否獨尊某種特定的學習方式？如何和不同風格的受督者一起工作等。

使用廣泛的方法、模式或實作來結構督導

督導者應該要能勝任在各種督導結構（例如一對一、一對二、小組形式）之內，使用廣泛的方法（例如現場、錄音錄影、個案諮詢督導）和實作（比較，女性主義實作，Prouty, Thomas, Johnson, & Long, 2001），無論是聚焦在督導的方法、結構或實作上，在課程的部分，老師要強調選擇最適合學習情境和受督者需求的東西之重要，例如小組可以拓展受督者的觀念和介入方法，但個別督導可以使督導者集中注意力在受督者的特別需求上，透過討論和課堂模擬的方式比較不同的方法和結構雖然有用，不過，搭配上受督者在實際情境中的體驗仍舊是最有效的學習方式。課程中的實務部分要涵括各種不同的結構和實作，給準督導機會，來完整發展涵蓋廣泛方法的能力。

對文化的議題勝任並促進受督者多元文化的敏感度

督導者在督導裡一定要能勝任多元文化，並且要能發展受督者的多元文化能力（cultural competency）（Taylor, Hernandez, Deri, Rankin, & Siegel, 2006; Inman, 2006），督導者常見的挑戰是如何幫助受督者將多元文化學習帶到實務上（Collins & Pieterse, 2007; McDowell, Storm, York, 2007），準督導必須致力於發展自己和治療者的多元文化能力，包括自己的社會意識（social awareness），持續分析權力和特權動力的能力，以及促進受督者的責任；對那些受訓得比較早，當時多元文化能力還沒有被納入系統性治療教育之前的準督導（和指導者）來說，這可能相當具有挑戰性，因為發展自己的多元文化能力，和發展受督者的多元文化能力同樣重要。在一項系統取向受督者的研究裡，英曼（Inman, 2006）

發現督導者的多元文化能力和督導工作聯盟（supervisory working alliance）以及受督者的滿意程度成正相關。

督導者要使受督者準備好和各種個案一起工作，並幫助他們對情境的影響有更深的敏感度，因此提高批判意識是督導的基本任務；準督導要常常問這類的問題：「做為白人中產階級異性戀男性，如果我督導的對象又恰好和我一樣，多元文化能力為什麼重要呢？」做為回應的一方，準督導被要求要去考慮「性別、種族、社會階級、國籍、性取向、文化等如何影響學習過程？社會位置的異同，如何影響關係裡的權力動力？做為多數或少數族群的一份子，各有何影響？」

討論種族、社會階級、國籍、性別和性取向如何在治療與督導中起到複雜和動態的張力時，順暢度（fluency）是很重要的（Garcia, Kosutic, McDowell, & Anderson, 2009），許多準督導可以輕易地發現，部分個案中這些因素對治療的影響很大，因此在這些問題出現的時候願意更深入地討論，比較困難的是，準督導要能對這些因素無所不在的影響展開有意義的對話，這需要努力去討論治療和督導的社會情境中，那些敏感、沒被說出、被迴避的部分。

有些課程活動可以幫助準督導發展一些技能，透過訓練中的實務部分，轉而用到督導上。準督導要學習盡早在督導中騰出時間，來討論有關種族、性別、社會階級、國籍和性取向的動力，並使用批判的家庭圖（critical genogram）來追溯跨越時間和情境的權力、特權、壓迫和解放（Garcia et al., 2009），準督導評估參與者受到性別影響的溝通方式，並討論工作情境裡性別和權力的相互關係（Roberts, 1991），對於個案、受督者或督導者具有階級、性別和種族偏見的話，無論是故意或不小心，準督導也必須回應。

發展督導關係並積極解決問題

督導者要有能力發展同時進展的治療者—個案關係與督導者—治療師—個案關係，從一開始同意督導到最後的評估階段，都能發現裡頭的問題。研究發現督導關係是督導中「不可或缺的要素」（Morgan & Sprenkle, 2007, p. 9），特別是具有以下特質的督導關係：溫暖、支持、同理傾聽、真誠行動、表現幽默與樂觀等，這些特質使準督導可以聚焦在創造正向的督導關係，而不是過分重視或集中在技術上（Storm, Todd, Sprenkle, & Morgan, 2001），以便更有效地解決督導中不可避免的衝突（Korinek & Kimball, 2003）。

在發展關係與積極解決問題的過程中，督導者會了解到，治療者和督導者的自我總是在起作用，他們有意地使用自我「和受督者創造出一種過程，在其中得以持續地探索治療者個人的潛能和脆弱之處，並用以幫助個案。」（Aponte & Carlson, 2009, p. 404）透過辨識自己來自現在與過去經驗或關係的限制與資源，準督導把關照的焦點放在督導者的自我上（Timm & Blow, 1999），他們學習在和受督者的關係裡冒險（Mason, 2005），做有反省力、彈性和透明的督導者（Unger, 2006），探索自身的潛能與弱點來幫助受督者；這麼做的時候，他們成為強大的模範，能產生可信賴的督導關係，來解決各種問題。

準督導熱忱地完成訂定合約的作業，因為在初始階段，這可以幫助他們考慮該和受督者討論什麼領域，即便到了後來，也可以繼續指引督導的方向。擬定解決困難的計畫的時候，準督導會用一些即便對資深督導者來說也相當有挑戰性的案例，準督導學習如何減少衝突的次數與嚴重程度，以及如何解決衝突的方法（Korinek & Kimball, 2003），這些技巧可以在訓練的實務部分用來發展關係；當準督導考慮到自己的信仰、個人歷程、職業、價值觀，如何使用督導者的自我這個議題，便已經在課程裡開始了，而且會持續整個訓練過程。

評估持續進行的督導和受督者的能力

督導者要意識到評估者角色所挾帶的權力，正直地處理，方能稱職；這需要準督導發展能力，來提供受督者持續、有用、公正、促進成長的回饋，並收集有關自己督導做得如何的建設性資訊。適任的評估者會有一套從督導的最開始便相當清楚的評估過程和方法，對於訓練目標，和達到教育、規定或專業認證需求的期待，也必須說清楚；這通常包括對受督者在系統性治療知識和實務上的準備程度的初步評估，持續地評估受督者和督導過程的進展，是否達到督導目標，並對受督者和督導進行最後評估作總結。準督導選擇評估的準則、除了自己之外還有哪些人可以進到評估過程裡（例如受督者、個案、同事等），以及什麼時候進行評估（Mead, 1993），準督導對受督者的評估根據專業社群認定的重要能力來進行，像是核心能力（Nelson et al., 2008）、針對若干系統性治療取向的特定技能（比較Nelson & Johnson, 1999; Flemons, Green, & Rambo, Flemons, 1996）、或是事先同意好的標準。

在過程中準督導發展自己的評估程序，然後在督導和引導的部分進行測試，回顧督導者使用的各種方法是相當有用的，因為準督導對於自己的評估者角色往往有程度不一的不適，討論有助於釐清對於評估各項標準所佔的比例，以及其造成的後果。準督導對待督導往往如同對待治療一般，他們透過一次次督導的開展，最終達到受督者的目標，而不是在整個過程裡隨時評估受督者和自己；指導者往往要去提醒準督導的評估者角色，以及隨時獲取有關督導過程的評估回饋的重要性，如果只有狹隘地注意一次次的進展，而沒有進一步確認，最後往往會在對受督者整體進展不滿意的情況下突然「驚醒」，而不願推薦受督者獲得專業認證、工作或獨立執業的資格，或受督者覺得自己接受的督導還不足。

如同有倫理、具備專業議題知識的督導者那樣工作

督導者要有能力處理督導的複雜倫理，並知曉各種專業議題，準督導要考慮受督者和個案工作時產生的倫理和法律問題，同時也確保自己始終在倫理上站得住腳，充分考慮自己對受督者、大眾以及專業社群的法律與專業責任。

可用的資源包括專業組織對於督導者的倫理守則或執業準則（比較婚姻與家族治療師的倫理守則[Code of Ethics for Marriage and Family Therapists, AAMFT, 2001]，以及合格督導的標準與責任手冊[Standards and Responsibilities of Approved Supervisors Handbook, AAMFT, 2007]）和相關法律，常見的教學方法是讓準督導透過兩難情境中的掙扎來學習，困難之處在於提供適當的場景，讓準督導身處兩難之中，去平衡各種互相衝突的倫理與法律標準，不管衝突是在督導或是督導與治療雙方面，而不是那種只在治療中出現的常見兩難。在前一種情境裡，準督導可以陳述自己督導的倫理推論和決策，考慮專業議題；在後一種情境裡，則是做為具備倫理與知識的臨床工作者去幫助受督者進一步發展。舉個例子來說，如果受督者分享一些對自身執業能力有影響的個人資訊給督導者，督導者要去權衡受督者的隱私權與確保個案得到充分治療的責任，這屬於第一種情況；至於第二種情況則是，對準督導來說，舉報兒童虐待應該是再清楚不過的事，但他必須決定如何幫助受督者根據倫理和專業的判斷，最終做出同樣的結論。

訓練督導者的例子[2]

準督導在督導概念上有所轉變

在特莉莎的訓練中，有一群對所在的社會服務機構裡缺乏督導感到不滿意的治療者，想要找她到外頭做督導，因為特莉莎曾經和她的指導者雪若討論過督導者和督導角色背後的大背景，以及做為機構外督導者的挑戰（Ungar & Costanzo, 2007）。特莉莎考慮要如何回應，她覺得如果在沒有機構支持的情況下和他們訂定合約，或是要為了他們和機構主管「打仗」，可能會置身於險境。她認為做為督導者，首先採取的手段應該是尊重機構的階序。特莉莎建議這些治療師和他們的臨床主管討論督導事宜，並且願意提供督導的機會，稍後她接到機構臨床主管的電話，雙方順利簽約；他們討論了這個機構的哲學、政策和程序，傾聽主管對於外人可能會影響機構內部治療者工作的顧慮，

2　本章中所有的例子都取材自真實的情況；然而，有時這些例子是混合的，本書前一版中大多數的例子都是複合案例，以幫助更清楚地闡釋論點。

對於如何互相支持和解決可能的問題，他們也達成協議。在一次次的指導中，雪若促進特莉莎把焦點從單純放在受督者的發展，移到更大背景下的督導者角色，以及如何在機構內貢獻更有效的督導。

準督導用某種治療模式作為督導的指引

在發展督導哲學來指引工作的時候，提姆決定用自己的治療模式作為哲學的核心，並把自己的工作設定為督導治療者使用任何的治療模式工作；當他把自己這套合作、社會建構論觀點的治療模式用到督導裡時，遭遇了許多挑戰，特別是和那些不同意後現代觀點的人。做為治療者，他往往發現個案能接受這種合作對話的工作方式，很少有個案堅持他一定要提供困難的答案，彷彿他是可以回答各種問題的知識庫一般；然而在督導裡，提姆發現他第一批五個受督者中，有四個人緊緊抱著這樣的「故事」不放——督導關係的階層性和督導者做為專家知識的擁有者，雖然在訂立合約的過程中，提姆已經解釋自己的督導哲學，受督者還是繼續堅持要他告訴他們怎麼做，以及他們和個案之間到底「發生了什麼」，這構成了深具挑戰性的兩難：如果治療者對於督導現實的建構決定了另外一種關係，要怎麼用自己的督導哲學和治療者合作？他得要找出方法使自己的哲學適合這個情境，不然就只好改變。回應的時候，提姆和受督者分享了自己的不快，他問他們的意見，有關要如何尊重他們對督導的期待，同時又不放棄自己對於合作關係的興趣；最後他們發現了彼此可以一起好好工作的方法，提姆也發現他的哲學可以適合這種督導情境，他發現對合作的強調和階級的平等，雖然對自己來說很重要，但並不會自動生效，尤其當受督者期待或想要階級更分明的關係時更是如此。

準督導辨識出督導中的權力

提姆是瑪利亞的督導，他認為和對方做完一次很有收穫的九十分鐘督導，瑪利亞來的時候已經準備好有關焦點解決治療的問題，個案看起來也接近達成目標，然而瑪利亞離開的時候卻喪氣地問道：「我做得還可以嗎？」提姆要她解釋這句話的意思，她說不知道自己做為治療師的發展上情況如何；瑪利亞的問題促使提姆和提姆的指導者湯姆，把焦點放在他做為男性準督導，在共同的文化裡自然得來的權力。提姆被提醒道，督導者要能根據治療者設定的目標，來辨識正向和有建設性的治療者行為，看看和瑪利亞的目標是否相符（Selekman & Todd, 1995），以及如果督導者一直沒有詢問受督者的回饋，會很容易陷入自己對成功督導的標準裡。湯姆再次理解到必須幫助準督導辨識督導角色裡固有的權力，以及在文化裡他和受督者比準督導更容易理解的權力。

引導督導者

當督導者對督導過程本身感興趣，對於督導的知識與方法有廣泛的了解，並且可以輕易做出本章開頭描述的概念轉變，就算是準備好承接指導者的角色了。在訓練別的受督者之前，準督導需要有相當的督導經驗，使他們可以辨識出預期的能力程度，對於新的工作角色，包括評估的責任感到安心；舉個例子來說，雪若正指導一位準督導，這位準督導擔心某位受督者對於有關離婚伴侶的研究成果了解不足，雪若的督導經驗使她可以幫助準督導把焦點放在脈絡上，大部分的臨床工作者除非專精於研究，否則很難跟得上特定領域的最新研究成果，因此督導者的重點應該在增進受督者的知識，而不是把它當成一種能力不足。準督導必須要致力於自身的專業發展，並投入更多在成為領導角色的準備上，當這些都水到渠成的時候，指導新的督導者便是生涯中很自然的一步。

受訓成為引導者

相較於督導者，引導者的角色更為寬廣，界定也比較模糊，更多地是由引導者自己來決定。學習成為引導者主要發生在實際從事這項工作的過程中，因此同輩諮詢和督導的繼續教育很重要，能確保引導成為督導者整體有效訓練過程的一部分（Haag, Kindsvatter, Granello, Underfer-Babalis, Hartwig, 2008）。由於準督導在知識上類似的細緻程度、相當的同事地位，以及彼此對於引導過程的理解，引導關係往往是高度合作的，引導者和準督導的關係高度透明，在引導者介入的時候可以開誠布公地討論其意圖。

有些督導者建議改變結構，反過來讓準督導「督導」較資深的督導者，以促進訓練關係中的合作面向（Woodside, 1994）；有些人則建議在督導受督者的時候使用引導者和準督導者的錄影，以強調督導工作的系統性本質（Wilcoxon, 1992）。

引導需要新的概念框架

如同督導是在治療上加上更多複雜度，引導亦是在督導上添加複雜度，因此需要新的概念框架；引導者必須把焦點放在引導過程上，把治療過程留給準督導處理，引導者專注於促進準督導在督導能力上的發展，督導位於前景，而治療是遙遠的背景。和臨床案例保持距離可以減少提供「如果我是治療者……」建議的傾向；然而準督導可能會把討論的方向移到臨床內容上，以減少自己的困惑，因為新手督導者往往對於怎麼介入受督者感到茫然（McColley & Baker, 1982），這可能會誘惑引導者提供「假如我是督導者……」的指示，準督導也可能會掉入這種情境裡而問道「你在督導裡會怎麼處理？」。引導者以個案的福祉為由「接收」督導的工作，和督導者涉入治療相較，是更說不過去的，因為擔任督導的往往是相當有經驗、不太可能傷害個案的治療者，引導者最好要有發展完善的督導和治療哲學，以幫助他們把焦點放在督導過程上。

引導者必須把視野從督導系統擴張到引導系統，這個系統包括治療者、督導者和引導者間的層層關係網路，如果沒有做好，可能會遭遇失能的三角關係（dysfunctional triads），這些人會在不同的關係間重複同樣的互動過程，並且失去清晰的目標（Wright & Coppersmith, 1983）。舉個例子來說，因為引導者在社群中往往已經是有名、受尊敬、事業有成的督導者，而準督導大部分都還不太有名氣，受督者經常會對引導者的觀點很感興趣，他們會問準督導「那你的引導者怎麼說呢？」，此外，引導者可能也會扮演「媒人」的角色，在自己扮演重要角色的訓練機構裡，把受督者介紹給準督導，或者安排準督導者給某個受督者，這些情況都可能加重「引導者即為專家」的動力。當引導者和受督者過去曾有訓練關係的時候，如何處理「內幕消息」的兩難可能會隨之出現，引導者可能會對準督導提出的問題或批評很敏感，或是發現自己無意間和準督導形成聯盟關係，甚至一起把受督者給病理化，使得他們覺得自己有用，有共同的督導問題可以工作；這些情形都會降低準督導的可信度與自信；在我們的經驗裡，受督者往往會預設（我們也如此希望！）引導者和準督導能為他們的最佳利益著想，並且相信這些討論更多的是關於準督導做為督導者的發展，而不是有關受督者本身。

有關引導督導者之複雜性的例子

在下面的例子中，資深的督導者幫助先前擁有不同督導經驗的準督導成為督導者；請注意在第一個例子裡，資深督導者與準督導比較接近之前提過的「督導的督導」關係，在其他兩個例子裡，則比較像是引導。在「督導的督導」裡面引導者更多地扮演引導的角色，然而其他兩個例子裡，引導者比較多的是建議、指引的角色。

資深督導幫助準督導把焦點移到督導上

提姆是個在督導的基本知識上仍需要指點的新手督導，因此他的引導者湯姆會去注意一般性的督導問題，在提姆的治療訓練過程中，學習特定的治療模式時會把重點放在習得若干技能上，然而他的督導指導合約卻相當不同：即使湯姆是個著名的策略派督導者，重點卻不在於學習湯姆的模式；反之，湯姆持續強調提姆想成為督導者必須做出的轉變，包括抵抗做治療的誘惑、把觀點擴大到督導系統、辨認在更大的背景下自己的角色和督導的角色等。提姆很欣賞這種對督導實務的全面性關照，包括法律議題的討論、責任問題、合約以及督導的其他面向等，由於湯姆對這些方面的重視，提姆發現引導經驗較他做為治療師時接受過的督導要來得更有啟發性。

強調和資深臨床工作者合作的引導者

四位擁有好幾年訓練系統性治療師經驗的人，要求湯姆的引導，一直到不久前這幾個人都沒有動機去做督導的認證，然而愈來愈多受督者要求他們接受正式的訓練，這樣他們做的督導才能符合認證的要求。由於缺少專業階層性，知識上的差異也不大，一開始湯姆不知道怎樣形成有用的引導督導關係；雖然這些準督導從未接受過督導訓練，也沒有對自己的督導取向進行更多思考，一段時間下來還是形成了某些督導的框架，然而他們的方法有種「自家釀造」（home-brewed）的折衷主義色彩，雖然有效卻不太細緻，而且他們把督導的範圍侷限於只和享有共同治療觀念的人一起工作。學習督導的時候，他們對於自己粗淺的督導哲學感到不太光彩，而特別重視引導過程中發展出來的新哲學，因為他們感覺和最新的文獻缺乏接觸，特別是有關督導方面的東西，因此也很欣賞引導過程中對文獻的更新。湯姆和他們都沒有受過多元文化能力的正式訓練，但他們都認為這是重要的領域，不管是他們自己或是受督者都需要發展，因此這也變成一個重要的關注點。這種以合作為本質的引導創造了良好的背景，使他們可以追求並重視湯姆的督導知識，所有的參與者，包括湯姆，都得到豐富的學習經驗。

引導者使準督導受到損害

特莉莎正在督導雪若以前的受督者芭芭拉，芭芭拉發現這項督導的價格相當划算，又有以前研究所時代的督導者透過指導的方式間接地涉入到督導裡，因而感到很興奮；她同意雪若向特莉莎分享有關她能力的資訊，雪若則掙扎要透露多少「內部資料」，因為她知道芭芭拉過去的能力有若干問題，如果她保持沉默，由於芭芭拉曾是雪若的受督者，如果發生問題，特莉莎有沒有辦法自然地表達呢？另一方面來看，如果她不說，是不是會使芭芭拉沒辦法得到她從特莉莎那裡可以得到的最好的督導呢？如果她說了，是不是會使得特莉莎傾向於看到這些弱點？一開始雪若決定不說，讓特莉莎可以自己進行評估並形成自己的意見。在一次督導中，芭芭拉似乎在質疑特莉莎做為準督導的能力，之後雪若便開始善意地直接提供資訊給芭芭拉，稍後雪若和特莉莎討論這樣和芭芭拉互動，儘管可以強化芭芭拉和做為專家的雪若的關係，卻會減損特莉莎的自信，以及受督者對她的信心，雪若明白她過去和芭芭拉的經驗導致這樣的意見，而她並沒有把焦點移到引導系統裡來。透過觀察雪若檢視她的影響，以及什麼時候她的行動可能有問題，特莉莎得以用更主動與彈性的方式，考慮自己在督導系統裡的參與，雪若和特莉莎討論了彼此的角色，特莉莎也和受督者澄清了雪若的角色。

督導訓練的成果

督導訓練對於把督導者的專業認同加諸於治療者的專業認同之上，以及使督導者對於他們的新角色更有能力和自信，是非常重要的（Ögren, Boëthius, & Sundin, 2008）。雖然我們對於督導發展的了解還在起步的階段，準督導往往把他們的經驗形容為轉變的過程，從迷惑和不確定的掙扎中發展出自主、自信、有能力的督導者自我認同（Majcher & Daniluk, 2009, Ybrandt & Armelius, 2009, Wark & Diamond, 2000）。有幸的是，在系統性治療者工作的地方，創新的督導訓練課程也逐漸增加（比較 Geron & Malkinson, 2000; Smith et al., 2002），創造出更多自主、自信、有能力的督導者，使系統性治療師可以從他們身上學習。

參考書目

American Association for Marriage and Family Therapy (AAMFT). (2001). *AAMFT code of ethics.* Alexandria, VA: Author.

AAMFT. (2007). *AAMFT Approved Supervisor designation: Standards and responsibilities handbook.* Alexandria, VA: Author.

Aponte, H. J., Powell, D. F., Brooks, S., Watson, M. F., Litzke, C., Lawless, J., & Johnson, E. (2009). Training the person of the therapist in an academic setting. *Journal of Marital and Family Therapy, 35*, 381-394.

Aponte, H. J., & Carlsen, J. C. (2009). An instrument for person-of-the-therapist supervision. *Journal of Marital and Family Therapy, 35*, 395-405.

Berman, E., & Heru, A. (2005). Family systems training in psychiatric residencies. *Family Process, 44,* 283-302.

Breunlin, D., Liddle, H., & Schwartz, D. (1988). Concurrent training of supervisors and therapists. In H. Liddle, D. Breunlin, & D. Schwartz (Eds.), *Handbook of family therapy training and supervision* (pp. 207-224). New York: Guilford Press.

Callahan, J. L., Almstrom, C.M., Swift, J. K., Borja, S. E., Heath, C. J. (2009). Exploring the contribution of supervisors to intervention outcomes. *Training and Education in Professional Psychology, 3*(2), pp. 72-77.

Collins, H. & Pieterse, A. (2007). Critical incident analysis based training: An approach for developing active racial/cultural awareness. *Journal of Counseling & Development, 85*, 14-23.

Flemons, D.G., Green, S., & Rambo, A. (1996). Evaluating therapists' practices in a postmodern world: A discussion and a scheme. *Family Process, 35, 1*, 43-57.

Garcia, M., Kosutic, I., McDowell, T. & Anderson, S., (2009). Raising critical consciousness in family therapy supervision. *Journal of Feminist Family Therapy, 21*(1), 18-38.

Geron, Y., & Malkinson, R. (2000). On becoming a supervisor in family therapy. *Clinical Supervisor, 19*, 61-76.

Haag Granello, D., Kindsvatter, A., Granello, P. F., Underfer-Babalis, J., Hartwig Moorhead, H. J. (2008). Multiple perspectives in supervision: using a peer consultation model to enhance supervisor development. *Counselor Education & Supervision, 48* (1), 32-47.

Heath, A., & Storm, C. L. (1985). From the ivory tower to the institute: The live supervision stage approach for teaching supervision in academic settings. *American Journal of Family Therapy, 13,* 27-36.

Holloway, E. L., & Neufeldt, S. A. (1995). Supervision: Its contributions to treatment efficacy. *Journal of Consulting and Clinical Psychology, 63,* 207–213.

Inman, A. (2006). Supervisor multicultural competence and its relation to supervisory process and outcome. *Journal of Marital and Family Therapy, 32*, 73-86.

Kaslow, N., Celano, M., & Stanton, M. (2005). Training in family psychology: A competencies-based approach. *Family Process, 44*(3), 337-354.

Korinek, A. W., & Kimball, T. G. (2003). Managing and resolving conflict in the supervisory system. *Contemporary Family Therapy: An International Journal,* 295-310.

Lampropoulos, G. K., (2002). A common factors view of counseling supervision process. *Clinical Supervisor, 21*, 77-95.

Liddle, H., Breunlin, D., Schwartz, W., & Constantine, J. (1984). Training family therapy supervisors: Issues of content, form and context. *Journal of Marital and Family Therapy, 10,* 139-150.

Majcher, J., & Daniluk, J.C. (2009). The process of becoming a supervisor for students in a doctoral supervision training course. *Training and Education in Professional Psychology, 3*(2), 63-71.

Mason, B. (2005). Relational risk-taking and the training of supervisors. *The Journal of Family Therapy, 27*, 298-301.

McColley, S., & Baker, E. (1982). Training activities and styles of beginning supervisors: A survey. *Professional Psychology, 13*, 283-292.

McDowell, T., Storm, C.L., & York, C. D. (2007). Multiculturalism in couple and family therapy education: Revisiting familiar struggles and facing new complexities. *Journal of Systemic Therapies, 26,* (4), 75-94.

Mead, D. (1993). Assessing supervision: Social validity and invalidity of evaluation. *Supervision Bulletin,* 6, 4, 8.

Morgan, M., & Sprenkle, D. (2007). Toward a common-factors approach to supervision. *Journal of Marital and Family Therapy, 33*, 1-17.

Nelson, T.S., Chenail, R., Alexander, J., Crane, D. R., Johnson, S. M., & Schwallie, L. (2007). The development of core competencies for the practice of marriage and family therapy. *Journal of Marital and Family Therapy, 33*, 417–438.

Nelson, T., & Johnson, L. (1999). The basic skills evaluation devise. *Journal of Marital and Family Therapy, 25*, 1, 15-30.

O'Connor, B. (2000). Reasons for less than ideal psychotherapy supervision training. *Clinical Supervisor, 19,* 173-183.

Ögren, M., Boëthius, S. B., Sundin, E. C. (2008). From psychotherapist to supervisor: The significance of group format and supervisors' function as role models in supervisor training. *Nordic Psychology, 60*(1), 3-23.

Olsen, D., & Stern, S. (1990). Issues in the development of a family therapy supervision model. *Clinical Supervisor, 8*, 49-65.

Piercy, F., & Sprenkle, D. H. (1997, 2002). Family therapy supervision theory-building questions. In C.L. Storm & T.C. Todd (Eds.), The reasonably complete systemic supervisor resource guide (pp. 100-103). New York: Authors Choice Press.

Prouty, A.M., Thomas, V., Johnson, S., & Long, J.K. (2001). Methods of feminist family therapy supervision. *Journal of Marital and Family Therapy, 27*, 85-97.

Roberts, J. (1991). Sugar and spice, toads and mice: Gender issues in family therapy training. *Journal of Marital and Family Therapy, 17*, 121-132.

Russell, C. S. (2000). From philosophy of therapy to philosophy of supervision: Making the connection clear. In AAMFT (Eds). *Readings in family therapy supervision*, (pp. 31-35). Washington D.C.: AAMFT.

Selekman, M., & Todd, T. (1995). Co-creating a context for change: The solution-focused supervision model. *Journal of Systemic Therapies, 14,* 21-33.

Smith, A, L., Smith, G. T., Stephens-West, G., Gallagher, M. A. (2002). The virtual leap to on-line supervisory education: An examination of distance education in marriage and family therapy. *Journal of Teaching in Marriage & Family, 2,* 127-151.

Storm, C. L. (1994). Defensive supervision: Balancing ethical responsibility with vulnerability. In G. Brock (Ed.), *Ethics casebook* (pp. 173-190). Washington, DC: AAMFT.

Storm, C. L., & Heath, A. (1991). Problem-focused supervision: Rationale, exemplification and limitations. *Journal of Family Psychotherapy, 2*, 55-70.

Storm, C. L., McDowell, T., & Long, J. (2003). The metamorphisis of training and supervision. In T. Sexton, G. Weeks, & M. Robbins (Eds.), *The handbook of family therapy* (pp. 431-446). New York: Brunner Routledge.

Storm, C. L., Todd, T., Sprenkle, D., & Morgan, M. (2001). Gaps between MFT supervision assumptions and common practice: Suggested best practices. *Journal of Marital and Family Therapy, 27,* 227-239.

Taylor, B., Hern`andez, P., Deri, A., Rankin, P., & Siegel, A. (2006). Integrating diversity dimensions in supervision: Perspectives of ethnic minority AAMFT Approved Supervisors. *Clinical Supervisor, 25,* 3-21.

Timm, T. M., & Blow, A. J. (1999). Self-of-the-therapist work: A balance between removing restraints and identifying resources. *Contemporary Family Therapy: An International Journal, 21,* 331-351.

Todd, T.C., & Storm, C.L. (1997, 2002). *The complete systemic supervisor: Context, philosophy, and pragmatics.* Needham Heights, MA: Allyn & Bacon.

Ungar, M. (2006). Practicing as a postmodern supervisor. *Journal of Marital and Family Therapy, 32,* 59-73.

Ungar, M., & Costanzo, L. (2007). Supervision challenges when supervisors are outside supervisees' agencies. *Journal of Systemic Therapies, 26* (2), 68–83.

Ybrandt, H., & Armelius, K. (2009). Changes in self-Image in a psychotherapy supervisor training program. *Clinical Supervisor, 28,* 113-123.

Wark, L., & Diamond, D. (2000). In the Cauldron: A case study of training for clinical supervision. In AAMFT (Ed.), *Readings in family therapy supervision* (pp. 241-243). Washington D.C.: AAMFT.

White, M. (1989/1990). Family therapy training and supervision in a world of experience and narrative. *Dulwich Centre Newsletter,* Summer, 27-38.

White, M., & Russell, C. (1997). Examining the multifaceted notion of isomorphism in marriage and family therapy supervision: A quest for conceptual clarity. *Journal of Marital and Family Therapy, 23*, 315-334.

Wilcoxon, S. A. (1992). Videotape review of supervision-of-supervision in concurrent training: Allowing trainees to peer through the door. *Family Therapy - The Journal of the California Graduate School of Family Psychology, 19*, 143-153.

Woodside, D. (1994). Reverse live supervision: Leveling the supervisory playing field. *Supervision Bulletin, 7,* 6.

Wright, L., & Coppersmith, E. (1983). Supervision-of-supervision: How to be "meta" to a metaposition. *Journal of Strategic and Systemic Therapies, 2,* 40-50.

系統取向督導完全指南

The Complete Systemic Supervisor: Context, Philosophy, and Pragmatics

編著—雪若・史東（Cheryl L. Storm, PhD）、
湯瑪斯・陶德（Thomas C. Todd, PhD）
譯者—洪志美、廖婉如、許嘉月、張書森、簡意玲、黃宣穎
審閱—吳熙琄、林麗純、林方晧、陳厚愷　策劃—王浩威、熊秉荃

出版者—心靈工坊文化事業股份有限公司
共同出版—財團法人華人心理治療研究發展基金會
發行人—王浩威　諮詢顧問召集人—余德慧
總編輯—王桂花　執行編輯—裘佳慧
內文排版—辰皓國際出版製作有限公司
通訊地址—10684台北市大安區信義路四段53巷8號2樓
郵政劃撥—19546215　戶名—心靈工坊文化事業股份有限公司
電話—02）2702-9186　傳真—02）2702-9286
Email—service@psygarden.com.tw　網址—www.psygarden.com.tw

製版・印刷—中茂分色製版印刷事業股份有限公司
總經銷—大和書報圖書股份有限公司
電話—02）8990-2588　傳真—02）2290-1658
通訊地址—248新北市新莊區五工五路二號
初版一刷—2011年9月
ISBN—978-986-6112-21-8　定價—680元

國家圖書館出版品預行編目資料

系統取向督導完全指南／雪若・史東（Cheryl L. Storm）、湯瑪斯・陶德（Thomas C. Todd）、編著；洪志美等 合譯. -- 初版. –臺北市：心靈工坊文化, 華人心理治療研發基金會, 2011. 09.
面；公分.--（Psychotherapy；32）
譯自：The Complete Systemic Supervisor: Context, Philosophy, and Pragmatics
ISBN 978-986-6112-21-8（平裝）
1.心理治療　2.心理治療師

178.8　　100017969